法学案例系列教材

国际私法案例

秦瑞亭　耿小宁　主　编

阎　愚　柴耀田　副主编

南开大学出版社

天　津

图书在版编目(CIP)数据

国际私法案例 / 秦瑞亭，耿小宁主编. —天津：
南开大学出版社，2021.1
法学案例系列教材
ISBN 978-7-310-06077-1

Ⅰ.①国… Ⅱ.①秦… ②耿… Ⅲ.①国际私法－案
例－高等学校－教材 Ⅳ.①D997

中国版本图书馆 CIP 数据核字(2021)第 008777 号

国际私法案例
GUOJI SIFA ANLI

南开大学出版社出版发行
出版人：陈　敬
地址：天津市南开区卫津路 94 号　　邮政编码：300071
营销部电话：(022)23508339　营销部传真：(022)23508542
http://www.nkup.com.cn

天津午阳印刷股份有限公司印刷　全国各地新华书店经销
2021 年 1 月第 1 版　　2021 年 1 月第 1 次印刷
260×185 毫米　16 开本　20.25 印张　1 插页　404 千字
定价：65.00 元

如遇图书印装质量问题,请与本社营销部联系调换.电话:(022)23508339

作者简介

秦瑞亭　南开大学法学院副教授，编写第一至六章、第八章、第十二章、第十四章和第二十章

耿小宁　天津市高级人民法院民二庭副庭长，编写第十章、第十三章

杨泽宇　天津市高级人民法院民二庭法官，编写第十章、第十三章

阎　愚　南开大学法学院副教授，编写第七章、第九章

柴耀田　法国巴黎律师，德国慕尼黑大学法学博士研究生，编写第十七章

何　潇　清华大学法学院博士研究生，编写第十一章

刘梦璐　大众汽车自动变速器天津有限公司法律顾问，编写第十五章

曹哲辅　天津易道律师事务所律师，编写第十五章

黄　婷　北京市金杜（深圳）律师事务所资深律师，编写第十六章

金　松　南开大学法学院博士研究生，编写第十八章

李　想　上海市第三中级人民法院法官助理，编写第十九章

王蒙蒙　天津外国语大学纪委办公室，编写第二十一章

任天一　南开大学法学院博士研究生，编写第二十二章

目　　录

第一章　国际私法案件的基本特征*

核心知识点

　　国际私法案件即国际私法所调整的案件。因为国际私法只调整涉外民商事关系，而不调整涉外刑事法律关系和行政法律关系等公法法律关系，因此国际私法案件又称为涉外民商事案件。与纯国内民商事案件相比，国际私法案件具有五个方面的基本特征，即国际私法案件均具有涉外因素；国际私法案件实行集中管辖原则；国际私法案件在案件受理和审理程序方面具有特殊性；国际私法案件涉及法律冲突和准据法的确定与适用；以及，国际私法案件判决的承认和执行具有特殊性。

第一节　国际私法案件具有涉外因素

案例（一）

【**西门子国际贸易（上海）有限公司诉上海黄金置地有限公司申请承认和执行外国仲裁裁决纠纷案**①】

　　2005 年 9 月 23 日，上海黄金置地有限公司（简称黄金置地公司）作为业主与西门子国际贸易（上海）有限公司（简称西门子公司）作为承包方，签订了《货物供应合

---

　* 本章作者：南开大学法学院秦瑞亭。

　① 上海市第一中级人民法院民事裁定书（2013）沪一中民认（外仲）字第 2 号。

同》，合同约定西门子公司负责提供"中国上海市浦东新区陆家嘴贸易区 B2—5 地块黄金置地大厦高（低）压配电系统供应工程"的设备，于 2006 年 2 月 15 日之前将设备运至工地；合同争议提交新加坡国际仲裁中心仲裁解决；实体争议适用中华人民共和国法律。为履行《货物供应合同》，西门子公司从境外购买了合同项下的设备，货到中国（上海）自由贸易试验区后，西门子公司办理了报关备案手续。之后，西门子公司又向自贸试验区海关办理二次报关完税手续，货物遂从自贸试验区内流转到区外。最终西门子公司在黄金置地大厦工地履行了交货义务。

双方当事人在合同履行过程中发生争议，黄金置地公司于 2007 年 9 月 21 日依据《货物供应合同》中的仲裁条款向新加坡国际仲裁中心申请仲裁，主张西门子公司构成根本违约，请求裁决西门子公司支付违约赔偿金 110 万元人民币、赔偿各项损失共计约 2000 余万元人民币。西门子公司提出仲裁反请求，要求黄金置地公司支付尚欠的合同款 4340460 元人民币、赔偿仓储费等损失 1720480 元人民币并承担律师费、仲裁费等。仲裁庭于 2011 年 8 月 16 日做出裁决：黄金置地公司向西门子公司支付尚未支付的全部合同款项 4340460 元人民币、仓储费 57020 元人民币、2074057.47 元人民币的律师费和其它费用以及 172292.63 新加坡元的仲裁费用。

黄金置地公司尚欠 5133872.30 元人民币没有支付。西门子公司为此向上海市第一中级人民法院申请承认并执行新加坡国际仲裁中心在编号为 ARB062/07 的仲裁案件中做出的《最终裁决》（2011 年第 73 号裁决），强制执行被申请人黄金置地公司在《最终裁决》下应当向西门子公司支付但尚未支付的款项。

黄金置地公司答辩称：根据《承认与执行外国仲裁裁决公约》（简称《纽约公约》）第五条，如果仲裁所依据的仲裁协议无效，相应的仲裁裁决就不应被承认与执行。本案双方当事人均为中国法人，合同履行地也在国内，故本案民事法律关系并不具有涉外因素，双方约定将争议提交外国仲裁机构进行仲裁的仲裁协议应为无效，因此涉案仲裁裁决不应被承认与执行。

另查明：西门子公司、黄金置地公司均为在我国注册设立的外商独资企业。

法院认为：本案是当事人申请承认与执行外国仲裁裁决纠纷，鉴于中国和新加坡均为《纽约公约》成员国，根据《纽约公约》第一条，申请人西门子公司申请承认与执行新加坡国际仲裁中心做出的仲裁裁决，应当适用《纽约公约》进行审查。

关于系争仲裁条款的效力问题。双方当事人在《货物供应合同》中约定：合同争议须提交新加坡国际仲裁中心进行仲裁解决。该仲裁条款是双方当事人的真实意思表示，文字约定明确，将争议提交仲裁机构解决的意思表示清楚。双方当事人争议的关键问题是系争合同关系是否具有涉外因素，如果本案纠纷系涉外合同纠纷，则当事人协商将合同争议提交外国仲裁机构的约定应为有效，反之则应认定仲裁条款无效。

《最高人民法院关于适用〈中华人民共和国涉外民事关系法律适用法〉若干问题的

解释（一）》（简称《法律适用法司法解释（一）》）第一条规定："民事关系具有下列情形之一的，人民法院可以认定为涉外民事关系：（一）当事人一方或双方是外国公民、外国法人或者其他组织、无国籍人；（二）当事人一方或双方的经常居所地在中华人民共和国领域外；（三）标的物在中华人民共和国领域外；（四）产生、变更或者消灭民事关系的法律事实发生在中华人民共和国领域外；（五）可以认定为涉外民事关系的其他情形。"

本案中，申请人西门子公司与被申请人黄金置地公司均为在中国注册的公司法人，合同约定的交货地、作为合同标的物的设备目前所在地均在我国境内，该合同表面上看并不具有典型的涉外因素。然而，综观本案合同所涉的主体、履行特征等方面的实际情况，该合同与普通国内合同有明显差异，可以认定为涉外民事法律关系，主要理由有：第一，本案合同的主体均具有一定涉外因素。西门子公司与黄金置地公司虽然都是中国法人，但注册地均在上海自贸试验区区域内，且其性质均为外商独资企业，由于此类公司的资本来源、最终利益归属、公司的经营决策一般均与其境外投资者关联密切，故此类主体与普通内资公司相比具有较为明显的涉外因素。第二，本案合同的履行特征具有涉外因素。合同项下的标的物设备虽最终在境内工地完成交货义务，但从合同的签订和履行过程看，该设备系先从我国境外运至自贸试验区内进行保税监管，再根据合同履行需要适时办理清关完税手续、从区内流转到区外，至此货物进口手续方才完成，故合同标的物的流转过程也具有一定的国际货物买卖特征。本案合同履行涉及自贸试验区的特殊海关监管措施的运用，与一般国内买卖合同纠纷相比具有较为明显的区别。综合以上情况，本案合同关系符合《法律适用法司法解释（一）》第一条第五项规定的"可以认定为涉外民事关系的其他情形"，故系争合同关系具有涉外因素，双方当事人约定将合同争议提交新加坡国际仲裁中心进行仲裁解决的条款有效。

综上，上海市第一中级人民法院裁定：对新加坡国际仲裁中心在编号为 ARB062/07 的仲裁案件中做出的《最终裁决》（2011 年第 73 号裁决）的法律效力予以承认，并对该仲裁裁决予以执行。

案例评析

《中华人民共和国涉外民事关系法律适用法》第二条规定："涉外民事关系适用的法律，依照本法确定。"依据该条规定，我国国际私法只调整具有涉外因素的民商事法律关系，即只有在民商事案件具有涉外因素的情况下，我国法院才有义务适用我国国际私法法律法规和司法解释。关于涉外因素的具体含义，《法律适用法司法解释（一）》第一条规定，民事关系具有下列情形之一的，人民法院可以认定为涉外民事关系：

（一）当事人一方或双方是外国公民、外国法人或者其他组织、无国籍人；

（二）当事人一方或双方的经常居所地在中华人民共和国领域外；

（三）标的物在中华人民共和国领域外；

（四）产生、变更或者消灭民事关系的法律事实发生在中华人民共和国领域外；

（五）可以认定为涉外民事关系的其他情形。

《最高人民法院关于适用〈中华人民共和国民事诉讼法〉的解释》①（简称《民事诉讼法司法解释》）第五百二十二条规定，有下列情形之一，人民法院可以认定为涉外民事案件：

（一）当事人一方或者双方是外国人、无国籍人、外国企业或者组织的；

（二）当事人一方或者双方的经常居所地在中华人民共和国领域外的；

（三）标的物在中华人民共和国领域外的；

（四）产生、变更或者消灭民事关系的法律事实发生在中华人民共和国领域外的；

（五）可以认定为涉外民事案件的其他情形。

最高人民法院颁布的上述两个司法解释关于涉外因素的规定大同小异，都主要从涉外民事关系的主体、标的物和产生、变更及消灭民事关系的法律事实三个方面界定涉外因素的具体含义。按照该两个司法解释，涉案《货物供应合同》主体都是在我国境内注册而且营业所亦位于我国领域内的中国法人，合同标的物在诉讼时也位于中国境内，案情中没有任何产生、变更或者消灭合同关系的法律事实明显发生于中国领域之外，因此被执行人上海黄金置地提出了案件不具有涉外因素因而仲裁协议无效的抗辩。但是上海市第一人民中级法院认为，虽然涉案合同主体双方均为中国法人，但其注册地均位于上海自贸区，且合同项下设备由上海西门子公司从境外进口，合同的履行涉及自贸试验区的特殊海关监管措施的运用，因此应认定案件具有涉外因素，故当事人约定将争议提交新加坡国际仲裁中心仲裁的仲裁协议合法有效。严格来讲，上海自贸区显然属于我国境内，合同项下设备从德国进口的事实也没有引起涉案合同关系的产生、变更或者消灭，因此涉案合同依据最高人民法院的前述司法解释并不具有涉外因素。但是合同项下设备从德国进口的事实毫无疑问属于案件的一个涉外因素，② 而且上海自贸区有权对我国的一些法律法规不予实施或者变通执行，因此，上海一中院认定涉案合同具有涉外因素，属于上述司法解释中"可以认定为涉外民事关系的其他情形"，确实有不容置疑的事实依据。笔者认为，一方面涉外因素的概念本身外延比较广泛，很难用严谨的语言列举周全；另一方面最高人民法院的上述两个司法解释本身

---

① 法释〔2015〕5 号，2014 年 12 月 18 日由最高人民法院审判委员会第 1636 次会议通过，自 2015 年 2 月 4 日起施行。

② 应属于合同履行过程中的涉外因素。合同的完全履行会导致合同关系的终止，但合同履行中的一个具体环节无法直接引起合同的变更或者消灭。因此，如果合同履行整体上是在中国国内进行，但其中一个环节有涉外因素，这种合同是否属于涉外合同，便可能引起争议。这是最高法院关于涉外因素的两个司法解释的不足之处。

都规定了一个兜底条款，为司法实践中法院将该司法解释没有明文列举的事实认定为涉外因素提供了合法依据；基于这两方面的考虑，司法实践中法院在认定案件是否具有涉外因素时，应采取尽可能宽松的标准。上述案例即是笔者观点的一个佐证。

第二节　国际私法案件实行集中管辖

案例（二）

【余颖、余鼎章、顾慧莲与武汉市洪山珞珈山邮政局等邮政服务侵权赔偿纠纷案①】

本案原告是余颖及其父母余鼎章、顾慧莲，被告是武汉市洪山珞珈山邮政局（简称珞珈山邮局）和武汉市邮政局（简称市邮局）。1997 年 10 月 23 日，余鼎章将内装有余颖学历证书、成绩单、推荐信、公证书等材料的邮件交珞珈山邮局办理了国际挂函航空快递手续（按非保价邮件交寄），寄往日本东京国际语学院余颖收，邮费 95.7 元。这些资料是余颖于 11 月 6 日、11 月 8 日前报考日本两所大学所必需的报考资料。几天后，余颖未收到邮件，便电话告知余鼎章查询。自 1997 年 11 月 1 日起余鼎章多次到珞珈山邮局、武汉市邮局查询，未果。后得知所交寄的邮件被珞珈山邮局擅自由航空快递改换成了“水路”传递。11 月 6 日，余颖仍未收到邮件。11 月 6 日、11 月 8 日为日本两所大学报考的最后期限，余颖因不能提供报考资料未能报考该两所大学。1997 年11 月 10 日，余鼎章、顾慧莲重新办理了有关公证材料，再次以特快专递寄给余颖。几天后，余颖收到了该邮件。嗣后，余颖报考了日本立正大学，经考试被录取。1997 年11 月 25 日，余颖收到余鼎章于 1997 年 10 月 23 日交寄的国际挂函。原告余颖、余鼎章、顾慧莲认为，被告擅自将航空快递偷换成“水路”，导致原告余颖丧失了报考两所大学的机会，被告的行为侵犯了原告的通信自由权、大学选择权和受教育权；被告隐瞒邮件延误的真相，导致原告顾慧莲“一过性高血压”，侵犯了原告的身体健康权；被告的行为导致原告需重新补办公证材料，且额外支付学费差额，上学交通费差额，产生直接经济损失，侵犯了原告的财产所有权；原告查询邮件时，被告隐瞒事实真相，侵犯了原告的消费者知情权。为此，原告余颖、余鼎章、顾慧莲以武汉市洪山珞珈山邮政局和武汉市邮政局为被告，于 1999 年 11 月向武汉市武昌区人民法院提起诉讼，请求法院判令：1. 被告赔偿原告余颖学费差额、交通费差额、医药费、营养费、通讯邮电费、公证费、认证费、误工费等直接经济损失人民币 176322.63 元，精神损失人民币6 万元；2. 被告赔偿原告余鼎章、顾慧莲医药费、营养费、通讯邮电费、翻译费、交通费等直接经济损失人民币 11376.3 元，精神损失分别为 2 万元、4 万元人民币；3. 被

---

① 湖北省高级人民法院民事判决书（2004）鄂民四终字第 19 号。

告在新闻媒体公开向原告赔礼道歉。

武昌区人民法院作出（2000）武区民初字第 2 号民事判决，原、被告均向武汉市中级人民法院提出上诉。武汉市中级人民法院以（2002）武民终字第 805 号裁定发回重审，之后武昌区人民法院又根据涉外民商事案件集中管辖的规定，将该案提交武汉市中级人民法院审理，武汉市中级人民法院于 2003 年 11 月 20 日按照一审程序公开开庭进行了审理，并作出（2003）武经初字第 383 号一审民事判决书。原告余颖、余鼎章、顾慧莲不服该判决，向湖北省高级人民法院提起上诉。

湖北省高级人民法院于 2004 年 4 月 26 日开庭进行公开审理。2005 年 7 月 25 日作出终审判决：维持武汉市中级人民法院（2003）武经初字第 383 号民事判决主文第一项和第二项；撤销武汉市中级人民法院（2003）武经初字第 383 号民事判决主文第三项；武汉市洪山珞珈山邮政局、武汉市邮政局连带赔偿余鼎章、顾慧莲经济损失人民币 2735.55 元；驳回余鼎章、顾慧莲的其他诉讼请求。

案例评析

余颖、余鼎章、顾慧莲与武汉市洪山珞珈山邮政局等邮政服务侵权赔偿纠纷案的特殊性在于，最初受理案件的武昌区人民法院作出（2000）武区民初字第 2 号民事判决后，该判决书既没有被撤销，也没有被维持，而是自始至终没有发生法律效力，就好像武昌区人民法院从来没有审理过该案一样。这一案例的诉讼程序典型体现了国际私法案件管辖权方面的特殊性。该案中，原、被告针对武昌区人民法院作出的（2000）武区民初字第 2 号民事判决向武汉市中级人民法院提出上诉后，武汉市中级人民法院按照二审程序作出（2002）武民终字第 805 号裁定，将该案发回武昌区法院法院重审。但是武汉市中级人民法院作出（2002）武民终字第 805 号裁定之后，最高人民法院《关于涉外民商事案件诉讼管辖若干问题的规定》已经生效实施。按照该司法解释，国际私法案件原则上应当由省、自治区、直辖市首府所在地城市、国务院批准的经济特区城市和计划单列市城市共五类城市所在地的中级人民法院行使一审管辖权，除了国务院批准的经济技术开发区法院之外，其他基层人民法院原则上不再对国际私法案件享有级别管辖权。该司法解释将国际私法案件的一审法院管辖权集中到我国审判力量比较强的五类城市所在地的中级人民法院行使，创立了我国对国际私法案件的集中管辖制度，① 其目的是为了大幅度提高我国涉外民商事审判的质量进而提升我国在国际社会的司法形象。本案原告于 1999 年 11 月向武昌区人民法院提起诉讼时，国际私法案件的集中管辖制度还未出台，因此武昌区人民法院依据我国《民事诉讼法》第十七条可以对涉外民商事案件行使一审管辖权。但是武昌区人民法院作出（2000）武区民初字第 2 号民事判决后，当事人提起了上诉，武汉市中级人民法院按照二审程序作出

---

① 涉外婚姻家庭继承案件不实行集中管辖。

（2002）武民终字第 805 号裁定，将案件发回重审。此时最高人民法院《关于涉外民商事案件诉讼管辖若干问题的规定》已经生效实施，按照该司法解释规定的集中管辖制度，武昌区人民法院不再对本案享有级别管辖权。本案属于涉外侵权纠纷，按照集中管辖制度应当由湖北省省府所在地的中级人民法院，即武汉市中级人民法院，对本案行使一审管辖权。因此武昌区人民法院对本案的审理及其作出的（2000）武区民初字第 2 号民事判决都失去了法律依据，所以本案最后是由武汉市中级人民法院行使一审管辖权，该法院作出的（2003）武经初字第 383 号民事判决既不属于二审判决，也不属于重审判决，而属于正常的一审判决。

第三节　国际私法案件的诉讼程序具有特殊性

案例（三）

【原告福建省物资集团有限责任公司诉福建省金天亿投资管理股份有限公司、福建省天亿担保有限公司、香港中国海外投资有限公司、福州展纳贸易有限公司和任某甲、吴某甲等 16 方被告当事人合作协议纠纷案①】

原被告之间订立了合作协议，因被告未履行协议约定的义务，原告于 2014 年 4 月以该 16 方当事人为被告向福建省高级人民法院提起诉讼，追索被告拖欠原告的款项。任某甲担任多家被告公司的法定代表人，该多家被告公司均委托了我国内地律师作为诉讼代理人，任某甲作为多家被告公司法定代表人在多份授权委托书上签了字。但由于任某甲为香港居民且人在美国，根据民事诉讼法第二百六十四条，任某甲签署的的授权委托书，应经所在国公证机关公证，并经我国驻该国使领馆认证。由于公证认证程序复杂，案件耗时一年多仍然进展缓慢。2015 年原告以该 16 方当事人为被告又向福建省高级人民法院提起了另外两起诉讼，该三起案件的案号分别为福建省高级人民法院（2014）闽民初字第 36 号、（2015）闽民初字第 14 号和（2015）闽民初字第 17 号，该三起案件的标的额达 6 亿多元人民币。由于公证认证手续非常复杂，在原告认可了任某甲委托手续真实性的情况下，法院当庭让授权委托书载明的诉讼代理人和身在美国的任某甲进行了视频通话，任某甲在微信视频通话中确认授权委托书上的签字系其本人所签，法院据此对授权委托书的真实性和合法性予以确认，既加快了审判进度，又为当事人节省了诉讼费用和律师费用，最后该三起诉讼均以调解方式顺利结案。2015 年 9 月 29 日，原被告当事人各方均在调解协议上签字盖章。2015 年 10 月 27 日，

---

① 贺荣：《一带一路司法理论与实务纵览：涉外商事案例精选》，法律出版社 2016 年版，第 139—143 页。

福建省高级人民法院作出（2014）闽民初字第 36 号、（2015）闽民初字第 14 号和（2015）闽民初字第 17 号民事调解书，确认了当事人达成的调解协议。

案例（四）

【西藏高院协助台湾台中地方法院就一给付保险金案件调查取证案①】

2011 年 11 月 25 日，我国最高人民法院协议联络人收到台湾地区法务主管部门协议联络人调查取证请求书及所附台湾台中地方法院 2011 年度保险字第 22 号给付保险金案件相关材料，请求调取我国台湾居民李某某在西藏旅行期间的有关病历资料及急救记录。最高人民法院将台方请求书及相关材料转送西藏自治区高级人民法院。西藏高院指定该院民事审判第二庭两位法官负责办理。两位承办法官不顾严冬天气严寒，远赴林芝地区工布江达县调查取证。在得知因当时条件和管理水平所限，工布江达县卫生服务中心在救治患者李某某时并未制作病历资料后，两位承办法官要求该中心当时的出诊医师和护士就接诊救治的有关情况作出书面说明，而且联系当时通知该院前去接诊救治患者的工布江达县措高乡派出所警官到场介绍情况。根据该警官的介绍，两位承办法官又连夜赶到工布江达县巴河镇，找到当时依警方要求共同对患者进行救治的巴河镇雨阒诊所和省奎诊所的两位医师，由两位医师对当时的急救情况分别出具书面说明。因台方调查取证请求书中所提到的巴松措湖医务站并不存在，为进一步核实清楚有关情况，两位承办法官到患者当时自巴松措湖至工布江达县交通检查站途中经过的工布江达县措高乡中心卫生院和巴河镇中心卫生院两家医疗单位进行调查取证，确认该两家医疗单位在当时并未接诊该患者。在完成上述调查取证工作后，西藏高院将调取的证据完整归类，对部分不易辨认的手写的证人证言予以整理打印，对所取得的书证复印件均与原件逐一进行核对并加盖印章予以确认，并对调查取证经过作出详尽说明后，在规定办理时限内向最高人民法院报送了有关材料。最高人民法院协议联络人在收到取证结果后及时对台作出回复。

案例（五）

【原告厦门市盈众汽车租赁有限公司和被告马来西亚航空公司汽车租赁纠纷②】

张群伟系被告马来西亚航空公司（Malaysian Airline System Berhad）驻厦门办事处聘用的司机。2003 年 1 月 29 日，张群伟与原告厦门市盈众汽车租赁有限公司（下称盈众公司）签订了一份《汽车租赁合同书》，合同中约定：张群伟代表马来西亚航空公司厦门办事处向原告租用宝来轿车一辆，租车价格为每月 8500 元。车辆租赁期间，每月均由被告马航公司驻厦门办事处从中国银行厦门市思明支行的账户上按时向原告转账

---

① 《人民法院报》2014 年 06 月 20 日第 3 版，http：//rmfyb. chinacourt. org/wap/html/2014 – 06/20/content_83571. htm? div = –1，2019 年 2 月 12 日访问。

② 福建省厦门市中级人民法院（2004）厦民初字第 273 号民事判决书。

支付汽车租金，租用的车辆只用于马航公司厦门办事处日常使用，张群伟也只是每月向该办事处支领工资，而未收取其他费用。2004 年 3 月 17 日，张群伟驾驶该车辆运载马航公司人员前往福州市出差。在载送公司人员回到所住宾馆后，张群伟又私自驾车外出，于当晚 0 时 50 分许，在树汤路温泉公园前路段与一辆三轮摩托车发生碰撞，造成三轮摩托车驾驶员受重伤、两车损坏的交通事故。张群伟因交通肇事罪被调查处理，租赁车辆闽 DA9113 号宝来轿车作为肇事车辆被福州市公安局鼓楼分局交通巡逻警察大队暂扣。因张群伟未能按照福州交警要求全额预交医疗费 7 万元，该车辆一直被暂扣。盈众公司派员前往福州交涉放车未果。2004 年 7 月 21 日，盈众公司委托律师向马航公司驻厦门办事处发出律师函，要求其尽快向福州交管部门支付未付款项以解除对前述肇事车辆的扣押，未果。盈众公司遂诉至厦门市中级人民法院，请求判令马航公司向其赔偿因其不能归还租赁车辆而造成的车辆停驶期间租金损失人民币 48000 元。

马航公司答辩称：其公司英文名称为 "Malaysian Airline System Berhad"，中文名称为马来西亚航空系统有限公司，而原告起诉的被告名称为马来西亚航空公司，被告在提交的经过公证、认证的授权委托书中已经表明被告与原告所起诉的主体是不同的主体，因此原告起诉的主体有误，起诉应当依法驳回。

厦门市中级人民法院认为，被告提交的《外国（地区）企业常驻代表机构登记证》中所列明的机构中文名称为"马来西亚航空公司驻厦门办事处"，被告提交的《聘用中国员工合同》、《聘用合同》、《聘用中国员工协议书》中的名称均为"马来西亚航空公司驻厦门办事处"。被告提供的经过公证的证据材料只能表明其英文名称为 "Malaysian Airline System Berhad"，但并不能证明"马来西亚航空系统公司"与原告起诉的"马来西亚航空公司"系不同主体。根据被告提交的《外国（地区）企业常驻代表机构登记证》和其他相关证据，足以表明其在我国系以"马来西亚航空公司"作为其正式名称对外进行经营活动。由于马航公司驻厦门办事处仅为分支机构，不能直接对外承担民事责任，因其行为引起的权利义务依法应由马航公司承担。因此法院认定被告适格，判决马航公司向盈众公司支付租金损失 48000 元。

案例评析

案例（三）（四）（五）典型体现了国际私法案件诉讼程序的特殊性。由于国家主权原因，我国法院对于发生在我国境外的法律事实缺乏有效手段来核实其真实性，因此如果国际私法案件当事人是外国人或者位于我国境外，便产生我国法院如何核实外国当事人的身份或者其签字或者签章的真实性问题。为了妥善解决这一问题，我国《民事诉讼法》第二百六十四条规定，在中华人民共和国领域内没有住所的外国人、无国籍人、外国企业和组织委托中华人民共和国律师或者其他人代理诉讼，从中华人民共和国领域外寄交或者托交的授权委托书，应当经所在国公证机关证明，并经中华人民共和国驻该国使领馆认证，或者履行中华人民共和国与该所在国订立的有关条约中规定的证明手续后，才具有效力。2015 年《最高人民法院关于适用〈中华人民共和国民事诉讼法〉的解释》第五百二十三条至五百二十五条进一步规定，外国人参加诉讼，应当向人民法院提交护照等用以证明自己身份的证件。外国企业或者组织参加诉讼，向人民法院提交的身份证明文件，应当经所在国公证机关公证，并经中华人民共和国驻该国使领馆认证，或者履行中华人民共和国与该所在国订立的有关条约中规定的证明手续。代表外国企业或者组织参加诉讼的人，应当向人民法院提交授权委托书。外国人、外国企业或者组织的代表人签署的授权委托书，应当经所在国公证机关公证，并经中华人民共和国驻该国使领馆认证，或者履行中华人民共和国与该所在国订立的有关条约中规定的证明手续。按照该司法解释第五百二十五条，只有在人民法院法官见证下签署的授权委托书，才可以免除公证和认证手续。案例（三）中任某甲作为多个被告的法定代表人，系我国香港居民，身在美国，无论是要求其专门来受理案件的福建高院在法官见证下签署授权委托书，还是要求其在美国对其签署的授权委托书进行公证和认证，都需要花费相当多的时间和费用。受理案件的福建高院为了提高审判效率，也为了方便当事人诉讼，创造性地通过微信视频的方式确认了身在美国的任某甲签署的授权委托书和其他文件的真实性。福建高院在该案中的创造性和灵活性都值得肯定，该做法也确实取得了三起案件均通过调解协议顺利结案的积极效果。但是严格说来，微信视频是否具有最高法院司法解释第五百二十五条中人民法院法官见证的法律效力，是可以质疑的，这也是该案例给我们提出的一个值得思考的重要问题。

国际私法案件外国当事人身份的确认困难有时还体现在外文语言的翻译上，案例（五）即典型体现了这一问题。依据《最高人民法院关于适用〈中华人民共和国民事诉讼法〉的解释》第五百二十七条，当事人向人民法院提交的书面材料是外文的，应当同时向人民法院提交中文翻译件。当事人是外国法人的，该法人名称和注册登记资料也应当附有中文翻译。在被告对原告采用的翻译文本不认同的情况下，便产生本案中的当事人适格问题或者其他问题。笔者认为，厦门市中级人民法院解决该案被告身份确认问题的方式是正确的，说理也是充分的。

案例（四）体现了国际私法案件调查取证程序的特殊性。根据我国民事诉讼法规定的谁主张谁举证原则，在纯国内民商事案件中，调查取证是原被告当事人自己的法律义务，法官原则上不会主动调查取证。但是在该案中，西藏自治区高级人民法院在收到最高人民法院转送的台方请求书及相关材料后，立即立案并指定该院两位法官负责办理。两位承办法官不顾严冬天气严寒，随即远赴林芝地区工布江达县调查取证，最终协助我国台湾地区法院完成了调查取证任务。这种情况在纯国内案件中是基本不可能发生的。

国际私法案件诉讼程序的特殊性还体现在其他一些方面。例如，按照《最高人民法院关于适用〈中华人民共和国民事诉讼法〉的解释》第二百七十五条，人民法院审理国际私法案件，无论诉标的额多少，都不适用小额诉讼程序。按照我国《民事诉讼法》第一百四十九条和第一百七十六条，人民法院适用普通程序审理的案件，原则上应当在立案之日起六个月内审结。人民法院审理对判决的上诉案件，原则上应当在第二审立案之日起三个月内审结。但是按照《民事诉讼法》第二百七十条规定，人民法院审理国际私法案件，不受审案期限的限制。司法实践中对于特别复杂的国际私法案件，审理时间长达数年甚至数十年的情况在国内外均有实例。

另外，在判决书的上诉期间和诉讼文书的公告送达期间等方面，国际私法案件和纯国内案件也有明显的区别，在此不一一赘述。

第四节　国际私法案件涉及法律冲突和准据法的适用

案例（六）

【美国总统轮船公司与菲达电器厂、菲利公司、长城公司无单放货纠纷案】

美国总统轮船公司与菲达电器厂、菲利公司、长城公司无单放货纠纷案①历经一审、二审和再审，前后持续八年之久，是我国司法实践中的经典国际私法案例。该案中，一审原告万宝集团广州菲达电器厂（简称菲达电器厂）向新加坡艺明灯饰公司（简称艺明公司）出口一批灯饰。买卖合同约定：原告发货后以传真形式将提单发出，艺明公司须在三天内将货款全数汇出；原告收到汇款通知副本，再将提单正本交付艺明公司；若有违法提货行为，以诈骗论。受菲达厂委托，中国长城工业广州公司（简称长城公司）、广州外资企业物资进出口公司下属企业菲利（广州）工业有限公司（简称菲利公司）分别于1993年8月14日和8月21日将涉案两集装箱货物在广州黄埔港装上被告美国总统轮船公司（American President Lines Limited，简称美轮公司）的轮船，一审被告美轮公司签发了两套各一式三份正本记名提单，该两套提单均记载，承运人为被告美轮公司，收货人为艺明公司，装货港为黄埔，卸货港为新加坡，运费预付。

货物运抵新加坡后，艺明公司未依协议向原告付款。在没有取得正本提单的情况下，艺明公司要求被告美轮公司放行涉案货物，并保证承担由此可能产生的任何后果。经新加坡港务当局证实，涉案两批货分别于1993年9月16日、17日放行。

原告菲达电器厂仍持有上述两票货物的全套正本提单，艺明公司提取货物后没有付款，导致菲达电器厂钱货两空。菲达电器厂遂以美轮公司无单放货为由，向广州海事法院提起诉讼，请求被告赔偿原告的货款损失。长城公司、菲利公司以第三人身份

　　①　详见《最高人民法院公报》2002年第5期（第175—178页）刊载的"美国总统轮船公司与菲达电器厂、菲利公司、长城公司无单放货纠纷再审案"。一审判决书：广州海事法院民事判决书（1994）广海法商字第66号。二审判决书：广东省高级人民法院民事判决书（1996）粤法经二上字第29号。再审判决书：最高人民法院民事判决书（1998）交提字第3号。

参加该诉讼，支持菲达电器厂的诉讼请求。美轮公司没有提出管辖异议并出庭应诉。

涉案两套正本提单背面的首要条款均载明："货物的收受、保管、运输和交付受本提单所证明的运输协议的条款调整，包括……（3）美国 1936 年《海上货物运输法》的条款或经 1924 年布鲁塞尔公约修改的 1921 年海牙规则生效的国家内一个具有裁判权的法院裁决因运输合同而产生争端的规定。"

广州海事法院一审认为：涉案提单首要条款约定，因本提单产生的争议适用美国 1936 年《海上货物运输法》和 1924 年《海牙规则》。该约定是原、被告双方选择法律的真实意思表示，没有违反中国法律，应确认其效力。但是，美国 1936 年《海上货物运输法》和 1924 年《海牙规则》均未对承运人能否不凭正本提单向记名收货人交付货物做出明确规定。因此，本案应适用中国法律和有关国际航运惯例解决。依据我国《海商法》第七十一条、《民法通则》第一百零六条、第一百一十七条和国际航运惯例，一审法院于 1995 年 12 月 11 日判决被告美国总统轮船公司赔偿原告万宝集团广州菲达电器厂货物损失 98 666.148 美元及其利息。

美轮公司向广东省高级人民法院提起上诉。广东省高级人民法院认为：原告对被告提起的是侵权之诉，原被告之间因侵权行为而产生的权利义务关系，不受上诉人与被上诉人之间原有运输合同条款的约束。我国《民法通则》第一百四十六条规定，侵权行为的损害赔偿，适用侵权行为地法律。依据该条规定，对于侵权之诉，当事人无权选择适用法律，因此提单背面法律选择条款无效。最高人民法院《关于贯彻执行〈中华人民共和国民法通则〉若干问题的意见》第一百八十七条规定："侵权行为地的法律包括侵权行为实施地法律和侵权结果发生地法律。如果两者不一致时，人民法院可以选择适用。"本案货物交付地在新加坡，侵权行为实施地即为新加坡；现菲达电器厂持有正本提单，无单放货行为侵害了其对货物的所有权，故侵权结果发生地为我国。由于侵权行为实施地和侵权结果发生地不一致，人民法院可以选择适用的法律。本案的侵权结果发生地是中华人民共和国，且原告的住所地、提单的签发地等均在中华人民共和国境内，较侵权行为实施地新加坡而言，中华人民共和国与本案具有更密切联系。因此，广州海事法院一审适用中华人民共和国法律并无不当。根据《民法通则》第一百四十二条第三款规定，中华人民共和国法律和中华人民共和国缔结或者参加的国际条约都没有规定的，才可以适用国际惯例。《中华人民共和国海商法》对记名提单情况下承运人是否应凭正本提单交付货物的问题已有规定，因此，本案应适用我国《海商法》，无需考虑适用国际惯例。广东省高级人民法院于 1996 年 9 月 5 日做出二审判决：驳回上诉，维持原判。①

美轮公司不服二审判决，向最高人民法院申请再审，最高人民法院裁定提审此案，

---

① 广东省高级人民法院民事判决书（1996）粤法经二上字第 29 号。

再审期间中止原审判决的执行。

最高人民法院认为：对本案是国际海上货物运输合同无单放货纠纷，双方当事人没有异议，应予认定。我国《海商法》第二百六十九条规定："合同当事人可以选择合同适用的法律，法律另有规定的除外。合同当事人没有选择的，适用与合同有最密切联系的国家的法律。"本案提单系双方当事人自愿选择使用，提单首要条款中明确约定适用美国1936年《海上货物运输法》或《海牙规则》。该法律选择是双方当事人的真实意思表示，且不违反中华人民共和国公共利益，合法有效，应当尊重。但是，由于《海牙规则》仅适用于与具有物权凭证效力的运输单证相关的运输合同。本案提单是不可转让的记名提单，不具有物权凭证的效力。并且，《海牙规则》对承运人如何交付记名提单项下的货物未作规定。因此解决本案海上货物运输合同纠纷，不能适用《海牙规则》，只能适用美国1936年《海上货物运输法》。美国1936年《海上货物运输法》第三条第四款规定，该法中的任何规定都不得被解释为废除或限制适用美国《联邦提单法》。事实上，在适用美国1936年《海上货物运输法》确认涉及提单的法律关系时，只有同时适用与该法相关的美国《联邦提单法》，才能准确一致地判定当事人在提单证明的海上货物运输合同中的权利义务。因此，本案应当适用美国1936年《海上货物运输法》和美国《联邦提单法》。原审法院认定本案属侵权纠纷，并以侵权结果发生地在中国为由，对本案适用中国法律，不符合本案事实，是适用法律错误，应予纠正。

根据美国1936年《海上货物运输法》和美国《联邦提单法》第二条、第九条规定，承运人向记名提单的记名收货人交付货物时，不负有要求记名收货人出示或提交记名提单的义务。美轮公司作为承运人，根据记名提单约定，将货物交给记名收货人艺明公司，该交货行为符合上述美国法律规定，是履行海上货物运输合同中交货义务的合法行为，并无过错。菲达电器厂未能收回货款的损失，是其与艺明公司贸易中的风险，与美轮公司无关。原审判决认定美轮公司未正确履行凭正本提单交付货物的义务不当，判令美轮公司对菲达电器厂的货款损失承担赔偿责任错误，应予纠正。

基于上述理由，最高人民法院于2002年6月25日做出再审判决，撤销了广东省高级人民法院二审民事判决和广州海事法院的一审民事判决，驳回菲达电器厂对美轮公司的诉讼请求。[①]

案例评析

美国总统轮船公司与菲达电器厂、菲利公司、长城公司无单放货纠纷案[②]历经一审、

---

① 沈德咏：《最高人民法院公报案例大全》（下卷），人民法院出版社2009年版，第1332—1336页。

② 详见《最高人民法院公报》2002年第5期（第175—178页）刊载的"美国总统轮船公司与菲达电器厂、菲利公司、长城公司无单放货纠纷再审案"。一审判决书：广州海事法院民事判决书（1994）广海法商字第66号。二审判决书：广东省高级人民法院民事判决书（1996）粤法经二上字第29号。再审判决书：最高人民法院民事判决书（1998）交提字第3号。

二审和再审，前后持续八年之久，是我国司法实践中的经典国际私法案例。该案体现了国际私法案件独有的一个特征，即涉及法律冲突和准据法的确定与适用问题。该案中，一审法院和二审法院均适用了我国法律即《中华人民共和国民法通则》和《中华人民共和国海商法》。由于我国《海商法》禁止承运人无单放货，因此一审法院和二审法院均适用中国法律判决被告承运人美国总统轮船公司承担损害赔偿责任。但最高人民法院认为本案应当适用提单背面条款选择的美国海上货物运输法和美国联邦提单法，美国法律允许记名提单的承运人无单放货，因此最高人民法院适用美国法律判决美国总统轮船公司无单放货没有过错，撤销了一审法院和二审法院的判决，驳回了托运人菲达电器厂的诉讼请求。

该案中产生了明显的中国法律和美国法律之间的法律冲突。为了解决国际私法案件中的法律冲突，我国立法者制定了包括《涉外民事关系法律适用法》《民法通则》第八章和《海商法》第十四章在内的许多法律规范，这些法律规范均以解决法律冲突为主要内容，因此又称为冲突规范。广东高院依据《民法通则》第一百四十六条认定本案应当适用侵权行为地法律即中国法律，最高人民法院依据《海商法》第二百六十九条认定本案应当适用提单条款选择的美国法律，最后分别得出了不同的结论并作出了完全相反的判决结果。《民法通则》第一百四十六条和《海商法》第二百六十九条均属于冲突规范，审案法院依据该冲突规范指引最后确定的作为判决依据的法律，称为准据法。该案中，一审法院和二审法院用来作为判决依据的《中华人民共和国民法通则》和《中华人民共和国海商法》，最高人民法院用来作为判决依据的美国《海上货物运输法》和美国《联邦提单法》，都是准据法。涉及法律冲突和准据法的确定与适用问题，是国际私法案件独有的特征。纯国内案件中一般不会产生法律冲突，[①] 因此纯国内案件也不涉及准据法的确定和适用问题。

第五节　国际私法案件判决的执行具有特殊性

案例（七）
【中威轮船公司、陈震、陈春与日本商船三井株式会社定期租船合同及侵权损害赔偿纠纷案】[②]

中威轮船公司（简称中威公司）由中国公民陈顺通于二十世纪三十年代初在上海

---

① 纯国内案件中可能产生国内不同法律之间的冲突，例如中央法律和地方法律之间的垂直法律冲突，这种法律冲突严格来讲不属于国际私法的研究内容。

② 赵红：《上海海事法院三十年案例精选（1984—2014）》，法律出版社 2015 年 12 月版，第 122—123 页。上海海事法院（1989）沪海法商字第 25 号民事判决书；上海市高级人民法院（2008）沪高民四（海）终字第 80 号终审判决书；最高人民法院（2010）民申字第 1269 号民事裁定书；上海海事法院（2011）沪海执字第 6 号。上海海事法院（2014）沪海执异字第 1 号。

设立，1940 年前后歇业。"顺丰"轮、"新太平"轮（以下简称两轮）的所有权人为陈顺通，由中威公司经营，船籍港均为上海。

1936 年 6 月 16 日和 10 月 14 日，陈顺通代表中威公司与日本大同海运株式会社（商船三井株式会社的前身）分别在上海签订两轮的定期租船合同，租期均为 12 个日历月。合同约定了租金支付方式、还船地点等。合同例外事故条款约定，上述轮船不得被要求进入处于禁运状态的港口或正发生敌对行动的港口，不得装运有害物资，不得进行有可能引起统治者或政府没收、扣留或处罚风险的航行，亦不得装运此类货物等。合同签订后，两轮在上海港分别交付给大同海运株式会社使用。1937 年 8 月，两轮在日本被日本军方扣留，后日本递信省以定期租船契约的形式将两轮委托大同海运株式会社营运。1938 年和 1944 年，两轮分别触礁沉没、被击沉。中威轮船公司后来通过政治外交以及司法途径向日本政府索赔，未果。

陈顺通于 1949 年 8 月 8 日立下遗嘱，将两轮的权益及应收未收之租金全部归其子陈洽群继承。1987 年 12 月 31 日，陈洽群立下遗嘱，由其子陈震、陈春全权代理向日诉讼。

1988 年 12 月 30 日，中威公司、陈震、陈春向上海海事法院起诉日本商船三井株式会社（以下简称商船三井），主张两轮租金、营运损失、船舶损失等合计 2916477260.80 日元。

法院查明，日本大同海运株式会社于 1964 年并入日本海运株式会社，1989 年日本海运株式会社被并入日本奈维克斯海运株式会社，1999 年奈维克斯海运株式会社又被并入日本商船三井株式会社。

上海海事法院审理认为，两轮并未被安排到安全的海域航行，导致被日本军方扣留，是大同海运株式会社违反合同约定所造成的后果，依照《中华人民共和国海商法》规定，出租人有权解除合同，并有权要求赔偿因此遭受的损失。大同海运株式会社明知船舶所有人为陈顺通，又继续占有两轮，既不及时告知船舶所有人详情，又不支付合同费用，构成对两轮财产权利人的侵权。鉴于两轮已经灭失，大同海运株式会社对船舶所有人实际发生的经济损失，应当承担侵权赔偿责任。

2007 年 12 月 7 日，上海海事法院作出（1989）沪海法商字第 25 号民事判决，判令商船三井向陈震、陈春支付并赔偿两轮的租金、营运损失、船舶损失及孳息共 2916477260.80 日元。

中威公司、陈震、陈春与商船三井均不服一审判决，向上海市高级人民法院提起上诉。该院于 2010 年 8 月 6 日作出（2008）沪高民四（海）终字第 80 号终审判决，驳回各方当事人的上诉。商船三井不服，向最高人民法院提出再审申请。2010 年 12 月 23 日最高人民法院作出（2010）民申字第 1269 号民事裁定书，驳回商船三井的再审申请。

2010 年 8 月 17 日申请执行人陈震、陈春以被执行人日本商船三井株式会社拒绝履行生效判决为理由，向上海海事法院申请强制执行。双方当事人进行了多次协商，但没有达成和解协议。2013 年 12 月申请执行人再次申请强制执行。在获悉被执行人商船三井株式会社所有的 226434 吨 "BAOSTEEL EMOTION" 轮船将于 2014 年 4 月 19 日停靠浙江省舟山市嵊泗县马迹山港之后，申请执行人立即向上海海事法院申请扣船。上海海事法院法官积极与当地法院、海事部门和边检部门沟通协调，确保扣船行为万无一失。2014 年 4 月 18 日上海海事法院执行法官赶赴舟山市。4 月 19 日，执行法官登上 "BAOSTEEL EMOTION" 轮，向船长宣读并且送达了《执行裁定书》《扣押船舶命令》和《限期履行通知书》，依法对该艘轮船实施扣押。2014 年 4 月 23 日，被执行人日本商船三井株式会社根据限期履行通知书的要求支付了判决本金 2916477260.80 日元，同时就延迟履行债务利息提供了现金担保。法院经过审查认为被执行人已经全面履行了生效判决确定的全部义务，2014 年 4 月 24 日上海海事法院裁定解除对 "BAOSTEEL E-MOTION" 轮的扣押，同时发布《解除扣押船舶命令》。至此，船王四代人为之奔波 77 年（1937—2014）的 "中威船案" 世纪之讼终于尘埃落定。

案例评析

"中威船案" 是一起纠缠了 77 年（1937—2014）的 "超级马拉松" 旷世奇案，创造了数个 "第一"：中国历史上历时最长的国际私法案件；我国法院受理的中国公民向日本企业索赔二战期间损失的第一案；中国民间对日索赔金额最高的案件；继公审 "四人帮" 后国内律师团人数最多的案件。该案涉及国际裁判权、涉外民商事司法管辖权、合同主体资格认定问题和诉讼时效问题等许多国际私法和实体法问题，其中最为典型的是国际私法案件判决的承认和执行问题。由于国际私法案件具有涉外因素，被执行人在作出判决的法院所属的国家很可能没有任何可供强制执行的财产，在这种情况下，如果被执行人不自动履行判决书确定的义务，作出判决的法院如何强制执行该判决书，便是一个非常棘手的法律问题。为此，我国《民事诉讼法》第二百八十条规定，人民法院作出的发生法律效力的判决、裁定，如果被执行人或者其财产不在中华人民共和国领域内，当事人请求执行的，可以由当事人直接向有管辖权的外国法院申请承认和执行，也可以由人民法院依照中华人民共和国缔结或者参加的国际条约的规定，或者按照互惠原则，请求外国法院承认和执行。但是目前与我国订立了关于相互承认和执行法院判决的条约的国家并不多，在相互承认和执行法院判决方面与我国存在互惠关系的国家也不多。例如案例（八）中，中日两国目前在相互承认和执行法院判决方面既没有司法协助协定，也不存在互惠关系，因此原告即使在日本法院申请承认和执行中国法院的判决书，成功可能性也非常小。涉案租船合同于 1936 年签订，1937 年涉案当事人即因履行租船合同问题发生纠纷，原告于 1988 年向上海海事法院提起诉讼，上海海事法院于 2007 年作出一审判决，该判决于 2014 年才得以强制执行。该案判决作出七年之后才得以强制执行的主要原因是被执行人在我国境内没有财产，中国和日本在相互承认和执行法院判决方面既没有共同参加或缔结的国际条约，也不存在互惠关系。因此原告方耗费了大量时间和精力在中国境内搜索属于被告的可供执行的财产，一直到 2014 年才在我国境内找到属于被告的可供扣押的一艘船舶，该案判决才最终得以强制执行。上海海事法院强制执行该案判决书的实例，充分体现了国际私法案件判决强制执行问题的特殊性。

第六节　拓展思考

【纯国内合同当事人是否可以为他们之间的合同争议协议选择准据法？】

学界通说认为，只有国际私法案件才需要确定准据法；没有任何涉外因素的纯国内民商事案件，不仅不需要确定准据法，而且当事人也没有权利为这类案件协议选择准据法。这一观点也符合我国《涉外民事关系法律适用法》第二条的规定。因此可以认为，纯国内民商事案件不需要确定准据法，纯国内合同当事人也无权协议选择合同准据法，已经成为我国立法和国际私法学界的共识。但是进一步思考我们会发现，这一学界共识并非不可以商榷。从广义理解，准据法是立法者准许法院作为判决依据的法律。法院无论审理涉外民商事案件，还是审理纯国内民商事案件，都只能适用立法者允许作为判决依据的法律，决不能随意适用法律，否则就可能构成权利滥用甚至枉法裁判，这也是"以法律为准绳"的应有之义。因此从这个意义上讲，法院审理任何案件都需要首先确定准据法。只不过在不具有任何涉外因素的纯国内民商事案件中，因为案件中所有的连接因素都位于内国，因此受案法院无论适用国际私法中的任何一条冲突规范，该冲突规范的连结点一般都会指向内国法律作为准据法，因此在这种情况下，法院不进行任何说理，直接适用内国法律对纯国内民商事案件进行判决，并不会导致法律适用和判决结果的错误。

当事人协议选择法律的情况属于例外。案例（一）中当事人双方的利益冲突充分说明，是否允许纯国内合同案件当事人协议选择准据法，完全可能导致截然相反的判决结果。这很可能是我国立法和司法实践禁止纯国内合同当事人协议选择合同准据法的一个重要原因。但是正如案例（一）所体现的，区分涉外民商事案件和国内民商事案件，在司法实践中有时非常困难，因为两类案件之间存在一个模糊地带。对于处于这一模糊地带的民商事案件，明确区分其是否属于涉外案件有时甚至不可能。因此笔者认为，鉴于司法实践中区分涉外案件和国内案件的实际困难和准据法理论体系的自洽，立法应当承认所有民商事案件，无论是否具有涉外因素，都存在准据法的确定问题。因此立法也应当允许所有民商事合同当事人协议选择该合同的准据法。但是对于除了法律选择条款之外没有任何其他涉外因素的合同案件，立法可以对该法律选择的效力进行限制，例如，立法允许没有任何涉外因素合同的当事人协议选择法律，但禁止该类合同当事人协议选择的法律违背内国法律中的强制性规定。考虑到即使立法禁止纯国内合同当事人协议选择外国法律，也无法禁止该当事人通过契约自由原则将外国法律规定并入合同使之成为合同条款，笔者的前述建议不仅可以预防一些不必要的法律规避行为，而且有利于平等对待纯国内合同和涉外合同的当事人，从而有利于促进国际私法规则在司法实践中被更多的当事人尊重和自愿遵守。

【主要法条】

《最高人民法院关于适用〈中华人民共和国涉外民事关系法律适用法〉若干问题的解释（一）》第一条　民事关系具有下列情形之一的，人民法院可以认定为涉外民事关系：

（一）当事人一方或双方是外国公民、外国法人或者其他组织、无国籍人；

（二）当事人一方或双方的经常居所地在中华人民共和国领域外；

（三）标的物在中华人民共和国领域外；

（四）产生、变更或者消灭民事关系的法律事实发生在中华人民共和国领域外；

（五）可以认定为涉外民事关系的其他情形。

2015 年《最高人民法院关于适用〈中华人民共和国民事诉讼法〉的解释》第五百二十二条　有下列情形之一，人民法院可以认定为涉外民事案件：

（一）当事人一方或者双方是外国人、无国籍人、外国企业或者组织的；

（二）当事人一方或者双方的经常居所地在中华人民共和国领域外的；

（三）标的物在中华人民共和国领域外的；

（四）产生、变更或者消灭民事关系的法律事实发生在中华人民共和国领域外的；

（五）可以认定为涉外民事案件的其他情形。

2015 年《最高人民法院关于适用〈中华人民共和国民事诉讼法〉的解释》第五百二十三条　外国人参加诉讼，应当向人民法院提交护照等用以证明自己身份的证件。

外国企业或者组织参加诉讼，向人民法院提交的身份证明文件，应当经所在国公证机关公证，并经中华人民共和国驻该国使领馆认证，或者履行中华人民共和国与该所在国订立的有关条约中规定的证明手续。

代表外国企业或者组织参加诉讼的人，应当向人民法院提交其有权作为代表人参加诉讼的证明，该证明应当经所在国公证机关公证，并经中华人民共和国驻该国使领馆认证，或者履行中华人民共和国与该所在国订立的有关条约中规定的证明手续。

本条所称的"所在国"，是指外国企业或者组织的设立登记地国，也可以是办理了营业登记手续的第三国。

第五二十四条 依照民事诉讼法第二百六十四条以及本解释第五百二十三条规定，需要办理公证、认证手续，而外国当事人所在国与中华人民共和国没有建立外交关系的，可以经该国公证机关公证，经与中华人民共和国有外交关系的第三国驻该国使领馆认证，再转由中华人民共和国驻该第三国使领馆认证。

第二章　涉外民商事管辖权*

核心知识点

　　涉外民商事管辖权问题属于诉讼程序问题，依据我国《民事诉讼法》第四条，必须强制适用我国《民事诉讼法》的规定，而不能适用我国冲突规范援引的准据法。我国法院受理了涉外民商事案件之后，应当优先适用《民事诉讼法》第四编的规定确定自身对该案件的管辖权；第四编没有规定的，可以适用《民事诉讼法》前三编的规定。涉外民商事案件的当事人一方或者多方是外国人，原则上不影响我国法院取得对该案件的合法管辖权。

第一节　典型案例介绍

　　【P×（中文名皮×）与 W×（中文名王×）监护权纠纷案①】

　　本案当事人 P×与 W×及其共同的女儿××Wang 均系德国公民，P×与 W× 2004 年相识，曾是男女朋友的恋爱关系，但并没有同居生活。2006 年 5 月 31 日，两人的非婚生女儿××Wang（中文名王××）在德意志联邦共和国帕绍市出生。按照德国法律规定，W×对非婚生女儿拥有单独的监护权和抚养权，P×没有任何权力干涉和决定有关孩子的一切事情。因此女儿出生后一直由 W×单独抚养。2009 年年中 P×与 W×开

---

　　* 本章作者：南开大学法学院秦瑞亭。
　　① 北京市海淀区人民法院民事裁定书（2015）海少民初字第 377 号；北京市第一中级人民法院民事裁定书（2016）京 01 民辖终 288 号。

始同居生活，直到 2011 年 11 月结束。2012 年 W× 与女儿搬回北京生活，并定居于北京。

2012 年德国法院终审判决依据德国法律认定 W× 拥有对女儿的单独监护权。但是 W× 与女儿移居北京后，依据中国法律，P× 与 W× 享有了对女儿的共同监护权。但 P× 并不履行监护义务，甚至严重侵害到女儿的民事权利和出行自由，导致对女儿的生活成长和身心健康都造成了严重的不良后果。因此，W× 诉至北京市海淀区人民法院，提出如下诉讼请求：1. 判决 W× 对非婚生女儿 ×× Wang 拥有单独监护权，女儿 ×× Wang 由 W× 单独抚养；2. 判决 P× 支付抚养费每月人民币 10000 元，2013 年 9 月至今共计人民币 230000 元；3. 判决 P× 返还女儿账户中的抚养费共计人民币 28000 元；4. 诉讼费由 P× 承担。

P× 在提交答辩状期间对管辖权提出异议，认为本案当事人各方均系德国公民，原告 W× 及其女儿在中国境内并没有住所，且案件主要事实亦发生在德国，故本案应由德国法院管辖。W× 称其与女儿已经在北京居住生活四年，其经常居住地在北京市海淀区，因此本案应由一审法院继续审理。W× 向法院提交了甘家口派出所出具的住宿登记表，记载 W× 和其女儿 ×× Wang 住址为北京市海淀区 ×× 号院 × 号楼 ××。W× 提交的北京市海淀区人民政府甘家口街道办事处 ×× 社区居民委员会于 2016 年 3 月 2 日出具的证明记载：W× 和 ×× Wang 自 2012 年至今一直居住在北京市海淀区 ×× 号院 × 号楼 ××。

一审法院北京市海淀区人民法院认为，不服指定监护或者变更监护关系的案件，可以由被监护人住所地人民法院管辖。现有证据可以认定 W× 和其女儿 ×× Wang 自 2012 年起一直在北京市海淀区居住，因此可以认定被监护人 ×× Wang 的住所地为北京市海淀区，故北京市海淀区法院对本案拥有合法管辖权。依据《最高人民法院关于适用〈中华人民共和国民事诉讼法〉的解释》第十条，裁定驳回被告 P×（中文名皮×）对本案管辖权提出的异议。

P× 不服一审法院裁定，向北京市第一中级人民法院提起上诉，请求撤销原裁定，并将本案移送至德国法院审理，理由为本案的当事人及其共同的女儿均系德国公民。《最高人民法院关于适用〈中华人民共和国民事诉讼法〉的解释》第三条明确规定：公民的住所地是指公民的户籍所在地。被监护人 ×× Wang 没有中国户籍，因此 ×× Wang 在中国并无住所地。

二审法院北京市第一中级人民法院认为，本案双方当事人均为外国公民，根据《最高人民法院关于适用〈中华人民共和国民事诉讼法〉的解释》第五百二十二条规定，本案争议的法律关系依法应认定为涉外民事关系。《中华人民共和国涉外民事关系法律适用法》第二十五条规定：父母子女人身、财产关系，适用共同经常居所地法律；没有共同经常居所地的，适用一方当事人经常居所地法律或者国籍国法律中有利于保护弱者权益的法律。本案原被告之间的监护权纠纷属于"父母子女人身关系"的纠纷，且双方当事人没有共同经常居所地，故管辖法院的判定应当适用一方当事人经常居所地法律或者国籍国法律中有利于保护弱者权益的法律。原告向法院提交了中华人民共和国北京市公安局甘家口派出所出具的《临时住宿表》及中华人民共和国北京市海淀区甘家口街道办事处××居委会出具的《证明》，证明原告自 2012 年起一直在中华人民共和国北京市海淀区居住，故一审法院及本院均认定中华人民共和国北京市海淀区为原告的经常居所地。因此，本案管辖法院的判断应当适用中华人民共和国法律。《最高人民法院关于适用〈中华人民共和国民事诉讼法〉的解释》第十条规定，不服指定监护或者变更监护关系的案件，可以由被监护人住所地人民法院管辖。本案中的被监护人为原告的女儿××Wang，中华人民共和国北京市公安局甘家口派出所出具的《临时住宿表》及中华人民共和国北京市海淀区甘家口街道办事处××居委会出具的《证明》，证明××Wang 自 2012 年起一直在中华人民共和国北京市海淀区居住，故本案应当由中华人民共和国北京市海淀区人民法院管辖。

基于上述理由，二审法院于 2016 年 5 月 27 日裁定驳回上诉，维持一审裁定。

第二节　案例评析

本案是一起普通的涉外监护纠纷，但在澄清涉外民商事管辖权领域的一些典型国际私法问题方面，本案确实是不可多得的司法实践样本。因此本案虽然既不属于大案要案，也不属于经典案例，但是具有非常重要的研究价值。本案提出了两个非常重要但在司法实践中却经常被忽视的问题：其一，冲突规范可否被法院用来作为确定涉外民商事管辖权的依据？其二，我国法院对于当事人均为外国人的涉外民商事案件是否拥有合法管辖权？

关于第一个问题。首先，冲突规范，顾名思义，是解决法律冲突的规范，即为涉外民商事法律关系援引准据法的法律规范。因此，冲突规范不具有解决管辖权冲突的功能，任何国家的法院都不可能依据冲突规范解决国际民商事管辖权之间的冲突，从而也就不可能依据冲突规范确定自身对某一涉外民商事案件的合法管辖权。具体到本案而言，我国《涉外民事关系法律适用法》是解决法律冲突的法律，其中绝大多数法律规范都是冲突规范，该法第二十五条亦属于典型的冲突规范，是用来为具有涉外因素的父母子女法律关系援引准据法的法律规范，根本不具有解决管辖权冲突和确定涉外民商事管辖权的功能。因此，二审法院援引该条款来解决涉外监护纠纷的管辖权冲突问题，显然属于法律适用错误。

其次，我国《民事诉讼法》第四条规定，凡在中华人民共和国领域内进行民事诉讼，必须遵守本法。依据该条的明确规定，我国法院受理涉外民商事案件，必须按照我国《民事诉讼法》的规定来确定自身的管辖权。换言之，对于我国法院对涉外民商事案件是否享有管辖权的问题，只能适用我国《民事诉讼法》的规定，我国立法者在这一问题上根本不允许适用外国法律。因此本案二审法院首先根据我国《涉外民事关系法律适用法》第二十五条的援引认定我国法律作为解决本案管辖权问题的准据法，然后再依据《最高人民法院关于适用〈中华人民共和国民事诉讼法〉的解释》第十条规定得出北京市海淀区人民法院对本案享有合法管辖权的结论，虽然结论是正确的，但二审法院的说理论证过程明显违背了我国《民事诉讼法》第四条，也违背了"诉讼程序问题适用法院地法"这一国际社会广泛接受的国际惯例，属于法律适用错误。

关于第二个问题。根据上文分析可知，我国法院受理了涉外民商事案件之后，应直接适用我国《民事诉讼法》中的规定来解决管辖权冲突和确定自身对案件的管辖权，而不应该、也不允许，援引我国国际私法中的冲突规范来确定管辖权问题的准据法。因此，我国法院是否有权管辖当事人均为外国人的涉外民商事案件的问题，同样应当按照我国《民事诉讼法》中的规定来回答。根据我国《民事诉讼法》第二百五十九条，对于涉外民商事管辖权问题，应当优先适用该法第二百六十五条和第二百六十六条的规定；该两个条款没有规定的，可以适用《民事诉讼法》第二章的规定。纵观我国《民事诉讼法》第二章和第二百六十五条和第二百六十六条的规定可知，这些条款主要依据当事人住所地、注册登记地、财产所在地、诉讼标的物所在地和行为地等因素来确定我国法院对涉外民商事案件的管辖权，对于合同和其他财产权益纠纷，《民事诉讼法》第三十四条允许当事人协议选择与案件有实际联系的法院管辖；但是，我国《民事诉讼法》中没有任何一个条款依据当事人的国籍来解决管辖权冲突问题。由此可见，当事人是中国人还是外国人，原则上不会对我国法院的涉外民商事管辖权产生实质性影响。因此，只要我国《民事诉讼法》第二章以及第二百六十五—二百六十六条中规定的某一管辖权因素位于我国内地，即使案件当事人都是外国人，我国法院对该案件也拥有合法管辖权。

具体到本案而言，本案属于涉外监护纠纷，《民事诉讼法》第二百六十五条和第二百六十六条没有规定涉外监护纠纷的管辖权问题，因此本案可以适用《民事诉讼法》第二章的规定。依据《民事诉讼法》第二十二条，对不在中华人民共和国领域内居住的人提起的有关身份关系的诉讼，由原告住所地人民法院管辖；原告住所地与经常居住地不一致的，由原告经常居住地人民法院管辖。根据一审法院认定的事实，本案原告住所地位于北京市海淀区，因此，海淀区人民法院依据《民事诉讼法》第二十二条享有合法管辖权，当事人一方或者多方是中国人或者外国人，均不影响该管辖权的成立。

第三节 拓展思考

值得思考的一个问题是，2002 年最高人民法院《关于涉外民商事案件诉讼管辖若干问题的规定》对实行集中管辖的国际私法案件的种类采取了列举式和排除式相结合的规定方式，涉外合同纠纷和涉外侵权纠纷属于该司法解释明文列举的应当实行集中管辖的案件；涉外知识产权纠纷属于该司法解释明文排除的不实行集中管辖的案件。但是对于该司法解释既没有列举也没有排除的国际私法案件，例如国际贸易中的涉外物权纠纷，涉外婚姻家庭继承纠纷，是否实行集中管辖，最高人民法院没有明确规定，司法实践中的做法也不尽一致。从我国目前公布的裁判文书来看，我国法院对国际贸易中的合同、侵权和物权纠纷，均实行集中管辖；但对于涉外婚姻家庭继承纠纷一般不适用该司法解释，而是按照《民事诉讼法》第十七条至第二十条的规定确定级别管辖权。笔者认为，对国际贸易中的涉外商事案件实行集中管辖制度，对涉外婚姻家庭继承纠纷不实行该制度，不符合集中管辖制度的目的，也不利于提升我国国际私法案件的审判质量。从最高人民法院实行集中管辖制度的目的，即提高我国国际私法案件的审判质量进而提升我国在国际社会的国家司法形象角度出发，我国应对所有的国际私法案件实行集中管辖制度。从理论方面分析，集中管辖制度的实施也有利于我国法院在程序法、实体法和冲突法领域积累更多更丰富的有益经验，促进和加速我国全面依法治国方略的实现。由于目前我国已经有 400 多个中级和基层人民法院拥有对国际私法案件的集中管辖权，而且最高人民法院还可以根据实际需要赋予更多的基层和中级法院享有对国际私法案件的集中管辖权，因此，对所有涉外民商事案件实行集中管辖制度，在我国不仅具有必要性，而且具有可行性。[①]

【主要法条】

《中华人民共和国民事诉讼法》第二十二条 下列民事诉讼，由原告住所地人民法院管辖；原告住所地与经常居住地不一致的，由原告经常居住地人民法院管辖：

（一）对不在中华人民共和国领域内居住的人提起的有关身份关系的诉讼；

（二）对下落不明或者宣告失踪的人提起的有关身份关系的诉讼；

（三）对被采取强制性教育措施的人提起的诉讼；

（四）对被监禁的人提起的诉讼。

第二百五十九条 在中华人民共和国领域内进行涉外民事诉讼，适用本编规定。本编没有规定的，适用本法其他有关规定。

---

① 截至 2014 年 10 月全国共有 203 个中级法院、204 个基层法院具有一审涉外商事案件管辖权。

《中华人民共和国民法典》第二十五条　自然人以户籍登记或者其他有效身份登记记载的居所为住所；经常居所与住所不一致的，经常居所视为住所。

2002 年《最高人民法院关于涉外民商事案件诉讼管辖若干问题的规定》①

第一条　第一审涉外民商事案件由下列人民法院管辖：

（一）国务院批准设立的经济技术开发区人民法院；

（二）省会、自治区首府、直辖市所在地的中级人民法院；

（三）经济特区、计划单列市中级人民法院；

（四）最高人民法院指定的其他中级人民法院；

（五）高级人民法院。

上述中级人民法院的区域管辖范围由所在地的高级人民法院确定

2015 年《最高人民法院关于适用〈中华人民共和国民事诉讼法〉的解释》第五百三十二条　涉外民事案件同时符合下列情形的，人民法院可以裁定驳回原告的起诉，告知其向更方便的外国法院提起诉讼：

（一）被告提出案件应由更方便外国法院管辖的请求，或者提出管辖异议；

（二）当事人之间不存在选择中华人民共和国法院管辖的协议；

（三）案件不属于中华人民共和国法院专属管辖；

（四）案件不涉及中华人民共和国国家、公民、法人或者其他组织的利益；

（五）案件争议的主要事实不是发生在中华人民共和国境内，且案件不适用中华人民共和国法律，人民法院审理案件在认定事实和适用法律方面存在重大困难；

（六）外国法院对案件享有管辖权，且审理该案件更加方便。

---

① 法释〔2002〕5 号，2001 年 12 月 25 日最高人民法院审判委员会第 1203 次会议通过，自 2002 年 3 月 1 日起施行。

第三章 识别[*]

核心知识点

依据我国《涉外民事关系法律适用法》第八条，国际私法案件的识别适用法院地法，这也是国际社会广泛接受的解决识别冲突的具体方案。但是适用法院地法解决一切国际私法案件的识别冲突问题，可能会导致不公平、不合理的判决结果。从世界范围来看，承认有利于受害人原则，已经成为侵权行为冲突法的一个国际发展趋势。[①] 这一趋势也明显影响了我国涉外民商事审判实践。我国司法实践表明，我国一些人民法院不仅在侵权行为地的确定方面承认了有利于受害人原则，而且扩大了有利于受害人原则的适用范围，创造性地将该原则用于解决责任竞合案件的识别问题。

第一节 典型案例介绍

案例（一）

【陆红诉美国联合航空公司国际航空旅客运输损害赔偿纠纷案[②]】

原告陆红于 1998 年 5 月 12 日乘坐被告美国联合航空公司（简称美联航）的 UA801 班机，由美国夏威夷经日本飞往香港。该机在日本东京成田机场起飞时，飞

---

* 本章作者：南开大学法学院秦瑞亭。

① 秦瑞亭：《国际私法》（第二版），南开大学出版社 2014 年版，第 234 页。

② 沈德咏：《最高人民法院公报案例大全》（下卷），人民法院出版社 2009 年版，第 1336—1339 页。

机左翼引擎发生故障，陆红在紧急撤离过程中受伤，被送往成田红十字医院救治，经诊断为右踝骨折。之后陆红到香港伊丽莎白医院做检查，结论为右踝侧面局部发炎，不能立即进行手术。陆红征得美联航同意后，于5月16日入住安徽省立医院治疗，诊断为右侧内、外、后踝骨折伴粉碎性移位。该院先后两次对陆红进行手术治疗。1998年12月22日陆红出院，休息至1999年3月底。陆红受伤后休息期间的工资收入是每月人民币1255元，每月工资收入比受伤前减少人民币1145元。陆红受伤后，美联航曾向其致函，表示事故责任在于美联航，美联航承担了陆红两次手术的医疗费用计人民币86748.10元。因双方当事人就损害赔偿问题协商未果，陆红向上海市静安区人民法院提起诉讼，请求法院依据《统一国际航空运输某些规则的公约》（简称《华沙公约》）、《修订一九二九年十月十二日在华沙签订的统一国际航空运输某些规则的公约的议定书》（简称《海牙议定书》）以及《蒙特利尔协议》，判令被告赔偿原告伤残补助费及生活护理费共7.5万美元。诉讼中原告陆红变更诉讼请求，要求被告按照"吉隆坡协议"规定的10万特别提款权（即132099美元）承担损害赔偿责任。

上海市静安区人民法院认为，《中华人民共和国合同法》第一百二十六条规定："涉外合同的当事人可以选择处理合同争议所适用的法律，但法律另有规定的除外。涉外合同的当事人没有选择的，适用与合同有最密切联系的国家的法律。"本案双方当事人一致选择适用《华沙公约》。这一选择符合第一百二十六条规定，也不违反我国在涉外民事案件法律适用方面的强行性规定，应当允许。"本案是涉外旅客运输合同纠纷与侵权纠纷的竞合。原告陆红因乘坐被告美联航的班机受伤致残，而向美联航索赔，索赔请求中包括精神损害赔偿。乘坐班机发生纠纷，通常是旅客运输合同纠纷，解决的是违约责任。但因乘坐班机受伤致残，违约行为同时侵犯了人身权利，就可能使违约责任与侵权责任竞合。《合同法》第一百二十二条规定：因当事人一方的违约行为，侵犯对方人身、财产权益的，受损害方有权选择依照本法要求其承担违约责任或者依照其他法律要求其承担侵权责任。由此可见，违约责任与侵权责任不能在同一民事案件中并存，二者必居其一，应由受损害方选择。陆红在请求美联航承担违约责任的同时，又请求精神损害赔偿，应视作对责任选择不明。在这种情况下，如何确定责任的选择，对受害当事人提供必要的司法救济尤为重要。违约责任与侵权责任的重要区别在于，两者的责任范围不同。合同的损害赔偿责任严格按合同的约定执行，主要是对财产损失进行赔偿；侵权的损害赔偿责任按侵权造成的损害后果确定，不仅包括财产损失的赔偿，还包括人身伤害和精神损害的赔偿。从最大程度保护受害人利益的角度出发，法院依职权为受害当事人选择适用侵权损害赔偿责任。"① 最后法院依据《华沙公约》，

---

① 沈德咏：《最高人民法院公报案例大全》（下卷），人民法院出版社2009年版，第1338—1339页。

判决支持了原告陆红的诉讼请求。

案例（二）

【中化江苏连云港公司诉美国博联集团公司（Brilliant Logistics Group Inc.）、法国达飞轮船有限公司（CMA CGM S. A.）和江苏环球国际货运公司上海分公司海上货物运输合同损害赔偿案①】

原告中化江苏连云港公司（简称"中化公司"）诉称：2000 年 2 月 24 日中化公司与国外买方签订贸易合同，对方指定江苏环球国际货运公司上海分公司（简称"环球公司"）代理运输有关货物。中化公司交付货物后，环球公司出具承运人为（美国）博联集团公司（简称"博联公司"）的全套正本提单，中化公司将单证交银行议付未果。经查，货物已被实际承运人法国达飞轮船有限公司（简称"达飞公司"）无单放行。原告请求法院判令三被告连带赔偿货款及出口退税损失共计人民币 939960 元及利息。

被告博联公司辩称：博联公司将货物交付达飞公司，达飞公司作为实际承运人无单放货，应对此承担责任，无过错的博联公司不应承担责任。

被告达飞公司辩称：达飞公司非中国《海商法》规定的"实际承运人"，作为涉案货物承运船舶的期租船人，达飞公司未实际从事货物运输或者部分运输，达飞公司与中化公司无任何合同及法律上的权利、义务关系。

被告环球公司辩称：环球公司仅是涉案提单的签单代理人，并非承运人或实际承运人，不应承担责任。

上海海事法院经公开审理查明：2000 年 2 月 28 日，中化公司与美国国际化工采购有限公司（以下简称"国际化工"）签订了贸易条件为 FOB、货物金额为 97200 美元的国际货物买卖合同。同年 4 月 10 日，经博联公司授权，环球公司代理博联公司签发了托运人为中化公司、收货人凭国际化工指示的涉案货物 HOUSE 提单。同日，博联公司将涉案货物交达飞公司运输，并取得达飞公司签发的托运人、收货人均为博联公司的涉案货物海运提单。上述提单记载的装运船名均为 CMA CGM DELACROIX EOID，装货港上海，卸货港纽约，货名香兰素。同年 5 月 3 日，博联公司发传真给达飞公司的目的港代理人 INCHAPE 公司，要求务必收回其正本提单才能放货。同年 11 月 9 日，博联公司的代理人环球公司发传真给中化公司称涉案货物已被达飞公司无单放行。庭审中，中化公司称达飞公司构成侵权，博联公司构成违约，请求法院依据《中华人民共和国海商法》（以下简称《海商法》）第六十三条，判令承运人博联公司及实际承运人达飞公司等承担连带赔偿责任。上海海事法院要求中化公司选择违约或侵权诉由，中

---

① 一审判决书：上海海事法院（2000）沪海法连商初字第 45 号。二审判决书：上海市高级人民法院（2002）沪高民四（海）终字第 110 号。

化公司将本案诉由表述为侵权赔偿纠纷。

上海海事法院认为：中化公司选择了侵权之诉，但未能证明博联公司实施了无单放货的侵权行为。中化公司与博联公司之间形成了海上货物运输合同关系，博联公司应承担无法凭正本提单交货的违约责任。因此，可通过由博联公司承担违约责任的方式支持中化公司对博联公司之诉请。中化公司与达飞公司之间未建立直接的海上货物运输合同关系，达飞公司仅就其与博联公司之间的海上货物运输合同关系向博联公司承担凭正本提单交货的合同义务，且中化公司并未提供达飞公司实施无单放货侵权行为的证据，故达飞公司不应向中化公司承担责任。环球公司是博联公司授权委托的签单代理人，不应对涉案货物的损失承担赔偿责任。中化公司的货款及出口退税损失计算均应以货物的报关价值为依据。

基于上述理由，上海海事法院判决如下：博联公司向中化公司支付货款 97200 美元和出口退税损失人民币 121014 元以及上述款项的利息。对中化公司的其他诉讼请求不予支持。

中化公司上诉称：达飞公司作为本案货物的实际承运人，在其运输期间失去了对涉案货物的控制，无单放货的事实已经成立。根据《海商法》第六十三条之规定，实际承运人达飞公司应与承运人博联公司共同对中化公司的损失承担连带赔偿责任。环球公司对其系经承运人合法授权签发涉案提单的主张举证不足，也应与承运人共同承担赔偿责任。请求二审法院改判达飞公司、博联公司与环球公司对中化公司损失承担连带赔偿责任。

博联公司上诉称：本案无单放货的实施者是实际承运人达飞公司的目的港代理人 INCHAPE 公司。因此，被代理人达飞公司应承担侵权赔偿责任。博联公司并未参与无单放货，其与中化公司之间仅存在海上货物运输合同关系。中化公司在一审中已作出了侵权之诉的选择，达飞公司应向中化公司承担侵权损害赔偿责任，一审仍判令博联公司承担违约责任缺乏依据。即使按违约之诉审理本案，也应适用美国法律，而不能直接适用中国法律。此外，博联公司提单背面条款已载明：货物在海运承运人掌管期间发生的灭失和损坏，仅由海运承运人承担赔偿责任。故涉案货物的损失应由实际承运人达飞公司承担。请求二审判令博联公司不承担赔偿责任，并改判达飞公司承担侵权赔偿责任。

达飞公司答辩称：达飞公司是船舶期租人，而非实际承运人。真正的实际承运人是完成涉案航次的船舶所有人，该实际承运人最终将货物交给了达飞公司的目的港代理人 INCHAPE 公司，而 INCHAPE 公司同时也是博联公司的目的港代理人。达飞公司从未授权 INCHAPE 公司无单放货，不应承担赔偿责任。请求驳回上诉，维持原判。

环球公司答辩称：环球公司系博联公司提单的签单代理人，不应承担赔偿责任。

上海市高级人民法院审理查明：博联公司提单背面条款之第四条（a）款载明：货物在海运承运人掌管期间发生的灭失和损坏，仅由海运承运人承担赔偿责任。该提单背面条款之第三十四条载明：本提单应按美国法律解释。

上海市高级人民法院认为，本案系原告诉请承运人、实际承运人等多个被告承担连带责任的共同诉讼。争议事实因中化公司与博联公司之间海上货物运输合同的履行而产生，博联公司亦因履行该合同而委托达飞公司运输涉案货物。中化公司已明确其诉请依据为我国《海商法》第六十三条之规定："承运人与实际承运人都负有赔偿责任的，应当在此项责任范围内负连带责任"。该规定属于调整海上货物运输合同关系的《海商法》第四章之内容；同时，该章第六十一条规定"本章对承运人责任的规定，适用于实际承运人"。据此，原告的诉请依据及本案当事人之间法律关系的产生等均与海上货运运输合同的履行有关，本案应为涉外海上货物运输合同损害赔偿纠纷。根据《海商法》第六十三条之规定，承运人与实际承运人承担连带责任仅以两者均负有赔偿责任为法定条件。本案中，承运人可能基于提单所证明的运输合同承担责任，实际承运人则可能基于《海商法》第六十一条的规定，向与其并无直接运输合同关系的货方承担责任。因此，承运人与实际承运人连带责任的产生依据并不限于我国传统民法规定的共同侵权或违约等行为，而是《海商法》第六十三条的特别规定。中化公司对本案诉由的选择因而具有不确定性。虽然中化公司在原审法院令其选定诉由时作出了侵权之诉的表述，但其以《海商法》第六十三条规定作为诉请基础及法律依据之意思表示清楚，符合法律规定。故中化公司的表述不影响本院依法确定本案纠纷的性质。关于本案纠纷的法律适用，博联公司提单背面条款虽有按美国法律解释之记载，但博联公司并未提供其认为应当适用的美国具体法律规定。根据《最高人民法院关于贯彻执行〈中华人民共和国民法通则〉若干问题的意见（试行）》第一百九十三条的规定，本院通过法定的几种途径亦未能查明该法律规定，且其他各方当事人均同意适用我国法律，故本案实体纠纷应适用法院所在地即中华人民共和国之法律，并由规范海上货物运输关系的特别法《海商法》调整。

中化公司向博联公司交付涉案货物，并成为博联公司指示提单记载的托运人，该提单系两者之间建立海上货物运输合同关系的证明。中化公司仍系该指示提单合法持有人，对提单项下货物享有权利，博联公司则处于承运人之地位。根据《海商法》第六十条、第七十一条的规定，承运人博联公司虽将货物运输委托他人实际履行，但仍应对全部运输负责，其不能履行保证凭正本提单交付货物之义务，应承担相应的赔偿责任。博联公司提单背面格式条款虽规定货物在海运承运人掌管期间发生的灭失和损坏，仅由海运承运人承担赔偿责任，但该提单并未明确约定由实际承运人负责的特定运输部分，也未表明特定的实际承运人名称，不符合《海商法》第六十条第二款之规定，不能证明博联公司与提单持有人之间就货物分段责任达成了合意。博联公司据此免责的抗辩理由不能成立。

达飞公司向博联公司签发的提单已构成其接受承运人委托、从事涉案货物运输的初步证据。达飞公司尚未证实关于其系涉案船舶承租人的主张。即使该主张成立，其以自己名义对外接受承运人委托并签发提单、利用自己租赁或经营的船舶从事运输活动并负责交货，该行为亦符合我国《海商法》第四十二条第一款第（二）项规定的"实际承运人"之特征。根据《海商法》第六十一条的规定，在海上货物运输合同的履行范围之内，《海商法》对承运人责任的规定，也适用于实际承运人。因此，达飞公司应就其控制、运输涉案货物等范围内造成的损失承担承运人之法定责任。现达飞公司并未履行凭其签发的正本提单向博联公司交货的义务，博联公司已确认涉案货物被无单提取。达飞公司无法提供其与目的港代理人关于放货的代理协议，亦无法证实其对货物的具体处分方式及货物下落，且其一审中已经确认对涉案货物失去控制。综合本案现有证据，本院认为，达飞公司在其控制、运输货物期间未能履行妥善保管及正当交付货物之义务，存在过错，实际损害了中化公司的权利，应承担赔偿责任。根据《海商法》第六十三条的规定，承运人博联公司与实际承运人达飞公司应对中化公司因此遭受的损失承担连带赔偿责任，而博联公司与达飞公司之间的责任划分及追偿关系则不属于本案处理范围。环球公司经博联公司授权签发提单，由此产生的相应法律后果由博联公司承担。中化公司要求其承担赔偿责任的诉请不能成立。

综上，上海市高级人民法院判决如下：

（1）维持上海海事法院（2000）沪海法连商初字第45号民事判决第一项；

（2）撤销上海海事法院（2000）沪海法连商初字第45号民事判决第二项；

（3）被上诉人法国达飞轮船有限公司对博联集团公司的赔偿款项及利息承担连带责任；

（4）对上诉人中化江苏连云港公司的其他诉讼请求不予支持。

第二节 案例评析

陆红诉美国联合航空公司国际航空旅客运输损害赔偿纠纷一案中，法院判决书对案件识别和准据法的确定等冲突法问题做了专门处理，是一个亮点。但必须承认，该案判决书的说理论证并不充分，而且还存在一些不足。例如该判决书依据我国《合同法》第一百二十六条认定当事人之间的法律选择合法有效，之后又依职权为受害人选择适用侵权损害赔偿责任。法院首先依据我国《合同法》第一百二十六条为当事人之间争议确定准据法，① 之后又依职权认定原告请求被告承担的是侵权损害赔偿责任，法院适用《合同法》第一百二十六条援引的合同准据法，解决被告的侵权损害赔偿责任问题，显然前后矛盾，这是该判决书的不足之处。但是必须指出的是，上海静安区人民法院在本案原告没有明确从违约责任和侵权责任中进行选择的情况下，创造性地适用了侵权冲突法中的有利于受害人原则，通过分析比较违约责任和侵权责任的责任范围，依职权为受害人选择了更有利于保护受害人正当权益的侵权损害赔偿责任，开创了我国国际私法中依据有利于受害人原则对案件进行识别的先例，这无疑是对我国国际私法理论发展做出的一大贡献。虽然我国 2011 年生效实施的《法律适用法》第八条并没有接受有利于受害人原则，而是明文规定涉外民事关系的定性一律适用法院地法律；而且我国国际私法教材著作也鲜有关于依据有利于受害人原则进行识别的论述；但是成文立法的僵硬和理论研究的落后都不会、也不应该左右或者影响我们对司法实践创造性贡献的客观评价。无论从侵权冲突法的国际发展趋势分析，还是从促进国际民商事交往这一国际私法的目的方面考虑，有利于受害人原则这一既能均衡不同的冲突法利益，又能兼顾冲突法正义与实体法正义的冲突法原则，用于解决特定案件中涉外民事关系的识别冲突问题，是一种合理、可行、具有推广价值的创造性解决方案。

中化江苏连云港公司诉美国博联集团公司等海上货物运输合同无单放货损害赔偿一案判决书的特殊之处在于，在原告中化江苏连云港公司应一审法院要求明确选择了侵权作为诉因的情况下，一审法院和二审法院仍然都将本案识别为海上货物运输合同纠纷，进而按照合同之诉的识别结果确定了应当适用的冲突规范，即我国《海商法》第二百六十九条，并且依据该冲突规范认定提单背面选择美国法律的法律选择条款合法有效。② 这就提出了一个非常重要的问题：原告在涉外民商事诉讼中对诉因的选择对审案法官是否具有拘束力？

依据我国《民事诉讼法》中的不告不理原则，本案原告中化江苏连云港公司明知自己和被告法国达飞公司没有合同关系，却欲追究达飞公司的无单放货责任，因此明确选择了侵权之诉，这无疑表明原告"不告"被告的违约损害赔偿责任。因此依据不告不理原则，法院对当事人之间的违约损害赔偿问题无权审理。在这个意义上，原告对诉因的选择对法官具有拘束力。按照这一观点，两审法院对本案的识别结果都不正确，因原告提起的是侵权诉讼，法院应将本案识别为无单放货侵权损害赔偿纠纷，并适用我国关于涉外侵权法律适用的冲突规范，即《涉外民事关系法律适用法》第四十四条，确定本案准据法。由于第四十四条禁止侵权当事人事前协议选择侵权准据法，

---

① 该准据法显然应当是合同准据法。
② 法院最后基于美国法无法查明的原因适用了我国《海商法》作为替代法律，系外国法查明制度的在司法实践中的运用问题，对识别结果和冲突规范的适用均不产生任何影响。

因此法院应认定涉案提单背面的法律选择条款无效。

但是另一方面，我国国际私法学界通说和主流司法实践均认为，对涉外民商事案件的识别属于审案法官的职权，法官不仅有权力，而且有义务按照识别准据法①的规定对案件进行识别。在当事人一方或者双方对案件定性错误的情况下，法官毫无疑问应当依职权对该错误进行纠正。在这个意义上，原告对诉因的选择对审案法官没有任何拘束力，本案两审法院的审案法官显然都是采取了这一观点。

上海海事法院认为，原告中化公司虽然选择了侵权之诉，但未能证明被告博联公司实施了无单放货的侵权行为。中化公司与博联公司之间系海上货物运输合同关系，依据该合同关系，被告博联公司应承担违约责任。因此，可通过由博联公司承担违约责任的方式支持中化公司对博联公司的诉请。

上海市高级人民法院认为，本案争议事实因中化公司与博联公司之间海上货物运输合同的履行而产生，博联公司亦因履行该合同而委托达飞公司运输涉案货物。中化公司已明确其诉请依据为我国《海商法》第六十三条，该条款属于调整海上货物运输合同关系的法律规范；同时，原告的诉请依据及本案当事人之间法律关系的产生等均与海上货物运输合同的履行有关，因此本案应为涉外海上货物运输合同损害赔偿纠纷。虽然中化公司在原审法院令其选定诉由时作出了侵权之诉的表述，但其以《海商法》第六十三条规定作为诉请基础及法律依据之意思表示清楚，符合法律规定。故中化公司的表述不影响本院依法确定本案纠纷的性质。

本案两审法院的识别理由不尽相同，但两审法院都坚持认为，如果原告选择的诉因与法院认定的案件事实或者与作为识别准据法的法律规定不相符合，那么法院可以依职权作出与原告观点完全不同甚至相反的识别结果。而依据我国《民事诉讼法》第十三条第二款规定的处分原则，即通常所说的不告不理原则，请求法院审理哪些诉讼请求以及每一项诉讼请求的具体内容，均由当事人自己决定，法院只能就当事人提出的诉讼请求范围审理和裁判；② 对于当事人没有提出的诉讼请求，法院无权审理和裁判。由此产生了涉外民事诉讼中法院依职权识别的职权主义和处分原则之间的冲突。

笔者认为，欲妥善协调和解决上述冲突，应当从处分原则的具体内容入手。《民事诉讼法》第十三条第二款规定，当事人有权在法律规定的范围内处分自己的民事权利和诉讼权利。依据该条款规定，当事人没有提出的诉讼请求，例如原告对被告同时享有违约损害赔偿请求权和侵权损害赔偿请求权，原告在起诉状中只请求被告支付违约损害赔偿，在这种情况下，法院无权依职权审理侵权损害赔偿问题，这是处分原则的应有之义。但是在上述中化公司诉美国博联和法国达飞公司无单放货案中，根据法院

---

① 《中华人民共和国涉外民事关系法律适用法》第八条。
② 《民事诉讼法学》编写组：《民事诉讼法学》，高等教育出版社2017年版，第70页。

认定的事实和我国法律规定，中化公司对美国博联公司只享有违约损害赔偿请求权，而没有侵权损害赔偿请求权，但是中化公司在起诉状中请求美国博联公司支付侵权损害赔偿。在这种情况下，如果认为中化公司处分了"违约损害赔偿请求权"，没有向法院"告"美国博联公司，显然是对"不告不理原则"的教条化理解，也不符合事实，因为中化公司确实向法院起诉了美国博联公司，并且明确请求美国博联公司赔偿损失。因此，在前述情况下，上海高院的观点，即中化公司实际上向法院提出了追究美国博联公司的损害赔偿责任的请求，只是表述不当，将"违约损害赔偿请求权"表达成了"侵权损害赔偿请求权"，原告表述不当不影响法院对案件的定性，因此该案应属于海上货物运输合同纠纷，能够成立。上海高院对该案的定性没有违背"不告不理原则"。恰恰相反，上海高院对该案的识别过程正是对"不告不理原则"的正确理解和运用。

第三节　拓展思考

【识别、不告不理原则和一事不再理原则的关系】

值得思考的一个问题是，在上述中化公司诉美国博联公司无单放货纠纷案中，如果受案法院基于中化公司选择了侵权之诉的事实将案件识别为侵权损害赔偿诉讼，并以当事人之间不存在侵权关系为由驳回原告的诉讼请求；之后中化公司再次以美国博联公司无单放货构成违约为由向受案法院提起违约损害赔偿诉讼，这种情况下，中化公司的再次起诉是否构成重复起诉？受案法院可否以一事不再理原则为由直接驳回原告的再次起诉？

上述问题涉及的是识别、不告不理原则和一事不再理原则的关系问题。这一问题在司法实践中主要包括两种情形。第一种情形中，原告只对被告享有 A 请求权，但原告在起诉被告的起诉状中表述为了 B 请求权，法院按照原告的起诉状将案件识别为 B 类纠纷，并以当事人之间不存在 B 法律关系为由驳回原告的诉讼请求；之后原告再次对同一被告提起实现 A 请求权的诉讼。美国 EOS 工程公司诉新绛发电公司等侵权纠纷案[①]是属于这种情形的典型案例。

该案中，美国 EOS 工程公司以山西省新绛县人民政府、山西新绛发电有限责任公司、中国银行山西分行为共同被告向山西省高级人民法院提起返还不当得利之诉，山西省高级人民法院（2001）晋民一初字第 2 号民事判决书以原被告之间不存在不当得利法律关系为由，驳回了原告的诉讼请求。之后美国 EOS 工程公司基于相同事实，对相同被告向山西高院提起了侵权损害赔偿诉讼。一审法院山西高院和二审法院最高人

---

① 中华人民共和国最高人民法院民事裁定书（2003）民四终字第 2 号。

民法院均认为原告提起的侵权损害赔偿诉讼和之前提起的返还不当得利之诉属于重复起诉，违背了一事不再理原则。但是笔者认为，山西高院和最高人民法院在该案中的观点不尽合理，值得商榷。如前所述，识别属于法院的职权和自由裁量权。对于完全相同的事实，不同的人进行定性经常会得出不同结论，原告在提起诉讼时不可能预先知道法官对案件的识别结果，因此原告和法官对相同请求权的性质有不同观点是非常正常的现象。原告向法院对被告提起了诉讼，并且有明确的诉讼请求，如果法院认为原告在诉讼请求中对法律关系或者请求权的表述不正确，法院完全可以通过行使释明权使得原告的诉讼请求更加正确和符合法律。如果原告拒绝听从法院意见，坚持错误的请求权表述方式，法院驳回原告诉讼请求之后，依据一事不再理原则拒绝原告以另外一种请求权表述方式再次提起的诉讼，尚可以理解。但如果法院没有行使释明权，仅仅因为原告在第一次起诉中采用了法院认为错误的请求权表述方式就驳回了原告的诉讼请求；而原告采用法院认为正确的请求权表述方式再次提起诉讼之后，法院又以一事不再理原则为由拒绝受理或者驳回起诉，则法院的做法对于原告来说显然有失公平。

第二种情形主要发生在责任竞合的案件中。原告对被告同时享有违约损害赔偿请求权和侵权损害赔偿请求权，原告第一次提起的是违约损害赔偿诉讼，法院按照原告的诉讼请求将案件识别为违约纠纷，但是没有支持或者没有全部支持原告的诉讼请求。原告基于相同事实对同一被告再次提起侵权损害赔偿诉讼，原告的侵权诉讼是否属于重复起诉？对于这种情形，我国学界通说和主流司法实践认为原告的再次起诉属于重复起诉，法院应拒绝受理或者驳回原告的再次起诉，理由主要有两个：一是依据我国《合同法》第一百二十二条原告只能选择一种诉由提起诉讼；二是允许原告再次提起侵权诉讼会使原告获得双倍赔偿，可能构成不当得利。但是笔者认为，该两个理由都无法成立。

首先，《中华人民共和国合同法》第一百二十二条规定，因当事人一方的违约行为，侵害对方人身、财产权益的，受损害方有权选择依照本法要求其承担违约责任或者依照其他法律要求其承担侵权责任。该条款赋予受害人从违约损害赔偿请求权和侵权损害赔偿请求权中选择其一提起诉讼的权利，但并没有禁止受害人在所选择的请求权没有得到法院支持的情况下再次起诉以行使另外一种请求权。无论从该条款的字面意思还是从该条款保护受害人的立法精神出发，我们都无法得出该条款禁止受害人行使两种请求权的结论。在受害人本来就享有两种合法请求权的前提条件下，仅仅基于受害人行使了其中一种请求权的事实，就以立法形式剥夺受害人的另外一种请求权，也违背基本公平正义观念和普通人的常识，因此立法也不可能支持该种结论。

其次，那种认为允许原告再次提起侵权诉讼会使原告获得双倍赔偿的观点，显然有意或者无意忽视了第一次判决结果在第二次诉讼中的证据作用。因为受害人遭受的损失是确定的，如果受害人在第一次诉讼中没有得到任何补偿或赔偿，那么受害人以另外一种诉由再次提起诉讼，显然不会导致双倍赔偿的问题。如果受害人的损失在第一次诉讼中已经得到全额补偿或赔偿，那么被告在第二次诉讼中完全可以依据第一次诉讼的判决书主张受害人的损失已经全部得到填补，因此也不可能发生双倍赔偿或者不当得利问题。

综上，《合同法》第一百二十二条既没有禁止责任竞合案件的受害人在第一次诉讼无法全部填补损失的情况下以另外一种诉由再次提起诉讼，更没有仅基于受害人行使了一种请求权的事实便剥夺其享有的另外一种合法请求权。责任竞合案件的受害人基于不同法律关系享有的两种甚至多种请求权都是合法权利，只要受害人遭受的全部损失没有得到完全填补，受害人就有正当理由基于不同法律关系提起多次诉讼，法院在对受害人基于不同法律关系提起的多次诉讼的识别方面有一定的自由裁量权，但只要法院对前诉和后诉的识别结果不相同，前诉和后诉就不属于重复起诉，法院就有义务对前诉和后诉分别进行审理和作出判决。

【主要法条】

《中华人民共和国涉外民事关系法律适用法》第八条　涉外民事关系的定性，适用法院地法律。

《中华人民共和国民法典》第九百九十六条　因当事人一方的违约行为，损害对方人格权并造成严重精神损害，受损害方选择请求其承担违约责任的，不影响受损害方请求精神损害赔偿。

《中华人民共和国合同法》第一百二十二条　因当事人一方的违约行为，侵害对方人身、财产权益的，受损害方有权选择依照本法要求其承担违约责任或者依照其他法律要求其承担侵权责任。

《最高人民法院关于适用〈中华人民共和国民事诉讼法〉的解释》第二百四十七条　当事人就已经提起诉讼的事项在诉讼过程中或者裁判生效后再次起诉，同时符合下列条件的，构成重复起诉：

（一）后诉与前诉的当事人相同；

（二）后诉与前诉的诉讼标的相同；

（三）后诉与前诉的诉讼请求相同，或者后诉的诉讼请求实质上否定前诉裁判结果。

当事人重复起诉的，裁定不予受理；已经受理的，裁定驳回起诉，但法律、司法解释另有规定的除外。

第四章　反致*

　　因为世界上每个国家都有自己的国际私法，因此中国法院受理了涉外民商事案件之后，首先面临应当适用哪国国际私法来确定和援引准据法的问题。根据公认的国际私法惯例，任何国家法院受理了涉外民商事案件之后，首先适用的都是法院所在地国家的国际私法。中国法院受理了涉外民商事案件之后，首先适用我国国际私法对案件进行识别并进而确定应当适用的冲突规范。中国法院确定应当适用我国的某一冲突规范之后，如果该冲突规范指引的外国法包括该外国的冲突法在内，则该冲突规范的指引称为冲突法指引；如果该冲突规范指引的外国法仅仅包括其实体法，而不包括该国的冲突法，则该冲突规范的指引称为实体法指引。在冲突法指引的情况下，如果被指引国家的冲突法又指向了第三国法律或者又指向了中国法，此时便产生我国法院应否接受被指引国家的冲突法的再次指引的问题，这一问题在国际私法中称为反致问题。2011 年 4 月 1 日生效实施的《中华人民共和国涉外民事关系法律适用法》第九条明确拒绝了反致，按照该条规定，《涉外民事关系法律适用法》中冲突规范的指引都是实体法指引。但是在该法生效之前，我国国际私法法律法规对反致问题没有明确规定，司法实践中人民法院一般拒绝反致，但也有例外。

＊ 本章作者：南开大学法学院秦瑞亭。

第一节　典型案例介绍

【刘华和王永才分割死亡赔偿金和遗产继承纠纷①】

原告王永才之子王国顺系中国公民，在日本工作。1995 年 5 月 15 日王国顺乘坐日本公民获原驾驶的车辆去上班的途中，因车祸身亡，没有遗嘱。死者妻子、本案被告刘华代表死者家属前往日本与肇事方狄原和日本金泽运输株式会社商谈赔偿事宜。1995 年 6 月 21 日原告出具委托书，内容为：我王永才因年老多病，现全权委托刘华为我的代理人以我的名义办理王国顺因事故死亡后的赔偿金事项以及家属和孩子的抚恤金、抚养金事项，受托人刘华为此签署的一切有关文件，我均承认。该委托书经上海市宝山区公证处公证后交刘华本人。死者王国顺的女儿王赟也一并出具了委托书。1995 年 7 月 19 日刘华代表死者亲属与日本肇事方签订了赔偿协议，该协议载明：协议系由狄原、金泽运输株式会社和王国顺三方签订，狄原和金泽运输株式会社对王国顺的赔偿金包括丧葬费、死者丧失的未来可得利益以及精神抚慰金，共计金额 60185760 日元；在扣除已经支付的 3035760 日元之后，狄原和金泽运输株式会社还应对王国顺支付赔偿金 5715 万日元。全部赔偿之后，王国顺应对狄原和日本金泽运输株式会社放弃所有的债权债务。1995 年 7 月 27 日，刘华取得上述协议约定的赔偿金 5715 万日元，同日领取了 1000 万日元的保险金。该保险金是王国顺所在公司投保的搭乘者伤害保险金。

原告诉称，根据《中华人民共和国继承法》第十条规定，王国顺的法定继承人有其父王永才、其妻刘华和女儿王赟，因此原告作为死者父亲应获得赔偿金的三分之一。但是被告携款回国之后，一人独占了赔偿款，侵害了原告的权利。为此，原告向上海第一中级人民法院提起诉讼，请求法院确认赔偿金 60185760 日元的 1/3 归属原告，并赔偿被告占用期间的利息损失。

被告认为，被告所得的赔偿款是其丈夫王国顺因在日本交通事故死亡产生的赔款，性质上属于其丈夫的遗产。死者生活在日本，死亡在日本，交通事故发生在日本，赔偿款产生在日本，因此该款项继承问题应适用日本法律。按照日本法律规定，被继承人的配偶及子女是第一顺序继承人，父母是第二顺序继承人。第一顺序继承人存在时，第二顺序继承人不参加继承。因此原告作为被继承人的父亲没有继承权。

上海第一中级法院认为，系争赔偿款是死者的亲属依据赔偿协议所取得的赔偿金，

① 上海市第一中级人民法院（1996）沪一中民初字第 34 号民事判决书；上海市高级人民法院（1997）沪高民终字第 38 号民事判决书。

该赔偿金不属于死者的遗产，应认定为死者直系亲属的共有财产，因不能证明是按份共有，应认定为共同共有财产。原告要求被告支付利息，缺乏法律依据，不予支持。一审法院根据《中华人民共和国民法通则》第七十一条和第一百一十七条判决被告支付原告2238万日元，驳回原告的其他诉讼请求。

刘华向上海市高级人民法院上诉称：原审判决适用法律不当。案件涉及的基本法律事实发生在日本，损害赔偿也发生在日本，死亡事实发生在日本，因此本案应当适用日本法律。根据日本法律，本案中抚恤金之外的赔偿款项均属于王国顺的遗产。一审法院将赔偿金视为共有财产，没有法律依据。根据日本法律，被上诉人王永才是第二顺序继承人，无权继承遗产。请求上诉法院撤销原判，依法改判。

上海高级人民法院认为，系争款项在扣除丧葬费等费用后，包括死者丧失的未来可得利益、搭乘者伤害保险金和精神损害抚慰金三部分。根据日本法律，未来可得利益以及保险金的请求权人是受害者本人，在受害者死亡之后，受害人享有的上述请求权由其继承人继承。因此，王国顺因车祸在日本死亡之后，对未来可得利益和保险金的请求权，应当属于其法定继承人。根据《日本法例》第二十五条，继承适用被继承人的本国法。本案死者是中华人民共和国公民，因此，法定继承人的顺序和继承份额应当由中国继承法决定。根据《中华人民共和国继承法》第十条，上诉人刘华、被上诉人王永才和案外人王赟都是王国顺的法定继承人。关于精神损害抚慰金的请求权，日本法律认为属于死者的配偶、子女及父母所固有。刘华代表王永才和王赟与日本肇事者以及保险公司进行交涉，应视为代表上述权利人行使请求权，因此取得的相关款项应视为上述全体权利人的共同财产。王永才请求刘华交付该共同财产的一部分，原审法院给予支持并无不当。上诉人刘华关于其本人是1000万日元保险金的指定受益人的主张，没有法律和事实依据，法院不予支持。上诉人刘华主张为处理后事还支付了93518.8元人民币和2429686元日元，该款项中已经被上诉人认可的部分，可以从赔偿金中扣除。

综上，上海高院判决：变更上海市第一中级人民法院（1996）沪一中民初字第34号民事判决书第一项，即"被告支付原告2238万日元"，变更为"在刘华收到的6715万日元款项中扣除92939.8元人民币以及1134706元日元之后，余款的1/3由刘华在判决生效后15日内交付给王永才。对刘华的其余诉讼请求不予支持。"

第二节　案例评析

如前所述，我国《涉外民事关系法律适用法》生效实施以前，我国人民法院的司法实践一般拒绝接受反致，但也有例外，本案即属于我国人民法院司法实践中为数很少的接受反致的一个案例。本案在案件事实构成方面是一个典型的反致案例，但是令人遗憾的是，两审法院都没有在判决书中明确承认反致，虽然上海高院的终审判决结果表明，该法院接受了日本国际私法对我国法律的反致。

上海第一中级法院在一审判决书中没有对法律冲突问题进行任何说理论证，也没有援引任何国家的任何一条冲突规范，便直接依据《中华人民共和国民法通则》第七十一条和第一百一十七条判决被告刘华支付原告王有才2238万日元。因此至少在说理论证充分程度方面，该一审判决书的质量仍有很大的提升空间。从一审判决书实体法部分的说理来看，一审法院是将本案定性为财产返还纠纷或者侵害财产权纠纷，但即便一审法院按照返还财产纠纷或者侵权纠纷审理本案，其也应当援引我国《民法通则》中的冲突规范确定准据法；而且，将本案定性为返还财产纠纷或者侵权纠纷，也明显与本案的事实构成不符——涉案赔偿协议明确载明该协议是在获原、运输株式会社和王国顺三方当事人之间订立，协议明确约定获原和运输株式会社系对王国顺进行赔偿，因此根据法院认定的赔偿协议内容，本案原被告都不是涉案财产的所有权人，因此原被告之间也就不可能因为涉案财产产生财产共有关系或者侵权关系。

上海高级人民法院在二审判决书中明确援引了《日本法例》第二十五条规定的冲突规范，并根据该冲突规范指引适用了《中华人民共和国继承法》第十条，进而依据第十条规定的继承人范围和继承顺序作出了判决。二审判决书的内容表明，二审法院将本案识别为了遗产继承纠纷，这一识别结果符合案件事实，也是正确的。但是上海高院在二审判决书中对我国继承冲突法条文只字未提，却直接援引日本的冲突规范，根据日本冲突规范认定中国继承法为本案准据法，结论虽然正确，其说理论证的过程显然令人颇感疑惑。笔者认为，上海高院的法官在审理本案时不可能不知道我国《民法通则》第一百四十九条明确规定动产继承适用被继承人死亡时住所地法律，本案中被继承人死亡时住所地显然是在日本，因此上海高院本应该首先援引我国《民法通则》第一百四十九条，然后阐明该冲突规范的指引是冲突法指引，即其指引的日本法律包括日本的冲突规范，而日本的冲突规范，即《日本法例》第二十五条，又反致回被继承人本国法即中国法律，中国法律接受日本法律的反致，因此本案最后适用中国继承法。本案事实构成表明其是一个典型的反致案例，上海高院二审判决书的判决结果表明其也接受了日本国际私法对中国法律的反致，但是上海高院却没有在判决书中明确写明适用反致的具体过程，无疑是该判决书的一个明显缺陷和不足。至于上海高院接受反致却拒绝在判决书中写明反致过程的原因，我们只能猜测一个可能的原因是，我国国际私法立法自1949年以来一直没有明确承认过反致，我国国际私法学界明确赞成反致的声音也很少，上海高院可能担心，其在判决书中明确写明了反致过程，会招致我国立法者的不满或者引起学者的批评。当然这仅仅是笔者的猜测。无论如何，上海高院在本案终审判决书中没有援引任何我国冲突规范，而直接援引日本冲突规范确定准据法，既不符合国际惯例，也不符合我国国际私法立法和理论。从法理方面分析，无论日本冲突规范，还是日本实体规范，在我国境内都不具有法律效力，因此也不能作为我国法院审理案件的"准绳"。在我国法院承认反致制度的情况下，我国的冲突规范，例如《民法通则》一百四十九条或者《涉外民事关系法律适用法》第三十一条，赋予其所指引的日本法律，本案中即《日本法例》第二十五条，以法律效力。因此在《日本法例》第二十五条指向我国法律的情况下，我国法院适用我国《继承法》作为判决案件的准据法既符合逻辑，又有充分的法理依据。由此可见，本案中上海高院直接援引日本冲突规范，在逻辑和法理方面都有失严谨。

第三节 拓展思考

从世界范围来看，目前英国、法国、德国、瑞士、奥地利、日本和美国多数州等许多国家和地区的国际私法立法都承认反致制度，只是承认的程度不同：一些国家仅承认单纯反致，另一些国家则对单纯反致、转致和间接反致等各种形式的反致均予以承认；一些国家仅在法定继承和物权等个别领域承认反致，另外一些国家则在大部分国际民商事领域均承认反致。我国《涉外民事关系法律适用法》第九条在所有涉外民商事领域拒绝承认一切形式的反致，这种简单和"一刀切"的做法是否合理，值得反思。

首先，众所周知，反致制度和其他国际私法制度一样，根本目的在于实现公平正义。因此立法者在决定如何对待反致制度时，应考虑承认或者拒绝反致制度是否有利于实现国际私法公平正义。如上所述，世界上大多数国家的现行立法都不同程度的承认反致，即多数其他国家国际私法中冲突规范的指引属于冲突法指引，我国《涉外民事关系法律适用法》却不同，规定其中所有冲突规范的指引均是实体法指引。假设我国法院受理一起生活在德国、死亡在中国的日本公民的遗产继承案件，假设涉案遗产均属于动产。我国《涉外民事关系法律适用法》第三十一条规定遗产继承适用被继承人死亡时经常居所地即德国法律，德国国际私法规定应适用被继承人死亡时国籍国法律，即日本法律，日本国际私法亦规定应适用被继承人死亡时国籍国法律，即日本法律。我国国际私法规定该案应适用德国法律，意味着我国立法者认为德国法律更适合解决这一继承纠纷。德国国际私法规定应适用日本法律，意味着德国立法者认为适合解决这一纠纷的不是德国法律，而是日本法律。在这种情况下，我国《涉外民事关系法律适用法》第九条强制我国法院适用德国民法典，而德国立法者自身认为德国民法典不适合解决当前案件。而这种情况下如果我国国际私法承认反致，则会使得中德日三个国家的法院都适用日本民法典解决前述继承纠纷。这一假设的案例表明，至少在有些情况下，我国《涉外民事关系法律适用法》第九条完全拒绝反致的立场明显不利于实现国际私法公平正义。

其次，从司法实践层面来看，我国和德国、日本、韩国等国之间的跨国婚姻家庭继承纠纷数量众多，随着这些国家之间的民商事交往愈来愈频繁，将来跨国婚姻家庭继承纠纷的数量会更多。我国婚姻家庭继承冲突法采取的基本连结点是当事人或者被继承人的经常居所地，德日韩等国婚姻家庭继承冲突法采取的基本连结点则是当事人或者被继承人的国籍国。因此，在德日韩等国生活的中国人作为当事人或者被继承人的婚姻家庭继承纠纷，我国法院受理之后，如果我国国际私法承认反致制度，我国法院最终都可以通过反致制度适用我国婚姻法或者继承法作为准据法，这样既体现了对外国立法者的尊重，也节省了查明外国法律的时间精力和费用，还有利于提高司法效率。但是《涉外民事关系法律适用法》第九条却强制我国法院在这些婚姻家庭继承纠纷的海洋中——查明应当适用的外国法律，查明之后还需要翻译、公证和认证，并且努力适用这些外国法律判决案件。《涉外民事关系法律适用法》第九条对反致一概无条件拒绝的立场将会给我国审理涉外民商事案件的一线法官增加多少的压力、负担和具体工作量，可以想象。

综上，笔者认为，我国《涉外民事关系法律适用法》第九条在理论上不利于实现国际私法公平正义，在实践中不利于提高涉外民商事审判的司法效率，其合理性和科学性值得反思。

【主要法条】

《中华人民共和国涉外民事关系法律适用法》第9条　涉外民事关系适用的外国法律，不包括该国的的法律适用法。

《德国民法施行法》第4条　德国冲突规范指引的外国法包括该外国的冲突法，只要这样理解不与该指引本身的意义相违背。

《奥地利国际私法法》第5条　奥地利接受外国法对奥地利法的反致，亦尊重外国法对其他外国法的转致。

2012年《欧洲议会和欧盟理事会关于继承事项的管辖权、准据法、判决承认与执行和公文书的接受与执行以及创建欧洲继承证书的2012年第650号条例》第34条　在下列情况下，按照本条例应当适用的第三国①法律包括该国的国际私法：

①该第三国国际私法指向了某一欧盟成员国法律；或者

②该第三国国际私法指向了另一第三国法律，该另一第三国法律接受该指引。

---

① 指欧盟成员之外的国家。

第五章　先决问题*

核心知识点

先决问题可以分为程序性先决问题和实体性先决问题。按照诉讼程序问题适用法院地法的国际惯例，程序性先决问题一般直接适用法院地国家的诉讼程序法，因此我国法院可直接适用我国《民事诉讼法》解决涉外民商事案件中的程序性先决问题，不需要专门为该先决问题确定准据法。实体性先决问题准据法的确定比较复杂。按照国际私法理论和《法律适用法司法解释（一）》第十二条、第十三条，实体性先决问题又可以分为国际私法意义上的先决问题和一般意义上的先决问题。第十二条规定的是国际私法意义上的先决问题；第十三条规定的是一般意义上的先决问题，又称为部分问题。按照第十二条，对于国际私法意义上的先决问题，人民法院应当根据该先决问题自身的性质确定该先决问题的准据法。按照第十三条，对于一般意义上的先决问题，即部分问题，应当适用法院地国家的冲突规范确定准据法。

第一节　典型案例介绍

案例（一）

【程序性先决问题和实体性先决问题：大某与郑某离婚后财产纠纷案①】

原告美国公民大某（DAVID WAYNENEER）和被告中国公民郑某在美利坚合众国

---

* 本章作者：南开大学法学院秦瑞亭。

① 浙江省杭州市下城区人民法院民事裁定书（2016）浙0103民初8721号。

登记结婚。后因二人感情不和，2016 年 8 月 8 日，美利坚合众国华盛顿州国王郡高级法院裁决原、被告离婚，并就双方财产分割做出裁决。按照该裁决，任何一方若隐瞒超过 1000 美元以上的财产，则另一方可要求分得该笔财产的 75%，价值以该财产金额被发现时或 2016 年 5 月 4 日（即原被告双方就婚姻财产分割问题达成协议之日，美国法院的裁决已经将该协议并入。）较高的市值为准。被告郑某在离婚案审理过程中，对于其名下的国泰君安证券杭州市庆春路营业部开立的证券账户（主 18××× 55）中的财产，仅仅披露总资产人民币 892853 元，隐瞒了其于婚姻关系存续期间通过该账户转移的共同财产人民币 600 万元。为此，原告大某向杭州市下城区人民法院提出诉讼请求：（1）分割被告郑某通过国泰君安证券杭州市庆春路营业部开立的证券账户转移隐匿的夫妻共同财产人民币 600 万元（具体以该财产金额已被发现时或 2016 年 5 月 4 日较高的市值为准），即判决原告大某分得该财产的 75%；（2）本案的诉讼费用由被告郑某承担。

杭州市下城区人民法院认为，原告为美利坚合众国公民，根据《最高人民法院关于适用〈中华人民共和国民事诉讼法〉的解释》第五百二十二条第一款第（一）项"当事人一方或者双方是外国人、无国籍人、外国企业或者组织的，人民法院可以认定为涉外民事案件"的规定，本案系涉外民事纠纷。《中华人民共和国涉外民事关系法律适用法》第二十四条规定，"夫妻财产关系，当事人可以协议选择适用一方当事人经常居所地法律、国籍国法律或者主要财产所在地法律"。本案原告选择被告国籍国法律，即中华人民共和国法律作为夫妻财产关系的准据法，被告在本案审理中表示同意。故中华人民共和国法律应作为处理本案争议的准据法。

关于本案的处理。本案原告主张双方当事人已于 2016 年 8 月 8 日经美利坚合众国华盛顿州国王郡高级法院判决离婚，并以离婚后财产纠纷为由向本院提起诉讼。故双方之间的婚姻关系为"离婚"是原告提起本案诉讼的前提。因原告所依据的离婚判决属于外国法院做出的离婚判决，根据《中华人民共和国民事诉讼法》第二百八十一条，其在中华人民共和国领域内的效力需要经过中华人民共和国有管辖权的中级人民法院承认，故对该外国法院离婚判决的效力，本院无权在本案中审查认定。综上，本案中外国法院做出的离婚判决未经中华人民共和国人民法院依照法定程序承认，该离婚判决尚未在中华人民共和国领域内发生效力，导致本案中尚不能确定双方已离婚的事实。在此情形下，原告直接提起离婚后财产纠纷，并不符合起诉条件。原告可向中华人民共和国有管辖权的中级人民法院申请承认该离婚判决，该离婚判决被中华人民共和国人民法院承认后，原告可再行提起本案诉讼。基于前述理由，杭州市下城区人民法院于 2017 年 9 月 1 日依照《中华人民共和国民事诉讼法》第一百一十九条、第一百五十四第一款第（三）项、第二百五十九条、第二百八十一条和《中华人民共和国涉外民事关系法律适用法》第二十四条，裁定驳回原告大某的起诉。

案例（二）

【陈惠钿等诉梁健敏合同无效和不当得利纠纷案①】

该案中，2000 年 2 月 15 日，香港永久居民苏宇宙和不具有律师执业资格的内地居民梁健敏（经常居住地为广东省韶关市）签订《委托代理合同》，约定梁健敏接受苏宇宙委托，担任苏宇宙诉深圳市建设（集团）公司珠海西区工区等借款合同纠纷案中苏宇宙的委托代理人，履行代理合同需要的所有费用由梁健敏垫付，苏宇宙胜诉后苏宇宙按判决书总标的支付 50% 作为梁健敏的代理费。

梁健敏依约实施了诉讼代理行为，苏宇宙胜诉，梁健敏于 2000 年获得代理费 875 万元。2007 年苏宇宙在香港死亡。2009 年，苏宇宙的妻子陈惠钿、女儿苏秀敏和苏敏仪、儿子苏冠城（该四人均为香港居民）以及苏宇宙的母亲张顺（内地居民）共五人以委托代理合同违反我国律师法第十四条②的强制性规定因而无效为由，向广东省韶关市中级人民法院起诉梁健敏，要求梁健敏返还 875 万元代理费及其利息。

一审法院广东省韶关市中级人民法院以"苏宇宙本人作为委托代理合同当事人生前没有提起合同无效诉讼，苏宇宙死后，原告作为苏宇宙的继承人不能超越苏宇宙的意思表示主张合同无效"为由，判决驳回了陈惠钿等五人的诉讼请求。五原告不服一审判决，向广东省高级人民法院提起上诉。

广东省高级人民法院二审认为，陈惠钿等五人以委托代理合同无效为由提起诉讼，其中四人为香港居民，故本案属于涉港委托合同纠纷，应比照涉外案件处理。陈惠钿等五人作为苏宇宙的继承人起诉梁健敏，主张委托合同无效并请求返还不当得利，该五人是否适格原告，对涉诉债权是否有合法继承权，是解决本案的先决问题。依据《民法通则》第一百四十九条，动产法定继承适用被继承人死亡时住所地法律，被继承人苏宇宙死亡时住所在香港，故对作为先决问题的动产法定继承问题应适用我国香港特别行政区法律。广东省高级人民法院依职权查到了《香港法例》第 10 章《遗嘱认证及遗产管理条例》，但该条例对位于香港地区之外的遗产管理问题没有规定，由于本案争议财产位于我国内地，广东省高级人民法院据此认定香港法律无法查明。依据我国《法律适用法》第十条，外国法律没有规定的，适用中华人民共和国法律，二审法院确认适用我国内地法律作为继承准据法。根据我国继承法，陈惠钿等五人作为苏宇宙的法定继承人对涉案合同债权享有继承权，是适格原告。

---

① 一审判决书：广东省韶关市中级人民法院民事判决书（2009）韶中法民三初字第 22 号。二审判决书：广东省高级人民法院民事判决书（2010）粤高法民四终字第 62 号。转引自吴思颖《域外债权人死亡后其继承人起诉的涉外商事合同纠纷中先决问题的解决》，载于贺荣主编《涉外商事海事审判指导》，人民法院出版社，2015 年 7 月版，2014 年第 2 辑，第 151—155 页。

② 1996 年《中华人民共和国律师法》第十四条规定：没有取得律师执业证书的人员，不得以律师名义执业，不得为牟取经济利益从事诉讼代理或者辩护业务。

《委托代理合同》没有明确约定应当适用的法律。在本案一审二审过程中，双方当事人均援引中国内地法律作为解决本案实体争议的准据法，依据我国《民法通则》第一百四十五条和《最高人民法院关于涉外民事或商事合同纠纷案件法律适用若干问题的规定》第四条，应当视为当事人双方已经选择了我国内地法律作为合同争议应适用的法律。1996 年《律师法》第十四条规定："没有取得律师执业证书的人员，不得以律师名义执业，不得为牟取经济利益从事诉讼代理或者辩护业务。"由于梁健敏不具有律师职业资格，因此《委托代理合同》违背了该条强制性规定，应属无效。故二审法院改判梁健敏将其基于《委托代理合同》所得利益返还陈惠钿等五位原告。①

第二节　案例评析

虽然几乎我国所有国际私法教科书都用专章或者专节介绍先决问题，2013 年 1 月 7 日施行的《法律适用法司法解释（一）》也用专门条款规定了先决问题准据法的确定问题（第十二条），但仔细分析我国公开的法院裁判文书就会发现，我国法律界人士对先决问题这一特殊概念的理解远未达成一致。虽然按照字面意思理解，涉外民商事案件中所有需要先行解决的法律问题都可以称为先决问题，但是无论依据我国还是欧美法治发达国家国际私法学界的主流观点，国际私法中的先决问题都有一定的构成要件，只有在具体涉外民商事案件中需要先行解决而且具备了这些构成要件的法律问题才属于国际私法中的先决问题。不同学者关于先决问题构成要件的观点不尽相同，国内外多数学者都认同的一个要件是：待认定的先决问题依据法院地的冲突规范和依据主要问题准据法所属国家的冲突规范应当适用不同的法律，并且导致不同的判决结果。但是，不仅我国国际私法中唯一规定先决问题的法律规范，即《法律适用法司法解释（一）》第十二条，明显忽视了先决问题的这一构成要件；而且，笔者目前掌握的我国法院作出的所有涉及先决问题的裁判文书，无一例外全部忽视了前述构成要件。本章介绍的两个涉及先决问题的国际私法典型案例中，法院裁判文书都没有提及先决问题的构成要件，即是明证。

基于上述我国国际私法司法实践的现状，本章主要结合前述两个典型案例，分析讨论国际私法中先决问题这一概念的具体含义，希望有助于澄清先决问题概念的基本含义，进而促进《法律适用法司法解释（一）》第十二条的正确适用。

顾名思义，先决问题即是需要先行解决的问题。因此从广义理解，审理涉外民商

---

① 吴思颖：《域外债权人死亡后其继承人起诉的涉外商事合同纠纷中先决问题的解决》，载于贺荣主编《涉外商事海事审判指导》，人民法院出版社 2015 年版，2014 年第 2 辑，第 151—155 页。

事案件的法官按照我国《涉外民事关系法律适用法》第八条对案件进行识别之后，得出的识别结论是案件的主要问题。为了解决该主要问题，所有需要先行解决的问题都可以称为先决问题。大某与郑某离婚后财产纠纷案的主要问题是离婚后财产分割问题，为了解决该问题，法院必须先行解决美国华盛顿州国王郡高级法院作出的离婚判决在我国的承认问题。陈惠钿等诉梁健敏合同无效和不当得利纠纷案的主要问题是委托代理合同效力问题，为了解决该问题，法院必须先行解决陈惠钿等五位原告是否合法继承了苏宇宙债权的问题。因此按照字面理解，上述案例（一）中美国华盛顿州国王郡高级法院作出的离婚判决在我国的承认问题，案例（二）中陈惠钿等五位原告是否合法继承了苏宇宙债权的问题，均属于国际私法中的先决问题。但是美国华盛顿州国王郡高级法院离婚判决在我国的承认问题显然不符合先决问题的构成要件，因为外国法院判决在我国的承认和执行问题属于诉讼程序问题，承认和执行的条件必须适用我国法律，即我国《民事诉讼法》。如果我国法院适用外国法律来决定是否承认和执行一项外国法院判决，其结果也很可能侵害我国的司法主权。

由于案例（一）中美国法院判决在我国的承认问题必须适用我国法律，对该问题不存在适用外国法的可能性，因此该问题也就不可能具备国际私法学界通说所要求的先决问题的构成要件，但是该问题毫无疑问在该案中是法院解决主要问题之前必须先行解决的问题，完全符合先决问题的字面含义。因此为避免不必要的混淆，笔者认为可以将国际私法中的先决问题首先分为程序性先决问题和实体性先决问题：上述案例（一）中美国华盛顿州国王郡高级法院离婚判决在我国的承认问题属于程序性先决问题；案例（二）中陈惠钿等五位原告是否合法继承了苏宇宙债权的问题属于实体性先决问题。程序性先决问题根据国际惯例一般均直接适用法院地法，讨论该问题的构成要件和法律适用问题在涉外民商事审判中不具有必要性和现实意义，因此国内外国际私法学界讨论的先决问题主要指实体性先决问题。

如上所述，案例（二）中陈惠钿等五位原告是否合法继承了苏宇宙债权的问题不仅符合先决问题的字面含义，广东高院在二审判决书中也认定该问题属于国际私法中的先决问题，并且援引我国内地即法院地的冲突规范《民法通则》第一百四十九条为该先决问题确定了准据法。但是案例（二）中的主要问题是委托代理合同的效力问题，审理该案的一审法院和二审法院都明确指出涉案委托代理合同的准据法是中华人民共和国法律，即内国法律。而按照我国学界主流观点，国际私法中先决问题的第一个构成要件即是主要问题依据法院地国家的冲突规范应当适用外国法作为准据法，案例（二）显然不符合这一个构成要件。因此按照我国学界通说，案例（二）中陈惠钿等五位原告是否合法继承了苏宇宙债权的问题不属于国际私法中的先决问题，因此法院在确定该问题的准据法时，不需要考虑应否适用主要问题准据法所属国冲突规范的问题，应当直接适用法院地国家的冲突规范。实际上广东高院在二审判决书中也没有分析是否应适用主要问题准据法所属国（或者地区）冲突规范的问题，而是直接按照我国《民法通则》第一百四十九条确定了该案继承问题的准据法。虽然广东商务级人民法院确定该案准据法的结果值得肯定，但该院判决书一方面认定涉案继承问题属于国际私法中的先决问题，另一方面对该先决问题应适用法院地国家地区还是主要问题准据法所属国家地区冲突规范的问题不进行任何说理分析，严格说来有些自相矛盾，一定程度上影响了该判决书的说理论证效果。

第三节　拓展思考

2013 年 1 月 7 日施行的《法律适用法司法解释（一）》第十二条规定："涉外民事争议的解决须以另一涉外民事关系的确认为前提时，人民法院应当根据该先决问题自身的性质确定其应当适用的法律。"第十三条规定："案件涉及两个或者两个以上的涉外民事关系时，人民法院应当分别确定应当适用的法律。"

从比较法来看，立法对先决问题做出明确规定的国家比较少见。《法律适用法司法解释（一）》专门对先决问题的定义和法律适用问题做出规定，说明了我国最高司法机关对这一冲突的高度重视，这一点无疑值得肯定。但该规定亦存在明显的不足之处：先决问题之所以成为国际私法中的一个特殊问题，主要是由于先决问题的准据法是否应当依据法院地国家的冲突规范确定在理论上存在争议。因此任何关于先决问题的立法都应当明确规定，是适用法院地国家的冲突规范，还是适用主要问题准据法所属国家的冲突规范，或者适用依据某一标准确定的第三国的冲突规范，来确定先决问题的准据法。但是《法律适用法司法解释（一）》第十二条却对这一关键问题语焉不详、含糊其词，这显然是这一专门解决先决问题的冲突规则的令人遗憾之处。①

为弥补前述不足，结合前文分析，笔者认为可以将实体性先决问题再进一步区分为狭义的先决问题和部分问题。司法实践中只要涉外民商事案件涉及两种或者两种以上民事关系，我国法院就需要援引相关冲突规范为这些民事关系分别确定准据法。具体涉外民商事案件中，法院首先通过识别制度确定案件的主要问题，然后再分析需要先行解决的程序性和实体性先决问题。对于程序性先决问题，法院应直接适用我国《民事诉讼法》解决，不产生适用外国法律的问题。对于实体性先决问题，如果该问题符合学界通说要求的先决问题的构成要件，则法院应将其认定为狭义或者严格意义上的先决问题，按照《法律适用法司法解释（一）》第十二条确定该问题的准据法；如果该问题不符合学界通说要求的先决问题的构成要件，则法院应将其认定为一般意义

---

① 秦瑞亭：《国际私法》（第二版），南开大学出版社 2014 年版，第 143 页。

上的先决问题，即部分问题，按照《法律适用法司法解释（一）》第十三条确定该问题的准据法。

【主要法条】

《法律适用法司法解释（一）》第十二条　涉外民事争议的解决须以另一涉外民事关系的确认为前提时，人民法院应当根据该先决问题自身的性质确定其应当适用的法律。

第十三条　案件涉及两个或者两个以上的涉外民事关系时，人民法院应当分别确定应当适用的法律。

第六章　公共秩序保留、法律规避和干涉性法规[*]

核心知识点

国际私法中的公共秩序指一个国家宪法基本制度、基本规定、基本精神和法律的基本原则，是一个国家法律体系的底线；干涉性法规指一个国家法律体系中能够不需要冲突规范指引而干涉性地直接适用于特定涉外民商事法律关系的强制性规则；法律规避是涉外民事关系当事人为规避对其不利的准据法而有意实施的一种制造或者改变连结点的逃法或者脱法行为。为了合理规范前三者在涉外民商事案件中的具体适用及其法律后果，形成了国际私法中三种排除和限制外国法适用的制度，分别称为公共秩序保留制度、干涉性法规直接适用制度和禁止法律规避制度。三种制度分别有其自身的构成要件、调整对象和法律功能，不容混淆。

第一节　典型案例介绍

案例（一）

【北京京皇国际大厦有限公司诉中国人寿保险（海外）股份有限公司香港分公司贷款合同纠纷案①】

该案中，诉讼当事人双方订立了贷款协议，协议明确约定适用香港法律，当事人

　＊　本章作者：南开大学法学院秦瑞亭。本章系在秦瑞亭所著《中国国际私法实证研究》第七章的基础上修改扩充而成，详见秦瑞亭《中国国际私法实证研究》，南开大学出版社 2017 年版，第 145—170 页。

　①　最高人民法院民事判决书（2005）民四终字第 7 号。

双方在协议履行过程中发生纠纷。最高人民法院在判决书中认定，当事人之间的贷款为境外贷款，依据中国内地法律，该贷款合同必须在外汇管理部门登记。当事人通过选择香港法律，规避了中国内地法律关于外债必须登记的规定。依据 1988 年 1 月 26 日《最高人民法院关于贯彻执行〈中华人民共和国民法通则〉若干问题的意见（试行）》第一百九十四条规定，当事人基于规避法律目的选择外国法律的行为，不发生适用外国法的效力，该法律选择应属无效。该条规定亦准用于涉及香港的区际私法案件。依据该条规定，最高人民法院认定该案中当事人双方选择香港法律的法律选择行为构成了法律规避，进而认定该法律选择无效，适用了我国内地法律作为贷款合同准据法。依据我国内地法律，涉案贷款合同明显违背了我国外汇管理法规，因而被最高人民法院判决无效。

案例（二）

【汕头宏业（集团）股份有限公司（简称宏业公司）与中国银行（香港）股份有限公司（简称香港银行）、汕头经济特区新业发展有限公司（简称新业公司）担保合同纠纷案①】

该案中，广东汕头的宏业公司和香港银行订立了担保合同，担保合同明确约定香港法律为担保合同准据法，后来当事人各方因担保合同效力问题发生纠纷，诉至法院。最高人民法院在该案中认为，由于债权人是一家香港银行，本案担保属于对外担保，中国内地关于对外担保的法律规定应强制适用于本案。如果对本案担保合同适用当事人协议选择的香港法律，将会导致中国内地关于对外担保的法律法规被规避。《最高人民法院关于贯彻执行〈中华人民共和国民法通则〉若干问题的意见（试行）》第一百九十四条禁止合同当事人规避中国的强制性或者禁止性法律规范，因此本案当事人协议选择的香港法律依据该条规定应属无效，本案应适用中国内地法律作为担保合同准据法。

案例（三）

【星花投资服务有限公司（简称星花公司）、杭州金马房地产有限公司、杭州未来世界游乐有限公司（简称未来世界公司）债务及担保合同纠纷案②】

该案中，涉案担保合同明确约定该合同应按照香港法律解释并受香港法律管辖。一审法院判决没有说明任何理由，便直接适用了中国内地实体法审理案件。最高人民法院终审判决书认为，因为我国实行外汇管制制度，作为中国法人的未来世界公司为外国公司星花公司提供的担保属于对外担保，必须经外汇管理部门登记。星花公司与未来世界公司约定担保合同适用香港法律，规避了我国内地法律中的对外担保登记制

---

① 最高人民法院民事判决书（2002）民四终字第 6 号。
② 最高人民法院民事判决书（2004）民四终字第 21 号。

度。依据《最高人民法院关于贯彻执行〈中华人民共和国民法通则〉若干问题的意见（试行）》第一百九十四条，当事人选择香港法律的协议无效，该担保合同应适用中国内地法律作为准据法。

案例（四）

【中国银行（香港）有限公司诉福建省龙海市电力公司、福建省龙海市人民政府担保合同纠纷案①】

1994 年 12 月 8 日，福建省龙海市人民政府驻港机构鑫海实业有限公司（下称鑫海公司）向香港法人华侨商业银行（下称华侨银行）申请信贷额度，包括开立信用证额度港币（下同）为 2000 万元，信托提货额度为 2000 万元，透支额度 200 万元。被告福建省龙海市人民政府（下称龙海市政府）向华侨银行出具了一份《确认函》，称"愿意督促该驻港公司切实按时归还贵行贷款本息，如该公司出现逾期或拖欠贷款本息现象，本政府将负责解决，不会让贵行在经济上蒙受损失"。1995 年 2 月 20 日，被告福建省龙海市电力公司（下称龙海公司）向华侨银行出具一份《不可撤销担保书》，约定：龙海公司为鑫海公司向华侨银行贷款提供担保，限额为本金不超过 1800 万元及利息和费用；龙海公司同意在接获华侨银行书面通知后七日内无条件把鑫海公司所欠款项全数归还华侨银行；担保人在本担保书项下一切义务，不受华侨银行在任何时间给予鑫海公司任何时间和宽容、或放弃、撤销、延迟行使对鑫海公司的任何权利的影响，不因时间失效或本担保书在法律上失效而受任何影响；华侨银行出具的关于鑫海公司欠款、利息及其他应付款项的书面通知为最终证明，担保人并无异议；该担保书受香港法律管辖。被告龙海市政府办公室人员高再买在《不可撤销担保书》见证人处签字。

1997 年 9 月 11 日，华侨银行致函鑫海公司，授予鑫海公司限额为 800 万元的开立信用证额度、限额为 800 万元的信托收据融资额度、限额为 100 万元的透支额度、限额为 308 万元的按揭贷款额度，该按揭贷款从 1997 年 10 月 5 日开始分 240 个月偿还，每期偿还 28 709.64 元。1997 年 9 月 10 日至 1997 年 12 月 19 日，鑫海公司向华侨银行申请开立了多份信用证，多份信用证项下付款金额合计 8579450 元，其中华侨银行为鑫海公司垫付 7296160 元。

1998 年 5 月 15 日，华侨银行委托香港顾恺仁律师事务所律师向被告龙海公司传真发律师函，称借款人已违反其还款承诺并经华侨银行多次催讨无效，要求担保人偿还截至 1998 年 5 月 7 日为止的债务 11549462.06 元。

1998 年 8 月 20 日，华侨银行同意给予鑫海公司信贷额度，鑫海公司提交一份《偿还货款保证书》给华侨银行，双方对债务重组如下：贷款 780 万元，定期贷款利息按

---

① 福建省厦门市中级人民法院（2003）厦经初字第 229 号民事判决书（2004 年 12 月 20 日）；福建省高级人民法院（2005）闽民终字第 180 号民事判决书（2005 年 7 月 28 日）。

季度计算，所有未还贷款总额每半年偿还一期，每期还款130万元。

2001年10月1日，华侨银行并入原告中国银行（香港）有限公司（下称香港中行），其权利义务由原告香港中行承接。

2003年1月24日，原告委托北京市金杜律师事务所深圳分所律师向被告龙海公司、被告龙海市政府分别发律师函，催讨截至2001年3月22日的债务本金9433876.46元。2003年2月8日，被告龙海市政府出具《关于鑫海实业有限公司借款事宜律师函的复函》（龙政函〔2003〕4号）称：龙海市政府出具的《确认函》并非对债务提供担保，要求其清还欠款没有法律依据。2003年2月9日，被告龙海公司函复北京市金杜律师事务所深圳分所称：其非金融企业法人，没有外汇收入，不能对外提供担保；其出具的《不可撤销担保书》未经对外担保管理机关审批，担保行为无效；鑫海公司向华侨银行借款的还款期限早已届满，债权人未在法定期间内主张权利，保证人依法已免除保证责任。

2002年11月15日，原告向香港特别行政区高等法院起诉鑫海公司，2004年5月18日该院判决书认定鑫海公司应向原告支付的欠款总额及累计至2004年5月12日之利息总数为13759998.32港元。

基于上述事实，原告香港中行向一审法院福建省厦门市中级人民法院起诉两被告，请求判令：龙海公司根据《不可撤销担保书》、龙海市政府根据《确认函》承担责任，向原告偿还鑫海公司拖欠的贷款本金9433876.46元及其利息；两被告承担原告为本案支付的律师费3万元。

被告龙海公司辩称：首先，本案纠纷的认定和处理应适用中华人民共和国法律。龙海公司系境内非金融性质的企业法人，没有外汇收入，对外提供担保主体不适格。而且，龙海公司于1995年2月20日向原告出具的《不可撤销担保书》没有经过国家外汇主管部门的批准和登记，即使《不可撤销担保书》明确约定适用香港法律，但由于该担保书的成立和作出明显违背了我国外汇管理制度，破坏了公序良俗且损害了社会公共利益，该担保书应确认为无效合同。由担保书所引发的纠纷应适用中国法律。本案应排除香港法的适用。其次，原告之诉应予驳回。原告未经担保人的书面同意，于1998年8月20日与鑫海公司进行债务重组，订立偿还贷款保证书，该行为应视为债权人原告与债务人鑫海公司对主合同进行了协议变更。依照我国《担保法》第二十四条规定，担保人不再承担保证责任。另外，根据《最高人民法院关于适用〈中华人民共和国担保法〉若干问题的解释》第三十二条，涉案担保书的保证期间应为主债务履行期届满之日起二年。依据1998年5月15日原告发给担保人的律师函可以推定主债务履行期限在当时已告届满。原告直至2003年2月才再次向担保人提出主张，诉讼时效早已届满。因此，原告对龙海公司丧失了胜诉权。

被告龙海市政府辩称：龙海市政府所出具的《确认函》属于安慰信，对外不构成保证担保，因此出信人不承担法律上的责任。《中华人民共和国担保法》第八条明确规定："国家机关不得为担保人。"1991年9月26日公布的《境内机构对外提供外汇担保管理办法》，1996年10月1日实施的《境内机构对外担保管理办法》及1993年2月23日国办发〔1993〕11号《国务院办公厅关于严禁行政机关为经济活动提供担保的通知》均明确禁止国家机关和事业单位对外提供担保。因此，龙海市政府所能承担的也仅仅是道义上的责任。

福建省厦门市中级人民法院认为，原告提供了香港特别行政区高等法院的判决，结合原告举证的1997年9月11日授信函、1998年8月20日《偿还贷款保证书》（即债务重组合同）等证据材料，足以证明主债务的有效存在及主债务的数额等事实。对香港特别行政区高等法院判决中确定的原告与鑫海公司之间的主债务有效存在及其债务数额，本院作为事实予以确认。

涉外案件当事人可以选择处理争议所适用的实体法。被告龙海市政府出具的《确认函》未就处理争议所适用的实体法作出约定，庭审中双方一致选择适用我国内地法律作为解决争议的实体法，本院予以准许。

原告与被告龙海公司之间《不可撤销担保书》协议选择了香港法律，但我国是实行外汇管制的国家，承担外债必须履行相关批准、登记手续是强制性的规定。《最高人民法院关于贯彻执行〈中华人民共和国民法通则〉若干问题的意见》第一百九十四条规定："当事人规避我国强制性或禁止性法律规范的行为，不发生适用外国法的效力"。本案《不可撤销保证书》当事人约定适用香港法律意图规避内地强行适用的外汇管理规定，法律适用条款本身违法，因此，本案《不可撤销担保书》包括其中的法律适用条款均无效。司法实践中还存在如下做法：外汇管制是我国实行多年的基本经济政策，在我国经济领域属于社会公共秩序，并根据公共秩序保留条款认定违反我国外汇管制规定的合同无效。总之，不管是根据法律规避还是公共秩序保留条款认定本案《不可撤销担保书》无效，本案都不发生适用香港法律的效力，而应适用我国内地法律。

根据《最高人民法院关于贯彻执行〈中华人民共和国民法通则〉若干问题的意见》第一百九十五条，"涉外民事法律关系的诉讼时效，依冲突规范确定的民事法律关系的准据法确定"。本案准据法已确定为适用我国内地法律，根据《中华人民共和国民法通则》第一百三十五条之规定，本案诉讼时效期限为两年。

被告龙海市政府在《确认函》中表达"愿意督促该驻港公司切实按时归还贵行贷款本息，如该公司出现逾期或拖欠贷款本息现象，本政府将负责解决，不会让贵行在经济上蒙受损失"，文件名称"《确认函》"没有保证意思，内容也没有保证的字眼，更没有代为偿还或连带偿还债务的承诺。该《确认函》应认定为仅承担道义责任的安慰函。因此，原告请求被告龙海市政府承担赔偿责任没有事实和法律依据，应予驳回。

保证合同无效后，有关保证期间的约定当然无效。当事人基于法律规定的缔约过失责任应承担过错责任。被告龙海公司明知自己无对外担保的资格，也未办理对外担保审批和登记手续；原告作为金融机构未审查被告龙海公司的担保资格以及是否符合内地法律，因此，双方对担保合同无效都存在过错。但是，原告两次向被告龙海公司主张权利的时间（1998 年 5 月及 2003 年 1 月）间隔达 4 年 8 个月，已经超过了两年的诉讼时效期间。因此，原告主张权利已超过诉讼时效。

综上，被告龙海公司为鑫海公司所欠原告债务提供《不可撤销担保书》属于无效保证合同，其中选择香港法律的条款亦因违反我国公共秩序或因规避我国强制性规定而无效，不发生适用香港法律的效果。被告龙海市政府出具的《确认函》属于安慰函，在法律上无须承担任何责任。原告未在诉讼时效期间内起诉被告龙海公司，故原告的诉讼请求应予以驳回。基于前述理由，一审法院判决驳回了原告中国银行（香港）有限公司的诉讼请求。

原告香港中行向福建省高级人民法院提起上诉，理由如下：首先，担保书当事人协议选择适用香港法律的行为不构成法律规避，内地法律并不禁止当事人就对外担保合同选择适用其他法律，香港法律与本案担保合同有实际联系，担保书选择适用香港法律符合我国内地法律规定。法律规避行为特征在于当事人故意改变联结因素而达到适用原本无关的法律，担保书选择适用香港法律的约定不构成法律规避。担保书无效系因公共秩序保留，在对外担保管制法规强制适用范围之外，担保书适用香港法律不损害内地公共利益。其次，龙海公司应对担保无效承担全部过错，因为根据内地对外担保管制法规，向外汇管理部门办理审批登记手续的义务在于龙海公司，龙海公司未办理审批登记手续造成了担保无效。龙海市政府明知其自身为政府机关不能提供商业担保而出具了担保，也应对担保无效承担全部过错。最后，根据香港律师提供的法律意见，香港法律规定以盖印形式签订的文书诉讼时效为十二年。龙海公司在担保书加盖公章，符合盖印文书的形式，应适用十二年的诉讼时效。香港中行在 1998 年 5 月 15 日向龙海公司发函要求在发函后 14 日内清还主债务，故该担保的诉讼时效应从 1998 年 5 月 30 日开始起算，迄今仍未超过香港法律下的诉讼时效。香港中行在 2003 年 1 月向龙海市政府主张权利，从主张权利的 2003 年 1 月起算，香港中行在 2003 年 11 月对龙海市政府提起诉讼也未超过内地法律所规定的两年诉讼时效。

二审法院福建省高级人民法院认为：首先，关于涉案《不可撤销担保书》的法律适用问题。公共秩序保留制度是国际私法上一个具有弹性的制度，法官可以根据本国统治阶级的意志和利益的需要，决定是适用冲突规范所指向的外国法，还是利用公共秩序保留制度将外国法排除。根据《中华人民共和国民法通则》第一百五十条、《中华人民共和国民事诉讼法》第二百六十八条规定，我国立法中限制外国法适用仅限于违反中华人民共和国法律的基本原则或者国家主权、安全、社会公共利益。公共秩序保留制度的意义在于维护本国社会利益，而不能作为任意排除外国法适用的工具，否则将导致滥用从而损害法律意义及价值。原审判决关于《不可撤销担保书》的法律适用条款因违反我国公共秩序或因规避我国强制性规定而无效的认定是不妥的，应予纠正。龙海公司出具的《不可撤销担保书》系内地公司作为担保人为香港公司的外币借款进行担保，该担保属于对外担保。当事人虽然在《不可撤销担保书》中约定适用香港法律，但根据最高人民法院《关于贯彻执行〈中华人民共和国民法通则〉若干问题的意见（试行）》第一百九十四条，涉外合同当事人选择法律适用时，不得规避我国强制性或禁止性法律规范。我国内地对于对外担保有强制性的规定，本案《不可撤销担保书》如果适用香港法律，显然规避了上述强制性规定，故本案《不可撤销担保书》应适用我国内地的法律作为准据法。

其次，关于涉案《确认函》的性质以及担保无效后的责任承担问题。《确认函》从形式到内容均与安慰函的特征相符，原判关于"龙海市政府出具的《确认函》不含共为鑫海公司的债务提供担保或代为偿还的意思表示，属于安慰函，在法律上无须承担任何责任"的认定是正确的。依据《中华人民共和国担保法》第五条第二款，保证合同无效，担保人当然不再承担保证合同所载明的担保责任，但须根据相应的过错承担缔约过失责任。龙海公司明知自己无对外担保资格，也未办理对外担保的审批和登记手续，对担保合同无效存在明显过错。香港中行作为金融机构对龙海公司的担保资格未经审查，便同意其为鑫海公司提供担保，对无效担保亦有明显过错，应承担过错责任。原判认定双方对担保合同都存在过错，是正确的，本院予以维持。

最后，关于诉讼时效问题。本案《不可撤销担保书》适用我国内地的法律作为准据法，诉讼时效问题仍应适用我国内地的法律。原审法院认定香港中行于 1998 年 5 月 15 日向龙海公司主张权利后，未在诉讼时效期间内再次主张权利，其诉讼请求应予以驳回是正确的。

综上，原审判决认定事实清楚，适用法律正确，二审法院根据《中华人民共和国民事诉讼法》第一百五十三条第一款第（一）项，于 2005 年 7 月 28 日判决：驳回上诉，维持原判。

第二节　案例评析

上述四个案例都是涉外合同纠纷，涉案贷款合同或者担保合同中的法律适用条款都约定合同适用我国香港法律，审案法院在四个案例中都认定合同当事人约定适用香港法律的法律选择条款无效，但认定法律选择条款无效的理由不尽相同。前三个案例的审案法院都认为当事人选择香港法律的法律选择条款构成了国际私法中的法律规避，依据我国国际私法中的禁止法律规避制度，即我国《最高人民法院关于贯彻执行〈中华人民共和国民法通则〉若干问题的意见》第一百九十四条，认定涉案法律选择条款无效。案例（四）中，一审法院认为当事人选择香港法律的法律选择条款因违反我国公共秩序或因规避我国强制性规定而无效，不发生适用香港法律的效果。从一审判决书来看，一审法院的审案法官自己也无法确定涉案法律选择条款是违背了我国国际私法中的公共秩序还是构成了国际私法中的法律规避。审理该案的二审法院认为涉案法律选择条款没有违背我国国际私法中的公共秩序，但是显然构成了国际私法中的法律规避，因此依据禁止法律规避制度认定该法律选择条款无效。

按照上述案例中审理案件的各级人民法院的观点，无论合同当事人选择任何国家或者地区的法律，只要被选择法律的内容违背中国外汇管理规定，该法律选择行为即被认定为构成了国际私法中的法律规避，因此涉案法律选择协议即被认定无效，所选择的法律自然也就被排除适用，进而中国内地法律，包括其中的干涉性法规，作为替代法律而被适用于涉案合同。实质上这意味着，对外担保和涉外贷款合同当事人选择中国内地之外的任何法律都将构成法律规避，因为中国内地之外的任何法律都不会规定，合同应由中国外汇管理机关审批或者登记。笔者认为，上述案例中审案法院的做法既不合理也不必要，对于我国国际私法的发展弊大于利，具体原因如下。

首先应当说明，由于前文分析的涉外案例，基本上都不具有外国因素，主要具有涉港因素，因此严格说来，前述案件的准据法应当按照中国区际私法确定。但目前我国内地并没有关于区际冲突法的任何立法规定。对于区际法律冲突，最高人民法院司法解释明确规定可以参照适用我国国际私法的规定。最高人民法院在前述案例中适用的冲突规范，尤其是作为前三个案件判决书重要依据的《最高人民法院关于贯彻执行〈中华人民共和国民法通则〉若干问题的意见（试行）》第一百九十四条，其实是国际私法规范，但最高人民法院将其类推适用于我国区际私法案件，不仅符合最高人民法院自己颁布的司法解释，也符合地方各级人民法院的司法实践。而且，虽然前述案例多数属于区际私法案件，但我们没有理由认为，如果该案件中的域外法因素变成真正的外国因素的话，审理该案件的我国内地人民法院会做出不同的判决。因此，前述案例虽然主要属于涉港案例，但对于解释和分析我国国际私法，并不失其价值。

《中华人民共和国涉外民事关系法律适用法》第四十一条规定："当事人可以协议选择合同适用的法律。当事人没有选择的，适用履行义务最能体现该合同特征的一方当事人经常居所地法律或者其他与该合同有最密切联系的法律。"

《中华人民共和国民法通则》第一百四十五条规定："涉外合同的当事人可以选择处理合同争议所适用的法律，法律另有规定的除外。涉外合同的当事人没有选择的，适用与合同有最密切联系的国家的法律。"

《中华人民共和国合同法》第一百二十六条规定："涉外合同的当事人可以选择处理合同争议所适用的法律，但法律另有规定的除外。涉外合同的当事人没有选择的，适用与合同有最密切联系的国家的法律。

在中华人民共和国境内履行的中外合资经营企业合同、中外合作经营企业合同、中外合作勘探开发自然资源合同，适用中华人民共和国法律。"

可见，无论《中华人民共和国涉外民事关系法律适用法》第四十一条，还是《中华人民共和国民法通则》第一百四十五条，还是《中华人民共和国合同法》第一百二十六条，都明确允许涉外合同当事人自由选择合同准据法，没有任何条文将法律选择限制在某些特定国家法律的范围内。另外，除了《中华人民共和国涉外民事关系法律适用法》第四十二—四十三条规定的消费者合同和劳动合同之外，我国现行合同冲突法中没有任何条文规定特定国家或者地区的法律不能被选择，因此必然的逻辑结论是：依据我国现行合同冲突法，中国法律，包括港澳台法律，以及外国法律，都是合同当事人可以协议选择的法律。

基于上述分析，在所有前述案例中，合同当事人选择香港法作为合同准据法都符合中国现行合同冲突法规定，因而都是合法有效的。前述案例中合同当事人选择的香港法均与涉案合同有比较密切的联系，进一步增强了该法律选择的合法性和合理性。而且，法律选择协议本身作为一种冲突法合同，既不可能违反香港法，也不可能违背中国内地法律，即法院地法，因为中国内地和香港的冲突法都允许合同当事人自由选择合同准据法。另外，如果一方面明确允许合同当事人自由选择合同准据法；另一方面又将被允许的法律选择视为法律规避行为（当事人选择的都是与合同有较密切联系的法律），进而以禁止法律规避为由认定该法律选择无效，也明显不符合逻辑甚至不可思议。实际上在绝大多数合同当事人协议选择外国法的案件中，当事人都至少具有排除法院地法或者排除法院地法中某些规定适用的动机，否则当事人就没有选择外国法律的必要。如果立法允许人们对国际私法中的法律规避概念做如此宽泛的解释，以至于当法律选择导致法院地法中任何一项强制性法规被排除时，即可认定构成法律规避，那么，当事人选择任何外国法或者域外法的行为都将被视为法律规避行为，这将导致冲突法中当事人自治原则的名存实亡。[①]

审理案例（四）的一审法院认为，司法实践中也有一种观点认为，外汇管制是我国实行多年的基本经济政策，在我国经济领域属于社会公共秩序，因此对于违反我国外汇管制规定的涉外担保合同或者贷款合同，应根据公共秩序保留条款认定该合同无效。该一审法院认为，不管是根据禁止法律规避制度还是公共秩序保留条款，都应认定本案《不可撤销担保书》无效，最后在一审判决书中通过"选择香港法律的条款亦因违反我国公共秩序或因规避我国强制性规定而无效，不发生适用香港法律的效果"这一模糊的表述，回避了涉案法律选择条款到底是规避了我国内地法律还是违背了我

---

① 如此宽泛的解释也不符合国内外国际私法学界公认的法律规避的构成要件。

国内地公共秩序的问题。但该案二审法院对一审法院判决书中的模糊观点进行了纠正，明确指出，涉案合同当事人协议选择香港法律没有违背我国内地的公共秩序，因此不能适用公共秩序保留制度排除香港法律。

二审判决书写道："公共秩序制度是国际私法上一个具有弹性的制度，法官可以根据本国统治阶级的意志和利益的需要，决定是适用冲突规范所指向的外国法，还是利用公共秩序制度将外国法排除。根据《中华人民共和国民法通则》第一百五十条、《中华人民共和国民事诉讼法》第二百六十八条规定，我国立法中限制外国法适用仅限于违反中华人民共和国法律的基本原则或者国家主权、安全、社会公共利益。公共秩序保留制度的意义在于维护本国社会利益，而不能作为任意排除外国法适用的工具，否则将导致滥用从而损害法律意义及价值。原判关于《不可撤销担保书》的法律适用条款因违反我国公共秩序或因规避我国强制性规定而无效的认定是不妥的，应予纠正。"①

笔者认为，二审法院对我国国际私法中公共秩序的理解是准确的，其关于本案不应通过公共秩序保留制度排除香港法律的说理论证也是充分的。但该案二审法院最后仍然采取了和前三个案例的审案法院完全相同的做法，认为涉案法律选择条款构成了国际私法中的法律规避，依据《最高人民法院关于贯彻执行〈中华人民共和国民法通则〉若干问题的意见（试行）》第一百九十四条，认定该法律选择条款无效。这一做法总起来看弊大于利，令人遗憾，理由已如前所述。

基于上述原因，本书认为，在上述一系列案件中，中国内地的外汇管理法规应当适用于涉案贷款合同或者担保合同，但并非由于当事人双方的法律选择协议构成了法律规避，亦非因为合同当事人选择的香港法律违背了我国内地的公共秩序。涉案合同中的法律选择条款既没有构成国际私法中的法律规避，更没有违背中华人民共和国的公共秩序；恰恰相反，前述案例中的法律选择协议均合法有效，当事人选择的我国香港法律应当被认定为涉案合同的准据法。但由于受理案件的法院是中国内地的法院，我国内地外汇管理法规属于法院地国家的干涉性法规，因此，即使合同准据法是外国法或域外法，法院仍应将我国外汇管理法规干涉性地适用于涉案贷款合同或者担保合同。其结果是：如果涉案贷款合同或者担保合同依据我国外汇管理法规必须经审批登记才能生效，那么，即使作为合同准据法的外国法/域外法没有规定审批登记手续，在我国内地法院审理案件的情况下，经我国外汇管理机关审批登记仍然是涉案贷款合同或者担保合同生效的前提条件。

上述四个案例都发生在2011年之前。2011年4月1日生效的《中华人民共和国涉外民事关系法律适用法》第四条正式规定了干涉性法规直接适用制度，依据该条规定，我国内地外汇管理法规作为中华人民共和国法律中对涉外贷款合同和担保合同的强制

---

① 福建省高级人民法院（2005）闽民终字第180号民事判决书。

性规定，应当直接适用于前述案件中的贷款合同或者担保合同。这些法规干涉性适用的结果将导致涉案贷款合同或者担保合同因为未经批准登记而无效，但我国干涉性法规直接适用的结果并不必然导致案件本应适用的合同准据法全部被排除。因此，假设《法律适用法》适用于前述案例，那么，尽管涉案贷款合同或者担保合同无效，合同准据法仍然是当事人协议选择的我国香港法律。换言之，在涉案贷款合同或者担保合同由于《法律适用法》第四条规定的干涉性法规的直接适用而无效的情况下，该合同无效引起的法律后果，例如，贷款合同无效后借款人是否仍然须向贷款人支付本金和利息；担保合同无效后担保人是否以及在何种范围内对主债务的本金利息以及债权人遭受的损失承担赔偿责任；涉案合同的诉讼时效问题，等等。仍然应由合同准据法，即当事人协议选择的我国香港法律，而不是我国内地法律决定。

第三节　拓展思考

【特殊交易的主体资格问题】

我国内地法院司法实践中提出的与干涉性法规有关的另一问题是，我国关于一些特殊交易主体资格的限制性或者禁止性规定，是否属于我国《法律适用法》第四条意义上的干涉性法规？例如《中华人民共和国证券法》第一百六十六条第二款规定："投资者申请开立账户，必须持有证明中国公民身份或者中国法人资格的合法证件。国家另有规定的除外。"在外国公民在我国境内进行证券交易的情况下，该外国公民的缔约能力问题应适用我国《证券法》第一百六十六条第二款还是适用《法律适用法》第十二条规定的准据法，便成为审案法官无法回避的现实问题。

荷兰公民邱玉琴与巨田证券有限责任公司深圳人民南路证券营业部（简称深圳南路营业部）、巨田证券有限责任公司（简称巨田证券）、孙雅兰侵权纠纷一案[①]中，2000年8月荷兰公民邱玉琴用其出国以前深圳的身份证在深圳南路营业部开立了股东卡和股票账户，11月邱玉琴将自己股票交易密码告诉了孙雅兰，委托孙雅兰在其出国期间对其股票进行照看和操作，约定若超过成本32万元之外，由孙雅兰抛出和买进的股票，孙雅兰可提取利润的20%。2001年5月24日，孙雅兰为了股票操作方便，利用邱玉琴交给她的长沙身份证和股东卡以及委托书，将邱玉琴的全部股票从深圳南路营业部转到大鹏证券有限责任公司深圳红岭中路证券营业部（简称大鹏证券），并更改了交易密码，但未从邱玉琴股票账户内支取现金。2001年9月27日邱玉琴回国后，孙雅

[①] 一审判决书：广东省深圳市中级人民法院民事判决书（2003）深中法民四初字第305号。二审判决书：广东省高级人民法院民事判决书（2004）粤高法民四终字第2号。

兰将转托管和更改的交易密码告诉了邱玉琴，邱玉琴将其在深圳南路营业部股票账户的剩余保证金人民币 378.24 元取出。之后，孙雅兰继续对邱玉琴的股票进行操作和交易。2003 年 3 月 21 日，邱玉琴更改了自己的股票交易密码，终止了孙雅兰对其股票的操作。2003 年 4 月，邱玉琴在深圳市中级人民法院起诉巨田证券、深圳南路营业部和孙雅兰，请求法院判令三被告赔偿因被告未经原告同意擅自转出原告全部股票而对原告造成的损失共计人民币 16 万元。

一审法院认为，由于邱玉琴具有荷兰国籍，本案为涉外民事侵权纠纷。双方当事人未约定适用的法律，根据侵权纠纷适用侵权行为地法的规定，本案侵权行为地在中国，故本案应适用中华人民共和国法律。本案中邱玉琴委托孙雅兰对其股票进行操作和交易，孙雅兰为操作股票方便办理了转托管，但孙雅兰并未在转托管时提取现金，进而谋取私利，邱玉琴在知道转托管之事后，仍然同意孙雅兰对其股票进行操作和交易；巨田证券与深圳南路营业部在办理转托管时也没有谋取任何利益。孙雅兰和巨田证券、深圳南路营业部没有过错，转托管与邱玉琴股票市值的减少没有必然联系，所以，邱玉琴的诉讼请求没有证据和事实证实，不予支持。一审法院据此判决驳回邱玉琴对巨田证券、深圳南路营业部和孙雅兰的诉讼请求。[①]

二审法院查明，邱玉琴于 1997 年 10 月 31 日加入荷兰国籍，不再具有中国公民身份。该院认为，本案属于涉外侵权纠纷。由于邱玉琴是对中国的公民和法人以及其他诉讼主体提起诉讼，因此中国法院对本案有管辖权。由于邱玉琴主张的侵权行为发生在中国，根据《中华人民共和国民法通则》关于涉外民事关系的法律适用规定，本案应适用中国法律作为准据法。根据《中华人民共和国证券法》第一百三十八条第二款[②]，只有具有中国公民身份或中国法人身份的客户才能开立从事股票买卖的证券账户和资金账户。邱玉琴成为荷兰国民后，不再具备中国公民所享有的从事中国人民币 A 股交易的民事权利能力和行为能力，其实际从事 A 股交易的行为无效，其与深圳南路营业部之间的委托代理合同无效。事实表明，邱玉琴和孙雅兰之间存在代为进行股票交易的委托代理合同关系。但由于委托人不具备从事该行为的民事权利能力和行为能力，该委托代理合同也无效。据此，二审法院于 2004 年 4 月 8 日终审判决驳回上诉，维持原判。[③]

上述案例中，一审法院没有分析涉案证券交易行为的效力问题，以缺乏事实依据为由驳回了原告的诉讼请求。二审法院依据我国证券法禁止外国公民在我国境内开立从事股票买卖的证券账户和资金账户的规定，判决涉案股票交易行为和委托代理合同

---

① 广东省深圳市中级人民法院民事判决书（2003）深中法民四初字第 305 号。
② 2014 年修订后的《中华人民共和国证券法》第一百六十六条第二款。
③ 广东省高级人民法院民事判决书（2004）粤高法民四终字第 2 号。

均无效。二审法院判决书明确认定邱玉琴成为荷兰国民后不再具备从事中国人民币 A 股交易的民事权利能力和行为能力，由于我国当时国际私法缺乏关于外国人民事行为能力的规定，因此二审法院也没有分析邱玉琴民事行为能力的准据法问题，这一点是可以理解的。但是该案提出的问题是现行《中华人民共和国证券法》第一百六十六条第二款仍然明确规定"投资者申请开立账户，必须持有证明中国公民身份或者中国法人资格的合法证件"；而我国《法律适用法》第十一、十二条规定自然人民事权利能力和民事行为能力适用其经常居所地法律。依据我国今天的证券法和国际私法立法来分析上述案例，假设邱玉琴已经定居荷兰，其经常居所地为荷兰，因此其民事权利能力和民事行为能力依据我国《法律适用法》第十一、十二条应当适用荷兰法律，那么这种情况下，我国《证券法》第一百六十六条第二款的规定是否仍然应当适用？其适用的冲突法依据是什么？

将我国《证券法》第一百六十六条第二款定性为我国《法律适用法》第四条意义上的干涉性法规，是解决上述问题的最简单、也是最容易想到的方案。依据该方案，无论哪一国家的公民或者法人在我国进行证券交易或者委托我国国民代理进行证券交易，只要我国内地法院受理案件，法院即可依据《法律适用法》第四条将我国《证券法》第一百六十六条第二款适用于涉案证券交易合同和委托代理合同，进而认定两份合同均无效。

但是深入分析我们会发现，前述简单化的解决方案虽然可行，但说服力并不充分，因此并不是理想的解决方案。《法律适用法》第四条明确规定："中华人民共和国法律对涉外民事关系有强制性规定的，直接适用该强制性规定。"《证券法》第一百六十六条第二款虽然属于强制性规定，但该条款显然不属于"中华人民共和国法律对涉外民事关系"的强制性规定。一方面，我国《证券法》显然不是规定涉外民事关系的法律；另一方面，从《证券法》第一百六十六条第二款中我们甚至可以得出如下结论：正是因为我国《证券法》调整的是纯粹的国内证券市场，① 该条款才禁止外国国民进行该法规定的证券交易。由于我国《证券法》对涉外证券法律关系没有做出任何规定，因此认为《证券法》第一百六十六条第二款是我国法律对涉外证券关系的强制性规定，理由牵强。

笔者认为，无论依据《证券法》第一百六十六条第二款的内容，还是依据邱玉琴一案的二审判决书，《证券法》第一百六十六条第二款都是关于证券交易主体资格的规定，系对特殊领域民事行为能力的特殊规定，属于民事行为能力的范畴。该二审判决

---

① 《中华人民共和国证券法》第二条　在中华人民共和国境内，股票、公司债券和国务院依法认定的其他证券的发行和交易，适用本法。

书明确写明根据当时的《中华人民共和国证券法》第一百三十八条第二款①，邱玉琴在成为荷兰国民后不再具有从事中国人民币 A 股交易的民事权利能力和行为能力，亦证明了这一点。我国《法律适用法》第十二条仅是对一般民事行为法律适用问题的规定，对于特殊领域的民事行为能力，例如结婚年龄，立遗嘱的年龄，是应当适用《法律适用法》第十二条规定的准据法，还是适用《法律适用法》第二十一条和第三十三条援引的结婚准据法与遗嘱效力的准据法，我国学界缺乏深入讨论，笔者认为应当适用特殊法律行为的准据法，即结婚准据法和遗嘱效力的准据法。同样道理，《证券法》第一百六十六条第二款作为我国法律对证券交易行为能力的特殊规定，适用于一切准据法是我国法律的证券交易，无论交易主体是何国国籍以及经常居所位于何国。在证券交易准据法不是我国法律的情况下，我国法院不应通过《法律适用法》第四条将《证券法》第一百六十六条第二款强行适用于涉案证券交易。换言之，《证券法》第一百六十六条第二款作为我国法律对证券交易主体资格的限制性规定，性质上并不是我国《法律适用法》第四条意义上的干涉性法规，而是属于证券交易这一特殊法律关系准据法中的一般强制性规定，其适用于准据法是我国法律的一切证券交易。但在证券交易准据法是外国法律或者我国港澳台法律的情况下，《证券法》第一百六十六条第二款不应予以适用。②

【主要法条】

《中华人民共和国法律适用法》第四条　中华人民共和国法律对涉外民事关系有强制性规定的，直接适用该强制性规定。

《中华人民共和国法律适用法》第五条　外国法律的适用将损害中华人民共和国社会公共利益的，适用中华人民共和国法律。

《最高人民法院关于适用〈中华人民共和国涉外民事关系法律适用法〉若干问题的解释（一）》第十条　有下列情形之一，涉及中华人民共和国社会公共利益、当事人不能通过约定排除适用、无需通过冲突规范指引而直接适用于涉外民事关系的法律、行政法规的规定，人民法院应当认定为涉外民事关系法律适用法第四条规定的强制性规定：

（一）涉及劳动者权益保护的；

（二）涉及食品或公共卫生安全的；

（三）涉及环境安全的；

（四）涉及外汇管制等金融安全的；

（五）涉及反垄断、反倾销的；

---

① 现行《中华人民共和国证券法》第一百六十六条第二款。

② 如何确定证券交易准据法的问题，不属于干涉性法规问题，因此本章不予论述。

（六）应当认定为强制性规定的其他情形。

《最高人民法院关于适用〈中华人民共和国涉外民事关系法律适用法〉若干问题的解释（一）》第十一条 一方当事人故意制造涉外民事关系的连结点，规避中华人民共和国法律、行政法规的强制性规定的，人民法院应认定为不发生适用外国法律的效力。

《最高人民法院关于贯彻执行〈中华人民共和国民法通则〉若干问题的意见（试行）》第一百九十四条 当事人规避我国强制性或者禁止性法律规范的行为，不发生适用外国法律的效力。

《韩国 2001 年国际私法》第七条 基于立法目的，无论准据法是什么，即使在本法指定外国法为应适用的准据法的情况下，大韩民国的强制规定也可适用于相关的法律关系。[1]

2004 年《比利时国际私法法典》第十八条 在当事人不能自由处分其权利的事项中，对于当事人仅为规避本法指定的法律而造成的事实和做出的行为，在确定准据法时不予考虑。

2004 年《比利时国际私法法典》第二十条 本法的规定不影响比利时法律中的强制性规定或公共政策的适用。根据法律或其特殊目的，强制性规定或公共政策旨在规制国际事项而不考虑根据冲突规则指定的法律。当根据本法适用一个国家的法律时，可以适用与案件有密切联系的另一国家法律中的强制性规定或公共政策，并且只要根据该另一国家的法律，这些规则应予以适用而不考虑其他法律的适用。在决定是否适用这些强制性规则时，应对强制性规则的性质、目的以及适用或不适用的结果加以考虑。[2]

2008 年《欧洲议会和欧盟理事会关于合同债权法律适用的第 593/2008 号条例》（简称《罗马第一条例》）[3] 第九条 干涉性法规是这样一种强制性法规，该法规制定国认为，遵守该法规对于维护该国公共利益，尤其是维护该国政治、社会和经济组织的运行，具有如此决定性的意义，以至于该法规必须适用于其调整范围内的所有案件，而无论依据本条例规定合同的准据法是何国法律。

法院地法律中的干涉性法规的适用不受本条例影响。

如果合同义务履行地国家的干涉性法规使得履行合同行为成为非法，那么法院可以赋予该干涉性法规以法律效力。在决定是否赋予该干涉性法规以法律效力时，应考虑该法规的种类、目的以及适用或不适用该法规的后果。

---

① 《韩国 2001 年国际私法》，沈涓译，《中国国际私法与比较法年刊》第六卷。
② 《比利时国际私法法典》，梁敏、单海玲译，《中国国际私法与比较法年刊》第八卷。
③ 2008 年 6 月 17 日《欧洲议会和欧洲理事会关于合同债权关系准据法的第 593/2008 号条例》（《罗马第一条例》），载于《欧盟官方公报》，2008 年，第 L177 号，第 6 页（Amtsblatt der Europaeischen Union, 2008, Nr. L177, S. 6.）。

2008 年《中华人民共和国外汇管理条例》[①] 第 19 条　提供对外担保，应当向外汇管理机关提出申请，由外汇管理机关根据申请人的资产负债等情况作出批准或者不批准的决定；国家规定其经营范围需经有关主管部门批准的，应当在向外汇管理机关提出申请前办理批准手续。申请人签订对外担保合同后，应当到外汇管理机关办理对外担保登记。

《中华人民共和国民法典》第五百零二条　依法成立的合同，自成立时生效，但是法律另有规定或者当事人另有约定的除外。

依照法律、行政法规的规定，合同应当办理批准等手续的，依照其规定。未办理批准等手续影响合同生效的，不影响合同中履行报批等义务条款以及相关条款的效力。应当办理申请批准等手续的当事人未履行义务的，对方可以请求其承担违反该义务的责任。

依照法律、行政法规的规定，合同的变更、转让、解除等情形应当办理批准等手续的，适用前款规定。

---

① 　中华人民共和国国务院令第 532 号：《中华人民共和国外汇管理条例》，载于《中华人民共和国国务院公报》，2008 年第 23 号，第 15 页。《新编中华人民共和国法律法规全书》（第八版），法律出版社 2015 年版，第 1216 页。

第七章　域外法的查明*

```
┌──────────────────────┐
│      核心知识点        │
└──────────────────────┘
```

　　"外国法查明"是指一国法院在审理涉外民商事案件的过程中，当依据冲突规范应当适用某外国实体法时，根据该国法律规定负有查明职责或义务的查明主体，按照法律允许的查明途径和方法对该外国法的存在与否及其具体内容予以确定的过程。由于我国是多法域的国家，不同法域的法律制度亦有不同，当我国内地法院需要适用我国港、澳、台法律，或我国港澳台法院需要适用我国内地法时，也会产生"法律查明"的需求。在此背景下，广东省高级人民法院郑新俭、张磊两位法官在《中国内地域外法查明制度之研究》一文中采用了"域外法查明"的表述，将待"查明"的法律范围准确定位为"不仅包括独立主权国家的外国法律，也包括同一主权国家内具有不同法律制度的地区的法律，即外法域法"。① 这一表述显然更贴合我国的实际情况。依据我国国际私法理论、立法和司法实践，域外法查明制度主要涉及查明责任分配、查明途径、查明内容的采信和查明失败的救济等几个方面的问题。

---

　　* 本章作者：南开大学法学院阎愚。
　　① 　郑新俭、张磊：《中国内地域外法查明制度之研究》，载于黄进主编《我国区际法律问题探讨》，中国政法大学出版社 2012 年版，第 179 页。

第一节　典型案例介绍

【"美国商翔国际有限公司诉中国南车集团株洲电力机车厂、湖南进出口集团公司中邦分公司合同纠纷案"】（以下简称"商翔公司案"，湖南省高级人民法院（2005）湘高法民三终字第12号）。[①]

原告美国商翔国际有限公司（以下简称商翔公司）与被告中国南车集团株洲电力机车厂（以下简称机车厂）、湖南进出口集团公司中邦分公司（以下简称中邦公司）于2001年签订了《不泄露不竞争协议》，约定原告提供有关新产品的机密资料给二被告，被告保证不给原告之外的任何客户生产与原告提供的图纸等有关信息相类似的或三方已确认了图纸的产品。2004年原告发现被告机车厂违约为其他客户生产上述产品，于是在湖南省长沙市中级人民法院对两被告提起诉讼。被告机车厂则辩称《不泄露不竞争协议》约定适用的法律为美国田纳西州法律，根据该州的相关判例，原告诉请所依据的合同条款应为无效条款，因此原告无权依据该无效条款追究二被告的违约责任。

本案争议焦点：当事人在涉外民事合同中约定合同纠纷适用外国法，该外国法直接影响对合同条款效力的判断，法院在援引外国法的过程中可以通过怎样的途径来查明该外国法？

第二节　案例评析

"商翔公司案"看似是一起违约纠纷，但诉讼的焦点并非二被告是否存在违约事实，而是争议的合同条款是否有效，其关键是美国田纳西州的法律是否应该得到适用。本案合同约定适用美国田纳西州法律，双方对该约定也并无异议，根据《中华人民共和国民法通则》（以下简称《民法通则》）第一百四十五条第一款："涉外合同的当事人可以选择处理合同争议所适用的法律，法律另有规定的除外。"[②] 该法律选择合法有效，因此，理论上讲，美国田纳西州的法律应是本案的准据法。然而在一审程序中，一审法院并未适用该外国法，法院的理由如下[③]：

"协议虽然约定了适用美国田纳西州法律，被告也提交了美国乔治·W·堪尼的专

---

① 本案一审：湖南省长沙市中级人民法院（2004）长中民初字第129号（2004年12月14日）。

② 本案审结于2005年，其时《中华人民共和国法律适用法》尚未出台，因此本案在法律适用问题上以《民法通则》和相关法律为依据。

③ 引自湖南省长沙市中级人民法院（2004）长中民初字第129号判决书。

家证词，证词中引用了田纳西州法律条款及判例，但该法律条款及判例并不完整，况且被告机车厂在举证期限内以及法庭延长的 15 天合理期限内均未能向法庭提供该专家证词的公证、认证手续，故本案属于域外法不能查明的情况，被告机车厂以专家证词为由要求适用美国法的主张，法院不予支持。"

在该案审结的 2005 年，我国相关立法尚不完善。就域外法查明程序而言，可适用的规则仅有《最高人民法院关于贯彻执行〈中华人民共和国民法通则〉若干问题的意见（试行）》（法〔办〕发〔1988〕6 号）第一百九十三条（即上述一审判决的依据）。该条规定"对于应当适用的外国法律，可通过下列途径查明：①由当事人提供；②由与我国订立司法协助协定的缔约对方的中央机关提供；③由我国驻该国使领馆提供；④由该国驻我国使馆提供；⑤由中外法律专家提供。通过以上途径仍不能查明的，适用中华人民共和国法律。"依据该条规定对一审法院判决书进行深入分析，我们会发现，一审判决存在以下几个值得商榷的问题。

其一，一审判决并未清晰理解域外法查明的责任承担问题。上述第一百九十三条并未明确规定域外法查明的责任承担，但就其表述而言，显然"由当事人提供"与其它查明途径是平行关系。该规定的②、③、④、⑤项需经申请而进行，但并未言明申请的主体必须为当事人，这也就意味着，诉讼的其他参与方、特别是我国一贯奉行的"职权主义"诉讼模式的核心——法院，亦应承担查明域外法的责任。

其二，一审判决并未穷尽第一百九十三条要求的五种查明途径，即认定"不能查明"并据此适用中国法，这有违该规定"通过以上途径仍不能查明"的文义。

其三，第一百九十三条并无以查明程序瑕疵认定"不能查明"的规定。一审判决中要求提供专家证词公证、认证手续的规定实际上源自当时适用的《最高人民法院关于民事诉讼证据的若干规定》第十一条①，针对的是取得域外证据的程序要求。但域外法的查明结果是否应被视为域外证据在当时的理论界仍有争议，实践中也没有明确的法律规定。

一审判决存在的上述瑕疵成为本案二审改判的关键原因。二审判决首先回应了域外法查明的责任承担问题，认为"查明法律不是一方当事人的举证义务，而是双方当事人的责任，同时也是人民法院的责任，原审法院将查明法律的责任交由机车厂一方承担有失公正。"在此基础上，二审法院依职权通过多种途径不但查明了田纳西州的判例，而且查明了应予适用的联邦法规"美国谢尔曼反托拉斯法和克莱顿反托拉斯法"，并基于上述查明结果得出结论："任何不合理的限制竞争、垄断贸易、损害贸易的行为

---

① 《最高人民法院关于民事诉讼证据的若干规定》第 11 条："当事人向人民法院提供的证据系在中华人民共和国领域外形成的，该证据应当经所在国公证机关予以证明，并经中华人民共和国驻该国使领馆予以认证，或者履行中华人民共和国与该所在国订立的有关条约中规定的证明手续。"

都属于无效行为。本案的原告并未证明案涉产品及其技术、图纸属于原告的商业秘密，也未厘清其商业秘密的范围及所有权归属，却基于《不泄露不竞争协议》排斥二被告为合同以外的当事人生产商翔公司并不具有商业秘密所有权的产品，实质上是排斥和限制贸易竞争的行为。"[①] 并因此支持了被告的主张。

本案的二审判决书无疑是我国域外法查明领域早期法律实践的经典之作，其意义在于正确地解读了相关立法的原旨，肯定了"人民法院依职权查明域外法"是我国法律的基本要求，这一点与此后我国域外法查明立法的基本导向是完全一致的。然而由于案件审结的时间较早，我国在域外法查明领域的规则体系尚未构建成功，因此本案并未就域外法查明的其他问题有所关照，笔者对该案的评析也难以突破当时立法的局限。时至今日，我国已形成较为完整的域外法查明制度，因此笔者认为有必要在此问题上进行进一步的梳理。

第三节　拓展思考

"商翔公司案"较为准确地指出法官应依职权查明域外法，但并未阐释在该事项上法官职权与当事人义务的关系，其原因在于一方面当时立法并未对此问题做出清晰的规定；另一方面，该问题源自域外法查明的传统理论之争，在当时我国理论界尚存在一定程度上的争议与分歧。

一　"域外法查明"制度的传统理论之争

传统上，域外法查明制度的理论之争集中于域外法属性的"法律说"与"事实说"的分歧。[②]这种分歧与国际私法理论立场上的"普遍主义"与"特殊主义"之分是一脉相承的。[③] 持"普遍主义"立场的国际私法理论坚持德国学者萨维尼所主张的"内外国法律平等论"[④]，认为域外法与本国法是平等的法律，在适用时应当遵循互惠原

①　参见本案二审判决书湖南省高级人民法院（2005）湘高法民三终字第 12 号。

②　关于域外法"事实说"与"法律说"的分歧，详见肖芳《论外国法的查明——中国法视角下的比较法研究》，北京大学出版社 2010 年版，第 14—16 页；肖芳：《外国法的性质与外国法的查明》，2008 年中国国际私法学会会议论文；关于德国的"法律说"，参见徐鹏《外国法查明：规则借鉴中的思考——以德国外国法查明制度为参照》，《比较法研究》，2007 年第 2 期。

③　冲突法的理论立场一向有"普遍主义"与"特殊主义"之分。普遍主义即国际主义，立足于国际交往的普遍利益，主张平等对待各国法律及其适用；特殊主义即国家主义，立足于民族国家的立场，认为适用外国法的根本前提是维护和扩大本国的利益。详见阎愚《冲突法历史发展中的特殊主义与普遍主义》，《政法论坛》，2016 年第 6 期。

④　林益山：《国际私法新论》，三民书局 1998 年版，第 173 页。

则，一视同仁，而非仅"维护立法者自己的绝对权威"。① 持"特殊主义"立场的国际私法理论则更认可英美学者的"既得权说"，认为法院不应该承认外国法的效力，但应该保护依据外国法创设的权利，所以在法律冲突案件中，法院不是在适用外国法，而是承认外国法创设权利的"事实"。② 这种理论立场的分歧，直接影响了域外法查明制度的立法设计。

英国曾是持"事实说"的典型国家，并基于此形成了由当事人聘请专家证人提供域外法的查明制度。③ 该制度将查明责任主要分配给当事人，查明的过程主要遵循事实证据的举证程序与规则，如果当事人不能提供域外法的内容，就需要承担不利后果。这看似暗合了英美法系国家一贯遵循的"当事人主义"诉讼模式，但却忽略了内国诉讼与涉外诉讼的本质区别。在涉外诉讼中，由当事人提供域外法会放大当事人在语言能力、对内外法律的熟悉程度、聘请专家证人的能力等因素上的差异，从而使查明域外法成为操纵诉讼结果的手段，这无疑与国际私法追求判决确定性、一致性的立法初衷相背离。

德国则曾是持"法律说"的典型国家，并基于此形成了法官依职权查明域外法的查明制度。该制度将查明域外法的责任主要归属于法官，当事人不对域外法的查明承担证明责任，即使当事人提供关于域外法的资料，也只被视为对法庭的帮助，不能因此免除法官的查明责任。④ 该制度是"职权主义"诉讼模式在域外法查明环节的体现，但在实践中同样忽略了涉外诉讼的特殊性。简言之，法官查明域外法要受到判决时限、成本支出、语言差异等多重影响，这些均会影响法官适用域外法的积极性。此外，因法官查明外国法导致的诉讼成本增加和审限延长，亦会使得当事人权衡适用域外法是否符合其正义要求。

英德两国域外法查明制度遭遇的实践困境使得一种兼采两种观点的折衷立场获得更多国家的青睐。⑤ 折衷说的基本观点是主张域外法既具有法律性，又具有事实性，抛弃任何一方面都不适当。尽管在折衷说的立场上仍有倾向于"法律说"或"事实说"的不同，并据此有将域外法视为"特殊的法律"或"具有法律属性的事实"之分，但这主要是各国法律传统或法律文化的区别所致，并不会从根本上否定对域外法双重性

---

① ［德］萨维尼：《现代罗马法体系》（第8卷），李双元等译，法律出版社1999年版，第71页。

② Joseph Beale, A Treatise on the Conflict of Laws, vol. 3, New York: Baker, Voorhis & Co., p. 1969 (1935).

③ 参见肖芳《外国法的性质与外国法的查明》，2008年中国国际私法学会会议论文。

④ 参见徐鹏《外国法查明：规则借鉴中的思考——以德国外国法查明制度为参照》，《比较法研究》，2007年第2期。

⑤ "英国与德国分别位于一个坐标的两端，是"事实说"和"法律说"的代表，而其他国家则位于这两个极端的中间。" See Trevor Hartley, Pleading and Proof of Foreign Law: the Major European Systems Compared, International & Comparative Law Quarterly, Vol. 45, 1996, pp. 271–292. 转引自肖芳《外国法的性质与外国法的查明》，2008年中国国际私法学会会议论文。

的认识。

域外法性质的传统理论之争统一于"折衷说"的基本立场，这就使"域外法查明"的理论之辨回归"查明制度"本身。正如法国学者 Bernard Audit 所言："法国的司法实践显示，在法国，外国法的程序性地位已经从有关外国法的法律性质是事实还是法律的争论中独立出来了。"[①] 事实上，对域外法性质的认识是形成查明制度的哲学基础，但查明制度又独立于对域外法性质的认识。域外法性质的折衷立场要求域外法查明制度采取当事人查明和法官查明相结合的方式，并进而在查明责任的分配上根据各国的倾向性有法官查明为主或当事人举证为主的区别，但设计完善的查明制度还应考虑更多的因素。

二　我国现行域外法查明制度

相比于"商翔公司案"时期，我国当前已形成较为完整的域外法查明制度，其规则体系关涉到域外法查明的以下几个方面。

（一）查明责任的分配

查明责任的分配是域外法查明制度的基本问题。由于我国在诉讼模式上一贯采取大陆法系的"职权主义"模式，因此将查明域外法的责任主要分配给法官或人民法院，是我国早期司法实践中的通常做法。1987 年最高人民法院《关于适用涉外经济合同法若干问题的解答》第二部分"关于处理涉外经济合同争议的法律适用问题"第（十一）项规定"在应适用的法律为外国法律时，人民法院如果不能确定其内容时，可以通过下列途径查明：1. 由当事人提供；……"该规定明确指明域外法查明的第一责任主体是人民法院，"当事人提供"只是一种辅助查明的手段。尽管该规定已于 2000 年失效，但在缺乏相反法律规定的情形下，业已形成的实践做法不应被轻易否定，这也是"商翔公司案"二审改判的原因之一。

"商翔公司案"的法律依据法〔办〕发〔1988〕6 号文第一百九十三条并未明确规定查明责任的分配问题，而是采取了以查明途径暗示查明责任分配的立法模式。这样做尽管可以回避对域外法定性的理论难题，但在实践中却给人民法院回避域外法查明责任留有余地。"商翔公司案"的一审判决就明显反映出当时法院对"依职权"查明域外法的消极态度，这从客观上要求我国出台明确分配域外法查明责任的法律文件。

2005 年最高人民法院关于印发《第二次全国涉外商事海事审判工作会议纪要》的通知（法发〔2005〕26 号）率先对这一需求做出回应，其五十一条第一款要求"涉外商事纠纷案件应当适用的法律为外国法律时，由当事人提供或者证明该外国法律的相关内容"；第二款则强调"当事人对提供外国法律确有困难的，可以申请人民法院依职

---

① 转引自肖芳《外国法的性质与外国法的查明》，2008 年中国国际私法学会会议论文。

权查明相关外国法律。"这一规定代表我国在域外法查明问题上实现了第一次理论转型，将查明域外法的第一责任主体规定为当事人，减轻了法院的负担；同时又规定法院承担域外法查明的兜底性义务，从而否认了"商翔公司案"一审判决中当事人无法查明域外法即等同于域外法"不能查明"的错误认知。可以说，这一规定较好地平衡了查明责任在当事人与法院两方主体间的权重，是我国司法制度上对域外法定性采"折衷"主义立场的典型体现。

其后 2007 年出台的《最高人民法院关于审理涉外民事或商事合同纠纷案件法律适用若干问题的规定》（法释〔2007〕14 号，已失效）第九条则采取了更为激进的做法，明确规定："当事人选择或者变更选择合同争议应适用的法律为外国法律时，由当事人提供或者证明该外国法律的相关内容。人民法院根据最密切联系原则确定合同争议应适用的法律为外国法律时，可以依职权查明该外国法律，亦可以要求当事人提供或者证明该外国法律的内容。"

该规定重新分配了涉外合同纠纷案件域外法查明的责任承担，一方面再次加重了当事人查明域外法的责任，另一方面大幅减轻了法院的负担。根据该规则，在当事人选择适用域外法时，法院无任何查明责任；在通过最密切联系原则适用域外法时，法院也可以将查明责任转移给当事人。这种做法基本否定了法发〔2005〕26 号文形成的较为平衡的折衷主义路径，而是极大程度地偏向了"当事人主义"的英美法做法，这显然与我国的法律文化和法律传统相悖。

笔者认为，否定法院依职权查明域外法的责任，无疑是一种贻害甚广的偷懒做法。如前所述，将查明责任全部交由当事人承担，势必放大当事人在域外法查明上的能力差异，这可能导致不公正的结果或同案不同判的尴尬处境。此外，域外法查明的复杂性和高昂的成本也会促使当事人在权衡后放弃适用外国法的主张，其结果很可能从根本上否定国际私法的存在价值。事实上，英美法的实践已经很好地证明了该种做法的缺陷，尽管该规则仅适用于涉外合同纠纷的有限领域，但其反应的实践立场不宜为我国所取。

在这一背景下，2010 年出台的《中华人民共和国涉外民事关系法律适用法》并未追随法释〔2007〕14 号文的脚步，而是谨慎地回归了法发〔2005〕26 号文的立场。该法第十条规定："涉外民事关系适用的外国法律，由人民法院、仲裁机构或者行政机关查明。当事人选择适用外国法律的，应当提供该国法律。"这一方面肯定了查明责任的核心主体仍为人民法院等职权机构，另一方面又吸收了当事人提供外国法的实践做法。从其表述来看，该规则并未在两方主体间规定查明责任承担的主次之分或先后顺序，故在适用时既不能因职权机构负有义务，当事人即可高枕无忧；又不能反过来因当事人无法提供域外法，就直接导致"不能查明"的结果。可以说，这条规定将"依职权查明"和"当事人提供"两种做法进行了妥善的结合，再一次肯定了我国在域外法查明事项上的折衷主义立场。

（二）查明途径

与查明责任的承担不同，我国立法一向重视对查明途径的规定，甚至在很长一段时间，无论是理论教学还是立法，均混淆了查明责任承担与查明途径的关系，呈现出以后者暗示前者的立法模式。① 比如，前述"商翔公司案"的法律依据法〔办〕发〔1988〕6 号文第 193 条作为我国当时唯一有效的域外法查明规定，直接列出了五种查明途径，但并未指明由哪些主体承担依据这些途径查明域外法的责任。同时，即使仅将该条作为规定查明途径的条款，该规定也存在较为明显的瑕疵。一方面，该条款并未说明五种查明途径间的关系，而是在条款最后表明"通过以上途径仍不能查明的，适用中华人民共和国法律"，这就使得其在适用时会引发是否应穷尽所有查明途径的疑惑；另一方面，理论界和实务中一直有对该条规定就查明途径的列举是否为"封闭式"的争议，即除去该条规定的查明途径，是否可以采取其它途径查明域外法，这一点在条款的表述中亦是不够清晰的。②

在法〔办〕发〔1988〕6 号文第 193 条之后出台的法律法规，首先从查明途径的列举模式上进行了修订。例如，前述法发〔2005〕26 号文第五十一条将域外法查明途径扩充到包括"当事人可以通过法律专家、法律服务机构、行业自律性组织、国际组织、互联网等途径提供相关外国法律的成文法或者判例，亦可同时提供相关的法律著述、法律介绍资料、专家意见书等。"这一规定一方面就查明途径的多样化做出了明确的阐释，另一方面否定了"封闭式"查明途径的规定，只要可以辅助实现域外法查明的方法，均可成为实践中采用的合法途径，这就大大突破了前述一百九十三条过于谨慎的列举。之后 2012 年出台的《最高人民法院关于适用〈中华人民共和国涉外民事关系法律适用法〉若干问题的解释（一）》（以下简称《法律适用法司法解释（一）》）第十七条③，就查明途径的规定采取了更具包容性的立法模式，以"合理途径"涵盖所有可行的做法。在查明途径一事项上规定得更为完善的是 2018 年出台的《最高人民法院关于设立国际商事法庭若干问题的规定》第八条④，该条规定既对域外法查明的常见途径进行了列举，又将"其他合理途径"作为效力同等的兜底条款进行规定，进一步

---

① 参见李建忠《论我国外国法查明方法规定的重构》，《法律科学》2019 年第 1 期。

② 参见李建忠《论我国外国法查明方法规定的重构》，《法律科学》2019 年第 1 期。

③ 《法律适用法司法解释（一）》第十七条第一款：人民法院通过由当事人提供、已对中华人民共和国生效的国际条约规定的途径、中外法律专家提供等合理途径仍不能获得外国法律的，可以认定为不能查明外国法律。

④ 《最高人民法院关于设立国际商事法庭若干问题的规定》第八条：国际商事法庭审理案件应当适用域外法律时，可以通过下列途径查明：（一）由当事人提供；（二）由中外法律专家提供；（三）由法律查明服务机构提供；（四）由国际商事专家委员提供；（五）由与我国订立司法协助协定的缔约对方的中央机关提供；（六）由我国驻该国使领馆提供；（七）由该国驻我国使馆提供；（八）其他合理途径。通过上述途径提供的域外法律资料以及专家意见，应当依照法律规定在法庭上出示，并充分听取各方当事人的意见。

肯定了查明途径多样化的合法性。

查明途径问题上的另一个争议点在于，查明是是否应穷尽所有途径。前述 193 条最后一款"通过以上途径仍不能查明"一语，看似导向穷尽所有途径的结论，但倘若实践中以此为标准，必然导致司法成本的大幅增加，司法效率的明显降低，并真正损害人民法院和当事人适用域外法的意愿。因此，对这一问题，实践中的共识是无需穷尽所有途径，采用一种或几种合理方法即可。对这一共识，据笔者掌握的资料，仅有 2014 年《浙江省高级人民法院民四庭关于印发〈涉外商事审判疑难问题解答（一）〉的通知》（浙高法民四〔2014〕3 号）一文有所阐明，该文第十六条明确指出："法定的五种查明途径并不需要全部穷尽，法院在案件审理过程中，可选择一种或数种较为合理的查明途径。"

（三）查明程序

我国迄今为止并无法律法规明确规定域外法的查明程序，仅有 2018 年出台的《最高人民法院国际商事专家委员会工作规则（试行）》第十四条①、第十五条②规定了通过专家意见获取域外法的工作流程。但在处理实际纠纷时，法院往往将域外证据的取得、认证程序适用于域外法的查明。由于证据通常是认定事实的依据，这是否意味着我国司法界实质上将域外法视为一种事实呢？笔者认为，不能做出这种简单定性，理由有三。

第一，不能将域外法等同于域外法查明的结果。在以往的学界论述中，学者们往往关注域外法的性质，将域外法与域外法的查明结果混为一谈。然而，域外法是一种客观存在，这种客观存在经由一定的程序，通过某种载体，才可能成为域外法查明的结果。比如，在某个涉外案件中，当事人以经认证的专家意见方式提供域外法，域外法查明的结果就是该案中被提交的专家意见，这个意见可能准确地反应了该域外法，也可能存在错误，但它一定包含了专家基于自身的学识和认识形成的主观判断。所以，域外法与域外法查明的结果不能等同视之，后者应当被视为一种事实。反过来，将域外法的载体（查明结果）视为事实，并不等于对域外法本身做出了定性。

第二，将提供法律涵盖在当事人的"举证范围"之内，在其它部门法中早有实践。

---

① 《最高人民法院国际商事专家委员会工作规则（试行）》第十四条：受理案件的国际商事法庭或者其他人民法院根据本规则第三条第二项的规定向专家委员进行咨询的，应以咨询函的形式向国际商事专家委员会办公室提出，并附相关材料。咨询函应列明被咨询的专家委员姓名、所咨询的法律问题以及答复期限，答复期限一般不少于二十个工作日。国际商事专家委员会办公室应于收到咨询函后三个工作日内联系专家委员，征询其意见。专家委员同意接受咨询的，应按期制作书面答复意见，签字确认后送交国际商事专家委员会办公室。必要时，可以由若干名专家委员召开专家咨询会，形成书面答复意见并共同签字确认。

② 《最高人民法院国际商事专家委员会工作规则（试行）》第十五条：对于专家委员受国际商事法庭委托出具的关于国际条约、国际商事规则以及域外法律等专门性法律问题的咨询意见，案件当事人申请专家委员出庭作辅助说明的，国际商事法庭应在收到申请后七个工作日内通过国际商事专家委员会办公室征询专家委员的意见。专家委员同意的，可以出庭作辅助说明。

例如《中华人民共和国行政诉讼法》第三十四条规定："被告对作出的行政行为负有举证责任，应当提供作出该行政行为的证据和所依据的规范性文件。"在此类诉讼中，当事人提供的规范性文件被称作"法律适用证据"，亦应进入证据目录，只不过庭审时并不会对其真实性进行质证。

第三，并非在任何情况下，域外法查明都需履行域外证据取得的程序，如果查明途径具备足够的官方性，或查明结果的客观性能够得以保证，即查明结果无限接近于域外法本身，那就无须履行涉外证据的认证程序。对此最典型的规定是2018年出台的《天津市高级人民法院关于民商事诉讼域外证据审查若干问题的指南》第十三条，该条规定："已办理公证、认证等证明手续的域外法律，应当认定其真实性。未办理公证、认证等证明手续的域外法律，能够在中华人民共和国领域内通过互联网、数据库、图书馆等公开渠道查证属实的，应当认定其真实性。"这条规定足以证明，在实践中我国从未将域外法视为真正意义上的事实，而是区分不同的情况，强调其"法律性"或"事实性"的一面。

（四）"不能查明"的认定标准

在"商翔公司案"中，一审判决基于查明程序的瑕疵做出"不能查明"的认定，实际上是存在法律适用错误的。① 无论是当时适用的法〔办〕发〔1988〕6号文第一百九十三条，还是现今相关法律法规，查明程序的瑕疵均非"不能查明"的认定理由。

根据《中华人民共和国涉外民事关系法律适用法》第十条："涉外民事关系适用的外国法律，由人民法院、仲裁机构或者行政机关查明。当事人选择适用外国法律的，应当提供该国法律。不能查明外国法律或者该国法律没有规定的，适用中华人民共和国法律。"又根据《法律适用法司法解释（一）》第十七条："人民法院通过由当事人提供、已对中华人民共和国生效的国际条约规定的途径、中外法律专家提供等合理途径仍不能获得外国法律的，可以认定为不能查明外国法律。根据涉外民事关系法律适用法第十条第一款的规定，当事人应当提供外国法律，其在人民法院指定的合理期限内无正当理由未提供该外国法律的，可以认定为不能查明外国法律。"可知，根据当前我国相关法律法规，仅能基于三种情形做出"不能查明"认定：

第一，冲突法指引的国家无相关法律规定；

第二，依法律允许的途径无法获得域外法；

第三，当事人选择适用域外法，但在合理期限内无正当理由未提供该法。

在前述第二种情况下，无法获得域外法应包括无法准确获得或无法完整获得的情形；在前述第三种情况下，根据前文所述，如果当事人查明域外法确有困难，可以申

---

① 该案的二审判决回避了法律适用问题，直接指出一审的程序瑕疵认定有误。参见湖南省长沙市中级人民法院〔2004〕长中民初字第129号判决书。

请人民法院依职权查明。

（五）域外法的确认

域外法的确认是指域外法查明中"明"的问题[①]，即，通过查明途径获得的证明域外法的资料，如何确认其真实性及对具体案件的可适用性。我国最早在此领域立法的是前述 2007 年出台的《最高人民法院关于审理涉外民事或商事合同纠纷案件法律适用若干问题的规定》（法释〔2007〕14 号，已失效）第十条，规定："当事人对查明的外国法律内容经质证后无异议的，人民法院应予确认。当事人有异议的，由人民法院审查认定。"

尽管该规定较为简单，但明确了两个问题：其一，查明后的域外法仍应经过"质证"的程序，这一程序的核心目的即为审视查明结果的真实性与关联性，可以将其视为"明"的程序性要求；其二，当查明结果存在争议时，由人民法院作为确认的主体进行判断。这两项规则在其后的立法、司法解释和规范性文件中亦得到一再的肯定与完善。[②]

不过，在域外法查明之"明"的问题上，以何种标准来确认域外法，却是始终难以解决的问题。正如我国学者卜璐在论文《无法查明外国法：认定标准和滥用防控》中指出，尽管"遵循来源（origin-conform application）适用外国法"原则已在全世界范围内得到确定，但这一标准暗含了过高的查明要求，不仅需要查明成文法律规范，还要查明相关的辅助资料，这实际上会导致认定无法查明的可能性增加。[③] 因此，立法上实难以对确认标准进行过于硬性的规定，而是交由法官行使一定程度上的自由裁量权。

实践中的做法通常是先要求当事人双方自行对域外法的证据效力予以确认，倘若双方并无异议，则无论查明的结果是否真实地符合域外法的规定，均可将其作为案件的裁判依据。这样做尽管不符合国际私法的初衷，但倘若将其解释为当事人之间就民商事法律关系设置了特殊的规则，也不会导致过于不公正的结果。但如果当事人双方无法就域外法的确认达成一致，就需要法官对查明结果的效力进行判断。审慎的法官

---

① 近年来，我国学者在研究域外法查明理论时，也有区分"查"与"明"两个层面的论述，较有代表性的如广东省高级人民法院郑新俭、张磊法官的论文《中国内地域外法查明制度之研究》（载于黄进主编《我国区际法律问题探讨》，中国政法大学出版社 2012 年版，第 179 页）中曾区分"查"与"明"两个方面界定域外法的查明；又如，我国学者卜璐在《无法查明外国法：认定标准和滥用防控》[《苏州大学学报》（法学版）2016 年第 3 期］中亦曾阐明要以证据的"真实性、关联性、合法性"判断外国法资料的证明效力。

② 包括《法律适用法司法解释（一）》第十八条："人民法院应当听取各方当事人对应当适用的外国法律的内容及其理解与适用的意见，当事人对该外国法律的内容及其理解与适用均无异议的，人民法院可以予以确认；当事人有异议的，由人民法院审查认定。"《涉外商事海事审判实务问题解答（一）》第 42 条："对中外法律专家提供的外国法，人民法院在审理有关涉外商事案件中仍需要进行质证。"《最高人民法院关于印发〈第二次全国涉外商事海事审判工作会议纪要〉的通知》第 52 条："当事人提供的外国法律经质证后无异议的，人民法院应予确认。对当事人有异议的部分或者当事人提供的专家意见不一致的，由人民法院审查认定。"

③ 参见卜璐《无法查明外国法：认定标准和滥用防控》，《苏州大学学报》（法学版）2016 年第 3 期。

在此种情况下不仅要审查当事人双方的质证意见和理由，还需要自行依职权进行查明。考虑到随之而来的司法负担和查明难度的增加，在这类案件中法官认定"无法查明"的可能性会大幅上升。例如在广东省高级人民法院审理的"恒光有限公司与超级汽车投资有限公司、四宝咨询有限公司、珠海市四宝咨询有限公司股权转让合同纠纷案"（以下简称"恒光公司案"）[1]中，尽管原被告双方各自提交了由香港律师出具的《法律意见书》，但由于两份《法律意见书》引用的案例不同，结论互相矛盾，法院最终认定"无法确定案例的效力从而成为本案可以适用的普通法判例，故应认定本案无法查明可以适用的香港法。"

客观地说，域外法查明标准上的不足很难通过立法解决，就我国当前的实践来看，基于诉讼机制形成的法院审查可以在一定程度上对部分案例进行纠正。比如，上文的"恒光公司案"后来上诉至最高人民法院，二审判决认为当事人已经适当地履行了查明香港法的义务，故否定了一审"无法查明"香港法的结论。[2]但同样有部分案例并未获得这样的机会。这就意味着，尽管自"商翔公司案"以来，我国在域外法查明的"法制化"进程中已取得丰硕的成果，但仍有相当长的路要走。

三　域外法查明实践的最新发展：第三方法律查明平台

在梳理了我国域外法查明制度的立法历程和现行法律制度之后，必须指出，我国在域外法查明事项上还出现了一些"法律之外"的发展，其中最重要的是第三方法律查明平台的出现。

深圳市蓝海法律查明和商事调解中心（原名蓝海现代法律服务发展中心）是我国首个以国别法律信息数据库以及专家库形式提供域外法律查明服务的专业化平台机构。该中心成立于2014年，在2015年成为最高人民法院港澳台和外国法律查明基地。相较于传统查明途径，通过蓝海中心进行法律查明具有特殊的优势[3]，例如，该中心制定有标准化的《查明规则》，查明程序和收费标准均具有可预测性；该中心有丰富的权威专家资源，查明范围覆盖百余个国家和地区；更重要的是，作为一个中立的第三方机构，蓝海中心可以以更客观的立场出具域外法查明的《法律意见书》。当出现诉讼中当事人各执一词，须由法官予以辨明时，蓝海中心出具的《法律意见书》可以成为法官判断的可靠依据。

类似的第三方查明机构还有依托于高校科研机构形成的"域外法查明平台"。在最高人民法院国际商事法庭的官方网站上即可搜索到相关信息，除蓝海中心外，此类平

---

[1]　参见广东省高级人民法院（2010）粤高法民四初字第1号民事判决书。
[2]　参见最高人民法院（2013）民四终字第3号民事判决书。
[3]　参见深圳市蓝海法律查明和商事调解中心官方网站，http://www.bcisz.org/，最后访问：2020年9月3日。

台还包括西南政法大学的"中国——东盟法律研究中心"和中国政法大学、华东政法大学及武汉大学的三个"外国法查明研究中心"。①

相比于传统查明途径，第三方查明平台立场客观、专业性强、程序灵活，可能还具有成本较低、效率更高等优势，无疑大大提升了域外法查明的可行性。尽管这些平台还处于发展的初步阶段，但笔者认为，它们的存在必然在将来极大地改变现有域外法查明制度，并真正实现域外法适用上的无障碍性。

【主要法条】

《中华人民共和国涉外民事关系法律适用法》第十条　涉外民事关系适用的外国法律，由人民法院、仲裁机构或者行政机关查明。当事人选择适用外国法律的，应当提供该国法律。

不能查明外国法律或者该国法律没有规定的，适用中华人民共和国法律。

《最高人民法院关于适用〈中华人民共和国涉外民事关系法律适用法〉若干问题的解释（一）》第十七条　人民法院通过由当事人提供、已对中华人民共和国生效的国际条约规定的途径、中外法律专家提供等合理途径仍不能获得外国法律的，可以认定为不能查明外国法律。

根据涉外民事关系法律适用法第十条第一款的规定，当事人应当提供外国法律，其在人民法院指定的合理期限内无正当理由未提供该外国法律的，可以认定为不能查明外国法律。

《最高人民法院关于适用〈中华人民共和国涉外民事关系法律适用法〉若干问题的解释（一）》第十八条　人民法院应当听取各方当事人对应当适用的外国法律的内容及其理解与适用的意见，当事人对该外国法律的内容及其理解与适用均无异议的，人民法院可以予以确认；当事人有异议的，由人民法院审查认定。

---

① 参见最高人民法院国际商事法庭官方网站，http://cicc.court.gov.cn/html/1/index.html，最后访问：2020年9月3日。

第八章　合同冲突法：当事人自治原则[*]

> ## 核心知识点
>
> 　　当事人自治原则是我国国际私法的基本原则，其主要表现形式是法律选择协议。法律选择协议在法律性质上是以法律选择为内容的合同，法院在审理涉外合同纠纷时，应注意区分法律选择协议的准据法和主合同的准据法，并按照各自的准据法判断两种合同的成立和效力。法律选择协议的合法性问题、法律选择的时间、方式和范围问题，应当适用法院地的国际私法。法律选择协议的成立和效力问题应当适用该协议自身的准据法。法院只有按照法院地国际私法规则认定法律选择协议合法有效之后，才能将被选择的法律确定为主合同的准据法。

第一节　典型案例介绍

【美国总统轮船公司与菲达电器厂、菲利公司、长城公司无单放货纠纷案①】

　　该案中，一审原告万宝集团广州菲达电器厂（简称菲达电器厂）向新加坡艺明灯饰公司（简称艺明公司）出口一批灯饰，买卖合同约定：原告发货后以传真形式将提

---

　　* 本章作者：南开大学法学院秦瑞亭。本章内容系在秦瑞亭的专著《中国国际私法实证研究》第八章的基础上修订而成。详见秦瑞亭《中国国际私法实证研究》，南开大学出版社 2017 年版，第 171—202 页。

　　① 详见《最高人民法院公报》2002 年第 5 期（第 175—178 页）刊载的"美国总统轮船公司与菲达电器厂、菲利公司、长城公司无单放货纠纷再审案"。一审判决书：广州海事法院民事判决书（1994）广海法商字第 66 号。二审判决书：广东省高级人民法院民事判决书（1996）粤法经二上字第 29 号。再审判决书：最高人民法院民事判决书（1998）交提字第 3 号。

单发出，艺明公司须在三天内将货款全数汇出；原告收到汇款通知副本，再将提单正本交付艺明公司；若有违法提货行为，以诈骗论。受菲达厂委托，中国长城工业广州公司（简称长城公司）、广州外资企业物资进出口公司下属企业菲利（广州）工业有限公司（简称菲利公司）分别于 1993 年 8 月 14 日和 8 月 21 日将涉案两集装箱货物在广州黄埔港装上被告美国总统轮船公司（American President Lines Limited，简称美轮公司）的轮船，一审被告美轮公司签发了两套各一式三份正本记名提单，该两套提单均记载，承运人为被告美轮公司，收货人为艺明公司，装货港为黄埔，卸货港为新加坡，运费预付。

货物运抵新加坡后，艺明公司未依协议向原告菲达电器厂付款。在没有取得正本提单的情况下，艺明公司要求被告美轮公司将涉案两集装箱货物放行，并保证承担由此可能产生的任何后果。经新加坡港务当局证实，该两批货分别于 1993 年 9 月 16 日、17 日放行。

原告菲达电器厂仍持有上述两票货物的全套正本提单，艺明公司提取货物后拒绝付款，导致菲达电器厂钱货两空。菲达电器厂遂以美轮公司无单放货为由，向广州海事法院提起诉讼，请求被告赔偿原告的货款损失。长城公司、菲利公司以第三人身份参加该诉讼，表示支持菲达电器厂的诉讼请求。美轮公司没有提出管辖异议并出庭应诉。

涉案两套正本提单背面的首要条款均规定："货物的收受、保管、运输和交付受本提单所证明的运输协议的条款调整，包括……（3）美国 1936 年《海上货物运输法》的条款或经 1924 年布鲁塞尔公约修改的 1921 年《海牙规则》生效的国家内一个具有裁判权的法院裁决因运输合同而产生争端的规定。"

广州海事法院一审认为：涉案提单首要条款约定，因本提单而产生的争议适用美国 1936 年《海上货物运输法》和 1924 年《海牙规则》。该约定是原、被告双方选择法律的真实意思表示，没有违反中国法律，应确认其效力。但是，美国 1936 年《海上货物运输法》和 1924 年《海牙规则》均未对承运人能否不凭正本提单向记名收货人交付货物做出明确规定，无法适用。因此，本案应适用中国法律和有关国际航运惯例解决。依据我国《海商法》第七十一条、《民法通则》第一百零六条、第一百一十七条和国际航运惯例，广州海事法院于 1995 年 12 月 11 日判决被告美国总统轮船公司赔偿原告万宝集团广州菲达电器厂货物损失 98666.148 美元及其利息。

美轮公司向广东省高级人民法院提起上诉。广东省高级人民法院认为：原告对被告提起的是侵权之诉，原被告之间因侵权行为而产生的权利义务关系，不受他们之间原有运输合同条款即涉案提单条款的约束。我国《民法通则》第一百四十六条规定，侵权行为的损害赔偿，适用侵权行为地法律。该条不允许当事人协议选择侵权行为适用的法律，因此提单背面法律选择条款无效。最高人民法院《关于贯彻执行〈中华人民共和国民法通则〉若干问题的意见》第一百八十七条规定："侵权行为地的法律包括侵权行为实施地法律和侵权结果发生地法律。如果两者不一致时，人民法院可以选择适用。"本案货物交付地在新加坡，侵权行为实施地即为新加坡；现菲达电器厂持有正本提单，无单放货行为侵害了其对货物的所有权，故侵权结果发生地为我国。由于侵权行为实施地和侵权结果发生地不一致，人民法院可以从中选择适用的法律。本案侵权结果发生地是中华人民共和国，且原告住所地、提单签发地等均在中华人民共和国境内，较侵权行为实施地新加坡而言，中华人民共和国与本案具有更密切联系。因此，广州海事法院一审适用中华人民共和国法律并无不当。根据《民法通则》第一百四十二条第三款规定，中华人民共和国法律和中华人民共和国缔结或者参加的国际条约都没有规定的，才可以适用国际惯例。《中华人民共和国海商法》对记名提单情况下承运人是否应凭正本提单交付货物的问题已有规定，因此，本案应适用我国《海商法》，无需考虑适用国际惯例。广东省高级人民法院于 1996 年 9 月 5 日做出二审判决：驳回上诉，维持原判。①

美轮公司不服二审判决，向最高人民法院申请再审，最高人民法院裁定提审此案。

最高人民法院认为：对本案是国际海上货物运输合同无单放货纠纷，双方当事人没有异议，应予认定。我国《海商法》第二百六十九条规定："合同当事人可以选择合同适用的法律，法律另有规定的除外。合同当事人没有选择的，适用与合同有最密切联系的国家的法律。"本案提单系双方当事人自愿选择使用，提单首要条款中明确约定适用美国 1936 年《海上货物运输法》或《海牙规则》。该法律选择是双方当事人的真实意思表示，且不违反中华人民共和国公共利益，合法有效，应当尊重。但是，《海牙规则》第 1 条规定，该规则仅适用于与具有物权凭证效力的运输单证相关的运输合同。本案提单是不可转让的记名提单，不具有物权凭证的效力。并且，《海牙规则》对承运人如何交付记名提单项下的货物未作规定。因此解决本案海上货物运输合同纠纷，不能适用《海牙规则》，只能适用美国 1936 年《海上货物运输法》。美国 1936 年《海上货物运输法》第 3 条第 4 款规定，该法中的任何规定都不得被解释为废除或限制适用美国《联邦提单法》。事实上，在适用美国 1936 年《海上货物运输法》确认涉及提单的法律关系时，只有同时适用与该法相关的美国《联邦提单法》，才能准确一致地判定当事人在提单证明的海上货物运输合同中的权利义务。因此，本案应当适用美国 1936 年《海上货物运输法》和美国《联邦提单法》。原审法院认定本案属侵权纠纷，并以侵权结果发生地在中国为由，对本案适用中国法律，不符合本案事实，属于适用法律错误，应予纠正。

根据美国 1936 年《海上货物运输法》和美国《联邦提单法》第 2 条、第 9 条规

---

① 广东省高级人民法院民事判决书（1996）粤法经二上字第 29 号。

定，承运人向记名提单的记名收货人交付货物时，不负有要求记名收货人出示或提交记名提单的义务。原审上诉人美轮公司作为承运人，根据记名提单的约定，将货物交给记名收货人艺明公司，或者按照艺明公司要求将货物交付给艺明公司指定的陆路承运人，该交货行为符合上述美国法律规定，是履行海上货物运输合同中交货义务的合法行为，并无过错。菲达电器厂未能收回货款的损失，是其与艺明公司贸易中的风险，与美轮公司无关。原审判决认定美轮公司未正确履行凭正本提单交付货物的义务不当，判令美轮公司对菲达电器厂的货款损失承担赔偿责任错误，应予纠正。基于前述理由，最高人民法院于 2002 年 6 月 25 日做出再审判决，撤销了广东省高级人民法院二审民事判决和广州海事法院的一审民事判决，驳回菲达电器厂对美轮公司的诉讼请求。[1]

第二节　案例评析

作为我国涉外民商事司法实践中历经一审二审和再审、前后持续八年之久、被评为 2002 年我国十大有重大影响案件之一的经典国际私法案例，"美国总统轮船公司与菲达电器厂、菲利公司、长城公司无单放货纠纷案"涉及的国际私法问题很多，本章主要分析关于法律选择协议效力认定的几个冲突法问题。

一　法律选择协议的成立和效力

顾名思义，法律选择协议（choice of law contract）是指法律关系当事人为其争议选择准据法的协议，在实践中一般表现为合同当事人在合同中订立的约定该合同应适用某一国家或地区的法律作为合同准据法的条款，即法律选择条款；也可以表现为当事人在争议发生后专门为解决法律适用问题订立的法律选择协议，例如涉外侵权法律关系当事人按照我国《法律适用法》第四十四条规定，在侵权事件发生后就选择某国法律作为侵权法律关系准据法达成的协议。无论是合同中的法律选择条款，还是法律关系当事人在争议发生后专门订立的法律选择协议，其法律性质都属于一种以法律选择问题为内容的特殊合同，即冲突法合同。[2] 按照我国《涉外民事关系法律适用法》第三十七条、第四十一条和第四十四条的规定，冲突法合同可以为合同争议选择准据法，

---

① 沈德咏：《最高人民法院公报案例大全》（下卷），人民法院出版社，2009 年版，第 1332—1336 页。

② 欧美国家国际私法主流理论均持这种观点。See Peter Hay, Patrick J. Borchers, Symeon C. Symeonides, Conflict of Laws, 5th ed. MN：Thomso Reuters, 2010, p. 1129；Ferrari/Kieninger/ Mankowski/Otte/Saenger/Schulze/Staudinger, Internationales Vertragsrecht Rom I-VO · CISG · CMR · FactUE Kommentar, Muenchen：Verlag C. H. Beck, 2012, S. 32. 德语名称为"Rechtswahlvertrag"，直译为"法律选择合同"。

也可以为侵权争议选择准据法，还可以为动产物权争议选择准据法。在冲突法合同当事人为他们之间的合同争议选择准据法的情况下，当事人之间的实体法合同，如买卖合同、租赁合同等，是需要确定准据法的合同，可以称为"主合同"；法律选择协议是为"主合同"确定准据法的合同，可以称为"从合同"。

法律选择协议的成立和效力也需要依据特定国家的法律来确定，该法律称为法律选择协议的准据法。由于法律选择协议和主合同本质上都是当事人之间的合意，两种合同的成立和效力问题本质上都是当事人意思表示是否一致和是否真实的问题，因此确定实体法合同准据法的冲突规范，即各国普遍承认的当事人自治原则，亦应适用于法律选择协议。将当事人选择的法律作为法律选择协议本身的准据法，不仅符合当事人的正当期望，客观上也能满足最密切联系原则的要求。因此，目前这一方案已经得到国际社会的广泛认可。已经在26个欧盟成员国生效实施的2008年《欧洲议会和欧洲理事会关于合同债权关系准据法的第593/2008号条例》（简称《罗马第一条例》）第3条和第10条明确规定，法律选择协议的成立和效力受假定该协议成立和有效时将得到适用的法律支配，即当事人选择的法律本身决定该法律选择协议的成立和效力。[1] 按照美国《第二次冲突法重述》，除了对虚假陈述、胁迫、不当影响和误解四种情况适用法院地法之外，关于法律选择协议成立和效力的所有其他问题，例如要约和承诺问题，缔约能力问题，法律选择协议的形式问题，均受当事人选择的法律支配。[2]

我国国际私法立法至今没有明确规定法律选择协议的准据法问题，司法实践中人民法院一般都适用法院地法，即我国法律，认定法律选择协议的效力。[3]上述"美国总统轮船公司与菲达电器厂、菲利公司、长城公司无单放货纠纷案"中，涉案提单背面条款约定承运人的责任适用1924年《海牙规则》或者1936年《美国海上货物运输法》。一审法院广州海事法院认为该法律选择合法有效，但同时认为1924年《海牙规则》和1936年《美国海上货物运输法》都对涉案争议问题没有规定，最后适用了我国《海商法》和国际惯例作为当事人之间海运合同的准据法。二审法院广东省高级人民法院认为该案属于涉外侵权损害赔偿纠纷，涉案法律选择条款违背了我国《民法通则》

---

[1]　Ferrari/Kieninger/Mankowski/Otte/Saenger/Schulze/Staudinger, Internationales Vertragsrecht Rom I-VO · CISG · CMR · FactUE Kommentar, Muenchen：Verlag C. H. Beck, 2012, S. 32.

[2]　Peter Hay, Patrick J. Borchers, Symeon C. Symeonides, Conflict of Laws, 5th ed. MN：Thomso Reuters, 2010, p. 1129.

[3]　例如，"美国总统轮船公司与菲达电器厂、菲利公司、长城公司无单放货损害赔偿纠纷案"，沈德咏主编：《最高人民法院公报案例大全》（下卷），人民法院出版社2009年版，第1332页。"江苏省纺织品进出口集团股份有限公司与华夏货运有限公司、北京华夏企业货运有限公司上海分公司海上货物运输合同无单放货赔偿纠纷案"，一审判决书：上海海事法院民事判决书（2003）沪海法商初字第299号。二审判决书：上海市高级人民法院民事判决书（2004）沪高民四（海）终字第87号。"江苏省轻工业品进出口集团股份有限公司诉江苏环球国际货运有限公司和美国博联国际有限公司海上货物运输合同纠纷案"，湖北省武汉海事法院民事判决书（1999）武海法宁商字第80号。

第一百四十六条，因而无效，最后适用了我国《海商法》作为侵权准据法。最高人民法院认为提单背面法律选择条款符合我国《海商法》第二百六十九条规定，合法有效，基于1936年《美国海上货物运输法》和《美国联邦提单法》之间的内在联系，最后适用了1936年《美国海上货物运输法》和《美国联邦提单法》作为海运合同准据法。该案中三级人民法院都直接适用中国法律认定提单背面法律选择条款的效力，是我国法院适用法院地法作为法律选择协议准据法的典型例证。

令人遗憾的是，该案从一审到再审，持续八年之久，虽然受理该案的三级人民法院都对法律选择条款的效力做了认定，认定结果也各不相同，但三审法院判决书中，没有任何一级人民法院的判决书对当事人之间法律选择协议是否成立、法律选择的内容、形式和方式是否合法的问题进行分析和说理，法律选择协议成立和效力问题在我国司法实践中被忽视的程度，由此可见一斑。

原告保利科技有限公司诉被告巴拿马夏威夷航运有限公司、日本达通航运有限公司、中国再保险（集团）公司海上货物运输合同货差纠纷一案①，是我国司法实践中对法律选择协议成立问题做了专门分析的少数案例之一。广州海事法院作出的一审判决书写道，"本案系一宗涉外海上货物运输合同货差纠纷，合同当事人可以选择处理合同争议所适用的法律。原告代理律师在书面代理意见中多次引用本院的判决以支持其观点，到庭被告的代理律师明确表示本案处理适用中国法律，但因被告之一中国再保险（集团）公司未到庭，因而不能认定各当事人根据意思自治原则选择适用中国法律处理本案。因涉案运输合同的一方当事人在中国，而货物运输的目的港在中国境内，有关的纠纷与中国有密切联系，故根据最密切联系原则，本案的实体处理应适用中华人民共和国法律。"② 该判决书内容表明，审案法院明确意识到了法律选择协议的协议性质，值得肯定。虽然该判决书关于准据法问题的说理并不是非常充分，但考虑到我国立法并没有规定法律选择协议的成立和效力以及我国司法实践的现状，该判决书关于法律选择协议成立问题的分析说理已经比较可贵，因此值得赞赏：法律选择协议的成立以当事人各方对所选择的法律达成意思表示的一致为前提，没有出庭应诉的当事人不可能和出庭应诉的当事人在庭审中就法律选择问题达成意思表示的一致，因此原告也就不可能在庭审中和没有出庭应诉的被告协议选择任何法律。

二 法律选择协议的内容

法律选择协议内容的确定涉及许多方面的法律问题，根据笔者了解和掌握的我国

---

① 广州海事法院民事判决书（2005）广海法初字第274号。
② 广州海事法院民事判决书（2005）广海法初字第274号。

涉外民商事审判实践中的现实案例，司法实践中比较突出的有下述三个问题。

（一）当事人选择的法律是否包括强制性法律？

合同准据法是支配合同成立和效力的法律，确定合同的成立和效力既需要任意性法律，也需要强制性法律。因此，当事人协议选择的合同准据法既包括任意性法律，也包括强制性法律，这是准据法的应有之意。所以，在当事人选择了外国法作为涉案法律关系准据法的情况下，原则上我国所有的任意性和一般强制性法律都被排除适用，我国法院只能适用当事人协议选择的外国法确定当事人各方的权利义务。这一结论不仅是欧美国家国际私法理论界和实务界的共识，也为我国最高人民法院的司法实践所证实。美国总统轮船公司与菲达电器厂、菲利公司、长城公司无单放货纠纷案中，涉案提单首要条款约定承运人责任适用美国 1936 年《海上货物运输法》或 1924 年《海牙规则》。依据美国法律，美国总统轮船公司在记名提单情况下无单放货是合法的，不应承担损害赔偿责任。依据法院地法，即我国《海商法》第 4 章，美国总统轮船公司无单放货构成违约，应承担损害赔偿责任。最高人民法院再审判决书认定当事人选择美国法作为合同准据法合法有效，根据当事人之间的法律选择协议排除了我国《海商法》中所有强制性和任意性法规的适用，适用美国法律判决美国总统轮船公司无单放货符合法律规定，因此不承担赔偿责任，撤销了一审法院和二审法院的判决，驳回了菲达电器厂的诉讼请求。[①] 事实上，实践中海运提单明确规定承运人责任应适用《海牙规则》或者某一具体国家法律的现象非常普遍，而关于承运人责任的法律在包括我国海商法在内的多数国家法律中都属于强制性法律，因此，如果认为当事人协议选择的准据法只限于任意性法律规范的话，提单中关于承运人责任的法律选择条款都将因违背法院地的强制性法律而无效。因此，认为当事人协议选择的准据法只限于任意性法律规范的观点，不仅明显违背我国《海商法》第二百六十九条，违背我国最高人民法院的生效判决，而且与多数国家的现行立法和司法实践不相符合。

（二）当事人是否可以选择与主合同无任何联系的法律？

关于这个问题，我国学界和司法实践中很长一段时期内存在一个认识误区，认为合同当事人选择的法律必须与该合同之间存在实际联系。[②] 司法实践中陆红诉美国联合航空公司国际航空旅客运输损害赔偿纠纷案是该观点的典型代表，该案一审判决书写道："……当事人所选择的法律必须是与当事人或合同有实质性联系；……当事人必须在不违反法律强制性规定的前提下，选择与他们本身或者与他们之间的合同有实质联系的法律。"[③]

---

① 一审判决书：广州海事法院民事判决书（1994）广海法商字第 66 号。二审判决书：广东省高级人民法院民事判决书（1996）粤法经二上字第 29 号。再审判决书：最高人民法院民事判决书（1998）交提字第 3 号。

② 屈广清：《冲突法原理》，法律出版社 2004 年版，第 122 页。

③ 沈德咏：《最高人民法院公报案例大全》（下卷），人民法院出版社 2009 年版，第 1338 页。

事实上，我国现行国际私法法律法规和司法解释中没有任何条款规定合同当事人只能选择与系争涉外合同有实质联系的法律。我国《民法通则》第一百四十五条、《海商法》第二百六十九条、《民用航空法》第一百八十八条、《合同法》第一百二十六条和《法律适用法》第四十一条都明确规定涉外合同当事人可以选择处理合同争议所适用的法律，都没有要求当事人选择的法律必须与合同或者当事人有任何实质性联系。从国际层面上来看，绝大多数国家对法律选择协议的内容不加任何限制，允许当事人自由选择任何国家或者地区的法律。欧盟成员以及韩国、日本、泰国等多数国家立法均允许当事人选择与合同无任何客观联系的法律。1986 年海牙《国际货物买卖合同法律适用公约》和 2008 年《罗马第一条例》对法律选择协议的内容均未进行任何限制。美国《第二次冲突法重述》第一百八十七条第二款要求当事人选择的法律应当与当事人或者交易本身存在实质性联系，但一方面美国《第二次冲突法重述》第一百八十七条第二款的规定从国际层面来看不具有代表性；另一方面该条款同时允许当事人选择与案件没有实质联系的法律，只要该法律选择本身有合理根据，例如，所选择的法律在某一领域特别发达。事实上，司法实践中美国法院单纯依据缺乏实质联系的理由认定法律选择无效的案例寥寥无几。①

综上，认为合同当事人选择的法律必须与该合同之间存在实际联系的观点，实际上是我国国际私法理论和司法实践中长期存在的一个认识误区。2013 年 1 月实施的《法律适用法司法解释（一）》第七条彻底消除了这一认识误区，该条明确规定："一方当事人以双方协议选择的法律与系争的涉外民事关系没有实际联系为由主张选择无效的，人民法院不予支持。"该司法解释不仅适用于涉外合同领域，同样适用于涉外侵权、无因管理、不当得利以及动产物权领域的法律选择，因为在前述多个领域，我国现行立法都明确规定当事人可以协议选择法律，并未要求所选择的法律与案件有任何实质性联系。②

（三）当事人协议选择某国一部具体法律的情况下，该国其他相关法律是否属于被选择的内容？

合同当事人协议选择一个特定国家的法律，例如合同约定合同争议适用中华人民共和国法律，此时中国法律中可以被定性为合同法律的所有法律规范都应当被认定为法律选择协议的内容，无论该法律规范具体存在于《中华人民共和国民法典》还是

---

① Peter Hay, Patrick J. Borchers, Symeon C. Symeonides, Conflict of Laws, 5th ed. MN：Thomso Reuters, 2010, p. 1093.

② 在涉外夫妻财产关系和协议离婚等领域，由于这些领域不仅涉及到财产纠纷，还与当事人的人身关系密切，从保护当事人利益和适用法律准确性的角度来考量，应当要求当事人选择与争议具有实质联系的法律。因此《法律适用法》第 24 条第 1 款和第 26 条第 1 款明确规定当事人只能从该条款列举的几种法律中进行选择，值得肯定。

《中华人民共和国海商法》或者其他单行法律之中，对此学界和司法实践都没有争议。但是如果合同中的法律选择条款明确约定适用一个国家的某一具体的法律，争议发生之后当事人双方对于被选择国家的其他相关法律是否属于法律选择协议内容有不同意见，这种情况下法官应如何确定法律选择协议的内容，是我国现行立法和司法解释都没有提供解决方案的一个重要现实问题。这一现实问题在上述美国总统轮船公司无单放货一案中具体表现为：最高人民法院依据提单中约定适用美国1936《海上货物运输法》的法律选择条款，适用了美国《联邦提单法》作为准据法判决案件，是否适当?①

涉案提单背面法律选择条款明确约定的是承运人的责任适用美国1936《海上货物运输法》，但是经过一审法院广州海事法院和再审法院最高人民法院的查明，该法并没有关于记名提单的具体规定。最高人民法院认为：由于美国1936年《海上货物运输法》和美国《联邦提单法》都是美国关于海上货物运输合同的法律，而且在适用美国1936年《海上货物运输法》确认涉及提单的法律关系时，只有同时适用与该法相关的美国《联邦提单法》，才能准确一致地判定当事人在提单证明的海上货物运输合同中的权利义务，因此，本案应当适用美国1936年《海上货物运输法》和美国《联邦提单法》。最后最高人民法院适用提单条款中没有明确写明的美国《联邦提单法》做出了再审判决。

对于最高人民法院的这种做法，可以做两种不同评价。

其一，最高人民法院以《海牙规则》对记名提单未作规定为由，认定提单首要条款选择的《海牙规则》不应当适用；而美国1936《海上货物运输法》同样对于记名提单没有具体规定，最高人民法院却适用了该法以及与该法相关、但提单背面条款没有写明的美国《联邦提单法》，最高人民法院在同样的条件下对《海牙规则》和美国《海上货物运输法》做出了完全不同的处理，有自相矛盾之嫌。

其二，最高人民法院适用美国《联邦提单法》是正确的，因为只有同时适用与美国1936《海上货物运输法》相关的美国《联邦提单法》，才能准确一致地判定当事人在提单证明的海上货物运输合同中的权利义务。本案争议焦点即是承运人是否负有凭正本提单放货的义务问题，因此只有同时适用与美国1936《海上货物运输法》相关的美国《联邦提单法》，才是真正地适用了提单当事人协议选择的美国1936《海上货物运输法》。

本书认为最高人民法院适用美国《联邦提单法》的做法并无不妥。因为，国际私法之所以允许当事人自行选择解决合同争议的准据法，主要是为了保证当事人的自治

---

① 以下关于这一问题的分析，主要系依据秦瑞亭主编《国际私法案例精析》，南开大学出版社2011年版，第16—17页的相关内容修订而成。

权利真正得到实现，更好、更充分地维护合同当事人的正当权益。合同当事人对于法律的理解知悉程度远不如法律专业人士，因此，在已经认定合同当事人通过真实一致的意思表示选择了某国法律或者特定国家的某一部具体法律作为合同准据法的前提条件下，不能将当事人选择的准据法限定为单一、具体的某个或者某些实体法规则，而应当，至少是可以，将当事人选择的法律理解为一个活的和变动中的法律体系。换句话说，当事人协议选择某一国家的具体实体规范作为准据法时，法院为了更好地维护当事人权益，可以对当事人的意思进行扩大解释，将合同中约定适用特定国家某一具体法律的法律选择条款解释为当事人协议选择了该国法律中所有调整涉案争议法律关系的实体法律规范。本案提单首要条款写明的虽然是美国 1936《海上货物运输法》，但美国《联邦提单法》同样属于美国海上货物运输法律体系的组成部分，这点是毋庸置疑。因此，在处理本案记名提单无单放货纠纷时，在提单载明的美国 1936《海上货物运输法》对涉案争议问题没有明确规定的情况下，审案法官可以认定美国其他调整海上货物运输合同的法律规范，例如美国《联邦提单法》或者《美国统一商法典》，也属于涉案法律选择协议的内容。因为合同当事人协议选择法律的目的就是为了公平公正地解决他们之间可能发生的合同争议，因此，认定合同法律选择条款没有明确写明的，但是和当事人选择的法律属于同一国家并且对涉案争议法律问题有明确规定的实体法律规范，属于当事人之间法律选择协议的内容，正常情况下并不违背当事人的真实意思。但这一扩大解释方法无法适用于国际条约（尤其是实体规范）。国际条约虽然是某一具体的规范，但不可能构成任何一个法律体系，也无法被解释为代表某国的法律体系，因此，当当事人选择某一国际条约作为准据法，而该条约中并没有能处理涉案争议的具体规定时，只能对该国际条约不予适用。

综上所述，本书认为，在法律选择协议明确约定适用某一国家的某一部具体法律但是该法律对涉案争议问题没有规定的情况下，如果该国其他相关实体法律对涉案争议问题有明确规定，那么，在没有充分证据证明该国其他相关实体法律均已经被当事人协议排除适用的情况下，应认定该国其他相关实体法律亦属于当事人之间法律选择协议的内容。因此，在美国总统轮船公司无单放货一案中，虽然提单背面条款明确约定适用的是 1924 年《海牙规则》和美国 1936《海上货物运输法》，并没有约定适用美国《联邦提单法》，但最高人民法院基于提单中的法律选择条款，适用美国《联邦提单法》作为处理涉案争议的准据法，并不违背我国现行国际私法，而且具备较大程度上的合理性和比较充分的理论基础，是对我国合同冲突法中法律选择协议理论的创新和发展，值得肯定。

第三节　拓展思考

一　复合法律选择和部分法律选择问题

复合法律选择是指合同当事人为同一合同的不同部分协议选择不同的法律；部分法律选择指合同当事人仅为合同的一部分协议选择该部分应当适用的法律。复合法律选择和部分法律选择的合法性及其效力认定问题，是国际私法立法和司法实践无法回避的重要法律问题。美国冲突法允许合同当事人为合同的不同部分协议选择适用不同国家的法律，例如在合同约定的不同义务需要在不同国家履行的情况下，合同当事人可以协议约定合同的不同义务分别适用其履行地国家的法律；合同当事人也可以仅为合同的某一部分或者某一具体问题协议选择法律，在这种情况下，合同的其他部分和其他问题适用法院依据最密切联系原则确定的合同准据法。[①]《罗马第一条例》第 3 条第 1 款第（3）项亦明确规定："当事人可以为整个合同或者仅为该合同的一部分协议选择法律。"按照欧盟国家国际私法学界主流理论和司法实践，当事人亦可以为合同的不同部分协议选择不同国家的法律，只要这些不同部分可以合理分开。如果合同当事人为合同中不能合理分离的不同组成部分分别选择不同国家的法律，例如当事人为同一合同的要约和承诺分别选择德国法律和英国法律，那么该法律选择会被法院认定无效，因为要约和承诺属于合同中不能合理分开的组成部分。[②]

我国《海商法》第二百六十九条、《民用航空法》第一百八十八条和《法律适用法》第四十一条第一款都明确允许当事人协议选择合同准据法，但对于当事人是否可以仅为合同的某一部分选择法律或者为合同的不同部分协议选择不同法律，我国现行国际私法没有明确规定。我国海事审判实践中经常出现提单条款仅对承运人的责任问题约定适用法律的情况，这种情况下承运人责任问题之外的其他问题应当适用何种法律，是我国审案法官无法回避而且非常重要的现实问题。由于我国现行国际私法立法对这些问题缺乏明确规定，司法实践中关于这些问题的解决方案很不一致。[③]

美国总统轮船公司与万宝集团广州菲达电器厂无单放货纠纷一案中，涉案提单背面首要条款约定适用《海牙规则》或 1936 年美国《海上货物运输法》。但是，对到底适用《海牙规则》还是 1936 年美国《海上货物运输法》没有明确约定，由此产生了该

---

① Peter Hay, Patrick J. Borchers, Symeon C. Symeonides, Conflict of Laws, 5th ed. MN: Thomso Reuters, 2010, p. 1133.

② Ferrari/Kieninger/Mankowski/Otte/Saenger/Schulze/Staudinger, Internationales Vertragsrecht Rom I-VO · CISG · CMR · FactUE Kommentar, Muenchen: Verlag C. H. Beck, 2012, S. 43f. .

③ 参见秦瑞亭《提单法律选择条款探微》，载《中国海商法研究》，2013 年第 3 期。

法律选择条款是否合法有效，以及，当事人能否为同一合同选择多个法律作为准据法的问题。我国现行国际私法立法，无论《法律适用法》第四十一条，还是《海商法》第二百六十九条，对这一问题都没有做出明确规定。从该案判决结果来看，虽然最高人民法院在再审判决书中以《海牙规则》没有关于记名提单的规定为由对《海牙规则》不予适用，但最高人民法院再审判决书认定涉案提单背面选择多个法律的法律选择条款合法有效的明确态度无疑表明，为了最大限度地尊重当事人自治，当事人选择两个或者两个以上法律作为合同准据法在我国最高司法机关看来是允许的，也是合法的。

香港粤海电子有限公司（简称粤海公司）诉香港招商局仓码运输有限公司（简称仓码公司）海上货物运输无单放货纠纷案和香港仓码公司诉中国深圳外轮代理公司（简称外代公司）、深圳经济特区发展公司（简称特发公司）、珠海市海岛开发贸易公司（简称海岛公司）、香港华港发展公司（简称华港公司）无正本提单代理放货、提货纠纷案是我国司法实践中涉及复合法律选择和部分法律选择问题的另一典型案例。① 和美国总统轮船公司无单放货案相似，该案亦历经一审、二审和再审。最高人民法院再审判决认为，本案系粤海公司凭正本提单起诉仓码公司海上货物运输合同无单放货以及仓码公司诉特发公司、海岛公司、华港公司、外代公司提货、代理放货纠纷。涉案记名提单背面条款约定，有关本提单的一切纠纷依中国法律在中华人民共和国法院解决；有关承运人的责任、权利义务、免责等，应适用 1924 年《海牙规则》。该法律选择合法有效，因此本案托运人对承运人起诉的诉讼时效问题应当适用海牙规则。"粤海公司在货物到港后未凭正本提单向承运人提出请求，而是在 1990 年 7 月 9 日才向法院提起诉讼，已经超过《海牙规则》规定的诉讼时效。"②

上述案例中，涉案提单背面法律选择条款属于典型的复合法律选择条款：关于承运人的责任问题适用 1924 年《海牙规则》；关于涉案提单承运人责任问题之外的提单纠纷，适用中华人民共和国法律。本案同时涉及承运人无单放货和提货人无单提货的法律责任问题，因此依据该复合法律选择条款，承运人无单放货的法律责任问题应当适用 1924 年《海牙规则》，提货人无单提货的法律责任问题应当适用中国法律。最高人民法院再审判决书以托运人粤海公司追究承运人仓码公司的无单放货法律责任已经超过《海牙规则》规定的一年诉讼时效、仓码公司不再对托运人承担赔偿责任因而也无需再对提货人追偿为由，没有对提货人无单提货法律责任问题进行判决。从最高人民法院再审判决书来看，涉案提单复合法律选择条款合法有效，则毋庸置疑。

最高人民法院在上述两个其亲自再审的无单放货案例中，都肯定了复合法律选择

---

① 沈德咏：《最高人民法院公报案例大全》（下卷），人民法院出版社，2009 年 8 月版，第 1260—1264 页。

② 沈德咏：《最高人民法院公报案例大全》（下卷），人民法院出版社，2009 年 8 月版，第 1264 页。

和部分法律选择的合法性。由于我国司法实践中已经出现了较多涉及复合法律选择和部分法律选择条款的案例，笔者认为，最高人民法院有必要借鉴《罗马第一条例》的立法经验，以司法解释形式对复合法律选择和部分法律选择问题做出明确规定，以进一步统一全国各级人民法院的审判标准，进一步完善我国合同冲突法，同时也能促进国际民商事交往的健康发展。

二　法律选择协议的解除

法律选择协议作为一种协议，自然可以通过协议当事人双方一致的意思表示而变更或者解除，毋庸赘言。但是法律选择协议可否由于当事人双方在庭审中的行为而默示解除的问题，我国学界鲜有研究，上海海事法院的司法实践提出了这一问题。在原告浙江金纺贸易有限公司诉被告川崎汽船株式会社、被告川崎汽船（中国）有限公司海上货物运输合同无单放货赔偿纠纷案中，涉案提单背面法律适用条款载明提单项下纠纷应适用日本法。但庭审中原告浙江金纺贸易有限公司以涉案提单背面法律适用条款属于被告方格式条款且所选择的日本法律与涉案运输没有实际联系为由要求适用中国法律；被告川崎汽船株式会社要求适用卸货地即涉案运输目的地智利国家的法律。审案法院认为，虽然提单当事人协议选择了日本法律，我国《海商法》第二百六十九条也明确允许海运合同当事人协议选择合同准据法；但是当事人双方在庭审中均不再主张以日本法作为双方权利义务的准据法，因此争议双方在庭审中的主张，已经清楚表明争议双方不再选择日本法律作为确定其权利义务的准据法，故本院不再对日本法律的内容进行查明，因此本案应当依据最密切联系原则确定涉案海运合同的准据法。最后法院依据最密切联系原则认定本案适用中国法律作为涉案海运合同的准据法。[①] 法院在判决书中虽然没有明确指出涉案法律选择协议因为当事人双方庭审中的不主张行为而被默示解除，也没有明确判定该法律选择协议的效力，但是从法院判决书的上述说理过程我们可以总结出审案法官确定涉案合同准据法的逻辑思路：原被告之间协议选择日本法律的法律选择协议符合我国《海商法》第二百六十九条规定，合法有效。但是由于当事人双方在庭审中均不再主张适用日本法律，[②] 该法律选择协议基于当事人双方庭审中的行为被默示解除，当事人双方又没有达成新的法律选择协议，因此依据《海商法》第二百六十九条，应当依据最密切联系原则确定涉案海运合同的准据法。

本书认为，上海海事法院的观点值得商榷。一方面，法律适用问题属于法官应当依职权审查的法律问题，因此只要涉案证据表明当事人订立了法律选择协议，审案法

---

① 应新龙：《上海海事法院海事案例精选》，法律出版社 2011 年版，第 48—49 页。

② 原告要求适用中国法律，被告川崎汽船株式会社主张适用智利法律。

官即有义务依据法院地国际私法和法律选择协议自身的准据法依职权审查该法律选择是否合法、是否有效的问题，而无论当事人在庭审中是否主张或者要求适用该法律选择协议选择的法律。只要审案法官认定当事人之间的法律选择协议合法有效，法院即有义务依职权适用当事人选择的法律判定当事人的权利义务，无论该法律是中国法还是外国法，也无论庭审中当事人是否主动要求适用该法律作为准据法。只要该法律选择协议没有依法解除，当事人各方均应受该协议约束，当事人在庭审中违背其以前订立的法律选择协议主张适用其他法律的行为，不符合诚实信用原则，因此不应当被法院支持。另一方面，法律选择协议作为以冲突法问题为内容的协议，其生效、变更和解除都应当符合法院地国际私法的规定。我国《法律适用法》第三条明确规定法律选择应当采取明示方式，除了《法律适用法司法解释（一）》第八条第二款规定的庭审中当事人双方均援引同一国家法律的情况之外，我国立法和司法实践都不承认默示法律选择。本案中提单背面条款明确载明提单纠纷适用日本法律，因此该法律选择协议显然属于明示法律选择。我国现行立法和司法解释都没有规定法律选择协议可以以默示方式解除，因此法院基于在庭审中当事人一方主张适用中国法律、另一方主张适用智利法律的行为，即判定当事人之间已经缔结的合法有效的法律选择协议被默示解除，法律依据显然不充分，也是对法律选择协议效力的不尊重。

【主要法条】

《中华人民共和国涉外民事关系法律适用法》第四十一条　当事人可以协议选择合同适用的法律。当事人没有选择的，适用履行义务最能体现该合同特征的一方当事人经常居所地法律或者其他与该合同有最密切联系的法律。

《最高人民法院关于适用〈中华人民共和国涉外民事关系法律适用法〉若干问题的解释（一）》

第六条　中华人民共和国法律没有明确规定当事人可以选择涉外民事关系适用的法律，当事人选择适用法律的，人民法院应认定该选择无效。

第七条　一方当事人以双方协议选择的法律与系争的涉外民事关系没有实际联系为由主张选择无效的，人民法院不予支持。

第八条　当事人在一审法庭辩论终结前协议选择或者变更选择适用的法律的，人民法院应予准许。

各方当事人援引相同国家的法律且未提出法律适用异议的，人民法院可以认定当事人已经就涉外民事关系适用的法律做出了选择。

《罗马第一条例》第3条第1款第（3）项："当事人可以为整个合同或者仅为该合同的一部分协议选择法律。"

第九章 合同冲突法：特征性履行和最密切联系原则 [*]

核心知识点

    "特征性履行方法"是处理涉外合同纠纷时大陆法系国家采取的法律选择方法之一，最早出现于德国，后经瑞士法学家施尼泽（Schnitzer）提炼成型。[①] 该方法承继于德国萨维尼的"法律关系本座说"，但在确定"本座"时，将合同细化成不同的类型，认为每种合同都有区别于其他类型合同的特征。而所谓的"特征性履行（Characteristic Performance）"，也称"特征性给付"，就是指双务合同中，其义务最能体现合同本质特征的一方当事人的履行行为。例如，在买卖合同中，买方的义务为支付金钱和接受货物，卖方的义务为交付货物和转移货物所有权，其中支付金钱是一般性的义务，可能存在于多种类型的合同中；但转移货物所有权却使得买卖合同和租赁合同、借用合同、加工合同等许多近似合同区别开来，体现出买卖合同的本质特征。因此，如果当事人未能明示或暗示地选择合同准据法，就应当以承担"特征性履行"义务当事人的义务履行地法律作为合同的准据法。这通常是指该方当事人的住所地法、惯常居所地法或主营业所在地法。特征性履行方法的实质是通过考察合同意图实现的社会目的来决定其应适用的法律，

---

  [*] 本章作者：南开大学法学院阎愚。

  [①] See Kurt Lipstein, *Characteristic Performance – A New Concept in the Conflict of Laws in Matters of Contract for the EEC*, 3 NW. J. INT' l L. & Bus. 402 (1981). 我国早期理论界认为该观点是由施尼泽提出的，但后经在瑞士留学的张明杰博士考证，该观点实际上早在 1902 年就已由德国学者汉博格（Harburger）提出，参见徐冬根《国际私法特征性履行方法的法哲学思考》，《上海财经大学学报：哲学社会科学版》，2011 年第 3 期。

这就很大程度上避免了传统冲突规则适用"合同订立地法"或"合同履行地法"的僵化性。当前,"特征性履行"已成为很多国家立法中确定的冲突规则,对常见典型合同的特征性判断也在许多法律文本中有所体现,但对于非典型合同特征性履行行为的判断却是实践中的难点。此外,特征性履行方法和最密切联系原则的关系也是理论界和实践中广泛关注的热点问题。

第一节 典型案例介绍

【**"无锡湖美热能电力工程有限公司与新加坡星展银行信用证纠纷案"**】(以下简称"湖美公司案",最高人民法院〔2017〕最高法民终327号)。本案是《最高人民法院公报》2018年第11期(总第265期)的公报案例。

案情介绍:本案被告新加坡星展银行(以下简称"星展银行")以本案原告无锡湖美热能电力工程有限公司(以下简称"湖美公司")为受益人开立了即期付款信用证用以支付信用证中所描述货物的货款,信用证第40E条明确约定适用"最新版UCP"。后湖美公司经通知行中国建设银行无锡分行(以下简称"通知行")将信用证所要求的全套单据寄送星展银行,并向星展银行提示付款,后者以原产地证明第九栏所列FOB价格与发票显示CIF价格相同,构成不符点为由拒付。原告遂提起诉讼,主张星展银行主张的不符点不能成立,其应当向湖美公司支付涉案信用证项下款项,并承担相应的违约责任。

第二节 案例评析

作为公报案例,本案的典型性在于其是正确理解和适用《跟单信用证统一惯例》以及《最高人民法院关于审理信用证纠纷案件若干问题的规定》中确定的"严格相符"审单标准的经典判决。[①] 不过本文的关注点并非该案的实体问题，而是其国际私法问题。在这一点上，本案由于属于非典型合同的"信用证纠纷"，当事人又未就准据法进行选择，故而具有一定的特殊性。本案历经两审，一审判决直接就法律适用做出认定，二审时双方当事人并未在此问题上产生争议，故本文主要关注本案一审判决中的法律适用部分。[②]

一　信用证纠纷的定性

信用证（Letter of credit，L/C）是银行根据买方的请求，开给卖方的一种书面凭证。依据该证，银行保证在卖方提交符合该证所规定的单据时向卖方支付货款。信用证是当前最重要的国际支付方式之一。信用证法律关系中存在多方参与人，其中主要有开证申请人（买方）、开证银行、受益人（卖方）以及作为中间环节的通知银行[③]、议付银行[④]等。

买卖双方的实体交易及由此形成的合同关系是信用证开立的基础。一旦买卖合同约定以信用证方式支付，买方即产生根据合同及时申请开立信用证的义务，否则卖方可主张买方违约并拒绝履行交货义务。但在信用证项下，买卖双方间并无直接法律关系，信用证关系与买卖关系是相互独立的。[⑤] 正因为如此，本案原告并未起诉其实体交易的相对人。

买方（开证申请人）与开证行之间是以开证申请书及其他文件确定的委托合同关系，这一点无论是理论上还是实践中均无可置疑。开证行有依据开证申请书开立信用证、审核各项单据并付款的义务，同时可基于该项义务要求开证申请人支付本金、利息和开证费用（必要时需提供担保）。因此，倘若在这二者间产生涉外诉讼，并不会出现识别问题，争议可直接定性为合同纠纷。根据《最高人民法院关于审理信用证纠纷

---

①　本案判决摘要：在受益人与开证行之间的信用证纠纷案件中，开证行以受益人提交的单据存在不符点为由拒付信用证项下款项，是常见的抗辩理由。正确理解和适用《跟单信用证统一惯例》以及《最高人民法院关于审理信用证纠纷案件若干问题的规定》中确定的"严格相符"审单标准，对于原产地证上关于"原产地标准"的记载足以表达该单据的功能，该证书上的相关数据能够相互印证，且能够与信用证以及信用证要求的其他单据商业发票记载的货物价格相互印证，单据之间并不矛盾的情形，应当认定开证行主张的不符点不能成立。在受益人交单相符的情况下，开证行应予付款。参见《最高人民法院公报》2018 年第 11 期（总第 265 期）。

②　本案一审判决书：江苏省高级人民法院（2014）苏商外初字第 0004 号。

③　将信用证通知受益人的银行，即本案中的"中国建设银行无锡分行"。

④　对受益人根据信用证所签发的汇票，予以买入贴现的银行。

⑤　信用证关系独立于买卖关系是国际通行的基本原则，在我国，相关法律依据为《最高人民法院关于审理信用证纠纷案件若干问题的规定》（法释〔2005〕13 号）第五条第二款："当事人以开证申请人与受益人之间的基础交易提出抗辩的，人民法院不予支持。"又可见于《最高人民法院关于山东省农业生产资料有限责任公司与法国兴业银行信用证纠纷一案中如何处理免除丧失上诉权效果申请的请示的复函》（〔2010〕民四他字第 72 号）之二："鉴于山东省农业生产资料有限责任公司与法国兴业银行之间形成了独立于买卖关系的信用证关系，法国法院依据开证申请人瑞士金健国际贸易公司的申请发出止付令并未最终免除法国兴业银行的付款义务。"

案件若干问题的规定》（法释〔2005〕13 号，以下简称《信用证解释》）第四条：“因申请开立信用证而产生的欠款纠纷、委托开立信用证纠纷和因此产生的担保纠纷以及信用证项下融资产生的纠纷应当适用中华人民共和国相关法律。涉外合同当事人对法律适用另有约定的除外。”当当事人未进行法律选择时，应直接适用我国法律作为准据法。

卖方（受益人）与开证行的法律关系定性则一直在学界中存在争议。尽管多数学者和大部分教材均将其定性为“合同关系”，实践也基本持此种判断，但由于双方当事人间缺乏“合意”，又缺乏“要约—承诺”这一订立合同的典型过程，因此学界中亦有“信托说”“代理说”等多种论断。① 不过，这种理论上的分歧并没有扩展到信用证的法律适用问题之上，对于该问题，各国司法实践总体上倾向于按照合同法律适用理论来决定信用证的准据法。② 这即是说，尽管并无法律上的明确规定，实践中通常将受益人与开证行间的法律纠纷识别为“合同纠纷”。

在同样由江苏省高级人民法院审理的另一案“江都造船厂与中国工商银行扬州工行、中国银行香港分行信用证纠纷案”（审结于 2001 年）中，法官对信用证纠纷的定性进行了较为详细的论述如下。

依据 UCP500 第 2 条的规定，信用证——包括跟单信用证和备用信用证——“是指一项约定，不论其名称或描述如何，即由一家银行（开证行）依照客户（申请人）的要求和指示或以自身的名义，在符合信用证条件下，凭规定单据：1. 向第三者（受益人）或其指定人付款，或承兑并支付受益人的汇票；2. 授权另一家银行进行该项付款、或承兑并支付该汇票；或 3. 授权另一家银行议付。”该定义表明，信用证是银行向受益人做出的一项附条件的承诺，所附条件就是受益人必须提交符合信用证规定的单据。承诺的内容就是开证行审查受益人提供的单据与信用证条款相符时的付款责任。因此，信用证是一种特殊的合同，即信用证合同。③

该段论述表明，我国早期实践中法官并未直接接受信用证纠纷是“合同纠纷”的论断，而是通过分析信用证的性质，认定其应为“特殊的合同”。该判决应当是对受益人与开证行法律关系定性的一种较为妥善的回答，其观点也得到了实践的认可。“湖美公司案”一审判决在决定法律适用时并未单独就信用证法律关系的定性进行论证，而是直接将其视为“合同纠纷”，可以说，这是实践中已对本问题形成普遍认识的侧面证明。

---

① 参见徐冬根《国际金融法》，高等教育出版社 2006 年版，第 203 页；金赛波、李建：《信用证法律》，法律出版社 2004 年版，第 95 页。

② 参见周辉斌、邓叶芬《论国际信用证当事人未做法律选择时的法律适用》，《时代法学》2004 年第 4 期。

③ 引自江苏省高级人民法院（2001）苏经初字第 003 号判决。

二　信用证纠纷的法律适用

我国并无关于信用证的专门立法，现行有效的法律文件中级别最高的是前述《信用证解释》，其中第二条规定："人民法院审理信用证纠纷案件时，当事人约定适用相关国际惯例或者其他规定的，从其约定；当事人没有约定的，适用国际商会《跟单信用证统一惯例》或者其他相关国际惯例。"根据该规定，在涉外信用证纠纷中，首先允许当事人通过意思自治原则选择应适用的准据法；在欠缺此种选择，或选择不够明确时，位于第二位阶的准据法应为国际商会拟定的《跟单信用证统一惯例》①或其他相关国际惯例。

然而，上述规则对于解决涉外信用证纠纷是远远不够的。首先，UCP600 第一条明确规定："《跟单信用证统一惯例》作为一套规则，适用于所有在其文本中明确表明受本惯例约束的跟单信用证。"这就意味着，当事人可以选择适用该规则，也可以明示排除该规则的适用。其次，即使该规则能够得以适用，其也仅规定了信用证法律关系中的实体法，且规定并不完善。著名国际贸易法学家施米托夫（Schmitthoff）曾列举五项理由②证明 UCP 的广泛应用并没有完全排除法律冲突。第三，UCP 本身并未对法律适用作出安排。这就意味着，在 UCP600 无法适用或无法解释的领域，仍然存在法律冲突的可能和法律适用的需求，这就需要各国法院依据本国的冲突规则进行判断。

在本案中，信用证第 40E 明确约定适用"最新版 UCP"，即 UCP600，除此之外，当事人未做其它法律选择。故一审法院根据《中华人民共和国涉外民事关系法律适用法》（简称《法律适用法》）中的冲突规则选择准据法，又因为信用证法律关系被定性为"合同关系"，因此《法律适用法》第四十一条得以适用。该条规定："当事人可以协议选择合同适用的法律。当事人没有选择的，适用履行义务最能体现该合同特征的一方当事人经常居所地法律或者其他与该合同有最密切联系的法律。"即，当缺乏当事人选择时，合同的法律适用可以从两个系属中确定，其一为特征性履行地法，其二为最密切联系地法。

截至此处，一审法院的基本逻辑并无太大的瑕疵，然而，《法律适用法》第四十一条并未直接点明应适用的法律，而是需要法官进行进一步的解释。对此，法官给出了如下分析：

根据《中华人民共和国涉外民事关系法律适用法》第四十一条的规定，该部分应适用履行义务最能体现该合同特征一方当事人经常居所地法律或其他与该合同有最密

---

① 《跟单信用证统一惯例》是本领域最常适用的国际惯例，现行文本是 2007 年修订的 UCP600。

② 包括 1. 未对银行破产时的信用证权利义务作出规定；2. 各语言文本导致的解释差异；3. 未规定时效和法律适用问题；4. 未对信用证欺诈做统一规定；5. 程序法差异。参见肖永平、徐保民《信用证的法律适用问题初探》，《河南省政法管理干部学院学报》2001 年第 1 期。

切联系的法律。在信用证关系中，受益人的义务是提交相符单据，开证行的义务是在确定交单相符时承付，即受益人只要提交相符单据即可获得信用证项下的款项。因此，受益人履行交付相符单据的义务最能体现信用证关系的特征，故对涉案信用证关系中 UCP600 未规定的部分应适用湖美公司住所地法律，即中华人民共和国法律。①

根据上述分析可知，在第四十一条规定的两个系属中，法官选择了"特征性履行地法"为本案的准据法，并最终认定该法为我国法律。尽管对于这一结论，双方当事人和上诉法院均无争议，但笔者认为，一审法院得出该结论的过程存在明显的瑕疵。

（一）一审判决对于信用证合同的特征性履行行为认定缺乏说服力。对此，笔者拟举出另一相似案件进行阐释。

【"东亚泛海国际商务咨询（北京）有限公司与西班牙商业银行股份有限公司信用证纠纷案"】（以下简称"泛海国际公司案"）。②

"泛海国际公司案"的基本案情与"湖美公司案"非常类似。2013 年被告西班牙商业银行股份有限公司（以下简称"西班牙银行"）应案外人德卡公司申请，开立了受益人为原告东亚泛海国际商务咨询（北京）有限公司（以下简称"泛海国际公司"）的跟单信用证，信用证载明适用规则为最新版本《跟单信用证统一惯例》。在涉案信用证规定的期限内，原告依信用证的要求进行了交单，但被被告通知"暂停处理"，故原告起诉要求被告偿付信用证款项。

该案一审同样适用了《法律适用法》第四十一条，认定我国法律为准据法，但法院并未指明是基于"特征性履行"还是"最密切联系原则"做出了这一选择。与"湖美公司案"不同的是，被告西班牙银行在上诉时明确提出"一审判决在法律适用问题上存在严重错误"，并举出了如下理由。

西班牙商业银行在信用证的开立、审核、付款等方面所履行的义务明显最能体现合同特征，其应当属于上述条文所规定的"履行义务最能体现该合同特征的一方当事人；而西班牙商业银行的经常住所地在西班牙。此外，信用证的开立及审核、信用证所对应货物的销售地、货物产生争议所在地等均在西班牙，信用证项下的议付及兑付义务的履行仅限于西班牙境内，因此"与该合同有最密切联系的法律"也应当为西班牙法律。故按照前述规定，本案应当适用西班牙法律，而不是中华人民共和国法律。③

---

① 引自江苏省高级人民法院（2014）苏商外初字第 0004 号判决。
② 本案一审：北京市东城区人民法院（2016）京 0101 民初 1929 号。二审：北京市第二中级人民法院（2017）京 02 民终 5995 号。
③ 引自北京市第二中级人民法院（2017）京 02 民终 5995 号判决。

这一分析与"湖美公司案"一审判决相比，在信用证合同的特征性履行问题上显然存在不同的结论，前者认为开证行的义务更能体现合同特征，而后者认为受益人交单义务才是特征性履行。二者间谁是正确的呢？

原则上讲，由于我国法律并未对"特征性履行"的判断标准作出规定，因此，只要能够自圆其说，就不存在明显的对错之分。然而，信用证合同的特征性履行毕竟不是一个首创性的问题，在理论界中早有探讨，其他国家也有较为成熟的实践经验，这些均可以并应该成为辅助我国法院进行判断的依据。

根据我国学者周辉斌、邓叶芬的梳理，在国际信用证纠纷的法律适用问题上，德国学理界普遍认为，信用证往往和开证行所在地具有最密切联系，尤其是受益人直接向开证行交单请求付款的情况下更是如此，即使开证行指定另外一家银行作为自己的通知行也不影响，因为通知行仅负责进行技术性的通知，并不确立另外的密切联系；法国和美国学界则有支持"开证行所在地"和"付款地"两种主张，当开证行同时承担直接付款义务时，二者并无差别，但倘若有承担付款义务的中间行，则付款地是更具密切联系的地方；英国学者则认为，信用证项下的债务所在地应是信用证的交单付款地，应以该地的法律作为准据法。[①] 总而言之，以"付款地"作为特征性履行地在世界范围内获得了较大程度的认可。

根据上述总结，显然在"泛海国际公司案"中，由于信用证项下的议付及兑付义务的履行仅限于西班牙境内，故西班牙应该是特征性履行地；而在"湖美公司案"中，由于中国建设银行无锡分行仅为通知行，湖美公司又是将信用证所要求的全套单据寄送星展银行要求兑付，可知付款地应为新加坡，该地也应该是"湖美公司案"的特征性履行地。

当然，外国的法律界定并不能对我国的司法实践产生效力，因此，上述分析仅是理论上的探讨，并无推翻或否定"湖美公司案"判决的目的。不过，相比于"湖美公司案"的判决，"泛海国际公司案"的上诉人显然在论理上付出了更多努力，除了正面论证信用证关系的特征性履行地外，还从侧面列举了西班牙与合同关系更为密切的种种理由，这一点在"湖美公司案"一审判决中是未予关照的。尽管《法律适用法》第四十一条在两个系属间用"或者"连接，意味着二者证明其一即可，但当特征性履行的论证欠缺法律依据和理论支撑而不够充分时，法院至少应考量该案是否有其他更密切联系地的可能。

（二）"湖美公司案"一审判决的法律适用链条不够严密

在论证过受益人的交单义务更能体现信用证合同的特征后，"湖美公司案"一审判

---

① 参见周辉斌、邓叶芬《论国际信用证当事人未做法律选择时的法律适用》，《时代法学》2004 年第 4 期。

决直接指出："（本案）应适用湖美公司住所地法律，即中华人民共和国法律。"这个表述是不够严谨的。《法律适用法》第四十一条的规定是"适用履行义务最能体现该合同特征的一方当事人经常居所地法律"，此处的"经常居所地"并不能直接等同于判决中的"住所地"。实际上，根据《法律适用法》第十四条第二款："法人的主营业地与登记地不一致的，可以适用主营业地法律。法人的经常居所地，为其主营业地。"因此，该案应适用湖美公司的主营业地法律。

判决中所用的"住所地"一语，其界定来自于《最高人民法院关于适用〈中华人民共和国民事诉讼法〉的解释》第三条第一款："公民的住所地是指公民的户籍所在地，法人或者其他组织的住所地是指法人或者其他组织的主要办事机构所在地。"由此可见，住所地与经常居所地的认定并不一致。尽管在实际案例中，这些地方通常都指向同一地，但判决仍应保证表述的严谨。

根据上文分析，笔者认为，尽管"湖美公司案"一审判决在法律适用部分并未出现明显的逻辑错误，但其表述上存在瑕疵，对"特征性履行地"的论证也不够充分，更没有关照到《法律适用法》第四十一条对"最密切联系地"的考量。相比之下，"泛海国际公司案"上诉人的说理显得更为充分。"泛海国际公司案"二审判决并没有对上诉人的说理进行驳斥，而是通过其他理由维持了一审的法律选择，一定程度上可视为二审法院对上诉人说理的肯定。[①]

二审法院认为：一审庭审中，对于信用证欺诈等 UCP600 没有涉及的内容应适用哪个国家的法律，东亚咨询公司与西班牙商业银行双方没有明确约定。对此，东亚咨询公司主张其为中华人民共和国法人，应以中华人民共和国法律作为准据法，西班牙商业银行在之后的法庭辩论中亦援引中华人民共和国法律即中华人民共和国最高人民法院《关于审理信用证纠纷案件若干问题的规定》的相关条文作为其主张东亚咨询公司构成信用证欺诈的法律依据，故应视为西班牙商业银行对于信用证欺诈的认定等内容适用中华人民共和国法律与东亚咨询公司达成了一致。[②]

此外，通过对"湖美公司案"和"泛海国际公司案"的对比分析可以明显看出，我国法律规定中的"特征性履行"方法并不会使合同的法律选择问题简化，而是在实践中赋予法官较大的自由裁量权，由法官根据自己的理解和分析判断每种合同关系的特征性义务。从这个意义上讲，特征性履行与传统意义上的最密切联系原则还是否存在本质上的区别呢？

---

① 当然，人们也可以将二审法院认定当事人双方庭审中协议选择了中国法律的观点，解读为对上诉人主张的特征履行规则的否定。

② 引自北京市第二中级人民法院（2017）京 02 民终 5995 号判决。

第三节　拓展思考

【《法律适用法》第四十一条的理解与适用】

《法律适用法》第四十一条规定："当事人可以协议选择合同适用的法律。当事人没有选择的，适用履行义务最能体现该合同特征的一方当事人经常居所地法律或者其他与该合同有最密切联系的法律。"该条款一经出台即引起学界的广泛争议，其核心问题在于：特征性履行理论是与最密切联系原则不相统属、甚至在立法精神上有所背离的两种理论，如何能妥善结合于一条规则之中？

早在《法律适用法》出台之前，已有不少学者注意到两种规则之间的对立关系，例如学者吕岩峰认为："因为最密切联系原则要求在解决合同法律适用问题时，考虑合同的经济意义和社会意义，考虑所要解决的具体问题的性质和特点及有关法律对该问题的重要程度，而本意上的特征履行方法则无助于满足这些要求，且带有僵化、机械的色彩，这恰恰与最密切联系原则的特性相违背。"[①]特征性履行理论脱胎于"法律关系本座说"，只不过相比于传统的"本座说"，在寻找合同法律关系的本座时，该理论进行了更为细化的区分。事实上，每种合同的特征性履行地，就是该种合同的"本座"，这种方法追求的仍然是建立一套固定、规范的法律选择体系并据此确定具"唯一性"的准据法。相比之下，"最密切联系原则"则呈现出更为"自由"的图景，它否定在法律适用问题上存在固定的答案（"本座"），而是提出寻找答案的方法，根据这种"方法"，在进行法律选择时不再有预先设定的结论，而是通过对若干因素的考量，确定每个案件的选择，其结果是开放性的、个案化的。

特征性履行理论与最密切联系原则的矛盾恰是法律一方面追求确定性、可预见性和一致性，另一方面又需要灵活性、公正性，这两种需求之间的矛盾。从某种意义上来说，二者不可调和。这两种理论的初衷都是使"法律关系本座说"及在其基础上形成的冲突法更为完善，但二者却走向不同的方向：特征性履行理论使固定的规则更为细致，因此增强了"固定"的合理性；最密切联系原则却旨在动摇"固定"的价值，代之以"弹性的"多样化的选择。

二者的优劣高下很难从理论上进行判断，但二者生存并盛行的土壤却可以为其各自的追随者点明道路选择的理由。特征性履行理论立足于大陆法系的欧洲各国，最密切联系原则则在英美法系的美国茁壮成长。这似乎为我国的立法选择做出了提示，正如肖永平教授所言，采用特征性履行方法主要是"因为大陆法系国家的判例法和判例

---

① 吕岩峰：《20 世纪国际合同法的重要进展》，《吉林大学社会科学学报》2000 年第 1 期。

报告制度，不像英美法系国家那么发达，也没有遵守先例的传统，如果让法官在选择法律方面拥有很大的裁量权就容易造成法官们各行其是的局面使法律适用结果的确定性得不到保障。"①

然而，当两种理论同时出现于《法律适用法》第四十一条时，我国一贯坚持的"大陆法"立场是否意味着特征性履行方法优先于最密切联系原则呢？持这种观点的学者不在少数。例如学者谢宝朝认为："对于固定冲突规则不能解决的合同冲突问题，诉诸于客观的、可操作的法律选择方法，当前最为恰当的方法当属特征性履行理论。最后将最密切联系原则作为例外条款和补缺原则此种规则设计更加契合我国司法实践中法官寻找准据法的思考方式。"② 学者秦瑞亭更是指出"《法律适用法》第四十一条将特征性履行理论置于最密切联系原则之前，而且立法者在该法总则部分有意放弃了最密切联系原则的指导思想功能和矫正功能，最密切联系原则仅是一个普通系属。即使个案中法官认定的合同准据法——特征履行方经常居所地法律与该合同没有最密切联系，也不属于法律适用错误，而应该视为立法者为实现法律适用的确定性和可预见性付出的成本和代价。"③ 当然也有一些学者持相反的态度，认为《法律适用法》第四十一条的规定并未改变最密切联系原则在我国合同法中的地位，该原则仍然是当事人意思自治之外的第一性补充④，特征性履行理论可以被视为是最密切联系原则的推定方法⑤。这两种对第四十一条的对立观点，到底何者正确？

笔者认为，就我国当前实践而言，两种观点并无本质上的矛盾。从《法律适用法》第四十一条语义来看，我国立法确实更为肯定特征性履行方法的价值，将依据该方法确定的特征性履行方的经常居所地法律作为当事人意思自治之后的首选准据法，将最密切联系原则视为一种"逃避条款"，在前两种方法不能得出合理选择时，依据个案的需要进行适用。⑥ 然而，关键问题在于，我国立法中的"特征性履行"规则并不典型，并不具有确立"特征性履行规则"的价值。

典型的特征性履行规则应在立法中明确合同的类型和各自的特征性履行地，如《罗马第一条例》⑦ 第四条"未选择法律时应适用的法律"，详细列举了货物销售合同等八种合同的特征性履行地法。此时，当合同纠纷属于该八种合同的范畴，当事人又

---

① 肖永平：《最密切联系原则在中国冲突法中的应用》，《中国社会科学》1992 年第 3 期。
② 谢宝朝：《论〈罗马条例 I〉对欧盟合同冲突法的发展及对我国的启示》，《西南政法大学学报》2010 年第 3 期。
③ 秦瑞亭：《国际私法》，南开大学出版社 2008 年版，第 208 页。
④ 陈卫佐：《涉外民事关系法律适用法的中国特色》，《法律适用》2011 年第 11 期。
⑤ 黄进：《〈中华人民共和国涉外民事关系法律适用法〉释义与分析》，法律出版社 2011 年版，第 222 页。
⑥ 关于将最密切联系原则作为"逃避条款"，参见［美］西蒙尼德斯《20 世纪末的国际私法——进步还是退步？》，宋晓译，黄进校，载于梁慧星主编《民商法论丛》第 24 卷，金桥文化出版有限公司 2002 年出版。
⑦ 欧盟《关于合同之债法律适用的第 593/2008 号（欧共体）条例》。

未能做出有效的法律选择，法院可直接根据该条规定找出应适用的准据法。换言之，典型的"特征性履行规则"应该直接给出法律选择的答案，而不是如最密切联系原则般提示法律选择的方法。

然而，我国当前立法恰恰缺乏这种"给出答案"式的规则。1987 年，我国最高人民法院曾印发《关于适用〈涉外经济合同法〉若干问题的解答》[法（经）发〔1987〕27 号]一文，其中第二条之（六）列举了 13 种合同的特征性履行确定规则，这些规则在今天看来仍是十分先进的，但该文件已于 1999 年废止。其后 2007 年最高人民法院出台了《最高人民法院关于审理涉外民事或商事合同纠纷案件法律适用若干问题的规定》（法释〔2007〕14 号），其中第五条参照《中华人民共和国合同法》规定的 15 种有名合同，规定了 17 种合同的特征性履行地，但该文件也于 2013 年废止。在此期间，我国国际私法学会于 2002 年草拟了《中华人民共和国国际私法示范法》，其中第一百零一条详细地将合同分为二十四类，并根据不同合同的特征性履行规定了相关的法律适用，但该文件仅具有示范法的效力，相关条款也并未被其后的立法采纳。截至目前，唯一生效且对合同的特征性履行问题做出规定的，只有《第二次全国涉外商事海事审判工作会议纪要》（法发〔2005〕26 号）第 56 条，但该文件不属于正式的司法解释，并没有真正意义上的法律效力。总而言之，我国当前立法中仅有特征性履行的原则性规定，并无真正的特征性履行规则。

在这种情形下，《法律适用法》第四十一条规定的"特征性履行"并不能发生前文所述的确定具"唯一性"准据法的效力，其在适用时仍然需要法官就具体案例的各种因素进行分析，其结论也并无固定性，正如本文分析的"湖美公司案"和"泛海国际公司案"，同是信用证合同纠纷，却不能基于特征性履行规则得出一致的法律选择结果。从这个意义上讲，我国的特征性履行规则和最密切联系原则并不存在本质上的区别。

综上所述，在笔者看来，《法律适用法》第四十一条通过赋予"特征性履行"理论更为优先的效力展现了一个良好的立法初衷，遵循了我国一贯坚持的大陆法系立场。但由于现有法律制度体系尚欠缺具体的"特征性履行规则"，故该条款在实践中很难发挥出不同于"最密切联系原则"的作用，因而难以实现判决准确性、一致性和可预测性的立法追求。这就有赖于立法的进一步完善，以及统一裁判标准、"类案类判"的实现了。

【主要法条】

《中华人民共和国法律适用法》第四十一条："当事人可以协议选择合同适用的法律。当事人没有选择的，适用履行义务最能体现该合同特征的一方当事人经常居所地法律或者其他与该合同有最密切联系的法律。"

　　《最高人民法院关于审理信用证纠纷案件若干问题的规定》（法释〔2005〕13 号）第二条："人民法院审理信用证纠纷案件时，当事人约定适用相关国际惯例或者其他规定的，从其约定；当事人没有约定的，适用国际商会《跟单信用证统一惯例》或者其他相关国际惯例。"

第十章　合同冲突法：海运提单的法律适用*

核心知识点

　　提单是海上货物运输合同的证明。一票货物的运输一般应只有一套正本提单，该套提单即是托运人和承运人之间存在海上货物运输合同法律关系的有效证据。航运实践中，船舶所有人、定期租船合同承租人和承运人在装运港的代理人以及无船承运人等许多商事主体均可以签发提单，因此一票货物两套甚至多套提单的情况也时有发生。在此情况下，应当对于每套提单进行具体的分析，最终确定提单的效力以及提单项下责任承担之主体。在对同一票货物签发的多套提单均合法有效的情况下，法院应当依据我国《海商法》第七十一条认定相同或者不同的商事主体（承运人和托运人）针对同一票货物的运输签订了多份相同或相互矛盾的海上货物运输合同，并依据我国《海商法》第二百六十九条为该多份海上货物运输合同分别确定合同准据法，然后按照该合同准据法确定合同当事人的权利义务和应当承担的法律责任。

第一节　典型案例介绍

【连云港祥顺矿产资源有限公司与尤格兰航运有限公司（Ugland Shipping A/S）海上货物运输纠纷案①】

　　2010 年 10 月 15 日，祥顺公司作为买方与陕西金刚五矿资源有限公司（以下简称

---

　*　本章作者：天津市高级人民法院民二庭副庭长耿小宁；天津市高级人民法院民二庭法官杨泽宇。
　①　天津市高级人民法院民事判决书（2014）津高民四终字第 20 号。

陕西金刚公司）签订镍矿买卖合同，合同约定总数量 52000 湿公吨，价格为每湿公吨人民币 680 元，分三期付款。为完成货物运输，陕西金刚公司作为承租人与香港弘信海运有限公司（以下简称香港弘信公司）于 2010 年 9 月 19 日签订航次租船合同。香港弘信公司委托华航运贸易集团（Hua Shipping and Trading Group）作为装货港代理并通知船长，船长依据该委托授权华航运贸易集团签发提单。11 月 14 日，涉案货物装上尤格兰公司所有的"伊莎贝丽塔（ISABELITA）"轮，华航运贸易集团代表船长签发了编号为 KLN/CHN-101001 的提单，提单记载托运人印尼泛华有限公司（PT. PAN CHINA INDO），收货人凭指示，通知人为陕西金刚公司，装货港印度尼西亚考隆诺达尔港，卸货港中国天津港，货物为 56800 湿公吨散装镍矿。香港弘信公司另行签发了编号同样为 KLN/CHN-101001 的提单，提单记载托运人印尼泛华有限公司，收货人凭陕西金刚公司指示，通知人为陕西金刚公司，装货港印度尼西亚考隆诺达尔港，卸货港中国天津港，货物为 56800 湿公吨散装镍矿。

货物装船后，Minton Treharne and Davies（S）Pte Ltd 与尤格兰公司及相关方对涉案货物流动水分点进行联合检测。2010 年 12 月 5 日，Minton Treharne and Davies（S）Pte Ltd 出具检测报告，结论为涉案货物样品流动水分点为 36.8%，适运水分点为 33.2%，实际水分点为 43%。涉案货物自 2011 年 1 月 11 日开始从船上卸下，1 月 23 日卸货完毕。托运人印尼泛华有限公司将华航运贸易集团签发的提单退还该签单人。陕西金刚公司知晓船东尤格兰公司因为涉案货物含水量高，船舶不能起运，在装货港卸下全部货物的情况。

涉案船舶由所有人即尤格兰公司期租给塞勒斯船务有限公司（Cyrus Maritime Enterprise Ltd.），塞勒斯船务有限公司又期租给中富实业有限公司（Sinoriches Enterprise Co., Ltd.），中富实业有限公司再期租给香港弘信公司。上述期租合同均约定：虽然船长是由船东指派，但是必须遵照租家的命令和指示，如同受雇于租家和租家的代理人；船长应该签发租家或其代理所呈递的，与大副收据或者理货报告一致的提单。然而在租家的选择下，租家或其代理也可以代表船长签发提单。

2010 年 9 月 29 日，香港弘信公司向"伊莎贝丽塔"轮船长发送电子邮件，指定华航运贸易集团为其装港代理。10 月 1 日，华航运贸易集团向"伊莎贝丽塔"轮船长发送电子邮件，确认其为香港弘信公司的装港代理。11 月 14 日，"伊莎贝丽塔"轮船长向华航运贸易集团出具签发提单的授权。11 月 30 日，"伊莎贝丽塔"轮船长撤销华航运贸易集团代表船长签发提单的授权。

2011 年 1 月 10 日，陕西金刚公司向包括尤格兰公司在内的相关方发送电子邮件，对涉案货物被卸下的事实表示不满，并声称将保留在买卖合同及租约项下的权利。

此外，在涉案货物运输期间，祥顺公司的法定代表人、执行董事、经理钟红旗，同时担任陕西金刚公司执行董事、总经理。

祥顺公司以其向陕西金刚公司支付货款并取得涉案货物提单，但尤格兰公司未能在提单载明的目的港交付涉案货物为由，向原审法院天津海事法院提起诉讼，请求判令尤格兰公司赔偿货物损失人民币40896000元及利息，并由尤格兰公司承担本案全部诉讼费用。

天津海事法院认为：本案为海上货物运输合同纠纷，尤格兰公司为外国法人，具有涉外因素，为涉外案件。关于本案的法律适用，祥顺公司、尤格兰公司在审理期间均明示选择适用中国法，且双方在庭审中也引用中国法陈述主张和意见，根据《中华人民共和国涉外民事关系法律适用法》第三条，应适用中华人民共和国法律处理本案争议。

关于祥顺公司是否具有诉权以及是否与尤格兰公司存在海上货物运输合同关系。祥顺公司主张与尤格兰公司具有海上货物运输合同关系，尤格兰公司是涉案运输承运人，并为此提交了由香港弘信公司依据租约代表船长签发的正本提单。《中华人民共和国海商法》第七十二条规定，提单由载货船舶船长签发的，视为代表承运人签发。从该规定可以看出船长签发的提单约束承运人，而不是约束船舶所有人，只有在没有相反证据证明船长是代表哪方或受哪方委托签发提单的情况下，才能认定船舶所有人是承运人。本案尤格兰公司提供的证据能够证明香港弘信公司委托华航运贸易集团作为涉案运输装货港代理，并通知船长，该授权未限定代理事项，是概括性的，所以该授权应当包括签发提单。船长依据香港弘信公司的该指示授权华航运贸易集团签发提单，是按照香港弘信公司的指示履行职责的行为。在此情况下，华航运贸易集团签发提单是受香港弘信公司委托，香港弘信公司系提单承运人。祥顺公司主张香港弘信公司取得了船舶所有人即尤格兰公司授权的自行或委托代理代表船长签发提单的权利，但租船合同还约定，船长必须遵照租家的命令和指示，如同受雇于租家和租家的代理人；船长应该签发租家或其代理所呈递的，与大副收据或者理货报告一致的提单；然而在租家的选择下，租家或其代理也可以代表船长签发提单。依据该条款，租家或其代理是代表船长签发提单，而不是代表出租人或船舶所有人签发；而且船长应遵照租家的命令和指示，该条款不能认为是出租人或船舶所有人对期租人签发提单的授权，亦不能以此对抗实际授权。本案中香港弘信公司实际授权华航运贸易集团作为装港代理，船长亦依据该指示授权华航运贸易集团签发提单，华航运贸易集团亦实际向托运人签发了提单，该提单在卸货后已由托运人退回华航运贸易集团，该提单签发与流转符合期租船舶运输的操作惯例和涉案货物的品质状况。在通常情况下，就同一批货物运输，只可能向托运人签发一份合法提单，祥顺公司未提供证据证明托运人还收到了上述以外的提单，也未提供证据证明祥顺公司持有的提单系签发给托运人，并自托运人处流转。因此，祥顺公司持有的由香港弘信公司代表船长签发的提单应由香港弘信公司自行承担责任。

祥顺公司提供了支付货款的证据，在时间、数额上均与合同约定不符，且发票的开具系在诉讼过程中距实际支付之日约 30 个月以后，该付款凭证不能证明祥顺公司实际支付了部分货款。另其主张约一半款项是在卸货之后支付，而对于货物因含水量问题重新检验以及货物卸下船并交给托运人的事实陕西金刚公司是知晓的。因陕西金刚公司与祥顺公司的执行董事、经理是同一人，该两公司作为涉案货物买卖合同的双方当事人应当注意到上述事实，即祥顺公司应当知晓该事实，在此情况下，祥顺公司仍支付货款不符常理、不具善意。综上，祥顺公司提供的证据不能证明祥顺公司、尤格兰公司之间存在海上货物运输合同关系，对祥顺公司的该主张不予支持。

尤格兰公司是否应当对祥顺公司诉请的损失承担赔偿责任。《中华人民共和国海商法》第四十六条规定，承运人对非集装箱装运的货物的责任期间，是指从货物装上船时起至卸下船时止，货物处于承运人掌管之下的全部期间。在承运人的责任期间，货物发生灭失或者损坏，承运人应当负赔偿责任。涉案货物为镍矿，属于《固体散装货物安全操作规则》规定的易流态化货物，该规则 1.1.4 规定易流态化货物是指"至少含有部分细颗粒和湿度（通常为水）的物质，尽管这些物质看上去并不一定呈潮湿状。在运输中，如果这些物质的水分含量超过其适运水分限制，会流态化"。此外，该规则 7.1、7.2.1 还规定本节旨在提请船长和其他负责散货装载和运输的人员注意货物移动的潜在风险以及最大限度降低此危险的防备措施。船舶运动可能引起的货物移动足以使船舶倾覆。在本案中，由于尤格兰公司认为已装船的涉案货物含水量超过适运限制，不适于运输，在经过联合检验确认涉案货物实际含水量超过适运水分点的情况下，出于船货的安全考虑决定将涉案货物卸载并收回正本提单并无不当。

综上，天津海事法院依照《中华人民共和国民事诉讼法》第六十四条第一款，《最高人民法院关于民事诉讼证据的若干规定》第二条，判决驳回祥顺公司对尤格兰公司的诉讼请求。

祥顺公司向天津市高级人民法院提起上诉，请求撤销原审判决，改判尤格兰公司向其交付涉案货物或赔偿其遭受的损失人民币 40896000 元及相应利息，并由尤格兰公司承担本案的全部诉讼费用。事实和理由：（1）原审法院认定祥顺公司与尤格兰公司之间不具有海上货物运输合同关系，属于认定事实不清和适用法律错误。船长是船舶所有人或者光船租船人的雇员，船长的行为应被视为代表船舶所有人或者光船租船人。本案中香港弘信公司根据合法授权并代表船长签发的提单应约束尤格兰公司，祥顺公司与尤格兰公司之间构成海上货物运输合同关系。（2）尤格兰公司在装货港是否收回其提及的正本提单与本案无关，不能影响祥顺公司在本案提单项下的权利。尤格兰公司并未提交其所称装港代理签发并收回的提单原件，尤格兰公司应根据祥顺公司持有的正本提单承担交付货物的责任。原审法院对于联合检验报告并没有进行严格审查，对货物检验及卸货事实的认定缺乏依据。（3）祥顺公司与陕西金刚公司并非同一家公司，双方就涉案货物签订买卖合同，并且祥顺公司实际支付人民币 1758 万元货款，陕西金刚公司也开具相应金额的发票，符合法律规定。原审法院以祥顺公司应知晓相关事实及支付货款不符合常理为由，否定提单的合法流转性和独立性，属于适用法律错误。涉案货物已经装船，尤格兰公司作为承运人应向祥顺公司交付货物，在其交货不能的情况下，理应承担赔偿责任。（4）原审法院以尤格兰公司提交的提单复印件否定祥顺公司提交的提单原件的效力。祥顺公司支付涉案货款的时间是在就货物含水量产生争议之前，因而祥顺公司的付款行为属于善意。原审法院杜撰了所谓涉案货物含水量联合检验的事实，香港弘信公司并未参加上述检验。

尤格兰公司答辩称：原审判决认定事实清楚，适用法律正确，请求驳回祥顺公司的上诉请求。涉案提单由香港弘信公司代表船长签发，但船长是香港弘信公司的受雇人，故香港弘信公司属于自己签发了涉案提单。涉案货物装船后，香港弘信公司的装港代理经过船长指示签发了提单，并交付托运人。后涉案货物经过检验，因不符合安全运输条件，而从船上卸下，香港弘信公司的装港代理已经将提单返还给香港弘信公司。在此情况下，香港弘信公司又向祥顺公司签发提单，该提单不能约束尤格兰公司。

上述事实有双方当事人提交的电子邮件予以证明。

天津市高级人民法院认为：本案为海上货物运输合同纠纷。因尤格兰公司系在挪威注册成立的公司，故本案属于涉外案件。鉴于双方当事人明确选择适用中华人民共和国法律，根据《中华人民共和国涉外民事关系法律适用法》第三条"当事人依照法律规定可以明示选择涉外民事关系适用的法律"，中华人民共和国法律应作为处理本案争议的准据法。原审法院适用法律正确，本院予以确认。

本案的争议焦点为：（1）祥顺公司与尤格兰公司之间是否存在海上货物运输合同关系；（2）尤格兰公司是否应对祥顺公司主张之损失承担赔偿责任。

（1）祥顺公司与尤格兰公司之间是否存在海上货物运输合同关系。首先，关于华航运贸易集团所签发提单的效力问题。涉案货物在装货港印度尼西亚考隆诺达尔港装上尤格兰公司所属的"伊莎贝丽塔"轮后，华航运贸易集团作为香港弘信公司的装货港代理，在得到"伊莎贝丽塔"轮船长的授权后，代表船长签发了编号为 KLN/CHN-101001 的提单，该提单记载托运人印尼泛华有限公司，收货人凭指示，通知人为陕西金刚公司。后上述货物经联合检验，被认定含水量超过适运水分点，尤格兰公司出于运输安全考虑将货物卸载，并将上述情况告知托运人印尼泛华有限公司及陕西金刚公司等相关方，印尼泛华有限公司亦将提单退回华航运贸易集团。根据尤格兰公司提交的印尼泛华有限公司确认货物在装货港被卸下，并已将提单退回华航运贸易集团的电子邮件，以及陕西金刚公司收到尤格兰公司关于货物在装货港被卸下的通知后提出异议的电子邮件等一系列证据，能够印证华航运贸易集团收回上述提单的事实。因此，华航运贸易集团代表船长签发提单及收回提单的操作，与涉案货物的流转过程相一致，对该提单的效力本院予以认定。

其次，关于祥顺公司所持有的提单如何认定的问题。本案中，祥顺公司提交了香港弘信公司签发的编号相同的提单，该提单除将收货人记载为"凭陕西金刚公司指示"外，其余内容与华航运贸易集团所签发提单内容一致。关于该份提单的认定，本院认为，提单是用以证明海上货物运输合同和承运人保证据以交付货物的单证，根据海上货物运输合同的性质和物权的排他性，承运人不得就同一货物的运输签发两份内容基本相同的提单。根据本案已经查明的事实，涉案货物装船后又被卸下，相应提单已经退回提单签发人华航运贸易集团，故在尤格兰公司对香港弘信公司签发提单的行为持有异议的情况下，祥顺公司应证明香港弘信公司代表船长签发提单的行为具有合法依据，否则，该提单对尤格兰公司不具有法律约束力。

祥顺公司主张，船长是船舶所有人的雇员，其行为应被视为代表船舶所有人，香港弘信公司根据合法授权并代表船长签发的提单应约束尤格兰公司。对此，本院认为，在尤格兰公司与塞勒斯船务有限公司、中富实业有限公司及香港弘信公司之间依次存在定期租船合同关系。在相关租船合同中均约定："虽然船长是由船东指派，但是必须遵照租家的命令和指示，如同受雇于租家和租家的代理人；船长应该签发租家或其代理所呈递的，与大副收据或者理货报告一致的提单；然而在租家的选择下，租家或其代理也可以代表船长签发提单。"根据租船合同的上述约定，虽然香港弘信公司作为承租人可以代表船长签发提单，但香港弘信公司在签发提单时，应严格按照租船合同的约定，签发与大副收据或者理货报告一致的提单，否则将构成合同项下的违约，由此产生的法律后果应由提单签发人香港弘信公司承担。

本案中，祥顺公司持有的提单，"收货人"一栏所载明的内容与其提交的大副收据并不一致，根据大副收据的记载，收货人为"凭指示"，若香港弘信公司严格依据大副收据的记载签发提单，则在托运人印尼泛华有限公司明知涉案货物在装货港被卸下的情况下，祥顺公司无法通过背书转让的方式获得该提单。但香港弘信公司签发提单时并未严格按照大副收据的记载，其自行将收货人记载为"凭陕西金刚公司的指示"，致使陕西金刚公司通过背书的方式将该提单转让给祥顺公司，祥顺公司据此向尤格兰公司主张权利，该提单的流转与涉案货物的实际流转并不一致。因此，香港弘信公司在已经授权装货港代理签发涉案货物提单的情况下，其自行代表船长签发与大副收据不一致的提单，违反租船合同的约定。因该提单的签发未得到船长实际授权，香港弘信公司应对其提单签发的行为自行承担责任，其签发的提单对尤格兰公司不具有法律约束力，尤格兰公司不承担该提单项下的货物交付义务。故祥顺公司依据香港弘信公司签发的提单，主张其与尤格兰公司之间存在海上货物运输合同关系，缺乏事实和法律依据，本院不予支持。

（2）关于尤格兰公司是否应对祥顺公司主张之损失承担赔偿责任的问题。《中华人民共和国海商法》第四十八条规定，承运人应当妥善地、谨慎地装载、搬移、积载、运输、保管、照料和卸载所运货物。涉案货物为镍矿，在装船后经联合检验，含水量超过适运水分点，在运输过程中可能存在足以使船舶倾覆的危险。根据《固体散装货物安全操作规则》的规定，尤格兰公司作为涉案货物的实际承运人，出于船货共同安全考虑，将涉案货物在装货港卸下，并告知包括托运人印尼泛华有限公司在内的相关方，其行为并无过错，因此，尤格兰公司对于祥顺公司主张的损失不应承担赔偿责任。

天津市高级人民法院依照《中华人民共和国民事诉讼法》第一百七十条第一款第（一）项之规定，判决驳回上诉，维持原判。

第二节 案例评析

镍精矿如果在装运时含水量超过适运水分极限，可能流态化造成货物移动，并足以使船舶倾覆，《国际海运固体散装货物规则》对于此类货物的运输予以了专门的规定。近年来，我国及领海海域先后发生多起因运输镍精矿导致船舶发生倾覆的重大海上安全事故，事故的发生不仅对于船货双方造成了重大的人员和财产损失，也给司法审判中对相关责任方的责任认定带来了新的问题。本案属于镍精矿运输案件中的一例，主要争议焦点为祥顺公司与尤格兰公司之间是否存在海上货物运输合同关系。

提单作为国际海上货物运输中的重要单证，已经成为国际贸易与航运的基石。提单与贸易项下的货物买卖及流转过程密切相关，故提单既是重要的国际海上货物运输单证，又是重要的国际货物贸易单证。[①]《中华人民共和国海商法》第七十一条规定："提单，是指用于证明海上货物运输合同和货物已经由承运人接收或者装船，以及承运人保证据以交付货物的单证。"从提单的上述功能可以看出，一票货物的运输一般应只有一套正本提单，否则提单的上述三大功能将无法发挥其作用，并且也将造成海运市场的混乱。但在航运实践中，一票货物两套甚至多套提单的情况也时有发生，在此情况下，笔者认为，应当对于每套提单进行具体的分析，最终确定提单的效力以及提单项下责任承担之主体。

一 华航运贸易集团签发的提单

涉案货物在装货港印度尼西亚考隆诺达尔港上尤格兰公司所属的"伊莎贝丽塔"轮后，华航运贸易集团作为香港弘信公司的装货港代理，在得到"伊莎贝丽塔"轮船长的授权后，代表船长签发了编号为 KLN/CHN-101001 的提单。该提单记载托运人印

---

① 司玉琢：《海商法专论》，中国人民大学出版社 2010 年版，第 98 页。

尼泛华有限公司，收货人凭指示，通知人为陕西金刚公司。后上述货物经联合检验，被认定含水量超过适运水分点，尤格兰公司出于运输安全考虑将货物卸载，并将上述情况告知托运人及陕西金刚公司，印尼泛华有限公司亦将提单退回华航运贸易集团。

对于华航运贸易集团签发之提单应从以下方面考量：首先，上述提单签发的主体为华航运贸易集团，其签发提单的行为系依据涉案船舶船长的授权，代表船长所签发。我国《海商法》第七十二条规定："货物由承运人接收或者装船后，应托运人的要求，承运人应当签发提单。提单可以由承运人授权的人签发。提单由载货船舶的船长签发的，视为代表承运人签发。"船长签发提单的权利由法律所赋予，无须承运人事先明确授权。在实践中，提单通常由承运人在装货港委托的代理人签发，但代理人必须具有这样的授权。因此，提单的签发人是承运人、船长或者承运人的代理人，以上主体可以就货物的运输签发提单。就华航运贸易集团所签发的提单而言，涉案船舶的船长已经明确授权其代表船长签发提单，在取得该明确授权的情况下，华航运贸易集团签发提单的行为当然约束船东尤格兰公司。其次，上述提单在签发之后，因为经过联合检验，涉案货物被认为不符合安全运输的条件，在起运港被卸下，与此相对应，上述提单也由托运人退回了提单签发人。该提单签发、收回整个操作过程与涉案货物流转过程是一致的，该提单是有效的，充分反映了涉案货物海上运输全过程。因此，华航运贸易集团所签发的提单合法有效，并且能够约束作为船东的尤格兰公司，对于该提单的效力应当予以认定。

二 香港弘信公司开具的提单

香港弘信公司作为期租人于同日签发了编号同样为 KLN/CHN-101001 的提单，该提单记载托运人印尼泛华有限公司，收货人凭陕西金刚公司指示，通知人为陕西金刚公司。而后陕西金刚公司经过背书将该提单转让给祥顺公司，祥顺公司依据该提单要求尤格兰公司承担交货的责任。对于该份提单，应从以下方面进行考量。

首先，因为香港弘信公司为涉案船舶的期租人，根据我国《海商法》的规定，其签发提单的主体资格并不存在问题，即香港弘信公司有权就涉案货物签发提单。

其次，该提单与华航运贸易集团所签发之提单最大的区别在于提单中收货人的记载，根据大副收据记载，收货人应为凭指示，华航运贸易集团所签发提单中收货人与大副收据一致，但该提单中收货人记载为凭陕西金刚公司的指示。该不同也最终导致了陕西金刚公司可以对提单进行背书，祥顺公司方能通过贸易的方式得到该提单并向尤格兰公司主张权利。复次，涉案船舶存在多个租约，但均采用了 NYPE1981 格式的租约条款，其中第八条约定："虽然船长是由船东指派，但是必须遵照租家的命令和指示，如同受雇于租家和租家的代理人；船长应该签发租家或其代理所呈递的，与大副收据或者理货报告一致的提单；然而在租家的选择下，租家或其代理也可以代表船长签发提单。"上述租约有如下几层含义：第一，船长应当签发承租人所呈上的提单。期租船租约下，使用什么提单格式，如何签发提单，船长应当依从承租人的命令和指示，这是因为期租租约下，承租人有权指示船东如何营运船舶，包括提单的签发；第二，船东授权承租人或者其代理人签发提单。承租人可以在需要之时行使其选择权代表船长签发提单，这是因为所有的提单均由船长签发在实践操作中并不现实，故而船东又同时授权承租人代表船长签发提单；第三，无论是船长签发，或者期租人自行代表船长签发，所签发的提单应与大副收据或理货报告一致。因为无论提单签发的主体为何人，其所代表的货物收据功能应与基础交易合同及货物的流转相一致，如果期租人选择自行代表船长签发提单，且该提单与大副收据不一致，则应事先取得船长的授权，否则其将对于因该不一致给船东带来的损失承担赔偿责任。

综合以上关于租约的分析，香港弘信公司在没有得到船长的实际授权情况下，签发了与大副收据不一致的提单。虽然作为提单持有人的祥顺公司依据提单的表面记载，可以通过承运人识别的方式向船东尤格兰公司主张权利，但是尤格兰公司此时亦享有提单项下的抗辩权，即在没有船长授权的情况下，香港弘信公司自行代表船长签发的提单不能约束船东尤格兰公司。而综合本案的实际情况，在确认了华航运公司所签发提单效力且该提单应约束尤格兰公司的情况下，最终认定了香港弘信公司所签发的提单无法约束尤格兰公司，且该提单项下祥顺公司的损失应当由香港弘信公司自行承担。

三　香港弘信公司签发提单效力之甄别

本案中因出现两套提单，在实践中存在对于香港弘信公司签发提单效力的质疑。该观点认为，提单是一种物权凭证，代表涉案货物的合法权利凭证只能是一套正本提单，也即该批货物应遵循物权法上的"一物一权原则"，因此，在肯定了华航运贸易集团签发提单效力的基础上，香港弘信公司签发的提单必然系"伪造"，不具有效力。对于该观点，笔者持否定态度，具体理由如下。

首先，我国没有提单法，但通过提单的历史演变不难看出，其功能由最初的货物收据，到之后的合同证明、提货凭证和物权凭证，并且当提单流通的不同的领域，其显现的功能也不尽相同。因此，提单在不同的阶段和领域其功能会有不同的体现，在运输合同领域，其发挥的是货物收据、交货凭证和运输合同证明或补充的功能；而在贸易领域则发挥的是物权凭证的功能，这种物权功能具体体现为"间接占有权"；而在金融领域发挥的是物权凭证功能，具体体现为担保物权。[1] 因此，虽然香港弘信公司所签发的提单与华航运贸易集团所签发提单对应的为同一批货物，但不能因为其违背了"一物一权原则"即否定其自身的效力。

---

① 司玉琢：《海商法专论》，中国人民大学出版社 2010 年版，第 183 页。

其次，否定香港弘信公司签发提单的效力将给航运实践带来不利的后果。一方面，对于祥顺公司而言，现有证据无法证明其取得提单具有欺诈、恶意串通等情形，只能推定其为善意的提单持有人，虽然陕西金刚公司如何取得提单无法核实，但该事实并不能影响祥顺公司的提单持有人地位。祥顺公司通过贸易合同取得了该提单，其权利也必然通过提单得到实现，虽然在本案中认定香港弘信公司签发的提单无法约束尤格兰公司，但该提单却约束了香港弘信公司，祥顺公司可以依据该提单向香港弘信公司主张权利。另一方面，对于香港弘信公司而言，虽然其也是合法的提单签发主体，但其签发的涉案提单并不能因为无法约束船东而被认定为无效。根据上述已经查明和认定的事实，其签发的提单对于其自身仍具有约束力，可以有效防止期租人随意签发提单意图使船东遭受损失情形的发生。因此，上述两份提单在运输合同领域，其效力均应当得到确认，只是因为其约束的主体不同，而产生不同的法律后果。

第三节　拓展思考

我国《海商法》第七十二条对于提单签发的主体做了规定，代表了我国关于承运人识别的基本态度。一般而言，承运人的识别有明确的法律规定，其本身不应该成为一个特别复杂的问题。但是随着承运人和船舶所有人的适度分离，加之提单签发主体行为的不规范，国际海上货物运输中提单承运人的识别往往存在一定的困难。

一　提单承运人识别的一般规则

托运人如果系运输合同的一方当事人，在其持有提单时无须通过提单识别承运人，因为其已经明确知晓合同的相对方即承运人的身份。但当提单通过贸易的方式流转到第三人手中时，承运人的识别则需要通过提单进行。一般而言，如果提单中载明了承运人的名称或者标志，提单持有人可以轻松的识别相对方的身份，从而找到提单承运人。但如果提单中并未明确承运人的身份，则需要根据提单右下角的签章或者提单背面的承运人识别条款进行识别。

二　第三人依提单的签发识别承运人的困境及出路

实践中，通过提单右下角的签章识别承运人往往较为复杂，并且这一情况在提单流转到第三人手中时，第三人往往只能通过提单识别承运人。该问题涉及货物交付、货损承担等责任的主体识别，在此有必要做进一步的研究和分析。在英国法上，识别承运人主要基于以下规则：在不存在光船租赁的情形下，由于提单往往由船长签字或其他人代表船长签字，而船长通常为船舶所有人的代理人或受雇船舶所有人、且虽往往存在租约，但船舶所有人仍然负责管理船舶。因此，通常情况下，如船长以船舶所有人代理人身份签署提单，应将船舶所有人视为承运人。[①] 如果船舶存在期租的情形，一般情况下期租承租人签发提单也约束船东，即相关提单为船舶所有人提单，除非提单的措辞、用字，特别是根据提单是否明确标注签字代表谁，能够确定提单为期租承租人提单。[②]

对此，笔者认为，一方面不能将所有代表船长签发的提单均视为代表承运人包括期租人签发，也不能均视为代表船东签发。因为，如果船长或其委托的人不能证明被代理的承运人名称，则可以初步认定船舶所有人为承运人，除非船舶所有人在抗辩中能够举证证明真正的承运人。[③] 换言之，在承运人识别过程中，如果期租人代表船长签发了提单，作为提单持有人可以首先依据提单的表面记载向船东主张权利，但此时一定要赋予船东一定的抗辩权，尤其是在期租关系项下，期租人也是签发提单的主体，其签发提单一定要取得船长的授权，否则便会造成期租人随意代表船长签发提单的可能，也会因此造成提单持有人通过提单向船东主张权利，造成海运市场的混乱。因此，应在船东对于期租人签发提单充分发表意见的情况下，结合船长对于期租人的实际授权，最终判断提单项下责任是否应有船东承担。

【主要法条】

《中华人民共和国海商法》

第四十二条　【用语含义】本章下列用语的含义：

（一）"承运人"是指本人或者委托他人以本人名义与托运人订立海上货物运输合同的人。

（二）"实际承运人"，是指接受承运人委托，从事货物运输或者部分运输的人，包括接受转委托从事此项运输的其他人。

第七十一条　【提单定义】提单，是指用以证明海上货物运输合同和货物已经由承运人接收或者装船，以及承运人保证据以交付货物的单证。提单中载明的向记名人交付货物，或者按照指示人的指示交付货物，或者向提单持有人交付货物的条款，构成承运人据以交付货物的保证。

第七十二条　【提单签发】货物由承运人接收或者装船后，应托运人的要求，承运人应当签发提单。

---

① ［英］约翰·F·威尔逊：《海上货物运输法》，袁发强译，法律出版社2014年版，第235页。
② 杨良宜：《提单及其他付运单证》（修订版），中国政法大学出版社2007年版，第161页。
③ 司玉琢：《海商法专论》，中国人民大学出版社2010年版，第122页。

　　提单可以由承运人授权的人签发，提单由载货船船舶的船长签发的，视为代表承运人签发。

　　第二百六十九条　【准据法】合同当事人可以选择合同适用的法律，法律另有规定的除外。合同当事人没有选择的，适用与合同有最密切联系的国家的法律。

第十一章　合同冲突法：涉外保险合同的法律适用[*]

核心知识点

我国国际私法对涉外保险合同法律适用问题的关注甚少，在确定涉外保险合同准据法方面，我国《保险法》也没有直接的法律规定。[①]《海商法》虽有"海上保险合同"一章，但在其"涉外关系的法律适用"一章没有就保险合同的法律适用作出特别规定，而是依一般合同的法律适用规则来确定。2011 年施行的《中华人民共和国涉外民事关系法律适用法》亦未对涉外保险合同作出特别规定。现行立法模式下，涉外保险合同等同于一般民商事涉外合同，适用当事人自治原则和最密切联系原则确定其准据法。当事人自治原则是当代冲突法中的一项基本原则，是合同冲突法的基石。但对于一些特殊类型的合同，如消费者合同、劳务合同和保险合同等，该原则正面临挑战，即形式上的合同自由与实质上的公平正义之间的博弈。为保护弱方当事人的利益，防止当事人自治原则蜕变为强方当事人单方面决定合同准据法的特权，愈来愈多国家的冲突法对此类特殊合同的当事人自治原则予以限制。我国《涉外民事关系法律适用法》第四十二、四十三条对消费者合同和劳务合同作出了明确规定，对涉外保险合同却采取了回避态度，值得探究。

　* 本章作者：清华大学法学院博士研究生何潇。
　① 《中华人民共和国保险法》第 184 条规定，海上保险适用《中华人民共和国海商法》的有关规定；《中华人民共和国海商法》未规定的，适用本法的有关规定。笔者认为，该条款仅明确了《保险法》与《海商法》之关系，并非涉外保险合同之法律适用条款。

第一节　典型案例介绍

【江苏省海外企业集团有限公司与丰泰保险（亚洲）有限公司上海分公司海上货物运输保险合同赔偿纠纷案①】

1999 年 7 月 16 日，原告江苏省海外企业集团有限公司（以下简称"江苏外企公司"）作为买方与法国 SOCIETE J. LALANNE 公司（以下简称"S 公司"）达成木材进口贸易协议。合同约定货物数量为 1 万立方米，允许 10% 浮动；每立方米 197 美元 FOB 法国加蓬港，付款方式为不可撤销的信用证，提单签发后 90 天付款；装运日期为 1999 年 7 月底至 8 月初收到买方银行开具的清洁信用证之后；装运港为法国加蓬港，目的港为中国张家港；由买方江苏外企公司根据卖方通知负责海上保险。1999 年 7 月 23 日，中国招商银行南京分行根据原告申请，开出受益人为 S 公司、总金额为 197 万美元的不可撤销信用证。信用证有效期限为 1999 年 9 月 30 日，提单签发后 90 天见单即付。1999 年 9 月 12 日，承运人法国 SETRAMAR 公司签发了 2 份涉案货物正本清洁提单，提单编号分别为 100、101，货物数量分别为 82.307 立方米和 5606.10 立方米，托运人均为 S 公司，通知人为原告，收货人凭指示，运输工具名称为"SANAGA"，装运港为法国加蓬港，目的港为中国张家港。

1999 年 10 月 14 日，原告江苏外企公司以传真方式向被告丰泰保险（亚洲）有限公司上海分公司（以下简称"上海丰泰保险公司"）发出 3 份投保书，要求被告为上述运输的木材出具如下内容保险单：日期为 1999 年 9 月 12 日，保户名称为江苏外企公司，保险金额分别为 4777.08 美元、28833.34 美元及 1214841.87 美元，运输工具名称为"SANAGA"，开航日期为 1999 年 9 月 12 日，货物数量分别为 12.408 立方米、69.899 立方米和 5606.10 立方米，保险条件为一切险。被告上海丰泰保险公司相应签发了 3 份保险单，保险单载明的签发日期及船舶开航日期均为 1999 年 9 月 12 日，被保险人为原告，保险条件为伦敦协会货物条款（C）、弃货及浪损条款、伦敦协会船级条款、伦敦协会放射性污染除外责任条款、ISM 货物背书条款、"千年虫"除外责任条款，并载明"WARRANTED THERE IS NO KNOWN/OR REPORTED LOSS BEFORE 14/10/1999"。庭审中，原告称保险单中的保证条款应翻译为"保证 1999 年 10 月 14 日之前无已知或被报告的损失"，被告称应翻译为"保证 1999 年 10 月 14 日之前无已知或被报道的损失"，根据商务印书馆出版的《英华大词典》和上海译文出版社出版的

---

① 详见《中华人民共和国最高人民法院公报》2005 年第 11 期（第 41—46 页）刊载的"江苏外企公司诉上海丰泰保险公司海上货物运输保险合同纠纷案"。判决书：上海海事法院（2001）沪海法商初字第 398 号。

《新英汉词典》，"REPORT"一词既可被翻译为"报告"也可被翻译为"报道"。

另外，被告称涉案保险单背面载有法律适用条款，原、被告双方均未向法庭提供保险单背面条款，但双方对于保险单背面条款约定适用《英国1906年海上保险法》均无异议。被告在庭审中提交了其内部保存的1999年10月出单登记表及保险单签收记录，证明1999年10月14日下午，被告就原告投保的业务作了内部出单登记，登记表中记录了投保人名称、投保时间及保险单编号等事项。1999年10月18日，被告内部经办职员签收保险单。原告提供的证据显示，1999年10月21日，S公司向原告发出传真，称载货船受损，建议原告通知保险公司；1999年10月22日，S公司向原告转发了涉案货物承运人的传真，其中表明载货船1999年10月14日在距南非德班港750海里处遇强烈暴风雨沉没，货物全损。1999年11月8日，原告向被告报案并要求理赔。1999年11月10日，被告委托麦理伦国际集团（MCLARENS TOPLIS FRANCE S. A.）对涉案货损进行检验，麦理伦国际集团向原告出具收条，证明其已收到原告提交的涉案货物保险单3份及提单、发票和装箱单复印件。1999年12月30日、2000年2月21日及2000年4月12日，被告三次致函原告，以原告违反保险单正面载明的保证条款、未依最大诚信原则披露真实情况及被告有权终止保险合同为由，拒绝支付保险赔款。2000年6月9日，法国麦理伦国际集团公司职员JEAN-LOUIS ARCHAMBEAU出具声明，称其作为该保险专业鉴定机构的海上财产保险部负责人之一，接受被告委托为涉案货物进行保险鉴定工作。根据其对本案情况的了解，涉案货物的2份装货单副本于1999年9月24日由发货人提交给原告；1999年10月12日，发货人S公司收到承运人SETRAMAR的传真，获悉载货船"SANAGA"据说已因大量进水而于1999年10月11日被船员放弃；1999年10月14日法国当地时间13时38分，S公司向原告发送了来自承运人SETRAMAR的关于货损的2份传真副本。经查，中国北京时间比法国巴黎时间晚7小时。原告在庭审时称，该传真到达时间应是1999年10月14日20点38分，原告在投保时并不知道载货船舶发生了海难。

2001年12月27日，涉案信用证开证行中国招商银行南京分行证明，本案货物卖方因信用证拒付纠纷向该行提出索赔，有关诉讼正在英国法院进行。2002年5月27日，中国招商银行南京分行证明其收到英国王室法院判决书，判决书要求该行依有关信用证规定向受益人付款。2002年7月15日和26日，该行支付了涉案信用证下的货款1134956.63美元及利息134176.82美元。2002年12月24日，原告向该行支付了货款1134956.63美元。

另查明，被告提供的《英国1906年海上保险法》第十七条规定："保险是最大诚信。海上保险合同是建立在最大诚信基础上的，如果合同任何一方不遵守最大诚信，另一方即可宣告合同无效。"第十八条第一、二款规定："……在签订合同前，被保险人必须向保险人告知其所知的一切重要情况。被保险人视为知道在通常业务过程中所应知晓的每一情况。如果被保险人未履行该项告知义务，保险人即可宣布合同无效。影响谨慎的保险人确定保险费或影响其决定是否接受承保的每一情况，被认为是重要情况。"第二十条规定："……合同磋商期间以及合同签订前，被保险人或其代理人向保险人的每一重要陈述，必须真实。如不真实，保险人即可宣告合同无效。影响谨慎的保险人确定保险费或影响其决定是否接受承保的每一陈述，被认为是重要陈述。陈述可以是事实，也可是一种期望或信念。……陈述在合同签订前可以撤销或更正。……"第二十一条规定："保险人接受被保险人的投保单后，无论当时是否出具保险单，海上保险合同即被认为已经成立；为表明保险人何时接受投保申请，得参考承保条或暂保单或其他签订合同时惯有的备忘录。"

上海海事法院认为，本案保险合同的标的及合同的履行地具有涉外因素，故本案为涉外保险合同纠纷。依据《中华人民共和国民事诉讼法》规定，涉外民事诉讼的被告对人民法院的管辖不提出异议，并应诉答辩的，视为承认该人民法院为有管辖权的法院。本案中被告在诉讼过程中未对管辖权提出异议，应视为接受本院管辖，本院依法有权对本案进行审理。本案双方当事人在庭审中同意依据保险单背面条款的约定，适用《英国1906年海上保险法》处理本案争议，此约定为当事人双方真实的意思表示，为《中华人民共和国民法通则》所肯定，本案保险合同应当适用《英国1906年海上保险法》。关于《英国1906年海上保险法》的内容，本案被告在案件审理中向本院提交了该法英文复印件及中文译本，原告对此未提出异议。经本院审查核实，对其内容予以确认。

本案双方当事人一致确认原告向被告发出投保书的时间是1999年10月14日，此为要约发出的确切时间。关于承诺保险的时间，原告江苏外企公司当庭陈述称其于投保当天即1999年10月14日收到被告交付的保险单，但未能对其主张尽到应有的举证义务。被告称其向原告交付保险单的时间是在1999年10月18日之后，为此被告在庭审中还提交了保险单签收记录。被告内部记录的保险单出单时间虽为1999年10月14日下午，但其单方所记载的出单时间不能被视为承诺作出的时间。涉案保险单正面明确载明"保证1999年10月14日前无已知或被报告的损失"，此为保险人与被保险人之间的特别约定，它无疑是被保险人应当承担的一项重大责任和义务。保险人签发保险单时单方作出的这一批注以及保险单载明的与原告投保书不一致的保险条件均是对原告投保书内容的实质性补充和修改，保险单应视为保险人向原告发出的一项新的保险要约。原告接受了该保险单，并且未在合理时间内对其内容提出异议，视为对要约的接受。本案保险合同的承诺自原告接受保险单时起，即被告保险单签收记录所能证明的1999年10月18日之后，开始生效。

根据《英国1906年海上保险法》规定，保险合同的订立和履行应遵循最大诚信原则，被保险人在发出要约、接受新的要约以及作出承诺和保险合同履行的整个过程中，都应依据最大诚信原则如实披露和告知可能影响保险人作出是否承保和是否增加保险费的任何重要情况。本案被告提供了充分的证据证明原告于 1999 年 10 月 14 日晚间收到了涉案货物的国外卖方 S 公司转自承运人的关于货损的传真，原告对此事实亦未否认，其作为被保险人，在保险合同成立前以及在收到保险人交付的保险单之前的任何时间，未将其知道的这一足以影响保险合同成立的重要情况及时告知保险人，未尽到善意和诚信地订立和履行合同的义务。此外，货载舱面的风险明显大于舱内，它直接影响到保险人决定是否承保和确定保险费率，原告作为本案被保险人，早在 1999 年 9 月 24 日就收到了发货人提交的涉案货物装货单副本，其在投保当时及之后未将部分货物装载于船舶舱面的事实告知保险人，明显未尽到告知义务。原告在庭审中称木材装于舱面是航运惯例、"保险人应当知道"并无明确依据，本院不予采信。

关于保证条款中"REPORT"一词的解释问题。由于该条款系保险人提出，当事人对保险合同条款有不同理解时，应作有利于被保险人的解释。本院认为，本案中"RE-PORT"一词应被理解为"告知"和"报告"。

综上，原告未能以最大诚信原则订立和履行保险合同，其行为违反了一个善意的被保险人应当承担的合理谨慎披露事实和告知重要情况的义务，因此，本案保险人有权宣布保险合同无效，且不承担保险赔偿责任。依据《中华人民共和国民事诉讼法》第六十四条第一款、第二百四十五条，《中华人民共和国民法通则》第一百四十五条第一款，《英国 1906 年海上保险法》第十七条、第十八条第一款和第二款、第二十条和第二十一条的规定，上海海事法院判决：对原告江苏省海外企业集团有限公司的诉讼请求不予支持。

第二节　案例评析

本案审结于 2001 年，上海海事法院最终适用《英国 1906 年海上保险法》驳回了原告的诉讼请求。梳理我国现行冲突法规范，不难发现，立法层面对涉外保险合同关注甚少，2011 年生效实施的《涉外民事关系法律适用法》、2013 年施行的《最高人民法院关于适用〈中华人民共和国涉外民事关系法律适用法〉若干问题的解释（一）》〔法释〔2012〕24 号，简称《法律适用法司法解释（一）》〕整合并完善了我国涉外民事法律关系的法律适用，但其在涉外保险合同问题上并未有新的进展。因此，在我国司法实践中，涉外保险合同仍适用涉外合同一般规定确定其准据法。本章以下分析以前述法律法规和司法解释为基础，并结合不同国家、地区国际私法关于涉外保险合同的规定。

一 案件的识别

本案当事人为江苏外企公司和上海丰泰保险公司，皆为中国法人，当事人之间具有保险合同法律关系，原告江苏外企公司为投保人，被告上海丰泰保险公司为保险人，保险标的为江苏外企公司从法国 S 公司购买的木材，该标的为海上运输在途货物，承运人为法国 SETRAMAR 公司，为外国法人，装运港为法国加蓬港，目的港为中国张家港。后因货物在运输途中遭遇强烈暴风雨沉没，货物全损，原被告就保险理赔产生纠纷诉至上海海事法院。本案法律关系主体虽不具备涉外因素，但保险标的属于国际运输在途货物，且引起纠纷的法律事实发生在距南非德班港 750 海里处，具有涉外因素。根据《最高人民法院关于适用〈中华人民共和国涉外民事关系法律适用法〉若干问题的解释（一）》第一条的规定，凡民事关系的一方或双方当事人是外国人、无国籍人、外国法人的；民事关系的标的物在外国领域内的；产生、变更或者消灭民事权利义务关系的法律事实发生在外国的，均为涉外民事关系。本案中引起保险合同法律关系产生、变更、消灭的法律事实具有涉外因素，该法律关系的标的物由法国公司承运且位于国际海运途中，亦具有涉外因素，因此依据前述司法解释的规定，江苏外企公司与上海丰泰保险公司之间的保险纠纷应为涉外民事法律纠纷，该案件属于国际私法案件。

解决涉外民商事争议，关键在于通过冲突规范确定案件应适用的准据法。在此之前，首先要对该涉外民商事关系进行识别，即通过对其事实构成进行定性或分类，确定其特定法律范畴，其目的在于确定该法律关系应援用的冲突规范。[1] 不同国家法律观念对于同一事实构成定性可能不同，关于如何解决识别冲突，各国立法与司法实践不尽一致，现有法院地法说、新法院地法说、准据法说、分析比较法说、个案识别说、功能定性说等观点，其中，法院地法说由于其简便易行的优点，在实践中为多国采用，我国实践中亦通常依据法院地法处理识别问题。本案原告江苏外企公司诉至上海海事法院，法院地法即为我国法，依据法院所认定的案件事实，原被告之间系因海上货物运输保险理赔问题产生纠纷，保险标的为海上运输货物，具有涉外因素，且原被告之间有订立保险合同之事实，根据我国《海商法》关于海上保险合同相关规定，本案应识别为涉外海上货物运输保险合同纠纷。本案审理法院首先对案件进行了识别，认定该案为涉外保险合同纠纷，程序规范，说理明晰。

二 案件的法律适用

案件性质识别为涉外海上保险合同纠纷，考察我国关于涉外保险合同法律适用的现行立法，《海商法》对海上保险合同的概念、权利义务作了详细规定，但未提及涉外

---

① 秦瑞亭：《国际私法》（第二版），南开大学出版社 2014 年，第 114 页。

海上保险合同的法律适用问题，仅在"涉外关系的法律适用"章节对海商事领域合同的法律适用作出了普适性规定。① 由于本案属于海上保险纠纷，与《保险法》相比，《海商法》属于特别法，对于同一问题，《海商法》的相关规定具有优先适用的效力。针对本案争议，依据我国《海商法》第二百六十九条规定，当事人双方可以选择合同适用的法律，法律另有规定的除外。据此，案件双方当事人可以自由选择保险合同纠纷适用的法律，这种"选择"是合同当事人双方合意的结果，是当事人自治原则的体现。当事人自治原则广泛应用于涉外合同冲突法领域，保险合同毫无疑问属于合同之一类，在法律对其无特别规定的情况下，直接适用涉外合同冲突规则确定其准据法，无可厚非。本案中，法院对当事人双方合意选择合同所适用的准据法的行为判定着墨不多，其默认当事人自治原则在合同领域的基础地位，但说理部分有欠缺。根据我国冲突法立法规定，既然已将案件识别成海上保险案件，应直接以《海商法》为依据进行说理，而不应越过《海商法》而寻求《保险法》，甚至是《合同法》《民法通则》等一般规定予以论述。

（一）法律选择方式

本案双方当事人合意选择《英国1906年海上保险法》作为合同准据法，这是我国国际私法赋予涉外合同当事人的权利，是意思自治原则在国际私法领域的集中体现。当事人选择法律的方式，通常有明示、默示两种。前者指当事人双方明确选择了合同所适用的法律，该种方式为各国冲突法承认；后者指当事人双方未以明示方式表达出法律选择的意思表示，但在合同或其他与合同有关的行为中，存在选择某国法律作为合同准据法意向的暗示。② 实质上，关于默示选择的性质与效力，各国态度不一，1980年《罗马公约》和2008年欧盟《罗马第一条例》③明确接受了默示选择方法。我国国际私法学界对此多有分歧，《涉外民事关系法律适用法》明确采取的是否定态度，④ 但从新近司法实践可窥见有限认可之意，即《法律适用法司法解释（一）》第八条第二款规定，"各方当事人援引相同国家的法律且未提出法律适用异议的，人民法院可以认定当事人已经就涉外民事关系适用的法律做出了选择。"

学界关于默示选择法律性质的争论一直不断，默示选择中的"默示意思"是否等同于"推定意思"或"假设意思"是主要焦点。笔者赞同否定论，默示选择应该看作

---

① 《中华人民共和国海商法》第二百六十九条规定：合同当事人可以选择合同适用的法律，法律另有规定的除外。合同当事人没有选择的，适用与合同有最密切联系的国家的法律。

② 刘仁山：《"意思自治"原则与国际商事合同的法律适用》，载黄进、刘卫翔主编《当代国际私法问题》，武汉大学出版社1997年版，第132页。

③ 欧盟2008年通过《合同义务法律适用的593/2008条例》，简称《罗马第一条例》。

④ 《中华人民共和国涉外民事关系法律适用法》第3条规定：当事人依照法律规定可以明示选择涉外民事关系适用的法律。

是对当事人已经存在但未能明示表达的真实意思所进行的确认。① 理由在于，"推定"和"假设"有悖于"默示选择"之本意，默示选择体现的仍然是意思自治原则的要求，应如"明示选择"一样，以当事人的真实选法意图为前提，只是这种真实意图没有以"明示"的方式表现出来，因此才存在"认定"的必要，而非由争议解决机构去"推定"或"假设"，由此，默示选择可以理解为明示选择的一种特殊形态。② 实践中最为突出的问题是如何确认当事人的"默示"选法意图，以及该"默示"所选法律之约束力。如前所述，笔者认为默示选择的本质并非法院的推定意思或假设意思，而应尽量去探究当事人的真实意图。常见的判断因素有仲裁或法院选择条款、合同术语、在合同中"提及"或"并入"某国法律、标准格式合同等。通行的观点认为，以上因素并非独立发生作用，在具体适用过程中，还应当对合同其他条款及案件的情况加以综合考虑。③ 应当明确的是，大多数国家在不同程度上都承认了默示选择的效力，我国理论界与司法实践中对此也提出"有限度承认"的观点，笔者表示赞同，理由在于默示选择的本质是当事人选择合同准据法的意思自由的体现，虽然该方法可能导致法律适用结果的不确定和不可预见，但该缺陷并非默示选择所独有，并不足以推翻默示选法方式的适用。但是，在确定合同当事人默示选择意图方面，应结合上述判断因素，着重考察与当事人主观意志相关的因素，而不能以当事人的住所、国籍等客观连结点为依据，否则极有可能混淆"意思自治原则"与"最密切联系原则"的适用。④

本案中，双方当事人在合约文本中并未明确约定争议适用的准据法，亦即合同文本中未有明示法律选择条款，但在庭审过程中，双方对于依格式保险单背面条款约定适用《英国 1906 年海上保险法》均无异议，故法院肯定了《英国 1906 年海上保险法》的准据法地位。在法院说理过程中，认定了"此约定为当事人双方真实的意思表示"，肯定了当事人作出的法律选择，但是该法律选择的性质如何，并未明确。笔者认为，如前所述，明示选择与默示选择皆属于意思自治原则的范畴，系当事人双方真实的意思表示，本案中的保险合同未有明示法律选择条款，但涉外保险单属于标准格式保险单，其背面条款载有争议解决的准据法条款，被告上海丰泰保险公司接到原告的投保要求，向原告签发保险单，原告对保险单内容并无异议，可以视为接受保险单的全部内容，且该条款并未违背《合同法》关于格式合同或格式条款的限制性规定，其有效

---

① 刘仁山、黄志慧：《国际民商事合同中的默示选法问题研究》，《现代法学》2014 年第 5 期。
② 刘仁山、黄志慧：《国际民商事合同中的默示选法问题研究》，《现代法学》2014 年第 5 期。
③ 在确定当事人的默示选法时，法院应考虑与案件有关的情况，其包括合同的协商过程、当事人在共同关系中建立的一致性和惯例、商业上所有权转移的关税、当事人随后的行为。参见 Mikhail R. Badykov. The Russian Civil Code and the Rome Convention: Implied Choice of the Governing Law [J]. Review of Central and East European Law, 2008 (33): 187. 转引自刘仁山、黄志慧：《国际民商事合同中的默示选法问题研究》，《现代法学》2014 年第 5 期。
④ 刘仁山：《涉外合同法律适用条款实施建议》，《法学杂志》2000 年第 1 期。

性可以确认。一般保险法理论认为，保险单本身并非保险合同，其载明合同主要内容，通常作为保险合同成立的证明凭证，由保险人于合同成立后签发。① 故，保险单实际上是载明保险合同主要内容的一种凭证。对于保险合同未约定而保险单中默认的格式条款，因其经双方当事人同意，属意思表示一致，理应视作合同内容之一部分。就本案中的法律适用格式条款而言，其属于双方当事人关于法律选择之合意，自不待言，但因格式保险单之特殊性质，该条款并不当然属于法律选择的明示条款，综合庭审过程中双方当事人对此问题的表现以及合同其他情况，如被告所签发的保险单中载明的保险条件为"伦敦协会货物条款（C）、弃货及浪损条款、伦敦协会船级条款、伦敦协会放射性污染除外责任条款"等内容，保险单中的法律适用格式条款可被视为一种默示选择，法院要做的是对该默示选择进行认定，即确认《英国 1906 年海上保险法》为本案纠纷解决之准据法。

（二）法律选择时间

当事人选择法律的时间，《法律适用法司法解释（一）》明确规定，"当事人在一审法庭辩论终结前协议选择或者变更选择适用的法律的，人民法院应予准许。"在该解释出台之前，《最高人民法院关于适用〈涉外经济合同法〉若干问题的解答》〔法（经）发〔1987〕第 27 号〕对此问题作出了回答，"当事人在订立合同时或者发生争议后，对于合同适用的法律未作选择的，人民法院受理案件后，应当允许当事人在开庭审理以前作出选择。"我国立法对法律选择时间无明文规定，但从上述 1987 年《解答》的规定看，我国司法实践承认两种时间的选择为有效，即合同订立时、或争议发生后至开庭审理前。② 考虑到司法实践中存在着当事人在一审开庭过程中才进行选择的情形，《最高人民法院关于审理涉外民事或商事合同纠纷案件法律适用若干问题的规定》（法释〔2007〕第 14 号）③ 第四条第一款将当事人选择和变更法律的时间进一步放宽为"一审法律辩论终结前"。④ 《法律适用法司法解释（一）》第八条对此进行了确认，⑤ 该做法与当事人意思自治原则宗旨相符，亦顺应合同冲突法的国际发展趋势。出于对意思自治原则的贯彻，多数国家立法明确承认事前法律选择与事后法律选择的效力，即对选择法律的时间不作严格限制。但是，若事后法律选择影响合同形式有效性

---

① 温世扬：《保险法》（第二版），法律出版社 2007 年，第 80 页。

② 刘仁山：《"意思自治"原则在国际商事合同法律适用中的适用限制》，《武汉大学学报》（哲学社会科学版）1996 年第 4 期。

③ 该司法解释已于 2013 年 4 月 8 日被最高人民法院废止。

④ 《最高人民法院关于审理涉外民事或商事合同纠纷案件法律适用若干问题的规定》（法释〔2007〕第 14 号）第 5 条：当事人在一审法庭辩论终结前通过协商一致，选择或者变更选择合同争议应适用的法律的，人民法院应予准许。

⑤ 《最高人民法院关于适用〈中华人民共和国涉外民事关系法律适用法〉若干问题的解释（一）》（法释〔2012〕24 号）第八条：当事人在一审法庭辩论终结前协议选择或者变更选择适用的法律的，人民法院应予准许。

或者对第三人权益造成不利影响，该选择并不成立，理由在于保护当事人正当期望和善意第三人的利益，此法理在我国现行法中并无体现，是为不足。本案中，保险合同的双方当事人在订立合同时，并未明示选择合同准据法，[①] 而是在解决争议的过程中，尤其在庭审中同意保险单中载明适用《英国 1906 年海上保险法》的法律适用格式条款，此属于事后法律选择，符合我国法律规定，法院予以认可。

（三）法律选择与弱者保护原则

在合同冲突法领域，首要的冲突规则是当事人意思自治原则，涉外民事关系的主体有权自主确定或选择该民事关系的准据法。但意思自治原则适用的前提是当事人双方议价能力对等。经济地位悬殊的主体之间的"自愿"协商，很容易导致"强者愈强"的局面，弱者的合法利益难以得到有效保护，因而一些国家的法律开始给予弱者特殊的保护，以体现国际私法中的实质正义价值。在合同法律适用领域，应当受到特别保护的弱方当事人包括消费者、受雇人、被保险人、旅客、技术受让人等。1980 年欧洲共同体《罗马合同法律适用公约》通过适用强制性规则限制当事人意思自治的手段对消费者和受雇人提供了保护。《罗马第一条例》在对这两种合同的一些特殊概念进行明确并扩大受保护主体的范围的同时，增加了保险、运输两种特殊类型合同的规定，对投保人、旅客提供了不同程度的特殊保护。[②]《罗马第一条例》对该几类特殊合同设置了特殊的冲突规则，对当事人意思自治进行限制，充分体现了弱者保护原则。我国《涉外民事关系法律适用法》首次将消费者合同和劳动合同规定为受特殊保护的合同，并为其规定了特殊的法律适用规则，[③] 但对其他类别特殊合同未有提及，是为缺憾。

保险合同中，保险人大多是资金雄厚、行业经验丰富、聚集各类专业人才的公司法人，缔约能力较强；而被保险人或投保人却大都经验欠缺、财单力薄，属于合同中的弱方当事人。考虑保险合同之特殊性，《罗马第一条例》对于涉外保险合同的法律适用规则规定得较为详尽，这对我国保险合同冲突法立法颇有借鉴意义。条例在前言部分就声明，由于保险合同的特殊性质，应确保给保单持有人提供充分而特殊的保护。因此，条例在保险合同法律适用方面规定了特殊的规则，而不再如《罗马合同法律适

---

① 如前文所述，当事人双方通过保险单背面法律选择条款和自愿签发与接收保险单的行为默示选择了英国法律，但是对于该默示选择法律的效力，法院没有分析，而是直接认定了当事人双方庭审中选择适用的《英国 1906 年海上保险法》。

② 鉴于消费合同、运输合同、保险合同、个体雇佣合同的复杂性和较强的政策导向性，《罗马第一条例》第四条至第八条为这四类合同分别设计了一套详细的法律适用规则。参见谢宝朝《论〈罗马条例Ⅰ〉对欧盟合同冲突法的发展及对我国的启示》，《西南政法大学学报》2010 年第 3 期，第 95 页。

③ 《中华人民共和国涉外民事关系法律适用法》第 42 条：消费者合同，适用消费者经常居所地法律；消费者选择适用商品、服务提供地法律或者经营者在消费者经常居所地没有从事相关经营活动的，适用商品、服务提供地法律。第 43 条：劳动合同，适用劳动者工作地法律；难以确定劳动者工作地的，适用用人单位主营业地法律。劳务派遣，可以适用劳务派出地法律。

用公约》规定适用消费者合同的冲突规则。[①] 值得注意的是，条例根据双方当事人议价能力与所承保的风险状况对保险合同进行了分类规制，即大风险保险合同与普通风险保险合同。根据欧盟《第一非人寿保险指令》相关规定，大风险分为三类：（1）常规大风险；[②]（2）与保单持有人的职业活动有关的大风险；（3）满足特定条件的大风险。按照《罗马第一条例》第七条，大风险保险合同适用完全的意思自治原则，合同当事人可自由协议选择大风险保险合同的准据法；当事人没有协议选择法律时，原则上适用保险人经常居所地国家的法律。欧盟立法者认为大风险保险合同的保险双方当事人一般为资金雄厚之公司法人，缔约能力相当，因此一般情况下无弱者保护原则适用的必要。按照该条例第 7 条，除大风险之外的普通风险保险合同，当事人的意思自治受到一定程度限制，当事人只能在订立合同时风险所在地的成员国法、保单持有人惯常居所地国法、人身保险合同的保单持有人国籍国法、保险事故发生地法中进行选择。这种对合同准据法连结点作限定的做法，实际上是要求当事人选择的法律必须与合同或交易有"实质联系"，这增加了法律适用的确定性和可预见性，更可以避免保险人利用其谈判优势要求适用对其最为有利的成员国法。可见，这种有限制的意思自治原则充分体现了保护保单持有人利益的实体价值取向。当事人未选择的情况下，普通风险保险合同适用合同订立时风险所在地成员国的法律。所谓"风险所在地"，条例未明示，而需按照欧盟保险指令确定。大多数情形下，指的是保单持有人的惯常居所地，[③]存在少数例外。[④] 毫无疑问，通常情形下，保单持有人更为熟悉其惯常居所地法，其能够更为清楚地认识到合同权利和义务，做出有利于自身利益的选择，而不至受控于保险人。这样的规定给处于弱势地位的保单持有人提供了充分而合理的保护，符合当今国际私法注重保护弱者利益的立法趋势。

反观我国国际私法立法现状，并未考虑保险合同的特殊性质，亦未对涉外保险合同进行专门规定。在保险合同当事人选择保险合同准据法时，采取一般合同的法律适用规则，赋予当事人意思自治的权利；在当事人未作法律选择时，适用最密切联系原则确定合同准据法。我国《最高人民法院关于审理涉外民事或商事合同纠纷案件法律适用若干问题的规定》（法释〔2007〕第 14 号）只简单地规定了"保险合同当事人如

---

　① 根据《罗马公约》第 5 条规定，消费合同是指以向消费者提供其行业或职业以外的货物或服务为目的的合同，或为上述目的提供信贷的合同。保险是一种提供服务的希望，因而保险合同也可适用消费者合同的特殊规则。参见凡启兵《〈罗马条例 I〉研究》，中国法制出版社，2014 年，第 153 页。

　② 常规大风险主要由以下 6 类：（1）铁路机车车辆的损害赔偿风险；（2）航空器的损害赔偿风险；（3）船舶的损害赔偿风险；（4）运输中的货物的损害赔偿风险；（5）因使用航空器而产生的责任风险；（6）因在海洋、湖泊、河流或运河使用船舶而产生的责任风险。

　③ 温树英、刘佳佳：《欧盟保险合同法律适用规则的最新发展及其对我国的启示》，《武大国际法评论》2010年第 2 期，第 236 页。

　④ 对于建筑保险，风险所在地为建筑所在地；汽车保险为交通工具登记地；四个月内的旅行保险为办理保险的成员国。See Second Council Directive 88/357/EEC of 22 June 1988, Art. 2.

果未选择法律的，适用保险人住所地法"。该司法解释关于涉外保险合同的冲突规则不仅极为简单，而且已经废止。综上可见，我国现行冲突法立法没有考虑到涉外保险合同的特殊性和复杂性，亦未考虑弱者保护原则适用的余地，采取一刀切的立法方式，不足取。本案件，若依据《罗马第一条例》的规定，应认定为大风险保险合同，虽无弱者保护原则适用之必要，但由此引发的关于涉外保险合同分类规制的思考却是十分必要的。

三 案件争议焦点

（一）保险合同的成立时间

如前所述，本案保险合同准据法为《英国1906年海上保险法》。关于合同的成立，该法第二十一条作了明确规定，"保险人接受被保险人的投保单后，无论当时是否出具保险单，海上保险合同即被认为已经成立；为表明保险人何时接受投保申请，得参考承保条或暂保单或其他签订合同时惯有的备忘录。"结合契约成立之法理，从法条文义理解出发，其中的"接受"，是指"全盘接受"。换言之，保险人的承诺不能对投保单中的投保条件作出实质性修改。根据合同法之基本法理，合同成立的必经过程为要约和承诺。"保险人接受被保险人的投保单"的行为实际上包括两层含义，即保险人对投保要约的接受与其同意承保承诺的作出，此从该条款后款中的"参考承保条、暂保单、其他惯有备忘录确定投保申请"可见。在合同领域，英美法系国家固守"对价"原则，主张要约人可以不受要约之拘束，在此原则下，为避免对受要约人之过分不公，平衡要约人与受要约人之利益关系，其承诺生效时间采发信主义（或称投邮主义）原则，即承诺仅需在承诺期限内发出即可。承诺人将承诺置于自己控制范围以外时，承诺即告生效，如承诺函件的付邮，承诺电报、电传、传真的发出等，[1] 合同成立。按发信主义原则要求，承诺一经发出，无须待到达投保人，合同始成立，亦即代表承诺的承保条、暂保单或其他备忘录只要向投保人发出，保险合同即宣告成立。本案中，原告作为投保人，于1999年10月14日以传真方式向被告发出3份投保书，此应为要约发出的时间。对于承诺的作出，原被告存在争议。原告江苏外企公司主张其于1999年10月14日当日即收到保险单，但未能举证证明，不足采信。被告上海丰泰保险公司承认其于10月14日下午作了内部出单登记，登记表中记录了投保人名称、投保时间及保险单编号等事项，原审法院认为，此单方内部行为并不能表明承诺已完成。笔者赞同法院之认定，根据保险行业之基本经营规则，保险人应具有核保权，即对保险危险的评估权，依据实务经验，这种评估需要一定期间始得完成。若将10月14日下午的内部出单登记视为保险人的承诺，无疑剥夺了保险人之核保权，与保险行业之基本规则不符。

---

① 韩世远：《合同法总论》（第三版），法律出版社2011年版，第99页。

因此，该"内部出单登记"与保险人完成核保后之"正式出单"显然属于不同阶段之行为，此处更强调"登记"之功效，以资证明保险人收到投保人之投保申请。此外，被告还提供了其内部经办职员于 1999 年 10 月 18 日从出单部门领取保险单的签收记录，在发信主义原则下，该事实至少证明其向原告发出保险单的时间应不早于 10 月 18 日。

本案经查明之案件事实还显示，被告上海丰泰保险公司最终签发的保险单中载有保证条款"WARRANTED THERE IS NO KNOWN/OR REPORTED LOSS BEFORE 14/10/1999"的批注，且无证据表明该批注系原告向保险人发出要约之内容，那么，该内容对于原投保书而言，系对其投保内容之变更。传统合同理论之"镜像规则"要求承诺与要约完全一致，不允许对要约作出任何变更。英美法系国家早期坚持该原则，随着交易发展，开始采取灵活态度，即适用较为普遍的实质性变更理论，若属实质内容变更，则受要约人所作出的意思表示法律性质发生变更，应属于新要约，而非承诺。一般认为，有关合同标的、价格、质量、数量，履行时间、地点、赔偿责任，争端解决办法等，均视为对要约之实质性变更。本案中，被告所为之意思表示系增加了保证条款，该保证条款之内容足以影响保险人是否同意承保，显属于对原要约之实质内容变更，故被告所为意思表示系一项新要约。对于要约，英美法系国家亦采取到达主义，[①]亦即上述保险单须送达原告时，始生效力，原告在合理期间内未提出异议，接受保险单之行为，实质上即是承诺，因此，本案保险合同的承诺系原告接受保险单的意思表示。现有证据表明，保险合同成立的时间不早于 1999 年 10 月 18 日。

值得注意的是，签发保险单，不是保险合同的成立要件，因此，签发保险单的时间并非等同于合同成立时间。根据《英国 1906 年海上保险法》第二十一条"保险人接受被保险人的投保单后，无论当时是否出具保险单，海上保险合同即被认为已经成立"和第二十二条"保险单可在海上保险合同成立时或以后签发"之规定可知，本案中保险单的签发并非合同成立之要件，合同成立与否仍应依据一般之要件进行判断，从性质上讲，保险合同是诺成性合同和非要式合同，保险单只不过具有证明保险合同成立之作用。

对于保险合同之成立，我国《保险法》《海商法》有明确规定，《保险法》第十三条规定，"投保人提出保险要求，经保险人同意承保，保险合同成立。保险人应当及时向投保人签发保险单或者其他保险凭证。"《海商法》第二百二十一条规定"被保险人提出保险要求，经保险人同意承保，并就海上保险合同的条款达成协议后，合同成立。保险人应当及时向被保险人签发保险单或者其他保险单证，并在保险单或者其他保险

---

① 在英国合同法上，要约在被收到前是不能够生效的，因为在受要约人了解之前其是不会因为信赖要约而有所行动的。不过，在确定某一合同是否由某一特定法院管辖时，则认为邮寄的要约是在其投邮的地点做成的。See Treitel/Peel, The Law of Contract 18 (12th ed. , 2007), 转引自韩世远《合同法总论》（第三版），法律出版社 2011 年版，第 85 页。

单证中载明当事人双方约定的合同内容。"上述条文虽个别文字表述上有所不同，但实质内容仍遵循要约承诺理论，因此，若本案当事人选择适用我国法，则分析路径大致相同，只不过由于我国在要约、承诺生效时间问题上采到达主义，故在合同成立之具体时点上略有不同。本案并未交代清楚被告送达保险单，原告作出接受要约之承诺的具体时间，仅能依据法理分析，得出大致结论，到达主义原则下合同成立时间应晚于发信主义原则下之成立时间。

（二）保险责任的开始时间

依据《英国 1906 年海上保险法》规定，保险责任的开始时间与保险合同的成立时间并非一致。一般情况下，保险责任的开始时间，由双方当事人自愿约定。本案审理法院认为，保险责任开始时间可以早于、等于或者晚于保险合同成立时间；保险单的签发日期与保险合同责任期间并无直接联系。笔者认为判决书该部分的说理并不清晰。案件事实表明，保险合同的成立时间为"10 月 18 日"之后，保险单上的签发日期"9月 12 日"系倒签日期。倒签保单，在海上货物运输保险实务中较为常见，往往是投保人在国际贸易往来中为了单证相符而主动向保险人提出的要求，保险人一般不会拒绝。对于该倒签保单的法律效力，目前暂无定论，立法对此问题未有提及，司法实务中有观点主张，该倒签保单的行为实际上构成了追溯保险，具有相应的法律效力。[1] 笔者认为，对此应根据个案作具体分析。所谓追溯保险，是指保险责任期间追溯到保险合同成立前的某一个时点开始的保险。其有效性依据在于，维护善意当事人因通讯条件限制等原因于双方不知情状态下缔结合约之真实合意的约束力，各国法律多予以承认。实际上，海上货物运输保险实务中，保险人为规避投保人之道德风险，多会要求投保人出具倒签保单保函，载明在投保人投保日或保险人承保日之前以及当日发生的保险事故，保险公司不承担责任。[2] 该倒签保单保函通常具有追溯保险的性质，实践中，该担保函出具的时间对于保险责任期间具有重要影响，担保函可以视为一种对于保险责任期间的正常约定。英国法对追溯保险的法律效力亦持肯定态度，其通过"无论是否损失"条款（"lost or not lost" clause）对其进行规范。[3]《英国 1906 年海上保险法》第6 条第 1 款明确承认"无论是否损失"条款的效力。由此可见，追溯保险之构成要件一般包括，保险合同成立并生效，当事人双方自愿设立追溯期，客观上危险在追溯期内已经发生或者已确定不可能发生，当事人为善意，被保险人在合同成立前履行最大诚信义务。同时，从文义解释出发，《英国 1906 年海上保险法》第 6 条第 1 款规定之

---

[1] 廖焕国、江健生：《保单倒签：保险责任的起始时间如何认定》，《人民法院报》2004 年 01 月 14 日。

[2] 强文瑶、窦兴、丁可：《倒签保单担保函对海上货物运输险保险责任的影响研究》，《上海保险》2015 年第 10 期，第 50 页。

[3] 保险人对保险合同订立前但在保险期间内发生的损失应负赔偿责任，除非在订立保险合同时被保险人知道已经发生损失，而保险人不知情。

"除非在缔结合同时，被保险人已经知道损失发生"，所谓"缔结合同时"系指投保人作出投保的意思表示至最终双方达成订立合同之合意时止。

本案中，被告主张，倒签保单是国际贸易中便于结算的一种常见做法，其应允了原告之要求，但明确提出了保证条款，即"保证投保货物于 10 月 14 日当日及之前无已知或被报道之损失"。该保证条款实际上即倒签保单保函，经法院查明，该条款原告予以接受，系双方当事人合意，该保证条款的意义在于划定投保人与保险人对风险承担的时间分界线，此日期后由保险人承担保险责任，此前已知的风险应由投保人承担。但是本案已查明之案件事实显示，合同成立日期不早于 10 月 18 日，原告江苏外企公司已于 10 月 14 日晚间收到关于货损的传真，即实质上，在订立合同之过程中，即合同成立之前，原告已知晓合同标的损失之事实，显然不能满足追溯保险之构成要件，亦不符合追溯保险保护善意当事人之制度法理。因此，本案之保证条款尚不足以构成追溯保险，在当事人对保险责任期间未作另行约定时，其责任期间可以视为始于合同成立。

我国《最高人民法院关于审理海上保险纠纷案件若干问题的规定》（法释〔2006〕10 号）第十条明确规定，"保险人与被保险人在订立保险合同时均不知道保险标的已经发生保险事故而遭受损失，或者保险标的已经不可能因发生保险事故而遭受损失的，不影响保险合同的效力。"据此可知，在海上保险中，我国承认追溯保险之法律效力。同时，我国《保险法》第十四条、《海商法》第二百二十四条为追溯保险之完善预留了空间。与前述分析类似，若以我国法为准据法，本案之案件事实亦非追溯保险，因当事人善意之认定时点限于"订立保险合同时"，而非仅仅"投保时"。

第三节　拓展思考

【海上保险中最大诚信原则的具体适用：如实告知义务和保证条款】

一　如实告知义务

保险合同被视为最大诚信合同，该诚信义务之约束力存在于合同关系存续全过程，在缔约阶段，其主要表现为投保人、被保险人的如实告知义务。[①]《英国 1906 年海上保险法》对告知义务作了明文规定，其第 18 条规定了被保险人在订立合同前的告知义

---

① See Nicholas Leigh-Jones, John Birds and David Owen, Mac Gillivray on Insurance Law, London: Sweet & Maxwell, 2008, p.435.

务，第 20 条规定了被保险人在订立合同前和当时的陈述（representation）义务。① 关于如实告知义务的期间，根据上述第 18 条的规定，限于"合同缔结前"。然海上保险判例对此进行了发展，在"星海（The Star Sea）案"中，法院判决肯定了最大诚信义务（主要指被保险人的告知义务）存续于"合同缔结后"。② 因此，被保险人的如实告知义务存在于整个合同关系存续期间。关于告知的范围，不以保险人的询问为前提，只要与保险标的或被保险人有关的情况，被保险人知道的或在通常业务中应当知道的可能会影响到保险人据以确定保险费率，或确定是否同意承保的，都应如实告知。③ 关于告知的范围，《英国 1906 年海上保险法》规定应为"重要情况"，其第 20 条第 7 项规定，在每一案件中，某一特定的陈述是否重要，属事实问题。如何判断该告知事项属于重要情况，英国判例法确定了"实际诱因标准"，即保险人须证明：被保险人未告知或者误述实际诱使其订立了保险合同，并且这一情况是"谨慎的保险人"在评价风险时需要考虑的。④ 本案事实证明，涉案货运船舶于 10 月 14 日在距南非德班港 750 海里处遇强烈暴风雨沉没，原告江苏外企公司于 1999 年 10 月 14 日晚间收到关于货损的传真。此时，原告已向被告上海丰泰保险公司投保，其应受最大诚信原则约束，自觉履行如实告知义务。显然，涉外货损事实已达"重要情况"标准，足以影响保险人是否同意订立保险合同，原告在已知该事实情况下，并未履行如实告知义务，违反了最大诚信原则。此外，货载舱面的风险明显大于舱内，其直接影响到保险人确定保险费率或决定承保，原告于 9 月 24 日即收到涉案货物装货单副本，然其并未于投保时及之后将该事实告知保险人，明显未尽到告知义务。保险依赖于最大诚信。海上保险合同建立在最大诚信基础之上，英国法下，如果合同任何一方不遵守最大诚信，另一方即可宣告合同无效。同时，英国判例也确认，如果投保人隐瞒了在订约前其船舶已经搁浅并出现漏缝的事实，所订保险合同无效。⑤ 因此，本案保险合同无效，保险人不承担保险责任。

若适用我国法律处理该案，结果略有不同。依据我国《海商法》第二百二十三条、第二百二十四条规定，被保险人未履行如实告知义务，其可能承担的法律后果是，保

---

① 《英国 1906 年海上保险法》第二十条 协商合同时的陈述：①在协商合同期间及订立合同前，被保险人或其代理人向保险人作出的每一重要陈述必须真实，若其不真实，保险人可以撤消合同。②影响谨慎的保险人确定保险费的评价或决定是否承保该项风险的陈述，即为重要陈述。③一项陈述既可以是有关事实，也可以是关于期望或是关于信念的陈述。④若一项关于事实的陈述实质上是准确的，它便是真实的，亦即，如果陈述内容与实际情况有差异，谨慎的保险人并不认为是重要的。⑤若被保险人依诚信作出期望或信念的陈述，该陈述即是真实的。⑥陈述在订立合同前可以撤回或更正。⑦在每一案件中，某一特定的陈述是否重要，属事实问题。

② 参见全英法律报告 2001 年第 1 卷，第 743 号（UK H/1 ［2001］1 All E. R. 743.）。

③ 李章军：《中英保险合同中如实告知义务之比较研究》，《比较法研究》2003 年第 5 期。

④ 李章军：《中英保险合同中如实告知义务之比较研究》，《比较法研究》2003 年第 5 期。

⑤ 郑肇芳：《海上保险·代位求偿案例》，上海人民出版社 2006 年，第 75 页。

险人有权解除合同，特定情况下，保险人不负赔偿责任。① 保险合同属于继续性合同，解除合同的效力并非合同自始无效，而仅对将来发生效力。我国法语境下，保险人拒赔并非合同解除之当然法律后果，而是针对"被保险人已知保险事故发生而投保"之特别处理。

二　保证条款

"保证"制度属英美法系特有，其源于保险人控制海上保险风险的现实需求。《英国 1906 年海上保险法》第 33 条对"保证"的界定为，被保险人做出的承诺，保证某些事情应作为或不应作为，或者履行某项条件，或者肯定或否定存在某些事实的特定状态。海上保险中的保证究其实质属于合同条件条款，其与合同法中的保证条款不同，英国法中的海上保险"保证"条款必须严守，一旦违反"保证"，被保险人没有抗辩的机会，无论保证内容是否重要，且无论保证之违反与风险发生是否存在因果关系，其后果皆为解除保险人的赔付责任。② 然而随着海上保险市场的变化，原先倾向于保护保险人的严格条款弊端日益暴露，该制度使得被保险人和保险人的利益出现了失衡，这种"不问因果关系、损害程度"的做法，已经不能适应现代的保险业市场。因此，新出台的《英国 2015 年保险法》对保证制度做了完善，如引入因果关系，对违反保证的后果作了缓和处理。

本案以《英国 1906 年海上保险法》为准据法，案件事实表明，原告江苏外企公司于接受保险单时明知保险单中批注的保证条款内容，即"WARRANTED THERE IS NO KNOWN/OR REPORTED LOSS BEFORE 14/10/1999"，原告并未提出异议，可以认定其同意受该保证条款约束。然而，如前所述，涉案货运船舶于 10 月 14 日在距南非德班港 750 海里处遇强烈暴风雨沉没，原告于 10 月 14 日晚间收到关于货损的传真。该事实已实际导致原告履行该保证条款的目的落空，保险人当然解除赔付责任。

同英国法相比，我国海上保险立法尚未建立系统的保证法律制度，仅《海商法》第 235 条提及违反保证条款的救济方式，即保险人可解除合同，也可要求修改承保条件、增加保险费。③ 可见，适用我国法律处理本案，结果将有所不同。

---

① 《中华人民共和国海商法》第 223 条：由于被保险人的故意，未将本法第二百二十二条第一款规定的重要情况如实告知保险人的，保险人有权解除合同，并不退还保险费。合同解除前发生保险事故造成损失的，保险人不负赔偿责任。不是由于被保险人的故意，未将本法第二百二十二条第一款规定的重要情况如实告知保险人的，保险人有权解除合同或者要求相应增加保险费。保险人解除合同的，对于合同解除前发生保险事故造成的损失，保险人应当负赔偿责任；但是，未告知或者错误告知的重要情况对保险事故的发生有影响的除外。第 224 条：订立合同时，被保险人已经知道或者应当知道保险标的已经因发生保险事故而遭受损失的，保险人不负赔偿责任，但是有权收取保险费；保险人已经知道或者应当知道保险标的已经不可能因发生保险事故而遭受损失的，被保险人有权收回已经支付的保险费。

② 王淑敏、邹欣蔚、程鑫：《英国海上保险法"保证"条款的修订与启示》，《世界海运》2015 年第 10 期。

③ 应新龙：《上海海事法院海事案例精选》，法律出版社 2011 年版，第 154 页。

此外，本案双方当事人对于保证条款的解释存在争议。考虑英美法系保证制度之特殊性，其设立之目的在于保险人限制保险风险，如前所述，海上"保证"制度适用的环境已发生改变，为了防止保险人滥用保证条款，保证双方当事人的实质公平，英国司法实践中对保证条款作出了一定限制，如解释规则等。对于保证条款的解释，一般依据商业惯例、合理方向解释，当保证内容出现语意模糊，应作出不利于保险人的解释。本案中，法院作出了不利于保险人的解释，认定"REPORT"一词应被理解为"告知"和"报告"，认定结果符合英国法律，但其说理不够充分。

【主要法条】

《英国1906年海上保险法》第18条　被保险人的告知

（1）根据本条的规定，在订立合同前，被保险人必须向保险人告知其所知的一切重要情况。被保险人应视为知道在通常业务过程中他应当知晓的每一情况。若被保险人未作此种告知，保险人可以宣布合同无效。

（2）影响谨慎的保险人确定保险费的决定或决定是否承保该项风险的每一情况，即属重要情况。

（3）对下列情况如果保险人未问及，被保险人无需告知：（a）减少风险的任何情况；（b）保险人知道或被认为应该知道的情况；保险人应该知晓众所周知的事情，以及他在通常业务中应该知晓的一般情况；（c）保险人不要求被保险人告知的情况；（d）由于明文或默示的保证条款，被保险人无需告知的事项。

（4）在每一案件中，未告知的任何特别情况是否重要，属事实问题。

（5）"情况"一词包括送给被保险人的通知和其收到的消息。

第十二章　侵权冲突法：侵权行为地法原则[*]

　　与我国《民法通则》第一百四十六条将侵权行为地法原则规定为解决侵权行为法律冲突的基本原则不同，2011 年生效的《中华人民共和国涉外民事关系法律适用法》第四十四条为我国侵权冲突法建立了阶梯式三级法律适用体系，即侵权行为首先适用当事人于侵权事件发生后协议选择的法律；其次适用当事人共同经常居所地法律；最后适用侵权行为地法律。但是，《涉外民事关系法律适用法》第四十四条规定的当事人自治原则、当事人共同经常居所地法原则和侵权行为地法原则不适用于第四十五—四十六条规定的特殊侵权行为以及《海商法》和《民用航空法》中的特殊侵权行为。根据特别法优于一般法的原则，涉外海事侵权和民用航空侵权纠纷应当优先适用我国《海商法》和《民用航空法》的规定，《海商法》和《民用航空法》没有规定的，可以适用《涉外民事关系法律适用法》中的相关规定。侵权行为实施地和侵权结果发生地属于不同法域的情况下，人民法院应当依据有利于受害人原则确定侵权行为地。

---

　*　本章作者：南开大学法学院秦瑞亭。

第一节　典型案例介绍

【陈钢与新加坡航空公司等侵犯人格权益纠纷案①】

被告新加坡航空公司是一家在新加坡注册的国际航空运输公司，在中国北京、上海、广州设有办事处。被告深圳康泰旅游有限公司（以下简称康泰公司）是在深圳注册的一家旅游公司。原告陈钢为广东凯地律师事务所（以下简称凯地所）执业律师，住所地在中国广东省深圳市福田区。

2002年8月，原告陈钢所在凯地所与被告康泰公司签订了旅游合同，约定康泰公司代理包括陈钢在内的凯地所7名律师前往马尔代夫旅游事宜：康泰公司代陈钢等7人订购旅游机票，陈钢等7人将乘坐新加坡航空公司的航班，从香港起飞，经停新加坡转机至马尔代夫；按照该航线旅游签证惯例，康泰公司为原告陈钢等7人办理马尔代夫签证；陈钢等7人属于自由行，不需要导游陪同。合同还约定了双方其他权利、义务。原告陈钢等7人的机票由被告新加坡航空公司授权的香港售票点出售，转递给被告康泰公司后，由被告康泰公司在深圳交付给原告陈钢等7人。

2002年9月6日，原告陈钢等7人乘坐被告新加坡航空公司SQ861号航班从香港起飞。在通过了香港海关，并经被告新加坡航空公司柜台审核文件后，原告陈钢等7人登上飞机前，被告新加坡航空公司收取了原告陈钢等7人的机票、护照等证件，并向其出具签收证明文件，内容为："很遗憾，我们必须保管你们的护照和/或旅行文件以提交给香港/新加坡的相关机构，因为我们并不能确定这些文件是否被那里的相关机构接受。为了遵守有关国家的现行法律规章，你们的护照和旅行文件将由我们提交给入境港口的有关机构检查，并在完成所有入境手续后返还给你们，对于产生的任何不便我们诚表歉意"。原告陈钢等7人中的刘艳丽在上述证明文件中签字确认。飞机经停新加坡时，被告新加坡航空公司未将原告陈钢的上述证件交还原告。飞机抵达马尔代夫后，被告新加坡航空公司将上述证件交给马尔代夫当局。马尔代夫当局审查后，将原告陈钢一行7人放行，原告陈钢等7人通过了马尔代夫海关。被告新加坡航空公司未收取与原告陈钢等7人一同乘机的其他乘客的机票、护照等证件。

被告新加坡航空公司认可：按照旅游惯例，持中华人民共和国因私护照，搭乘新加坡航空公司航班经停新加坡不出境转机前往马尔代夫，无须持新加坡签证，亦无须在香港登机前收取并保管乘客证件。

① 深圳市中级人民法院民事判决书（2003）深中法民一初字第9号；广东省高级人民法院民事判决书（2005）粤高法民四终字第318号。《人民司法·案例》2007年第16期。

基于上述事实，原告陈钢认为，被告新加坡航空公司提供的航空服务存在差别待遇，对原告具有歧视性，构成了对原告身体自由和人格尊严的侵犯；其应承担侵权的民事责任；被告康泰公司对被告新加坡航空公司的行为未履行告知义务，其对原告损害的产生亦有过错。请求法院判令上述两被告登报赔礼道歉，并赔偿原告精神损害人民币30万元。

被告新加坡航空公司答辩主张：首先，本案为涉外侵权纠纷案件，原告指控被告新加坡航空公司侵权的行为不是在中国内地发生，深圳市中级人民法院对本案没有管辖权；其次，本案被告新加坡航空公司收取原告陈钢证件的行为并不构成民事侵权行为；最后，本案的准据法应是香港、新加坡或马尔代夫的法律，或者适用《华沙公约》；本案不应当适用中国法律。

被告康泰公司答辩称：被告康泰公司对涉案事件的发生无法预见亦无法控制，其未侵害原告的合法权益。

一审广东省深圳市中级人民法院认为，原告陈钢以被告康泰公司、新加坡航空公司共同侵权为由提起诉讼，而被告康泰公司的住所地在深圳，故深圳中院对本案有管辖权。由于被告新加坡航空公司只收取原告陈钢等7人的证件，并未收取与原告陈钢等7人一同乘机的其他乘客的机票、护照等证件，而其收取行为又缺乏正当性与合法性，这种差别对待具有歧视性，构成对原告陈钢人格尊严的侵害。同时，被告新加坡航空公司收取原告陈钢证件的行为，在一定程度上限制了原告陈钢的人身自由，被告新加坡航空公司的行为构成侵权。被告康泰公司依约履行了旅游服务合同所约定的义务，不存在侵害原告陈钢合法权益的行为。原告陈钢的住所地在中国广东省深圳市，被告新加坡航空公司对原告陈钢的伤害结果持续发生，延续到中国广东省深圳市，因此侵权结果发生地位于深圳，本案应适用侵权结果发生地法律即中华人民共和国侵权行为法作为侵权准据法，不应当适用《华沙公约》。依据我国法律，深圳中院判决被告新加坡航空公司登报赔礼道歉，并赔偿原告陈钢精神损害人民币2万元。

被告新加坡航空公司向广东省高级人民法院提起上诉。广东省高级人民法院作出驳回上诉、维持原判的终审判决。

判决生效后，被告新加坡航空公司履行了精神损害赔偿的义务，但拒不履行登报赔礼道歉的判项。经原告陈钢申请，深圳市中级人民法院执行局在《深圳特区报》上刊登了涉案判决书的主要内容，相关费用由被告新加坡航空公司负担。

第二节　案例评析

本案是一起比较典型的涉外侵权案件，涉及涉外民商事管辖权、侵权准据法、侵权行为地的确定等诸多方面的问题，本章重点分析下列几方面的问题。

一　深圳中院是否享有合法管辖权？

本案原告系中国公民，虽然被告康泰公司住所在深圳，但被告新加坡航空公司系新加坡法人，住所、经常居所和注册登记地都不在我国境内，而我国《民事诉讼法》规定的确定地域管辖的基本原则是被告住所地原则。这就提出了本案一审法院即深圳中院是否对新加坡航空公司享有司法管辖权的问题。被告新加坡航空公司也因此提出了管辖权异议，认为原告指控被告新加坡航空公司侵权的行为不是在中国大陆发生，深圳市中级人民法院对本案没有管辖权。深圳市中级人民法院认为，原告陈钢是以被告康泰公司、新加坡航空公司共同侵权为由提起诉讼的，而被告康泰公司的住所地在深圳，故深圳中院对本案有管辖权。笔者认为，深圳中院的认定结果是正确的，但其说理并不充分，甚至有些牵强。因为被告康泰公司是住所在中国的中国法人，被告新加坡航空公司是住所在新加坡的新加坡法人。无论依据逻辑推理，还是依据我国民事诉讼法条文，我们都无法基于深圳中院对住所在深圳的康泰公司拥有地域管辖权这一前提，直接得出深圳中院对住所在新加坡的新加坡航空公司也享有地域管辖权的结论。

我国《民事诉讼法》第二十一条规定："对公民提起的民事诉讼，由被告住所地人民法院管辖；被告住所地与经常居住地不一致的，由经常居住地人民法院管辖。

对法人或者其他组织提起的民事诉讼，由被告住所地人民法院管辖。

同一诉讼的几个被告住所地、经常居住地在两个以上人民法院辖区的，各该人民法院都有管辖权。"

本案中深圳中院如果适用第二十一条第三款，似乎能得出其对新加坡航空公司享有地域管辖权的结论。但是该第三款规定的是我国两个以上人民法院对同一诉讼的多个被告有地域管辖权的情况，这种情况下，因为多个被告位于不同的人民法院辖区，严格按照被告住所地原则，没有任何一个辖区的法院对所有被告都享有管辖权。考虑到我国所有的人民法院相互之间均有协助的义务，第二十一条第三款允许一个被告住所地的人民法院对所有被告行使地域管辖权是合理的，也是可行的。但是本案不是两个被告位于两个人民法院辖区，而是一个被告位于中华人民共和国辖区，另一个被告位于新加坡辖区，因此依据第二十一条第三款来论证深圳中院对新加坡航空公司的管辖权，显然说理不充分，甚至可以说有些牵强。

依据《民事诉讼法》第二百五十九条①，涉外民事诉讼管辖权应当优先适用《民事诉讼法》第四编，对于第四编没有规定的问题，才可以适用前三编的规定。因此严格说来，深圳中院在确定本案管辖权时没有分析第四编规定，直接援引《民事诉讼法》

---

① 本案一审诉讼之时的序号是 239 条。

第二十一条并不适当。《民事诉讼法》第四编第二百六十五条①规定：“因合同纠纷或者其他财产权益纠纷，对在中华人民共和国领域内没有住所的被告提起的诉讼，如果合同在中华人民共和国领域内签订或者履行，或者诉讼标的物在中华人民共和国领域内，或者被告在中华人民共和国领域内有可供扣押的财产，或者被告在中华人民共和国领域内设有代表机构，可以由合同签订地、合同履行地、诉讼标的物所在地、可供扣押财产所在地、侵权行为地或者代表机构住所地人民法院管辖。”根据该条规定，对涉外合同案件或者其他涉外财产权益纠纷，除了被告住所地法院依一般地域管辖原则可行使管辖权之外，合同签订地、合同履行地、诉讼标的物所在地、可供扣押财产所在地、侵权行为地或者被告代表机构住所地人民法院均可根据特殊地域管辖原则取得管辖权。该条款明文将侵权行为地列为管辖权依据之一，可见该条款亦适用于涉外侵权纠纷。根据法院认定的事实，被告新加坡航空公司在上海和广州等地均有办事处。因此如果被告新加坡航空公司在深圳也有办事处，则依据第二百六十五条规定，深圳中院可作为被告代表机构住所地法院对新加坡航空公司行使地域管辖权。

　　如果被告新加坡航空公司在广州有办事处，但在深圳没有办事处，则本案的管辖权问题会比较复杂一些。本案属于涉外侵权纠纷，依据我国《民事诉讼法》第二十一条，深圳法院对被告康泰公司享有地域管辖权；依据《民事诉讼法》第二百六十五条，广州法院对新加坡航空公司享有地域管辖权。依据2002年最高人民法院《关于涉外民商事案件诉讼管辖若干问题的规定》（简称《集中管辖司法解释》），对于涉外合同和侵权纠纷案件的第一审案件，原则上应当由下列法院集中行使管辖权：

　　国务院批准设立的经济技术开发区人民法院；

　　省会、自治区首府、直辖市所在地的中级人民法院；

　　经济特区、计划单列市中级人民法院；

　　最高人民法院指定的其他中级人民法院；以及

　　高级人民法院。

　　深圳属于经济特区，广州属于广东省首府所在地，因此深圳中院和广州中院依据《集中管辖司法解释》均对本案享有级别管辖权。但由于该两所中院均无法对本案两个被告同时行使地域管辖权，因此在新加坡航空公司在深圳没有办事处的情况下，对本案一审中的两个被告同时享有地域管辖权和级别管辖权的应当是广东省高级人民法院。

　　应当特别之处的是，按照《民事诉讼法》第二百六十五条，侵权行为地法院对于涉外侵权纠纷也享有地域管辖权。由于法院认定两被告康泰公司和新加坡航空公司系共同侵权，因此如果本案中可以将深圳认定为侵权行为地，那么深圳法院将对两个被告都拥有地域管辖权。深圳中院作为经济特区中级人民法院也有权管辖涉外民商事案

---

① 本案一审诉讼之时的序号是241条。

件，因此只要能认定深圳是侵权行为地，深圳中院即可取得对本案一审的合法管辖权。

深圳市中级人民法院一审判决书认为，被告新加坡航空公司只收取原告陈钢等 7 人的证件，并未收取与原告陈钢等 7 人一同乘机的其他乘客的机票、护照等证件，而其收取行为又缺乏正当性与合法性，这种差别对待具有歧视性，侵害了原告陈钢的人格尊严，因此被告新加坡航空公司的行为构成侵权。原告陈钢的住所地在中国广东省深圳市，被告新加坡航空公司对原告陈钢的伤害结果持续发生，延续到中国广东省深圳市，故深圳是侵权结果发生地，因此本案应适用中华人民共和国侵权行为法作为准据法。由此可见，按照一审法院审案法官的观点，深圳是可以认定为本案中的侵权行为地的。只是审案法官将深圳认定为侵权行为地的目的，是为了确定侵权行为准据法，而不是确定深圳中院对本案的管辖权，由此导致了一审法院判决书关于确定管辖权的说理论证明显不充分，这是颇令人有些遗憾之处。如果深圳法院用同样的理由去论证自身对本案的管辖权，一审判决书关于管辖权问题说理论证的充分程度将会提高许多。

二　侵权行为准据法的确定

如上所述，本案中深圳中院通过认定深圳是侵权结果发生地，确定本案侵权行为地在中华人民共和国，进而适用了中华人民共和国法律作为侵权行为准据法。其法律依据是我国《民法通则》第一百四十六条，该条款将侵权行为地法原则规定为我国侵权行为冲突法的基本原则。2011 年 4 月 1 日《中华人民共和国涉外民事关系法律适用法》正式施行，该法第五十一条规定："《中华人民共和国民法通则》第一百四十六条、第一百四十七条，《中华人民共和国继承法》第三十六条，与本法的规定不一致的，适用本法。"依据该条规定，除了人民法院对于 2011 年 4 月 1 日以前发生的涉外侵权纠纷还有可能适用《民法通则》之外，2011 年 4 月之后发生的涉外侵权纠纷原则上应适用《法律适用法》第四十四—四十六条的规定。《法律适用法》第四十四条规定，侵权责任，适用侵权行为地法律，但当事人有共同经常居所地的，适用共同经常居所地法律。侵权行为发生后，当事人协议选择适用法律的，按照其协议。

如果适用《法律适用法》第四十四条确定本案侵权行为准据法，我们会发现，本案三方当事人没有在侵权行为发生后协议选择法律，原告和被告康泰公司均在深圳有住所和经常居所，被告新加坡航空公司住所和经常居所均在新加坡，因此三方当事人也没有共同经常居所地，故应适用侵权行为地法律作为涉案侵权行为的准据法。由此可见，涉案侵权行为无论依据案件发生时的《民法通则》第一百四十六条，还是依据 2011 年后生效施行的《法律适用法》第四十四条，都应当适用侵权行为地法律作为准据法。① 因此接下来我们需要分析，本案侵权行为地究竟是在何地？

依据一审法院深圳中院认定的事实，被告新加坡航空公司在没有任何正当理由和法律依据的情况下，在原告陈钢等7人通过了香港海关即将登上飞机前，未经原告同意，收取了原告陈钢等7人的机票、护照等证件，并且在从香港至马尔代夫的整个航空运输过程中不予返还，飞机抵达目的地马尔代夫后，又将原告的上述证件交给马尔代夫当局，马尔代夫当局审查后才将证件返还原告并将原告陈钢一行7人放行；而被告新加坡航空公司未收取与原告陈钢等7人一同乘机的其他乘客的机票、护照等证件。并且原被告三方当事人均认可：按照旅游惯例，持中华人民共和国因私护照，搭乘新加坡航空公司航班经停新加坡不出境转机前往马尔代夫，无须持新加坡签证，亦无须在香港登机前由航空公司收取并保管乘客证件。被告新加坡航空公司在公共场合对原告实施的这种差别对待很明显具有歧视性，构成了对原告陈钢人格尊严的侵害，而且在一定程度上限制了原告陈钢的人身自由，原告据此对被告提起侵权诉讼。因此涉案侵权行为是被告新加坡航空公司收取并保管原告陈刚等7人的护照和证件而没有收取其他所有同机乘客护照的区别对待行为。这种区别对待行为在香港登机前开始实施，一直持续到目的地马尔代夫，因此涉案航班的运输始发地香港、经停地新加坡和目的地马尔代夫均属于涉案侵权行为实施地。原告和所有没有被收取护照的其他乘客身处一个空间，上述区别对待行为在香港开始实施之时，原告的人格尊严即同时遭受侵害，随着该区别对待行为在新加坡和马尔代夫的持续进行，原告的人格尊严也在持续遭受损害，因此我国香港、新加坡和马尔代夫三个地方均属于涉案侵权结果发生地。原告结束该次旅游回到其住所地深圳之后，涉案侵权行为即被告新加坡航空公司对原告实施的区别对待行为已经终止，原告在深圳没有遭受被告的任何区别对待行为，原告也没有证据证明其名誉、荣誉和人格在深圳遭受了负面评价，因此，虽然原告回到其住所地深圳之后其在飞机上感受到的痛苦仍然会持续，但此时侵权行为已经终止，其人格权也已经不再遭受侵害，故将深圳认定为侵权行为实施地——侵权行为实施的地方，或者侵权结果发生地——原告的合法权利遭受侵害的地方，都不太严谨。准确地说深圳应当是涉案侵权行为的损害发生地，或者，如果原告回到深圳后因为飞机上遭受的区别对待痛苦感与日俱增，甚至引发抑郁症，这种情况下应当认定深圳是间接损害发生地。

---

① 《中华人民共和国涉外民事关系法律适用法》第四十四条规定，侵权责任，适用侵权行为地法律，但当事人有共同经常居所地的，适用共同经常居所地法律。在侵权行为人有多人的情况下，如果被侵权人和其中一位侵权行为人有共同经常居所，但其他侵权行为人没有共同经常居所，法院是否可以对被侵权人和其中一位侵权行为人之间的侵权关系适用其共同经常居所地法律，而对被侵权人和其他侵权行为人之间的侵权关系适用侵权行为地法律，是需要我国国际私法学界进一步研究探讨的问题。

第三节　拓展思考

一　侵权行为地法的确定

侵权行为地法原则作为侵权行为冲突法的基本原则可以追溯到 13 世纪，它是如此的古老，以至于数个世纪以来已成为一个不言而喻的冲突法原则。侵权行为地法原则具有简单而且容易确定的优点：一个侵权行为一旦实施，侵权行为地便固定化了，任何人都无法将其移至另一个地方。如果行为人在另一个地方实施同样的行为，则所产生的问题是新的侵权行为地的确定问题，而不是旧的侵权行为地的变更问题。从这个意义上讲，侵权行为地法原则有利于维护法律适用的安全。侵权行为地的上述简单、易于确定和有利于维护法律适用的安全等优点是其几个世纪以来被世界多数国家侵权冲突法所接受的一个重要原因。

但必须指出，侵权行为地法原则的上述优点集中体现在地域性侵权行为（Platzdelikt）中，即侵权行为实施地和侵权结果发生地在同一个法域的侵权行为。在（Distanzdelikt）距离性侵权行为，即侵权行为实施地和侵权行为结果发生地位于不同法域的情况下，侵权行为地法原则的优势便无法完全发挥，因为距离性侵权行为中有两个或两个以上的侵权行为地，在这种情况下首先需要解决如何认定侵权行为地的问题。

从国际层面上看，德国 1999 年《德国民法施行法》第 40 条第 1 款将侵权行为适用侵权行为实施地法规定为原则，结果发生地法只有在受害人选择时才予以适用，即以侵权行为实施地法原则取代了侵权行为地法原则。2007 年 7 月 11 日欧洲议会和欧盟理事会《关于非合同债权关系法律适用的欧共体第 864/2007 号条例》（以下简称《罗马第二条例》）第 4 条第 1 款规定："本条例没有另行规定的情况下，基于侵权行为产生的非合同债权关系适用损害发生地[①]国家的法律，而不论造成损害发生的事件在何国发生，也不论间接损害后果在何国出现。"即以侵权结果发生地取代了侵权行为地。据笔者统计，在《罗马第二条例》生效实施之前，侵权行为冲突法立法采用了侵权行为地法原则的 23 个国家中，8 个国家在立法上同等对待侵权行为实施地法和结果发生地法；[②] 2 个国家将适用侵权行为实施地法规定为原则，但同时规定了有利于受害人原则；[③] 6 个国家将适用侵权行为实施地法规定为原则，但在立法上未规定有利于受害人

---

① 按照欧盟法院和德国学界观点，该条规定的损害发生地即侵权结果发生地。

② 这八个国家是中国、古巴、黎巴嫩、泰国、伊拉克、越南、捷克共和国和斯洛伐克共和国。原捷克斯洛伐克共和国的《关于国际私法和国际诉讼程序的法律》在 1992 年以后在捷克共和国和斯洛伐克共和国继续生效。

③ 这两个国家是秘鲁和匈牙利。

原则;① 7 个国家和地区在立法上将适用侵权结果发生地法确定为基本原则。② 可见，在侵权行为实施地和侵权结果发生地相分离的情况下，如何确定侵权行为地，国际社会并未形成统一的解决方案。③

我国《最高人民法院关于贯彻执行〈中华人民共和国民法通则〉若干问题的意见（试行）》（简称《民法通则意见》）第一百八十七条采取了完全平等对待侵权行为实施地和结果发生地的解决方案，该条款规定："侵权行为地的法律包括侵权行为实施地法律和侵权结果发生地法律。如果两者不一致时，人民法院可以选择适用。"前已述及，《法律适用法》第四十四条仍然将侵权行为地法原则规定为确定侵权行为准据法的重要原则之一，但《法律适用法》和《法律适用法司法解释（一）》均未对如何确定侵权行为地的问题作出明确规定，因此《民法通则意见》第一百八十七条的规定，仍然是我国涉外民商事审判实践中认定侵权行为地的重要法律依据。《民法通则意见》第一百八十七条规定在侵权行为实施地和结果发生地不一致的情况下人民法院可以选择适用，但是没有规定选择的具体标准，这是该规定的一个明显不足之处。综合前文论述，笔者认为，我国立法或者最高司法机关将来可以通过正式采用"有利于受害人原则"来解决侵权行为实施地和结果发生地分离情况下侵权行为地的确定问题，即以立法或者司法解释形式规定在侵权行为实施地法律和结果发生地法律不同的情况下，人民法院应当选择适用对受害人更为有利的法律作为侵权行为准据法，理由如下。

从冲突法利益方面分析，侵权行为实施地和侵权行为结果发生地原则上在冲突法上是等值的。行为人对于适用侵权行为实施地法拥有冲突法上的利益，因为行为人正常情况下期望按照侵权行为实施地的法律对其行为承担责任，这种期望是正当的，应当受到保护。受害人对于适用侵权行为结果发生地法有冲突法上的利益，因为受害人的权益是在结果发生地遭受侵害，受害人正常情况下期望能够按照结果发生地法律保护其合法权益和在该权益受到侵害时要求损害赔偿，这种期望也是正当的，亦应受到保护。因此侵权行为冲突法原则上应同等对待侵权行为实施地和结果发生地。在侵权行为实施地和结果发生地位于不同国家的情况下，重叠适用侵权行为实施地法和结果发生地法显然会不合理地增加受害人获得损害赔偿的难度，因此根据有利于受害人原则选择适用有利于受害人的实体法，可视为冲突法上解决多个侵权行为地等值问题的唯一合理方案。当然这一方案应以侵权行为人能预见到结果发生地为前提，因为只要侵权结果发生地对侵权行为人来说是可预见的，侵权行为实施地和结果发生地对侵权行为人来说便都是可预见的。在这个意义上有利于受害人原则没有给任何一方当事人

---

① 这 6 个国家是：希腊、奥地利、波兰、韩国、葡萄牙和科威特。
② 这 7 个国家和地区是：日本、土耳其、委内瑞拉、意大利、罗马尼亚、瑞士和加拿大魁北克省。
③ 《罗马第二条例》统一了欧盟成员国的侵权冲突法，但在世界范围内，各个国家关于侵权行为地的认定标准仍然没有统一，比较混乱。

造成不合理的困难，因而它在冲突法上是合理的。如果有利于受害人原则也将侵权行为人无法预见的结果发生地包括进去，则该原则对于侵权行为人来说有失合理性，因为侵权行为人无法预见到其行为结果在该地发生，因此要求其按照无法预见的结果发生地法律对其行为承担法律责任是不合理的，也是有失公平的。[1]

按照笔者的上述观点，陈刚诉新加坡航空公司侵权案中，中国香港、新加坡和马尔代夫均是侵权行为实施地，侵权结果发生地包括中国香港、新加坡和马尔代夫。按照深圳中院观点，侵权结果发生地也应包括深圳。因此法院应认定中国内地、中国香港、新加坡和马尔代夫都是《法律适用法》第四十四条规定的侵权行为地，法院应对中国内地法律、中国香港法律、新加坡法律和马尔代夫法律进行比较，最后适用对原告陈刚最为有利的法律作为涉案侵权行为准据法。

二 《法律适用法》第 46 条的适用问题[2]

《法律适用法》第四十六条规定："通过网络或者采用其他方式侵害姓名权、肖像权、名誉权、隐私权等人格权的，适用被侵权人经常居所地法律。"

该条没有区分自然人和法人，因为法人也享有名誉权，因此该条既适用于自然人的人格权侵权，也适用于法人的人格权侵权，关于这一点估计学者之间不会产生分歧。《法律适用法》第十四条规定了法人的经常居所地，《法律适用法司法解释（一）》第十五条规定了自然人的经常居所地，因此关于被侵权人经常居所地的确定，估计司法实践中也不会产生疑难问题。陈刚诉新加坡航空公司人格权侵权案中，根据法院认定的事实，原告陈刚的经常居所地是广东深圳，被告康泰公司的经常居所地是其注册登记地，也是深圳；被告新加坡航空公司的经常居所地是其注册登记地，即新加坡。前文已经分析，如果适用《法律适用法》第四十四条，法院应认定侵权行为实施地或者侵权结果发生地的法律作为涉案侵权行为准据法。但是《法律适用法》第四十六条既不承认侵权行为地法原则，也不允许当事人协议选择涉案侵权行为的准据法，法官如果适用《法律适用法》第四十六条审理该案，则只能适用被害人即原告陈刚的经常居所地法律，即我国内地法律，作为涉案侵权行为的准据法。因此这里提出的一个无法回避的问题是《法律适用法》第四十六条适用于何种方式的人格权侵权？

依据对法条理解的侧重点的不同，人们对《法律适用法》第四十六条至少可以做两种解读：第一种解读认为该条适用于所有方式的侵害人格权的行为，例如对于公众场合侮辱、诽谤他人，包括陈刚案中航空公司在飞机上有意区别对待特定乘客使其感到遭受了歧视，受害人因此提起人格权侵权诉讼的，均应适用该条规定；第二种解读

---

① 秦瑞亭主编：《国际私法》（第二版），南开大学出版社 2014 年版，第 247 页。
② 详见秦瑞亭《国际私法》（第二版），2014 年版，第 250—251 页。

认为该法条仅仅适用于以网络、电视、电影、报纸、杂志和短信、图书等媒体方式实施的侵害人格权的侵权行为，以媒体之外的方式侵害他人人格权的，不适用该条规定，而应适用《法律适用法》第四十四条的规定。万鄂湘先生主编的《中华人民共和国涉外民事关系法律适用法条文理解与适用》在解释《法律适用法》第四十六条时，即是做的第二种解读。[①]

我们认为，人格权与物权和生命权、健康权等人身权利相比，都有明显的不同。基于人格权的特殊性，将人格权侵权从《法律适用法》第四十四条中独立出来，规定专门的冲突规则，是合理的。但是如果认为人格权遭受媒体侵害的受害人可以依据《法律适用法》第四十六条要求适用其经常居所地法律，在公众场合遭受侵权人侮辱的受害人就不能依据《法律适用法》第四十六条要求适用其经常居所地法律，只能按照《法律适用法》第四十四条受其可能无法预见的侵权行为地法律的支配，似乎并不合理，对后一种情况下的受害人也有失公平。因此，本书认为，《法律适用法》第四十六条应当适用于以所有方式实施的侵害自然人或法人人格权的侵权行为，不属于人格权侵权的侵权行为，不适用《法律适用法》第四十六条。具体案件中侵害他人民事权益的侵权行为是否属于侵害人格权的侵权行为，属于识别问题，应当按照《法律适用法》第八条的规定解决。

【主要法条】

《中华人民共和国涉外民事关系法律适用法》第四十四条　侵权责任，适用侵权行为地法律，但当事人有共同经常居所地的，适用共同经常居所地法律。侵权行为发生后，当事人协议选择适用法律的，按照其协议。

《中华人民共和国涉外民事关系法律适用法》第四十六条　通过网络或者采用其他方式侵害姓名权、肖像权、名誉权、隐私权等人格权的，适用被侵权人经常居所地法律。

《中华人民共和国海商法》第二百七十三条　船舶碰撞的损害赔偿，适用侵权行为地法律。船舶在公海上发生碰撞的损害赔偿，适用受理案件的法院所在法律，同一国籍的船舶，不论碰撞发生于何地，碰撞船舶之间的损害赔偿适用船旗国法律。

《中华人民共和国民用航空法》第一百八十九条　民用航空器对地面第三人的损害赔偿，适用侵权行为地法律。民用航空器在公海上空对水面第三人的损害赔偿，适用受理案件的法院所在地法律。

1999 年《德国民法施行法》第 40 至 42 条

第 40 条

[①]　万鄂湘：《中华人民共和国涉外民事关系法律适用法条文理解与适用》，中国法制出版社 2011 年版，第 331 页。

第 1 款　因侵权行为产生的请求权受赔偿义务人实施该行为的地方的法律支配。受害人可要求不适用行为实施地法律而适用结果发生地法律。受害人只能在一审程序早期首次开庭日期之前或者书面预审程序结束之前行使这一选择法律的权利。

第 2 款　赔偿义务人和受害人在侵权行为事件发生时在同一国家有惯常居所，则适用这一共同惯常居所地国家的法律。公司、协会、法人的主要管理机构所在地，或者，在营业所参与了侵权行为的情况下，该营业所所在地，视为惯常居所地。

第 3 款　受其他国家法律支配的请求权符合下列条件之一，则不予支持：

①该请求权大大超出对受害人适当赔偿所必要的限度，

②该请求权显然服务于对受害人适当赔偿目的之外的其他目的，或者

③该请求权违背对联邦德国有约束力的公约中的责任法方面的条款。

第 4 款　在适用于侵权行为的法律或者支配保险合同的法律有规定的情况下，受害人可直接向赔偿义务人的保险人行使其请求权。

第 41 条　实质性更密切联系

第 1 款　如果案件与某其他国家的法律比与按照第 38 条至第 40 条第二款规定的本应适用的法律有实质性更密切的联系，则该其他国家的法律予以适用。

第 2 款　实质性更密切的联系尤其存在于下列因素之中：

①与该债权法律关系相关联的当事人之间的某种事实上或法律上的关系，或者

②在第 38 条第 2 款、第 3 款和第 39 条的情况下，当事人在法律上认为必要的事件发生时在同一国家有惯常居所，第 40 条第 2 款第 2 项相应的适用。

第 42 条　法律选择

在非合同债权关系据以产生的事件发生之后，当事人可以选择支配该债权关系的法律。但第三人的权利不受影响。

第十三章　侵权冲突法：独立保函欺诈[*]

核心知识点

　　独立保函、基础合同和独立保函欺诈属于不同的民事关系，人民法院应当依据我国国际私法规定对三种民事关系分别定性并分别确定应当适用的准据法。依据《涉外民事关系法律适用法》第八条，人民法院对独立保函和独立保函欺诈的定性应当适用《最高人民法院关于审理独立保函纠纷案件若干问题的规定》，对基础合同的定性适用我国实体法律。人民法院确定独立保函和独立保函欺诈法律关系的准据法时，应当优先适用《最高人民法院关于审理独立保函纠纷案件若干问题的规定》第二十二条；该条没有规定的，适用《涉外民事关系法律适用法》的规定。基础合同的准据法应主要依据《涉外民事关系法律适用法》的规定确定。涉外独立保函止付保全程序，适用中华人民共和国法律。人民法院审理独立保函欺诈案件时，因为独立保函自身独立性的特殊要求，不能全面深入、介入基础交易，应坚持对基础合同的有限审查原则。有限审查原则在适用过程中体现在对基础合同审查的深度与广度，即基于独立保函的独立性，对于基础合同审查的深度应严格把握；而基于独立保函的单据性，对于基础合同审查的广度应谨慎处理。

　　* 本章作者：天津市高级人民法院民二庭副庭长耿小宁；天津市高级人民法院民二庭法官杨泽宇。

第一节　典型案例介绍

【格里布瓦尔水泥有限公司与中材装备集团有限公司、中国工商银行股份有限公司天津分行保证合同纠纷案①】

2004 年 12 月 30 日，中材装备集团有限公司（以下简称中材装备公司）与格里布瓦尔水泥有限公司（以下简称格里布瓦尔公司）在巴基斯坦签订《巴基斯坦境内水泥生产线（日产 6700 吨）合同》（以下简称基础合同），约定中材装备公司同意承接整条水泥生产线的工程设计、土建设计及设备供货；格里布瓦尔公司承担水泥库和包装车间的工艺电气设计及土建施工，并进行全厂的安装和操作工作；合同价格为 26679520 美元和 6826000 欧元。在执行合同中发生纠纷时，双方应及时协商解决，协商不成将根据巴基斯坦 1940 年仲裁法在迪拜进行仲裁。关于工程设计问题，工程设计费的 80% 依照格里布瓦尔公司出具的确认工程设计工作完成证明（不包括竣工图）以即期信用证议付，中材装备公司要提供全套工程设计和文件。关于土建设计问题，中材装备公司应按中国标准承担格里布瓦尔公司有关工厂土建工程设计的全部责任和义务，设计费用为 350000 美元。

中材装备公司与格里布瓦尔公司于 2005 年 7 月 21 日签订合同附件 3，约定格里布瓦尔公司应在 2005 年 8 月 5 日前向中材装备公司提供地质调查资料并开出土建设计合同的信用证；中材装备公司收到土建设计信用证及地质调查资料后，应在 45 天至 8 个月之间开始提供用于土建设计的区域开挖土建工程设计图；出具相关区域开挖土建工程设计图 2 个月内，中材装备公司提供详细的区域开挖工程设计。与合同有效期有关的所有时间期限（预付款除外）可延长 5 个月。

中材装备公司与格里布瓦尔公司于 2006 年 5 月签订的合同附件 5 约定，格里布瓦尔公司授权并且中材装备公司同意对磨煤机提供工程设计及供货，中材装备公司将在该附件 5 生效后 3 个月之内提供煤磨的桩基图纸，5 个月之内完成所有工程设计，并提供煤磨的分交图纸，该附件从中材装备公司收到预付款之日起开始生效。

2005 年 8 月 27 日，格里布瓦尔公司申请开立受益人为中材装备公司的土建设计信用证，金额 350000 美元。中材装备公司于 2006 年 11 月 28 日收到上述信用证项下的款项。2006 年 9 月 18 日，中材装备公司收到磨煤机预付款 527061 美元，格里布瓦尔公司于 2007 年 3 月 18 日签收磨煤机详细设计文件接收单。

关于供货问题，基础合同约定，中材装备公司应当提供产品，使格里布瓦尔公司

---

① 天津市高级人民法院民事判决书（2012）津高民四终字第 3 号。

能够安装设备将其投入运营，中材装备公司按照工期以 FOB 条款交货，如果工厂在瑕疵担保期内未能达到合同规定的要求，中材装备公司负责并有义务尽快修复缺陷或是提供新设备或部件等用于更换修复。75% 美元部分设备款价格和 80% 欧元部分设备款价格的信用证见下列单据在信用证下议付：不可转让的清洁提单、原产地证明、装箱单、商业发票及其他巴基斯坦海关规定需要的文件。格里布瓦尔公司负责合同项下整个项目设备在卡拉奇港的收货和卸货工作，但在格里布瓦尔公司收货和卸货以及验货的同时，要有中材装备公司的代表在卡拉奇港或工程现场与格里布瓦尔公司一起检查是否有短装或破损，双方联合准备的报告要提交给格里布瓦尔公司和中材装备公司。2006 年 1 月 28 日至 2007 年 3 月 27 日，格里布瓦尔公司陆续就设备供应为中材装备公司开具信用证。中材装备公司已实际收到上述信用证项下的设备款项。

关于履约测试问题。中材装备公司与格里布瓦尔公司约定各车间分别进行单车间的履约测试。如果各车间履约测试的结果达到保证值要求，中材装备公司要向格里布瓦尔公司申请颁发该车间的临时验收证书。格里布瓦尔公司于 2008 年 8 月 26 日至 2009 年 4 月 23 日期间，先后签发七个性能考核验收证书，分别证明辅助粉碎系统、生料料仓系统、堆垛和出料系统、1# 水泥磨系统、2# 水泥磨机系统、煤磨机系统、石灰石破碎系统所有履约测试成功完成。双方庭审中确认只有热处理系统（亦可称烧成系统）没有调试完成。

2007 年 10 月，中材装备公司与格里布瓦尔公司签订合同附件 6，双方就银行保函达成如下协议：中材装备公司提供两个独立新银行保函（无条件且不可撤销），其中美元保函和欧元保函各占合同金额的 10%，即 2689741.80 美元和 707600 欧元，以格里布瓦尔公司为受益人，有效期至 2008 年 5 月 30 日，由巴基斯坦国家银行确认。如果由于中材装备公司的问题，履约测试未能完成，中材装备公司应该延长银行保函或者按照合同条款支付格里布瓦尔公司定额赔偿。如在 2008 年 5 月 30 日前，非因中材装备公司的原因履约测试未能启动，中材装备公司不负责相关银行保函延期工作。

2008 年 2 月 5 日，中材装备公司以中国工商银行股份有限公司天津分行（以下简称工商银行天津分行）为担保行，以格里布瓦尔公司为受益人申请开立两个无条件不可撤销的银行保函，金额分别为 2689741.80 美元和 707600 欧元，有效期至 2008 年 5 月 30 日。该保函约定，自收到格里布瓦尔公司在保函有效期内根据此保函可能发出任何指明中材装备公司未能履行协议下义务的索赔请求通知后 15 天内，工商银行天津分行向格里布瓦尔公司支付总金额最大值 2689741.80 美元和 707600 欧元，无需向中材装备公司取证，即使中材装备公司与格里布瓦尔公司之间或有争议。此保函所有索赔必须通过巴基斯坦国家银行发送 SWIFT 报文且此保函下的所有索款将支付巴基斯坦国家银行并贷记到格里布瓦尔公司账户。此保函受《国际商会见索即付保函统一规则》（URDG458）约束，并适用新加坡法律。

2008 年 5 月 29 日，格里布瓦尔公司的委托行巴基斯坦国家银行向工商银行天津分行发出 SWIFT 报文，提出中材装备公司未履行协议下义务，请求支付保函项下的款项 2689741.80 美元和 707600 欧元。2008 年 7 月 2 日，巴基斯坦国家银行向工商银行天津分行发出 SWIFT 报文，称该行参照上述银行保函，已收到格里布瓦尔公司向中材装备公司发送的，关于将索兑此保函日期推延至 2008 年 7 月 20 日的请求。后经多次推延，银行保函的兑现期延至 2009 年 10 月 15 日。2009 年 10 月 14 日，巴基斯坦国家银行向工商银行天津分行发出付款通知，称该行收到格里布瓦尔公司要求对担保总额为 2689741.80 美元、707600 欧元保函的付款通知，且该公司还依据保函提供了书面证明书，载明：由于中材装备公司违反 2004 年 12 月 30 日所签合同的约定，该行参照工商银行天津分行 2008 年 2 月 5 日签发的无条件不可撤销银行保函兑现格里布瓦尔公司的请求。

天津市第二中级人民法院认为：本案为保函欺诈纠纷案件，属因侵权行为提起的诉讼。本案担保银行及保函项下款项支付地为工商银行天津分行住所地，该住所地应认为是侵权结果发生地，故本院依法具有管辖权。对此格里布瓦尔公司和工商银行天津分行未提出管辖异议并应诉答辩。关于本案准据法适用，中材装备公司主张本案是侵权纠纷，应适用中华人民共和国法律。格里布公司则主张按照保函的约定，应适用新加坡法律。根据《中华人民共和国涉外民事关系法律适用法》第四十四条规定，侵权责任，应适用侵权行为地法律。且该保函中关于法律适用的约定，也仅对担保银行工商银行天津分行和受益人格里布瓦尔公司具有约束力，据此本案处理应适用中华人民共和国法律。本案当事人争议主要实体问题是，格里布瓦尔公司是否滥用权力对中材装备公司履行基础合同情况进行了恶意虚假陈述，从而构成保函欺诈。经查本案银行保函性质为见索即付履约保函。格里布瓦尔公司主张本案不应对基础合同争议进行审理，否则会影响基础合同仲裁庭的审查判断。本院认为，诚实信用和反欺诈是商业活动应普遍遵守的原则，格里布瓦尔公司提出的维护保函独立性的意见，不能对抗该原则的适用。因此在审理保函欺诈案件中，根据认定侵权责任需要，应当对基础合同的履行情况进行有限度的审查，以正确判定格里布瓦尔公司有无行使索赔权的正当理由以及索赔声明是否进行了故意虚假陈述，在此限度内的审查与基础合同的仲裁条款并无冲突。

根据本案基础合同约定，中材装备公司负责设计供货，格里布瓦尔公司进行安装并单车试机，具备一定条件后由中材装备公司进行调试，格里布瓦尔公司根据中材装备公司的工作进展分期付款。格里布瓦尔公司主张中材装备公司没有完成基础设计。但该公司已按约支付该部分款项，不能提供证明中材装备公司在基础设计阶段违约的证据。关于中材装备公司履行调试义务的事实，根据双方签订的《调试合同》的约定，中材装备公司应在收到格里布瓦尔公司支付的 20 万美元信用证起两周内出发，进行调试工作。中材装备公司在没有按期收到上述信用证的情况下，仍履行了调试义务。现双方确认共需进行八个车间的调试，已调试完成7个，仅烧成车间系统尚未完成调试。对烧成系统调试问题，中材装备公司主张因格里布瓦尔公司提供的煤存在质量问题影响调试。格里布瓦尔公司主张因中材装备公司供货问题影响调试。在诉讼中，双方提供了大量往来的邮件，均证明双方一直在协商解决相关问题。

综上，根据格里布瓦尔公司提供的证据，不能证明中材装备公司违约的事实以及格里布瓦尔公司在基础合同中的正当权益受到损害的事实根据。因此应认定格里布瓦尔公司索赔文件，对中材装备公司履行合同的情况故意进行了虚假片面的陈述，缺乏行使保函索赔权的正当理由。根据《最高人民法院关于贯彻执行〈中华人民共和国民法通则〉若干问题的意见（试行）》第六十八条规定，格里布瓦尔公司滥用权利，故意告知工商银行天津分行虚假情况，诱使对方可能错误支付保函款项的行为，直接损害中材装备公司的利益，应认定为保函欺诈行为。故格里布瓦尔公司本次索取保函项下款项的行为无效，工商银行天津分行应终止向被告格里布瓦尔公司支付保函项下的款项。

依照《中华人民共和国民法通则》第四条、第五十八条第一款第三项、《最高人民法院关于贯彻执行〈中华人民共和国民法通则〉若干问题的意见（试行）》第68条、《中华人民共和国涉外民事关系法律适用法》第四十四条及《中华人民共和国民事诉讼法》第二百四十三条的规定，判决：工商银行天津分行终止支付格里布瓦尔公司的委托行巴基斯坦国家银行于2009年10月14日向工商银行天津分行发出SWIFT报文请求支付LGl21990800021和LGl21990800041保函项下的款项2689741.80美元、707600欧元。

格里布瓦尔公司不服一审判决，向天津市高级人民法院提起上诉，称：（1）原审判决颠倒举证责任。中材装备公司意图通过主张其已经履行了基础合同义务，从而主张格里布瓦尔公司存在欺诈性表述，故中材装备公司应当举证证明其已经履行了基础合同义务。（2）原审判决破坏了保函独立原则。本案保函为见索即付保函，独立于基础合同。原审法院仅以双方对于基础合同的履行存在争议为由，即认为格里布瓦尔公司索兑保函构成欺诈有失公允。（3）原审法院破坏了公平公正原则。因为原审法院终止格里布瓦尔公司本次索兑，格里布瓦尔公司将永远丧失保函所赋予的权利。如果经仲裁裁决最终认定中材装备公司违反了基础合同义务，格里布瓦尔公司将无函可索。请求撤销原审判判决，改判驳回中材装备公司原审诉讼请求。

中材装备公司答辩称：（1）中材装备公司在原审中所提交的关于涉及图纸交接文件、验收合格证书等证据充分证明已经完全履行合同项下的设计和供货义务，且在没有调试义务的情况下为格里布瓦尔公司进行了14个月的调试工作。（2）中材装备公司进行调试存在六个先决条件，即格里布瓦尔公司完成安装、发出开车通知、开出信用证、开具 20 万美元调试费信用证、先行支付 5 万美元预付款、提供充分的燃料，在这六项条件满足后才能进行调试，格里布瓦尔公司没有履行该六项义务。在中材装备公司已经举证证明完成了合同义务后，格里布瓦尔公司应该承担证明中材装备公司违约的举证责任。综上，中材装备公司请求驳回上诉，维持原判。

工商银行天津分行答辩称：保函的开立程序合法，手续完备，工商银行天津分行不存在过错和过失，不应承担责任。

天津市高级人民法院认为：本案为保函欺诈纠纷，争议焦点为格里布瓦尔公司向工商银行天津分行要求支付涉案保函项下款项时，是否存在欺诈性索赔的情形。

关于涉案保函的定性问题。《中华人民共和国涉外民事关系法律适用法》第八条的规定："涉外民事关系的定性，适用法院地法。"据此，对涉案保函性质的判定，应适用中华人民共和国法律。因我国法律并没有关于独立保函定性的明确规定，故判断涉案保函是否属于独立保函应根据保函本身的约定。涉案保函明确约定担保行工商银行天津分行在收到受益人格里布瓦尔公司出具的相符单据即无条件履行付款义务，即使中材装备公司与格里布瓦尔公司之间存在争议，且该保函受《国际商会见索即付保函统一规则》约束。根据上述约定可以认定担保行工商银行天津分行在保函中作出明确的承担独立保证的意思表示，故涉案保函应认定为见索即付独立保函。同时格里布瓦尔公司系在巴基斯坦注册成立的公司，涉案保函具有涉外因素，因此，涉案保函属于涉外独立保函。

关于本案纠纷的定性及法律适用。涉案保函的双方当事人为保函的担保行工商银行天津分行和受益人格里布瓦尔公司，虽然该双方在保函中约定适用新加坡法律，但上述约定仅系工商银行天津分行与格里布瓦尔公司作出的共同意思表示，因中材装备公司并非保函的一方当事人，上述关于选择新加坡法律的约定对中材装备公司不具有约束力。本案中，中材装备公司系以格里布瓦尔公司在索兑保函项下款项过程中存在欺诈情形为由提起的诉讼，属于侵权之诉，根据《中华人民共和国涉外民事关系法律适用法》第四十四条的规定，侵权行为适用侵权行为地法律，故本案应适用中华人民共和国法律。

尽管涉案保函的性质决定了其独立于基础合同及其他相关合同，但在受益人格里布瓦尔公司违反诚实信用原则进行欺诈性索款的情况下，则构成该保函独立性的例外，法院有权对中材装备公司与格里布瓦尔公司之间的基础合同进行必要的有限审查。因本案系中材装备公司以格里布瓦尔公司在索兑保函项下款项时存在欺诈情形为由提起的诉讼，故格里布瓦尔公司关于基础合同约定争议提交迪拜仲裁，法院不应审查基础合同之主张，本院不予支持。最高人民法院关于贯彻执行〈中华人民共和国民法通则〉若干问题的意见（试行）》第六十八条规定，一方当事人故意告知对方虚假情况，或者故意隐瞒真实情况，诱使对方当事人作出错误意思表示的，可以认定为欺诈行为。就本案而言，既然中材装备公司认为格里布瓦尔公司进行欺诈性索款，中材装备公司应对其该项主张承担举证责任，即证明其确已完全履行了基础交易项下的义务，格里布瓦尔公司无权索兑保函项下的款项，却仍然向担保行索款。格里布瓦尔公司在抗辩中材装备公司存在基础合同项下违约的过程中，亦应承担相应的举证责任。

根据涉案保函的约定，在保函有效期内工商银行天津分行收到格里布瓦尔公司发出任何指明中材装备公司未能履行协议项下义务的索赔请求后 15 天内，应在保函总金额范围内支付赔款。本案事实表明，格里布瓦尔公司在保函有效期内即 2008 年 5 月 29 日通过巴基斯坦国家银行向工商银行天津分行索兑保函项下款项，同时声称中材装备公司存在违约行为。虽然自格里布瓦尔公司 2008 年 5 月 29 日首次索款后的一段时间内，工商银行天津分行基于中材装备公司与格里布瓦尔公司协商一致，将涉案保函的付款期限多次延展，直至本案成讼前的 2009 年 10 月 14 日格里布瓦尔公司发出最后一次付款请求，但双方就保函付款期限延展达成的合意不能等同于双方就保函有效期延展达成一致。在涉案保函有效期未作变更的情况下，格里布瓦尔公司在 2008 年 5 月 29 日的索款行为应视为其索取保函项下款项的行为，结合本院上述关于对基础合同进行有效审查的认定，本案应审查格里布瓦尔公司在其 2008 年 5 月 29 日的索款声明中所作的陈述是否虚假，即 2008 年 5 月 29 日之前，中材装备公司是否已经履行基础合同项下的义务。

根据基础合同的约定，中材装备公司在基础合同项下的主要义务为设计、供货、开车（调试）和履约测试。虽然在本案成讼时，双方基础合同的履行处于履约测试阶段，原审法院亦就中材装备公司履行基础合同项下的设计义务、调试义务及履约测试义务的事实进行审查，但根据本院关于涉案基础合同审查范围的认定，结合双方共同确认的 2008 年 5 月 29 日之前设计和供货的义务应全部完成这一事实，以及格里布瓦尔公司出具第一份临时验收证书的时间为 2008 年 8 月 26 日之事实，本院认定在 2008 年 5 月 29 日之前，双方仍然在进行履约测试之中，对于该部分的考核结果尚无定论，故中材装备公司关于履约测试的义务履行情况并非本案应审查的内容，本案仅就 2008 年 5 月 29 日之前中材装备公司是否已经按照合同约定履行了设计和供货的义务。

关于设计义务的履行问题。首先，关于中材装备公司所应承担的设计义务的具体内容。根据涉案基础合同及此后中材装备公司与格里布瓦尔公司签订的土建设计合同、合同附件 5，中材装备公司有义务提供全套工程设计和文件，其中包括土建设计及磨煤机工程设计。其次，关于中材装备公司是否履行了上述设计义务。中材装备公司依据格里布瓦尔公司于 2006 年 9 月 1 日出具的签收详细设计交付收据，主张其已经完成了合同项下的设计义务。对此，本院认为，根据基础合同第十三条关于工程设计的约定，工程设计的流程为，格里布瓦尔公司在基础合同生效后提供基本资料，由中材装备公司进行基本设计，格里布瓦尔公司确认基本设计后，中材装备公司须提供土建设计资料图，在收到格里布瓦尔公司全部土建图纸后，如果没有重大改变，中材装备公司完成详细设计。通过上述约定可以认定，在土建设计义务由格里布瓦尔公司承担的情况下，详细设计图纸的交接是以双方确认基本设计为基础，因此，格里布瓦尔公司接受详细设计可以视为中材装备公司已经完成了基础合同项下的基本设计和详细设计。最后，关于中材装备公司是否存在格里布瓦尔公司主张的其在土建设计和磨煤机设计上存在违约行为。根据双方的约定，土建设计合同价格为 350000 美元，通过信用证议付。中材装备公司提交的 2006 年 11 月 28 日的收款凭证显示其已经收到了土建设计费348869 美元，该事实证明中材装备公司履行了信用证项下的交单义务，且其所提交的单据符合信用证的要求，据此可以认定其已经履行了土建合同中关于土建设计的义务。关于磨煤机设计的问题，本院认为，双方在合同附件 5 中同时约定，中材装备公司在收到格里布瓦尔公司预付款时该合同生效。根据中材装备公司提交的 2006 年 9 月 18 日的预付款银行转账凭证，合同附件 5 的生效时间应为 2006 年 9 月 18 日，而非合同签订之日。根据合同约定，中材装备公司应在合同生效后的五个月内完成所有的工程设计，事实上格里布瓦尔公司于 2007 年 3 月 18 日签收磨煤机详细设计接收单。虽然从履约时间看中材装备公司未在合同约定的五个月之内完成所有的工程设计，但根据详细设计的基本流程，详细设计的前提为基本设计已被格里布瓦尔公司确认，故在此之前基本设计已经交由格里布瓦尔公司确认，并最终签收详细设计接收单。虽然格里布瓦尔公司对于土建设计和磨煤机设计的详细设计接收单的抗辩意见为，格里布瓦尔公司当时没有相应的设备无法查看，故信任中材装备公司而签收接收单，但格里布瓦尔公司对于接收单本身并未提出异议，因此，本院认定格里布瓦尔公司签收接收单的行为系其真实意思表示，其应承担该行为所产生的法律后果。而且土建设计为工程建设的基础，磨煤机设计也是磨煤机系统建设的前提，在之后的履约测试中，多数的系统已经取得了临时验收证书，其中亦包括磨煤机的临时验收证书，故，上述证据可以进一步证明中材装备公司已经完成了土建设计和磨煤机的设计义务。

关于供货义务的履行问题。首先，基础合同中约定的供货要求为，基础合同第 3条规定，中材装备公司应当提供产品，从而使格里布瓦尔公司能够安装设备并以最佳的状态将其投入运营。中材装备公司提供的货物应该满足合同中技术规格、同意的导则、设计图纸、供货商清单和总图的要求。基础合同第 15 条规定，所有设备要以紧固的适合海运的包装和适当的包装，装运每包有不要擦写的油漆涂上箱号、易碎件储存和装卸说明、毛重、提升点、尺寸、原产地、合同号、唛头的英文标志。基础合同第 5条规定，美元和欧元部分设备款价格的信用证见下列单据按比例在信用证下议付，一份正本提单和四份不可转让的清洁提单副本、原产地证明、装箱单一式六份、商业发票一式六份和其他巴基斯坦海关规定需要的文件。

其次，中材装备公司提供从 2006 年 1 月 28 日至 2007 年 3 月 27 日的信用证及信用证项下款项收据，该证据可以证明中材装备公司已经收到信用证项下货物的款项，根据上述基础合同的约定，其已经按照信用证项下的交单要求，履行了交付基础合同要求的货物。格里布瓦尔公司虽抗辩根据基础合同第二十五条，格里布瓦尔公司的付款不代表其放弃了对于中材装备公司违约责任的追索权，但是对于上述证据的真实性并未提出异议，因此中材装备公司已经按照基础合同的约定履行供货义务的事实本院予以确认。格里布瓦尔公司提出中材装备公司供货存在违约的主要事实和理由为，在2007年2月15日至12日的会议纪要中双方确认格里布瓦尔公司已经将缺件清单交给中材装备公司，但是鉴于该时间仍处于中材装备公司的供货期间，因此，格里布瓦尔公司的上述主张不能成立。

最后，关于格里布瓦尔公司在2009年4月1日双方签订谅解备忘录中提到，已向中材装备公司提交未履约清单，意图证明中材装备公司未能完成基础合同项下的供货义务。对此本院认为，基础合同17.2条规定，在收到基础合同17.1条提供的开车通知和合同金额余下5%的信用证或者银行保函七日内，中材装备公司负责工厂的启动，用以测试所供设备，根据上述规定可以看出5%的信用证或者银行保函应为涉案货物的质保金。格里布瓦尔公司在2008年5月29日之前并未向中材装备公司提供上述未履约清单，另一方面，即使双方对于涉案货物质量问题存在争议亦应该在5%信用证或者银行担保中解决，其上述主张并不能作为索赔涉案保函项下款项的依据。因此，格里布瓦尔公司的抗辩并不能证明中材装备公司在2008年5月29日之前存在供货违约的问题，通过审查中材装备公司的证据可以认定，其已经履行了基础合同项下的供货义务。

综上所述，中材装备公司在2008年5月29日之前已经完全履行了基础合同项下及双方所签订附件中对于设计和供货的义务，故，原审法院认定格里布瓦尔公司在索兑涉案保函项下款项时存在欺诈性索款情形的认定，并无不当。

天津市高级人民法院依照《中华人民共和国民事诉讼法》第一百七十条第一款第（一）项之规定，判决驳回上诉，维持原判。

第二节 案例评析

独立保函对风险进行了再次分配，这种风险分配机制，一方面促使债务人及时履行合同义务，但在一定程度上也助长了欺诈性索款行为的滋生，对债权人非常有利，而对债务人极为不利。受国际金融危机和世界经济衰退的影响，在司法实践中涉及我国企业的独立保函纠纷越来越多，这些纠纷中就独立保函本身所发生的争议并不难解决，而涉及独立保函欺诈性索款的认定成为审判领域中的一大难题。

一　独立保函的定性

独立保函的特征包括以下几方面：一是相符交单的要求。受益人索款时无须证明基础交易项下债务人的违约事实，只需提交符合保函约定的单据，就有权获得偿付，此要求即为独立保函的单据性；二是保函项下担保行的债务标的具有独立性，不以债务人的合同义务为标的，而是在保函中预先确定了金额，担保行仅有义务根据提示的单据判断付款条件是否成就，不介入基础交易争议，此要求即为独立保函的独立性；三是保函和索款单据都必须具备书面形式要件。此外，关于独立保函的开立主体问题，虽然《联合国独立保证与备用信用证公约》《国际商会见索即付保函统一规则》等国际公约及惯例认可银行、企业、组织或个人都可以开立独立保证，但由于独立保证容易产生欺诈和滥用权利的风险，申请人所承担的受益人不当索款的风险巨大，故各国对独立保证的接受程度不尽相同。我国目前商业信用尚不发达，企业和个人对独立保证的风险和后果并没有充分的认识，也未建立系统配套的独立保证法律制度，故独立保函的签发主体也仅限于银行。

本案中，工商银行天津分行开立的保函明确约定，担保行收到受益人格里布瓦尔公司出具的相符单据即无条件履行付款义务，即使中材装备公司与格里布瓦尔公司之间存在争议，且该保函受《国际商会见索即付保函统一规则》约束。根据上述约定，可以看出工商银行天津分行在保函中具有承担独立保证的意思表示，符合独立保函单据性和独立性的基本特征，涉案保函应认定为见索即付独立保函。

二　独立保函欺诈性索款纠纷案件的审理范围

在判断受益人是否存在欺诈性索款行为时，主要审查受益人之陈述是否具有可信依据，即申请人在基础合同项下的履约情况。在国际商事交易中，申请人合同项下义务的履行期限较长，因此如何审查申请人履行义务的情况成为审理该类案件的基础。笔者认为，受益人须在保函有效期内提出索款请求，法院审查的范围应为受益人索兑保函项下款项时，申请人是否已经履行了此日期之前的合同义务。同时，即使存在付款期限的延展，上述审理的期限并不能因付款期限的延展而发生改变，因为保函的有效期和付款期限分属不同的法律概念，在保函有效期内受益人只能进行一次有效索款行为，但付款期限却可以通过协商的方式另行约定。

涉案保函的有效期至 2008 年 5 月 30 日，格里布瓦尔公司在 2008 年 5 月 29 日通过巴基斯坦国家银行向工商银行天津分行索兑保函项下款项，同时声称中材装备公司存在违约行为。虽然在格里布瓦尔公司首次索款后的一段时间内，工商银行天津分行基于中材装备公司与格里布瓦尔公司协商一致，将涉案保函的付款期限多次延展，但三方当事人就保函付款期限延展形成的合意，不能等同于三方就保函有效期延展达成一致。故本案应审查格里布瓦尔公司在其 2008 年 5 月 29 日的索款声明中所作的陈述是否虚假，即 2008 年 5 月 29 日之前，中材装备公司是否已经履行基础合同项下的义务。

三　举证责任分配

根据我国证据规则，当事人对于自己提出的诉讼请求所依据的事实或者反驳对方诉讼请求所依据的事实有责任提供证据。在独立保函欺诈性索款案件中，申请人主张受益人存在欺诈性索款，理应首先承担对方存在欺诈性索款的举证责任，具体而言，须举证证明《联合国独立保证与备用信用证公约》中规定的抗辩义务情形的存在。但是在具体案件审理过程中，尤其是涉外独立保函案件中，基础合同往往为涉外工程加工或建筑承揽合同，在这些基础合同的履行过程中，申请人即履行基础合同义务的一方，在基础合同项下存在种类繁多的合同义务，申请人要证明其已经确无疑问的履行了基础合同项下义务并非易事。尤其是在见索即付独立保函项下，该类独立保函往往约定受益人索款的条件较为笼统，一般只是要求受益人发出申请人存在违约的声明，担保人即应无条件付款，申请人须逐一举证证明其已经完全履行了基础合同项下的全部义务，或受益人存在阻却基础合同履行的事由，否则其将面临举证不能的败诉风险。而与之对应的是受益人在此类案件中往往不会主动释名申请人具体违约的事项。如此申请人在欺诈性索款案件中很难做到有的放矢，法院也很难准确确定审理焦点。

对此笔者认为，首先应该坚持申请人承担第一举证责任的原则。在欺诈性索款案件诉讼中，申请人应提交强有力的初步证据，用于证明受益人在索款时存在欺诈，法院在核实证据后采取临时性保全措施，即做出财产保全裁定，中止支付保函项下的款项。欺诈性索款案件中，因该类独立保函仅仅约定受益人发出索款声明，担保人即无条件付款，对此申请人应提交全面的证据，证明其已经完全履行了基础合同义务或者受益人存在阻却性事由，而后由受益人对于申请人所提出的主张进行抗辩，同时提出抗辩所依据的证据，后根据双方所提交的证据，综合判断申请人主张受益人欺诈性索款的请求能否成立。另，在判断该问题时还应注意，不能仅仅根据受益人存在违约或者受益人不能举证证明申请人存在违约，认定欺诈性索款的存在，因为该类案件的第一举证责任仍在申请人，受益人的举证责任仅仅系针对其抗辩所承担的举证义务。在本案的审理过程中，首先要求独立保函的申请人中材装备公司提供证据证明其已经履行了基础合同的义务，并且对于基础合同的证明应当全面具体，而后由格里布瓦尔公司进行抗辩，同时对于其抗辩所提供的证据进行审查，最终通过双方的举证与质证，确定了中材装备公司已经完全履行了基础合同项下的义务。

四　独立保函欺诈纠纷案件中如何适用欺诈例外原则

首先，虽然独立保函欺诈例外原则被各国普遍认可，但是对于"欺诈"各国并没有形成统一的概念和标准，很大程度是基于法官对个案的事实分析和权衡。因而在独立保函欺诈纠纷案件中，欺诈例外原则的适用标准是审理该类案件的重点问题。申请人以受益人存在欺诈性索款为由向我国人民法院提起的诉讼，属于侵权之诉，应适用侵权行为地法律，即开立独立保函的银行所在地法律，一般情况下即我国法律。

其次，实务中，通常认为下列两种情形属于欺诈性索款：

（1）受益人提交内容虚假或伪造的单据的；

（2）受益人的索款请求缺乏事实基础和可信依据。

在审判实务中，上述第 1 种欺诈性索款的情形并不常见。因为独立保函要求提供的单据一般只是由受益人出具的关于申请人违约的声明或索款请求，如涉案保函所要求的单据为格里布瓦尔公司在保函有效期内发出的中材装备公司未能履行协议下义务的索赔请求，该文件往往是由受益人自己出具，不同于商业信用证所要求的提单、保险单、货物检验证书等由第三方出具的单据，故不存在"单单相符"问题，受益人提交内容虚假或伪造单据的情形比较罕见。因此，申请人多以其已经完全履行了基础合同项下的义务或受益人故意不当阻止其履行基础合同项下义务，受益人在索款时进行不实陈述为由，提起独立保函欺诈之诉，要求终止支付保函项下的款项。

最后，欺诈例外原则可以有效防止独立保函被恶意索款的危害，但人民法院在适用该原则时，要对独立保函确定的"先付款、后争议"的商业安排给予充分尊重，不应轻易干预当事人的意思自治，随意止付银行保函，破坏独立保函机制的稳定运行，影响银行和人民法院在国际上的信誉和形象。因此，该类案件的审查方式成为审理中的难点问题，人民法院应严格把握当事人举证责任分配、对基础合同有限审查的广度和深度。本案中，中材装备公司主张其确已完全履行了基础合同项下的义务，格里布瓦尔公司无权索兑保函项下的款项，故中材装备公司应对其该项主张承担举证责任，法院应重点审查中材装备公司所提交的证据是否能够证明格里布瓦尔公司在索兑保函款项时，中材装备公司已经完全履行了基础合同义务。同时，在格里布瓦尔公司提出抗辩意见时，也应对其抗辩所依据的证据进行审查，进而综合判断格里布瓦尔公司在 2008 年 5 月 29 日提出索款请求时是否进行虚假陈述。通过对基础合同的审查，在 2008 年 5 月 29 日之前，中材装备公司负有设计和供货义务，而履约测试义务此时并未开始，因此，本案应对中材装备公司履行设计和供货义务的情况进行有限审查。

中材装备公司在庭审中提供了设计文件接收单、设计费用信用证项下的收款单据等证据，该证据足以证明其已经完成了基础合同项下的设计义务。虽然格里布瓦尔公司认为中材装备公司在履行设计义务过程中存在延迟履行情形，但根据双方在合同附件中关于履行期限可延长 5 个月之约定，可以认定格里布瓦尔公司的该项抗辩不能成立。关于供货义务，基础合同中约定设备款以信用证方式给付，中材装备公司提供了全部设备款项的收款单据，足以证明其已经完成了基础合同项下的供货义务。我们根据上述中材装备公司履行合同义务的情况，认定格里布瓦尔公司在索兑涉案保函项下款项时进行虚假陈述，构成欺诈性索款，从而驳回格里布瓦尔公司的上诉请求。

第三节　拓展思考

《联合国独立担保和备用信用证公约》（以下简称《公约》）第 19 条对于欺诈例外有明确的规定，并对欺诈性索款的具体情形进行了详细列举，该公约为防止欺诈性索款情形的发生提供了依据及具体操作规范。在借鉴上述公约对案件进行审查过程中，最核心的问题为如何对基础合同进行审查。

一　有限审查原则之理解

传统从属性担保中，债权人要求保证人承担担保责任，须证明基础合同中债务人存在违约情形，此时应审查基础合同项下债务人履行义务情形，而后判断保证人是否应承担保证责任。但是在独立保函中，保证人付款的义务独立于基础合同，受益人无须举证证明申请人是否存在基础合同项下的违约，基础合同项下的抗辩并不影响保证人的付款义务。但是尽管如此，欺诈例外作为独立保函的例外情形，不受保函独立性的约束，申请人可以通过证明受益人存在欺诈性索款从而要求终止保函项下保证人的付款。正因为独立保函的最终目的是为保障基础交易中产生的债权实现，所以在特殊情况下，基础合同的审查是不可避免的，这并不影响对其独立责任的认定，也不否认其清偿债务第一性的特征，而是为了确认索赔行为的正当性、合约性。[①] 因此，虽然独立保函独立于基础合同，但对于独立保函欺诈案件，必须对基础合同的履行情况进行审查，方能确定申请人主张之欺诈情形是否存在。

虽然在欺诈例外的审查中，应对于基础合同的履行情况进行审查，但因为独立保函自身独立性的特殊要求，不能全面、深入介入基础交易，否则独立保函的独立担保作用无法发挥其应有的功能，故应坚持对基础合同的有限审查原则。有限审查的原则在适用过程中表现为对基础合同审查的深度与广度，即基于独立保函的独立性，对于基础合同审查的深度应严格把握；而基于独立保函的单据性，对于基础合同审查的广度应谨慎处理。具体而言，欺诈通常表现为文件造假或陈述虚假的事实，而违约争议通常表现为对具体事实的争议。对于前者一般通过审查基础合同的约定和保函合同的要求即可明确看出，但是对于违约的争议，则需要对于基础合同履行过程中的情况进行审查，并特别注意以下原则：第一，将审查的范围严格限制于与欺诈有关的事项；

[①] 翟红、余希：《独立保函纠纷审判难点探究》，载《人民司法》2012 年第 3 期。

第二，对所审查之证据应为现时可得，人民法院无需调查取证；第三，由于基础合同中一般约定了争议解决的仲裁机构，因此对于违约事项的审查原则上不能影响双方日后的仲裁，例如不能进行鉴定、现场勘验，或者对于双方违约的情况作出认定，因为这些认定将会使得日后的仲裁变得被动且出现冲突。

二　欺诈例外的具体认定

《公约》第19条第1款规定了保证人付款义务的例外：（1）任何单据非真实或系伪造者；（2）依索款请求及支持单据，并无到期应付款的；（3）根据保函的类型和目的，索款请求没有可信依据，依诚信行事之保证人有权对受益人撤销付款。第二款对于第1款中无可信赖依据具体列举为：（1）保函向受益人保证之意外事故或风险并未发生；（2）主债务人或申请人之基础义务已被法院或仲裁机构宣布无效；（3）基础义务确无疑问地得以履行；（4）受益人故意不当地阻止基础义务的履行。

上述公约关于欺诈例外的情形的具体规定，在审理该类案件时可以参照适用，当申请人提出的证据能够证明存在上述情形时，即可认定受益人存在欺诈性索款，保证人可据此终止保函项下款项的给付。

（一）单据不实或伪造之审查

该问题涉及保证人在独立保函项下的审查义务，保证人与申请人之间具有委托代理关系，保证人作为申请人的代理人，其履行付款义务的依据为受益人提交与保函文本约定相符的单据，受益人提交的单据如果不能与保函文本的约定表面相符，保证人即可中止保函项下款项的支付。因保证人无需对基础合同进行审查，在审查受益人所提交单据是否存在不实或伪造情形时应更加谨慎，审查的内容主要包括：受益人是否提交了索款书和单据，索款书和单据在形式上是否符合要求；受益人是否在可以提出请求的期限内提出索款要求；索款书和单据是否与独立保函约定表面一致；受益人是否存在欺诈或滥用权利。[①] 保证人在审查上述单据之后还应履行通知义务，将审查结果及是否决定付款告知申请人，以便申请人与受益人进行协商是否延长保函有效期，或以受益人存在欺诈性索款为由申请法院颁发止付令，从而终止保证人在独立保函项下的付款义务。

（二）基础合同无效或被撤销

独立保函开立的基础为申请人与受益人之间存在基础交易关系，目的系为保证基础合同的履行。虽然独立保函被开立之后即独立于基础交易关系，并形成自给自足的法律文本，基础合同中的抗辩权并不能成为保证人拒付款项的依据，但基础合同被撤销或被宣布无效却影响着受益人是否有权要求保证人承担保证义务。具体而言，基础

---

① 何波：《国际贸易独立保函业务中的法律问题》，载《人民司法》2009年第4期。

合同无效或被撤销是否能够认定受益人之索款构成欺诈例外，应综合考虑基础合同无效或被撤销的原因。若基础合同因受益人单方之原因无效或被撤销，则受益人在索款时属于明知没有可信依据，该索款行为应被认定为欺诈性行为。此外，如果基础合同是一项违法交易，如走私、贩毒等，即使受益人提交的单据及申请人违约的事实都是真实的，保证人也可以根据"违法合同自始无效"原则，以基础合同违法因而无效为理由，认定受益人的索赔存在欺诈，并拒绝向受益人付款。[①]

（三）申请人完全履行基础合同义务

申请人提供证据证明其已经完全履行基础合同中约定的义务，则基础合同项下之违约风险并未实际发生，受益人依据独立保函要求保证人承担付款义务显然属于欺诈例外之情形。但对于该问题的审查在司法实践中争议较大，也是审查中的难点问题。根据举证责任分配原则，申请人应首先举出证明其已经完成基础合同义务的证据，并且该证据应当清晰、明确；同时法院应充分考虑受益人的抗辩主张及在抗辩中所举证据，在综合分析双方证据的情况下，判断申请人是否完全履行了基础合同义务，从而确定受益人的索赔是否存在欺诈。

（四）受益人存在阻却性事由

基础合同项下申请人和受益人一般均存在履约义务，如果申请人履行特定义务的前提为受益人先履行合同义务，例如在国际货物加工承揽合同中，受益人应首先提供符合合同约定的货物，申请人方能生产质量合格的产品，在此情况下，申请人履行基础合同义务的前提为受益人履约义务的实现。因此，如果由于受益人存在违约情形，致使申请人无法完全履行基础合同义务，可以认定受益人的索款请求存在欺诈性。在此，还应特别注意，只有申请人违约事件的发生是受益人的违约行为或其他不当行为所引起的，方能认定受益人的索款请求存在欺诈；而不能仅仅以受益人在基础合同项下存在违约或者以受益人没有提供证据证明申请人存在违约为由，认定受益人索款符合欺诈例外情形。

【主要法条】

《最高人民法院关于审理独立保函纠纷案件若干问题的规定》[②]

第五条　独立保函载明适用《见索即付保函统一规则》等独立保函交易示范规则，或开立人和受益人在一审法庭辩论终结前一致援引的，人民法院应当认定交易示范规则的内容构成独立保函条款的组成部分。

不具有前款情形，当事人主张独立保函适用相关交易示范规则的，人民法院不予

---

① 李国安：《独立担保欺诈例外法律问题研究》，《现代法学》2005 年 3 月第 2 期。
② 法释〔2016〕24 号，2016 年 7 月 11 日最高人民法院审判委员会第 1688 次会议通过，自 2016 年 12 月 1 日起施行。

支持。

第十二条　具有下列情形之一的，人民法院应当认定构成独立保函欺诈：

（一）受益人与保函申请人或其他人串通，虚构基础交易的；

（二）受益人提交的第三方单据系伪造或内容虚假的；

（三）法院判决或仲裁裁决认定基础交易债务人没有付款或赔偿责任的；

（四）受益人确认基础交易债务已得到完全履行或者确认独立保函载明的付款到期事件并未发生的；

（五）受益人明知其没有付款请求权仍滥用该权利的其他情形。

第二十一条　受益人和开立人之间因独立保函而产生的纠纷案件，由开立人住所地或被告住所地人民法院管辖，独立保函载明由其他法院管辖或提交仲裁的除外。当事人主张根据基础交易合同争议解决条款确定管辖法院或提交仲裁的，人民法院不予支持。

独立保函欺诈纠纷案件由被请求止付的独立保函的开立人住所地或被告住所地人民法院管辖，当事人书面协议由其他法院管辖或提交仲裁的除外。当事人主张根据基础交易合同或独立保函的争议解决条款确定管辖法院或提交仲裁的，人民法院不予支持。

第二十二条　涉外独立保函未载明适用法律，开立人和受益人在一审法庭辩论终结前亦未就适用法律达成一致的，开立人和受益人之间因涉外独立保函而产生的纠纷适用开立人经常居所地法律；独立保函由金融机构依法登记设立的分支机构开立的，适用分支机构登记地法律。

涉外独立保函欺诈纠纷，当事人就适用法律不能达成一致的，适用被请求止付的独立保函的开立人经常居所地法律；独立保函由金融机构依法登记设立的分支机构开立的，适用分支机构登记地法律；当事人有共同经常居所地的，适用共同经常居所地法律。

涉外独立保函止付保全程序，适用中华人民共和国法律。

第十四章　物权冲突法[*]

核心知识点

　　建造完毕但尚未注册登记的船舶在法律性质上属于一般的"物"还是属于"船舶"的问题，系国际私法中的识别问题，应当依据《涉外民事关系法律适用法》第八条的规定解决。如果定性为"物"，则该船舶的所有权问题适用《涉外民事关系法律适用法》第三十六—三十八条援引的准据法；如果定性为"船舶"，则该船舶的所有权问题适用我国《海商法》第二百七十条援引的准据法。动产和不动产的定性问题，应适用《涉外民事关系法律适用法》第八条规定的法院地法律，而不是适用物权准据法。物权遭受侵害时，权利人可以提起物权诉讼，也可以提起侵权诉讼。物权保护方法适用物权准据法，侵权救济方法适用侵权准据法。在权利人提起的侵权诉讼同时涉及物权法律关系的涉外民商事案件中，人民法院应当按照《法律适用法司法解释（一）》第十二—十三条的规定分别确定侵权准据法和物权准据法，并在审理案件时注意区分物权准据法和侵权准据法的适用范围。

　　* 本章作者：南开大学法学院秦瑞亭。本章系在秦瑞亭的专著《中国国际私法实证研究》第十二章第1—2节的基础上修订而成，参见秦瑞亭《中国国际私法实证研究》，南开大学出版社2017年版，第266—276页。

第一节 典型案例介绍

【原告马来西亚西林克公司（Sealink Sdn Bhd）、易拉公司（Era Surplus Bhd）与被告绍兴天龙进出口有限公司、浙江天龙进出口贸易有限公司船舶所有权侵权纠纷案①】

2003 年 9 月 19 日，浙江天龙进出口贸易有限公司（以下简称浙江天龙）与南通惠港造船有限公司（以下简称惠港公司）签订船舶建造合同，约定惠港公司为浙江天龙建造两艘远洋拖轮，交船地点为 FOB 上海，建造期内船舶的所有权归浙江天龙所有，建造风险由惠港公司承担。

2004 年 3 月 22 日，原告 Sealink Sdn Bhd（下称"西林克公司"，住所地为 Lot 1035 Block 4，MCLD Piasau Industrial Area Jalan Cattleya 5 CDT 139，98008 Miri Sauawak，Malaysia）与被告浙江天龙订立船舶建造（买卖）合同，约定：浙江天龙作为卖方，安排在惠港公司建造、装备、完成和交付给买方西林克公司两艘 3200 马力远洋拖轮，一旦船舶交付给买方并且买方接受船舶，船舶将悬挂马来西亚船旗并由买方自己付费将船舶注册在马来西亚海事当局；两艘拖轮的合同总价为 2363600 美元，签署合同及收到卖方发票时支付 10%，余款于签署交接备忘录及收到卖方发票时付清；船舶应于 2004 年 8 月 31 日在惠港公司由卖方交付给买方，如迟延交付，卖方应向买方支付每艘船每天 500 美元。除非船舶建造迟延导致交付日期推迟，如果买方履行了本合同下的所有义务，船舶交付将在签署交接备忘录时生效，这个备忘录表示买方确认交付船舶和买方接受船舶；船舶的所有权和灭失风险在交接完成后转移给买方，在交付完成前船舶和其设备的所有权和灭失风险归属卖方。如果当事人之间因为本合同或者其他规定产生争议并且不能用和谈解决，那么此争议依据新加坡法律提交新加坡仲裁，当事人同意本合同及每一条款的效力及解释受新加坡法律调整。2004 年 3 月 24 日，双方签订补充协议，将两艘拖轮的主发动机组的功率与左右舷锚链的长度增加，两轮的成本因此增加 26600 美元。2004 年 4 月 2 日，西林克公司支付浙江天龙合同总价 10% 的定金 236360 美元。

2005 年 8 月 3 日，惠港公司签发建造者证书两份，载明惠港公司为西林克公司建造船名为"SEALINK MAJU 4""SEALINK MAJU 5"的船舶。8 月 23 日，马来西亚海事当局向该两拖轮签发了有效期为六个月的暂时性船舶登记证书，载明：船名"SEAL-

---

① Sealink Sdn Bhd（西林克公司）等与绍兴天龙进出口有限公司船舶所有权侵权纠纷案，详见宁波海事法院（2006）甬海法事初字第 5 号民事判决书；浙江省高级人民法院（2006）浙民三终字第 174 号民事判决书；宁波海事法院（2007）甬海法事初字第 20 号民事判决书；浙江省高级人民法院（2008）浙民四终字第 48 号民事判决书。

INK MAJU 4""SEALINK MAJU 5"，2005 年中国惠港公司建造，注册港马来西亚纳闽，船舶所有人为 Era Surplus Sdn Bhd（下称"易拉公司"，住所地为 Lot 1035 Block 4，MCLD Piasau Industrial Area Jalan Cattleya 5 CDT 139，98008 Miri Sauawak，Malaysia）。两原告还先后为该两轮办理了美国船级社临时船级证书、国际载重线证书、吨位证书、系栏桩拉力测试证书等船舶证书。2005 年 12 月 10 日，惠港公司出具质量证明书，证明该两拖轮经该公司质量检验合格。

2006 年 1 月 18 日，西林克公司与浙江天龙在江苏启东惠港公司码头签订船舶交接备忘录，载明西林克公司订购的两艘 3200 马力远洋拖轮已完全建造完毕，卖方同意交付，买方亦同意接收船舶，此备忘录证明了交接手续的完成。2006 年 1 月 23 日，买方分三笔付清全部剩余购船款项，金额分别为 248190 美元、118180 美元、817470 美元，其中第三笔 817470 美元系按浙江天龙的指令付至绍兴天龙进出口有限公司帐户内。

由于南通港不允许外轮航行，浙江天龙向南通海事局申请颁发了"SEALINK MAJU 4""SEALINK MAJU 5"两拖轮的中华人民共和国船舶国籍证书，载明船名为"天龙 9""天龙 10"，船舶所有人栏为空白，船舶经营人为惠港公司，证书有效期至 2006 年 2 月 16 日。2006 年 1 月 22 日起，两原告派遣新绿公司的船员上船，准备接船后开往上海，到上海出关、换旗后驶往马来西亚。

2006 年 1 月 24 日，绍兴天龙作为原告在绍兴市中级人民法院提起另案诉讼，要求被告浙江天龙偿还欠款 12936257 人民币元，同时申请诉讼财产保全。同日，绍兴市中级人民法院作出民事裁定，并于次日在惠港公司码头扣押了"SEALINK MAJU 4""SEALINK MAJU 5"两拖轮。

原告"西林克公司""易拉公司"以绍兴天龙进出口有限公司（下称"绍兴天龙"）、浙江天龙进出口贸易有限公司为被告，于 2006 年 2 月 7 日向宁波海事法院起诉，请求法院：（1）判令两被告立即停止侵害、排除对两原告行使船舶所有权和占有权的妨碍；（2）立即裁决先行交还被扣押的船舶；（3）判令两被告共同赔偿两拖轮1000 美元/天的船期损失暂计 16 万美元、利息损失 8 万美元、船舶维持费用和船舶在扣押期间的损坏估计 6 万美元，共计 30 万美元。

被告绍兴天龙认为，出口船舶的所有权转移要以办理海关出关为前提，海关不同意出关，买方对船舶就没有控制权；事实上这两条船在法院扣押前根本没有办理海关出关手续，不可能转移所有权。

宁波海事法院认为：根据《中华人民共和国民法通则》第一百四十六条的规定，侵权行为的损害赔偿，适用侵权行为地法律。本案两原告所诉侵权事实发生在中国境内，故本案适用中国法。

根据《中华人民共和国民法通则》第七十二条，按照合同或者其他合法方式取得财产的，财产所有权从财产交付时起转移，法律另有规定或者当事人另有约定的除外。

因此，要确定船舶所有权的转移时间，首先应遵从法律的强制性规定，法律没有规定的则依从当事人的约定，如仍不能确定的，则以财产的交付时间作为所有权转移的时间。

根据《中华人民共和国海商法》第九条，船舶的所有权状况应进行登记，未经登记的，不得对抗第三人。但由于两艘远洋拖轮刚建造完毕，尚未在国内或国外进行正式登记，无法以船舶登记来确定其所有权归属，在此情况下，只能根据当事人的合意来确定船舶的所有权状况。根据浙江天龙与西林克公司的船舶买卖合同，有关该合同的有效性、合同整体及合同每一条款的解释，均受新加坡法律的管辖。本院认为，该法律适用条款是合同双方的真实意思表示，不违反我国法律强制性规定，应确认有效。据此，船舶交接备忘录的效力、"SEALINK MAJU 4""SEALINK MAJU 5"两艘远洋拖轮所有权的转移时间等问题，应依照新加坡法律来认定。

两原告提供新加坡立杰律师事务所合伙人杜建星律师出具的法律意见书。杜建星律师认为，新加坡法和英国法接近，属英美法系，成文法与判例法同时存在。杜建星律师提供了新加坡的成文法《新加坡货物买卖法》节选、新加坡上诉法院判例 United Overseas Bank Ltd v. Bank of China 以及三本法学著作的论述，并根据上述法律提供了法律意见。本院认为，根据《最高人民法院关于贯彻执行〈中华人民共和国民法通则〉若干问题的意见（试行）》第一百九十三条的规定，对于应当适用的外国法律，可由当事人或中外法律专家提供，两原告提供的新加坡国法律以及杜建星作为法律专家所出具的法律意见，符合我国法律规定，被告亦未提供相反意见，可以适用于本案。

首先在分析两艘远洋拖轮的所有权是否已由浙江天龙移转给西林克公司之前，首先需确定卖方浙江天龙在出卖船舶时对船舶是否具有处分权。因该问题由 2003 年 9 月 19 日浙江天龙与惠港公司的船舶建造合同约定，该合同双方均为中国法人，故该合同的解释与效力依中国法认定。根据该合同第九条"所有权和风险转移"的约定，在建造期内船舶的所有权归浙江天龙所有，建造风险由惠港公司承担。因此，浙江天龙在出卖船舶时拥有船舶的所有权，有权对船舶进行处分。

其次根据《新加坡货物买卖法》第 17（1）条规定，货物所有权在当事人有意将其移转的时候移转给买方。因此，根据新加坡法律，本案两艘远洋拖轮的所有权何时发生转移，取决于当事人的意图。按被告浙江天龙与原告西林克公司的船舶买卖合同第 7 条第 2 款下半句"船舶交付将在签署交接备忘录的时候生效。这个备忘录表明买方确认交付船舶和买方接受船舶"和第 4 款"船舶的所有权和灭失风险在交接完成后转移给买方"的约定，可以看出当事人双方的意图，即船舶交接备忘录一旦被签署，所有权即从卖方转移到买方。该约定符合新加坡法律的规定，应确认有效。因此，两艘远洋拖轮的所有权已经于 2006 年 1 月 18 日船舶交接备忘录签署时合法转移至买方西林克公司名下。

复次根据浙江天龙与西林克公司的买卖合同第 7 条第二款上半句"如果买方履行了本合同下的所有义务，船舶交付在双方签署交接备忘录时立即生效"的约定，买方须履行全部义务为签署的交接备忘录产生船舶交付效力的前提。西林克公司付清全部购船款的时间为 2006 年 1 月 23 日，而备忘录的签署时间为 1 月 18 日，双方签署船舶交接备忘录时，买方西林克公司并未履行合同下的所有义务，备忘录的签署是否因此而无效？对此，法院认为，从浙江天龙自愿签署备忘录的行为，可以合理推定浙江天龙已认可西林克公司必将履行合同下的所有义务，否则不会签署如此重要的交接文件；该合意亦可视作双方合意对原合同关于付款后才能办理船舶交接手续的约定的变更，此种变更应确认有效。退一步讲，即使 2006 年 1 月 18 日签署交接备忘录当时，备忘录因买方未全部履行合同义务尚处于效力未定状态，那么在 1 月 23 日西林克公司付清全部船款时已完全具备法律效力，对双方具有约束力，标志着两船所有权的转移；而船舶所有权的转移时间是 1 月 18 日还是 23 日，对本案的最终处理亦没有影响。

最后被告绍兴天龙认为，船舶的交付应先由惠港公司交付给被告浙江天龙，才能由浙江天龙交付给西林克公司，否则无法交付。本院认为，根据《新加坡货物买卖法》的规定，货物所有权在当事人有意将其移转的时候移转给买方。只要卖方浙江天龙拥有两艘远洋拖轮的所有权，该两轮的所有权转移时间就只能由浙江天龙与西林克公司之间的合意来确定，这种合意，不以浙江天龙是否向西林克公司实际交付船舶为前提，更不以船舶是否已经由惠港公司实际交付给浙江天龙为前提。不论是签署备忘录当时，还是在本案审理过程中，被告浙江天龙均明确确认、更从未否认其已经将船舶所有权转让给原告的意愿与实际现状。因此，本院确认，"SEALINK MAJU 4""SEALINK MA-JU 5"两艘远洋拖轮的所有权已于 2006 年 1 月 18 日（最迟至 1 月 23 日）由浙江天龙移转给了西林克公司。绍兴天龙以该两拖轮属浙江天龙所有为由申请扣押船舶，侵犯了西林克公司的所有权。

因记载原告易拉公司为船舶登记所有人的马来西亚暂时性登记证书已经失效，没有证据证明易拉公司在本案中对"SEALINK MAJU 4""SEALINK MAJU 5"两艘远洋拖轮具有所有权，故原告易拉公司在本案中所提出的索赔主张，理由不足，本院不予支持。两原告以侵权为由提起诉讼，两原告未能举证证明浙江天龙具有侵权行为。因此，两原告对浙江天龙所提出的诉讼请求，证据与理由不足，本院不予支持。

综上，宁波海事法院于 2006 年 7 月 25 日作出（2006）甬海法事初字第 5 号民事判决书，判决如下：

（1）驳回原告易拉公司的诉讼请求；

（2）被告绍兴天龙立即停止对原告西林克公司所享有的"SEALINK MAJU 4""SEALINK MAJU 5"两艘远洋拖轮所有权的侵害，申请解除对该两轮的诉讼财产保全；

（3）被告绍兴天龙支付原告西林克公司自 2006 年 1 月 25 日起至船舶解除扣押之

日每日 1000 美元的船期损失;

　　(4) 驳回原告西林克公司的其他诉讼请求。

　　双方当事人均不服该案判决,向浙江省高级人民法院提起上诉。浙江高院审理后认为,虽然涉案两拖轮在被扣押时,绍兴天龙和西林克公司、易拉公司双方均不能提供证据证明船舶所有权业已登记,但船舶所有权未登记并不影响船舶所有权的认定。涉案船舶被扣押前,西林克公司付清了合同项下船舶款项,双方签署了交接备忘录,西林克公司也派船员接管船舶,故根据合同的约定及我国法律规定,涉案两拖轮的所有权应当归属西林克公司所有,西林克公司享有物上排除妨碍的请求权。绍兴天龙为与浙江天龙之间的欠款纠纷,申请法院扣押涉案两拖轮,已经侵犯了西林克公司的船舶所有权,根据《中华人民共和国民法通则》第一百三十四条规定,绍兴天龙应当承担停止侵权、排除妨碍的民事责任,原审判令绍兴天龙立即停止对西林克公司所享有的两拖轮所有权的侵害,申请解除对该两轮的诉讼财产保全正确。鉴于绍兴天龙在申请扣押船舶之时,涉案两拖轮的所有权并没有进行登记,不产生所有权的公示效力,绍兴天龙的申请行为不具有主观上的过错,其不应承担经济赔偿的过错责任。原审判令绍兴天龙承担自 2006 年 1 月 25 日起至船舶解除扣押之日每日 1000 美元的船期损失不当,应予以纠正。综上,浙江高院于 2007 年 4 月 25 日作出(2006)浙民三终字第 174 号民事判决:(1)维持中华人民共和国宁波海事法院(2006)甬海法事初字第 5 号民事判决第一、二、四项,即驳回易拉公司的诉讼请求;绍兴天龙立即停止对西林克公司所享有的"SEALINK MAJU 4""SEALINK MAJU 5"两艘远洋拖轮所有权的侵害,申请解除对该两轮的诉讼财产保全;驳回西林克公司的其他诉讼请求;(2)撤销中华人民共和国宁波海事法院(2006)甬海法事初字第 5 号民事判决第三项。

　　根据上述(2006)浙民三终字第 174 号民事判决,绍兴天龙于 2007 年 5 月 17 日向原审法院申请解除了对"SEALINK MAJU 4""SEALINK MAJU 5"的扣押,为此,船舶所有人承担了两拖轮扣押期间的看管、维持费用等 1705000 元人民币。

　　2007 年 5 月 10 日,西林克公司和易拉公司向宁波海事法院提起诉讼,请求判令被告绍兴天龙赔偿:(1)船期损失 3185000 元人民币;(2)船舶看管、维持费用 1705000 元人民币; (3)惠港公司至马来西亚的拖航、临时修理费用 1630737 元人民币; (4)关税、滞纳金 1950000 元人民币;(5)境外修理费、重新入级费用 8395805.6 元人民币;(6)保险费 203369.4 元人民币,合计人民币 17069912 元。

　　宁波海事法院认为:关于"SEALINK MAJU 4""SEALINK MAJU 5"两拖轮属西林克公司所有,绍兴天龙申请扣押涉案两拖轮,侵犯了西林克公司的船舶所有权,已被(2006)浙民三终字第 174 号民事判决所确认。故易拉公司提出的索赔主张,不予支持。(2006)浙民三终字第 174 号民事判决同时确认,鉴于绍兴天龙在申请扣押船舶之时，涉案两拖轮的所有权并没有进行登记，不产生所有权的公示效力，绍兴天龙的申请行为不具有主观上的过错，其不应承担经济赔偿的过错责任。因此西林克公司关于绍兴天龙申请扣船主观上有过错的主张，与（2006）浙民三终字第 174 号民事判决相悖，不予支持；绍兴天龙关于其不应承担任何赔偿责任的抗辩有据，予以采纳。宁波海事法院于 2008 年 7 月 28 日判决：驳回西林克公司和易拉公司的诉讼请求。

西林克公司、易拉公司不服该判决，向浙江高院提起上诉称：我国不是判例法国家，原审法院未依据事实和法律作出公正判决。绍兴天龙扣船存在三个重大过错：（1）绍兴天龙的扣押船舶申请明确侵犯了西林克公司和易拉公司的船舶所有权。（2）绍兴天龙以"普通借款纠纷"为由向绍兴中级人民法院提出船舶扣押申请，违反了《中华人民共和国海事诉讼特别程序法》关于只有海事请求才能扣押船舶的规定。（3）绍兴天龙向绍兴中级人民法院提起的扣押申请也违反了扣押财产保全专属于海事法院管辖的有关规定。另外，原审法院对船期损失、拖航/临时修理费用、关税和滞纳金、船舶境外修理费用/重新入级费用、保险费损失未予认定、存在重大错误，明显与事实不符。请求二审法院撤销原判，支持西林克公司、易拉公司的诉请。

绍兴天龙请求二审法院驳回上诉，维持原判。

浙江高院经审理认为：

关于绍兴天龙的申请扣船行为是否有主观过错。本案中，涉案"SEALINK MAJU 4"、"SEALINK MAJU 5"两拖轮被扣押前，西林克公司已经付清了合同项下船舶款项，并与浙江天龙签署了交接备忘录，西林克公司也派船员接管船舶，故涉案船舶属西林克公司所有。虽然绍兴天龙申请扣押涉案两拖轮的行为，最终侵犯了西林克公司的船舶所有权。但鉴于绍兴天龙在申请扣押"SEALINK MAJU 4""SEALINK MAJU 5"之时，涉案两拖轮的所有权并没有进行登记。《中华人民共和国物权法》第二十三条规定，船舶、航空器和机动车等物权的设立、变更、转让和消灭，未经登记，不得对抗善意第三人。而涉案"SEALINK MAJU 4""SEALINK MAJU 5"两拖轮所有权因未经登记，不产生物权的公示效力。因此，绍兴天龙的申请扣押"SEALINK MAJU 4""SEALINK MAJU 5"的行为不具有主观上的过错，不应承担经济赔偿的过错责任。

关于易拉公司、西林克公司的诉请是否成立。本案中绍兴天龙并无主观过错，不应承担经济赔偿的过错责任。因此，虽然自绍兴天龙申请扣船之后，"SEALINK MAJU 4""SEALINK MAJU 5"两拖轮产生了船期损失，以及船舶扣押期间的看管、维持费用等，但绍兴天龙并不负有赔偿责任。

综上，浙江高院于 2009 年 1 月 6 日终审判决：驳回上诉，维持原判。

第二节 案例评析

一 物的识别

物的识别问题，即什么是"物"的问题。人体本身及其各个组成部分是否属于"物"？自然人的尸体是否属于"物"？人体内的血液是否属于"物"？医院血库中存放的血液是否属于"物"？人的精子和卵子是否属于"物"？动物是否属于"物"？在国际私法中，回答前述问题远非表面上看起来那么简单。在中国法语境下，认为动物属于"物"不会引起任何争议；但现行《奥地利民法典》第285a条、《德国民法典》第90a条和《瑞士民法典》第641a条都明确规定，"动物不是物"。因此，德国巴德摩根海姆区法院审理的一宗离婚案件中，为了判决一条狗的归属，法院依职权请动物心理专家出具了专家意见，并将该条狗带到法庭上，当庭观察了狗的举动，然后依据"有利于狗的健康成长"的原则做出了法院判决。[①] 可见，德国不仅立法上明确规定动物不是物，司法实践中也没有将动物完全视作"物"。这样，由于不同国家立法和司法实践的差异，在动物由一国进入另一国的情况下，便会产生一系列问题：一条狗由德国进入中国境内，是否便由动物变成了"物"？反之德国人将一只猫从北京带回柏林，是否这只猫便因此由"物"升格为"动物"？亦或国际私法中从有利于动物本身的角度，应当实行"一旦成为动物，便永远是动物"的原则？

上述假设案例中，如果法院认为动物也是物，那么关于涉案猫和狗的所有权问题即应按照《法律适用法》第三十七条适用法律事实发生时猫和狗所在地的法律；如果动物不是物，那么法院就无法适用《法律适用法》第三十七条，必要情况下立法者甚至需要考虑制定动物冲突法的问题。

本书认为，人体器官、人体组织以及动物是否属于"物"的问题，属于国际私法中的识别问题，依据《法律适用法》第八条，应适用法院地法律。因此在我国人民法院受理了案件的情况下，前述案例中猫和狗是否属于"物"的问题，均应依据我国法律回答。

上述马来西亚西林克公司与绍兴天龙公司船舶所有权侵权纠纷案表明，物的识别问题不仅仅是理论问题。该案中，原告西林克公司与被告浙江天龙之间的船舶建造（买卖）合同约定：浙江天龙作为卖方，安排在惠港公司建造、装备、完成和交付给买方西林克公司两艘3200马力远洋拖轮；如果当事人之间因为本合同或者其他规定产生争议并且不能用和谈解决，那么此争议依据新加坡法律提交新加坡仲裁，当事人还同意本合同及每一条款的效力及解释受新加坡法律支配。后来两艘远洋拖轮刚建造完毕便发生了涉及该拖轮所有权转移问题的诉讼。船舶所有权问题依据我国《海商法》第

---

① Amtsgericht Bad Mergentheim 19.12.1996, FamRZ, 1998, 1432.

二百七十条应当适用船旗国法律。但该两艘远洋拖轮刚建造完毕，还没有在任何国家登记，因此也就没有船旗国法律可以适用。

依据我国国际私法，一般动产物权的设立变更和转让问题，按照《法律适用法》第三十七条，首先适用当事人协议选择的法律；但对于船舶物权的设立变更和消灭，我国《海商法》第270条禁止当事人协议选择法律，明确规定只能适用船旗国法律。由于我国立法者对动产物权和船舶物权法律适用问题的区别对待，作为本案诉讼标的物的两艘远洋拖轮是属于一般动产还是属于《海商法》第二百七十条中的船舶，便成为法官和当事人都无法回避的问题。

审案法官认为，由于涉案两艘远洋拖轮尚未在我国国内或国外进行正式登记，无法以船舶登记来确定其所有权归属，"在此情况下，只能根据当事人的合意来确定船舶的所有权状况。根据浙江天龙与西林克公司的船舶买卖合同，有关该合同的有效性、合同整体及合同每一条款的解释，均受新加坡法律的管辖。本院认为，该法律适用条款是合同双方的真实意思表示，不违反我国法律强制性规定，应确认有效。据此，船舶交接备忘录的效力、'SEALINK MAJU 4''SEALINK MAJU 5'两艘远洋拖轮所有权的转移时间等问题，应依照新加坡法律来认定……"① 该案中审案法院以拖轮尚未正式注册登记因而无法以船舶登记确定其所有权归属为理由适用了当事人协议选择的新加坡法律作为涉案拖轮所有权问题的准据法，该理由并不充分，而且违背我国《海商法》第二百七十条的规定。我国《海商法》第二百七十条明确规定："船舶所有权的取得、转让和消灭，适用船旗国法律。"该条款并不允许当事人协议选择船舶所有权问题的准据法。笔者认为，审理该案的法官依据涉案船舶买卖合同中的法律选择条款认定船舶所有权问题适用新加坡法律，只有在将涉案两艘远洋拖轮不视为船舶，而视为一般动产的前提下，该法院的认定结果才不违背我国《海商法》第二百七十条的规定。因为《海商法》第二百七十条仅适用于船舶所有权问题，对于不属于船舶的一般动产所有权问题，该条款没有规定，我国当时的国际私法法律法规和司法解释都没有明确规定，这种情况下审案法官可以依据国际私法理论学说确定一般动产物权的准据法。国内外国际私法文献著作中，一直有学者认为动产物权问题可以适用当事人协议选择的法律作为物权准据法。② 因此，审案法官如果首先将涉案刚建造完毕的远洋拖轮识别为一般

① 宁波海事法院民事判决书（2006）甬海法事初字第5号。

② Ruiting Qin：Parteiautonomie：eine rechtsvergleichende Untersuchung—Versuch zur Entwicklung einer Gerechtigkeitsjurisprudenz im IPR, Frankfurt am Main 2003, S. 395 ff.；Markianos, Demetrios：Res in Transitu im deutschen internationalen Privatrecht, RabelsZ 1958, S. 36；Meyer—Ladewig, Jens：Verschiedene Rechtsordnungen fuer Schuldvertrag und Uebereignung im internationalen kaufrecht? AWD 1963, S. 261；Schmeding, Joerg G.-A：Zur Bedeutung der Rechtswahl im Kollisionsrecht, RabelsZ, 1977, S. 329；Weber, Rolf：Parteiautonomie im internationalen Sachenrecht, RabelsZ, 1980, S. 510；Jayme, Erik：Transposition und Parteiwille bei grenzueberschreitenden Mobiliarsicherheiten, in：Festschrift fuer Rolf Serick, Heidelberg, 1992, S. 246.

动产，然后援引国内外一些国际私法学者的理论学说，论证在我国现行立法没有规定的情况下，对一般动产物权问题可以适用当事人协议选择的法律作为物权准据法，在此说理基础上正式确认当事人在船舶买卖合同中协议选择的新加坡法律作为涉案远洋拖轮所有权问题的准据法，则这种判决理由和判决结果不仅说理充分，而且既不违背法律，亦不失公正合理。

2011 年 4 月 1 日施行的《法律适用法》第三十七条明确规定动产物权首先适用当事人协议选择的法律，该条款进一步证实了前述学术观点的合理性。当然，在《法律适用法》生效实施之后，法官对于船舶所有权问题，如果认定该船舶不属于《海商法》规定的船舶而属于一般动产，那么法官即应当直接援引《法律适用法》第三十七条确定该船舶所有权应当适用的法律，而不应再依据学者观点来确定物权准据法。

二　动产与不动产的区分

与物的识别问题类似的是动产与不动产的区分问题。不同国家法律在动产和不动产的具体认定标准方面差别较大。例如，《拿破仑法典》第 524 条规定，所有人为不动产便利而利用的下列各物，均为不动产：耕作用家畜，农业用具，供给佃农的种子，鸽舍中的鸽，兔园中的兔，池沼中的鱼类。[①] 而依据我国法律，前述各物均应属于动产。我国《法律适用法》第三十六条和第三十七条分别对动产物权和不动产物权的法律适用问题规定了完全不同的冲突规范：第三十六条规定不动产物权适用不动产所在地法律；第三十七条规定动产物权首先适用当事人协议选择的法律，其次适用法律事实发生时物之所在地法律。由于我国《法律适用法》立法者对动产物权和不动产物权的法律适用问题分别立法，并且分别规定了不同的连结点，因此将当事人诉争的物明确定性为动产或者不动产，是适用《法律适用法》第三十六—三十八条的前提条件。因此在我国国际私法中，动产和不动产的区分应属于识别问题，按照《法律适用法》第八条，适用法院地法律，而不应适用物权准据法。故我国人民法院受理了涉外物权案件之后，应首先依据我国法律判断诉争之物是属于动产还是不动产，然后根据判断结果确定适用《法律适用法》第三十六条、三十七条或者三十八条中相应的冲突规范。

基于上述分析，前述原告"西林克公司""易拉公司"与被告绍兴天龙进出口有限公司、浙江天龙进出口贸易有限公司船舶所有权侵权纠纷一案中，涉案船舶是属于我国《法律适用法》第三十七条中的动产还是属于我国《海商法》第二百七十条中的船舶的问题，亦属于《法律适用法》第八条规定的识别问题，应当依据法院地法律，即我国法律，来回答。该案一审法院判决书适用了我国法律认定涉案船舶不属于我国《海商法》第二百七十条中的船舶，由于该案中我国法律既不是船旗国法律：船旗国是

[①] 《拿破仑法典》，李浩培、吴传颐、孙鸣岗译，商务印书馆 1979 年版，第 69 页。

马来西亚；也不是当事人协议选择的法律：当事人协议选择的法律是新加坡法律；因此一审法院实际上是将我国法律作为法院地法律来适用的，只是一审法院判决书对此没有明确阐明。故该案判决书实际上采纳了本书的观点：涉案船舶是属于船舶还是属于一般动产的问题，系识别问题，应适用《法律适用法》第八条规定的法院地法律解决。

第三节　拓展思考

与物的识别和动产不动产的区分完全不同的是物权准据法的适用范围问题。物权准据法的适用范围是指审案法院按照法院地的物权冲突规则确定了物权准据法之后，审案法院适用该准据法解决的具体法律问题的范围。具体到我国国际私法而言，物权准据法的适用范围问题是指人民法院按照《法律适用法》第三十六—三十八条以及《海商法》和《民用航空法》的相关规定确定了物权准据法之后，人民法院应当适用该物权准据法解决哪些范围内的具体法律问题。

前述原告"西林克公司""易拉公司"与被告绍兴天龙进出口有限公司、浙江天龙进出口贸易有限公司船舶所有权侵权纠纷一案中，宁波海事法院依据我国法律认定涉案远洋拖轮不属于我国《海商法》规定的船舶而应当属于一般动产之后，即需要解决涉案远洋拖轮所有权归属的准据法问题。该法院认定涉案远洋拖轮所有权的归属以及所有权是否转移的问题均应当适用当事人协议选择的法律，本案中即新加坡法律，作为物权准据法。根据船舶建造合同的约定和两原告提供的新加坡立杰律师事务所合伙人杜建星律师出具的法律意见书，一审法院认定浙江天龙在出卖船舶时拥有船舶的所有权，有权对船舶进行处分。

关于所有权的转移问题，宁波海事法院认为，根据《新加坡货物买卖法》第17(1)条规定，本案两艘远洋拖轮的所有权何时发生转移，取决于当事人的主观合意。按被告浙江天龙与原告西林克公司的船舶买卖合同第7条第二款下半句"船舶交付将在签署交接备忘录的时候生效。这个备忘录表明买方确认交付船舶和买方接受船舶"和第4款"船舶的所有权和灭失风险在交接完成后转移给买方"的约定，可以看出当事人双方的合意，即船舶交接备忘录一旦被签署，所有权即从卖方转移到买方。该约定符合新加坡法律的规定，应确认有效。因此，两艘远洋拖轮的所有权按照新加坡法律已经于2006年1月18日船舶交接备忘录签署时合法转移至买方西林克公司名下。

宁波海事法院在确定涉案拖轮所有权问题的准据法时，没有援引任何冲突规范，也没有进行任何说理，直接适用了当事人协议选择的新加坡法律，这似乎是该判决书的不足之处。但是我们应当考虑到，该法院审理本案之时，我国动产物权冲突法立法尚属于一片空白，没有任何冲突规范可供援引，在这种情况下，该法院为了实现国际私法正义，创造性地承认当事人协议选择的动产物权准据法，并适用当事人协议选择的动产物权准据法来解决涉案动产所有权归属及其转移问题，最终得出了符合个案公平的判决结果。应当认为，宁波海事法院在该案中对涉案拖轮的识别以及确定物权准据法的方法都是我国司法实践在动产物权冲突法领域所做的积极探索，这种探索精神难能可贵，无疑是值得肯定的。我国《法律适用法》第三十七条吸收了我国司法实践在动产物权法律适用方面积累的宝贵经验，正式认可了当事人协议选择动产物权准据法的合法性。但是关于物权准据法的具体适用范围，我国迄今为止的冲突法立法和司法解释都没有明确规定，依据物权冲突法的一般理论，结合我国物权冲突规范的具体内容，本书认为，在我国国际私法中，物权准据法的适用范围应主要包括下述五个方面的法律问题。

（一）物权的种类和内容

物权是对世权，一切人均负有义务尊重权利人享有的物权，因此物权的具体种类和每种物权的具体内容都应具有可预见性，能为公众所了解。物权的种类和内容如果不具有公开性，公众便无从知道物权是否存在以及内容如何，要求公众尊重他人的物权便是不公平的，由此产生了物权法定原则和物权公示主义。各国关于物权的具体种类、内容和公示条件方面的规定各不相同，如法国有登记抵押权，德国则无；《中华人民共和国民法典》规定了土地承包经营权，《德国民法典》中则没有这种物权；英国法规定了衡平法所有权，中国法则不承认这种物权。物权的具体种类和每种物权的具体内容，应适用物权准据法。

（二）物权的行使

权利人是否可以行使物权，应当以何种方式和手段行使物权，原则上均应当由物权准据法决定。由于我国《法律适用法》第37条和第38条允许当事人协议选择物权准据法，实践中便有可能发生物权准据法和物之所在地法不一致的情况。在物权准据法不是物之所在地法的情况下，如果权利人欲行使物之所在地国家的实体法没有规定的一种物权，该物权的行使可能会受到物之所在地国家的一些限制。例如，假设具体动产交易中当事人协议选择了《德国民法典》作为物权准据法，在涉案动产由德国进入我国之后，依据《德国民法典》有效取得了让与担保权的权利人欲在我国行使该权利，请求法院扣押拍卖该动产，我国法院可能对其诉讼请求不予支持，因为我国物权法不承认让与担保。但考虑到物权准据法毕竟是我国国际私法援引的法律，本书认为，在不违背我国公共秩序的前提条件下，我国法院应尽可能支持权利人行使和实现物权准据法赋予其的物权。

（三）物权客体的范围

物权的客体是物，但各国民法对物的理解不尽一致。《法国民法典》承袭罗马法，认为物包括有体物和无体物①；《德国民法典》中的物则仅指有体物②，而且依《德国民法典》第90a条规定，动物不是物，只有在法律没有另行规定的情况下，物权法条文方可适用于动物。另外，关于人体器官、自然人的尸体、人的精子和卵子等是否可以成为物权客体，关于土地、森林、矿藏、河流等可否作为物权客体，各国法律规定亦不相同。物权客体的具体范围适用物权准据法。例如，人民法院按照我国法律将当事人争议的土地识别为"物"并按照《法律适用法》第36条规定确定沙特阿拉伯的伊斯兰法作为物权准据法，但是按照伊斯兰法，该土地属于"圣地"，不能成为物权客体，这种情况下，除非伊斯兰法违背了我国的公共秩序，我国法院原则上应尊重伊斯兰法的规定。

（四）物权的设立、变更、转让和消灭

这是物权准据法的主要适用范围。从各国现行立法来看，物权准据法主要是指物权的设立、变更、转让和消灭应予适用的法律。实践中当事人之间的物权争议主要涉及物权的设立、变更、转让和消灭，由于物权法定原则，各国法律对这些事项的规定差异悬殊。在这些具体事项方面，各国立法和司法实践均适用物权准据法。前述原告"西林克公司""易拉公司"与被告绍兴天龙进出口有限公司、浙江天龙进出口贸易有限公司船舶所有权侵权纠纷一案中，一审法院适用当事人协议选择的新加坡法律认定涉案两艘远洋拖轮的所有权已经于2006年1月18日船舶交接备忘录签署时合法转移至买方西林克公司名下，即属于依据物权准据法判决物权转移问题的典型示例。

（五）物权的保护方法

对物权的侵害在许多情况下既属于物权问题，又属于侵权行为问题。因此对物权的保护一般既可适用物权准据法，也可适用侵权行为准据法。我国现行立法对这一问题未做规定。本书认为，在物权受到侵害的情况下，权利人可以提起物权诉讼，也可以提起侵权诉讼。如果权利人提起的是物权诉讼，那么对于物权的保护方法，应当适用物权准据法。如果权利人提起的是侵权诉讼，那么对于受害人享有哪些救济措施、侵害人的行为是否构成侵权、侵害人是否承担以及承担何种侵权责任等问题，应当适用侵权准据法。

前述原告"西林克公司""易拉公司"与被告绍兴天龙进出口有限公司、浙江天龙进出口贸易有限公司船舶所有权侵权纠纷一案中，一审法院认定，"SEALINK MAJU 4""SEALINK MAJU 5"两艘远洋拖轮的所有权已于2006年1月18日（最迟至1月23日）由浙江天龙移转给了西林克公司。绍兴天龙以该两艘拖轮属浙江天龙所有为由申请扣押船舶，侵犯了西林克公司的所有权。在这种情况下，所有权遭受侵害的西林克

---

① 《拿破仑法典》，李浩培、吴传颐、孙鸣岗译，商务印书馆1979年，第526—530条，第69—70页。

② 《德国民法典》第90条。

公司可以采取哪些救济措施来保护自己的所有权，即属于典型的物权保护方法问题，应当适用物权准据法。但由于原告选择提起侵权诉讼，追究被告的侵权责任，从该案一审和二审法院判决书来看，对于应当如何保护原告享有的涉案船舶所有权问题，两审人民法院适用的都是作为侵权行为地的我国内地法律，即侵权准据法。①

在物权准据法适用范围和侵权准据法适用范围之间界限的把握方面，"西林克公司""易拉公司"与被告绍兴天龙进出口有限公司、浙江天龙进出口贸易有限公司船舶所有权侵权纠纷案的判决书也有可圈可点之处。浙江高院终审判决书一方面认为，涉案"SEALINK MAJU 4""SEALINK MAJU 5"两拖轮被扣押前，西林克公司已经付清了合同项下船舶款项，并与浙江天龙签署了交接备忘录，西林克公司也派船员接管船舶，依据当事人协议选择的新加坡法律，西林克公司已经取得两拖轮的所有权；但另一方面又认为，虽然绍兴天龙申请扣押涉案两拖轮的行为，最终侵犯了西林克公司的船舶所有权。但由于依据《中华人民共和国物权法》第二十三条规定，船舶、航空器和机动车等物权的设立、变更、转让和消灭，未经登记，不得对抗善意第三人。而涉案"SEALINK MAJU 4""SEALINK MAJU 5"两拖轮所有权因未经登记，不产生物权的公示效力。因此，绍兴天龙的申请扣押"SEALINK MAJU 4""SEALINK MAJU 5"的行为不具有主观上的过错，不应承担经济赔偿的过错责任。浙江高院一方面依据新加坡法律认定西林克公司已经取得涉案拖轮所有权，绍兴天龙申请扣押涉案两拖轮的行为构成侵权；另一方面又依据中国物权法认定西林克公司对涉案拖轮的所有权不具有物权的公示效力，因此，绍兴天龙的申请扣押"SEALINK MAJU 4""SEALINK MAJU 5"的行为不具有主观过错，不应承担经济赔偿的过错责任。这种前后完全相反的认定结果看似自相矛盾，实际上正体现了涉案法官对物权准据法和侵权准据法适用范围的专业认知和实践把握能力。按照法官的识别结果，涉案拖轮所有权转移问题属于动产物权问题，首先适用当事人协议选择的法律。当事人协议选择了新加坡法律，因此对所有权转移问题应当适用新加坡法律。绍兴天龙申请扣押"SEALINK MAJU 4""SEALINK MAJU 5"的行为是否构成侵权、是否应承担赔偿责任的问题属于侵权问题，应当适用侵权准据法。依据我国《民法通则》第一百四十六条，侵权行为适用侵权行为地法律，申请扣押行为发生在中国，因此侵权准据法是中华人民共和国法律。因此，浙江高院适用我国物权法判断绍兴天龙是否应承担侵权赔偿责任，不仅没有和之前适用的新加坡法律构成自相矛盾，反而是区分物权准据法和侵权准据法的必然结果，是对侵权准据法适用范围的正确界定。只是值得思考的一个问题是，按照审案法院的认定结果，

① 浙江省高级人民法院（2008）浙民四终字第48号民事判决书认为，虽然绍兴天龙申请扣押了西林克公司所有的"SEALINK MAJU 4""SEALINK MAJU 5"两艘拖轮，但因申请时不知晓船舶所有权的真实状况，主观上并无过错，故不应负赔偿责任。该结论即明确表明，浙江省高级人民法院适用的是侵权准据法，因为赔偿责任属于典型的侵权法救济方法。

本案物权准据法是新加坡法律，侵权准据法是中国法律。因此浙江高院适用新加坡法律判断所有权转移时间和适用中国法律判断侵权人是否存在过错都是正确的。但是，浙江高院判断侵权人是否存在过错时适用的是我国《物权法》，认为作为侵权准据法的中华人民共和国法律包括《中华人民共和国物权法》第二十三条，是否妥当，值得思考。本书认为似乎不甚妥当。

【主要法条】

《中华人民共和国涉外民事关系法律适用法》第 37 条　当事人可以协议选择动产物权适用的法律。当事人没有选择的，适用法律事实发生时动产所在地法律。

德国《民法施行法》第 43 条　物权适用物之所在地国家的法律。

一物之上已经设立的物权，在该物进入另一国家之后，其行使不得违背该另一国家的法律。

在从其他国家进入德国的物之上尚未有效取得的物权，该物进入德国之后，在判断该物权的取得时，对于发生在其他国家的法律事实，应和发生在德国的法律事实同样予以考虑。

2001 年《韩国国际私法》第 19 条　动产和不动产物权以及须登记的其他权利适用标的物所在地的法律。

第 1 款规定的权利的取得、丧失或变更适用作为原因的行为或事实完成之时标的物所在地的法律。

第十五章　合同准据法和物权准据法的区分：
涉外船舶抵押合同和抵押权*

核心知识点

　　涉外船舶抵押权和船舶抵押合同属于不同的法律关系，按照《法律适用法司法解释（一）》第十三条规定，应分别适用不同的冲突规范确定准据法。我国《海商法》第二百七十一条规定的是涉外船舶抵押权的准据法，涉外船舶抵押合同的准据法应当依据《海商法》第二百六十九条确定。在涉案船舶的外国船东被外国法院宣告破产的情况下，人民法院应当对外国的破产管理法律进行定性，以确定其是否能够被我国人民法院适用。规定船舶抵押权实现方式的外国破产管理法律属于实体法律，可以作为船舶抵押权的准据法在我国法院被适用；规定诉讼程序（包括强制执行法院判决的程序）的外国破产管理法律属于诉讼程序法，依据我国《涉外民事关系法律适用法》第九条和《民事诉讼法》第四条，不能在我国法院被适用。被宣告破产的外国企业是否具有民事权利能力和民事行为能力，应当由我国《涉外民事关系法律适用法》第十四条援引的准据法决定。

＊　本章作者：大众汽车自动变速器天津有限公司法律顾问刘梦璐；天津易道律师事务所律师曹哲辅。

第一节　典型案例介绍

【英国月光之路企业有限公司、利比里亚拉维尼亚公司与俄罗斯远东海产品开放型控股公司、天津天马拆船工程有限公司船舶抵押合同和抵押权纠纷①】

1999 年 5 月 28 日，英国月光之路公司企业有限公司（以下简称"月光之路公司"）、拉维尼亚公司与俄罗斯远东海产品开放（以下简称"远东公司"）签订包运合同，约定由拉维尼亚公司或其代理人从远东公司的全资子公司直布罗陀亚历山德拉航运公司等处高于市场价购买七艘冷藏船，从而免除了远东公司与直布罗陀亚历山德拉航运公司等拖欠其它公司和银行的债务，远东公司在包运合同的有效期 12 年内，独家使用月光之路公司、拉维尼亚公司或其指定代理人的冷藏货船服务将远东公司的全部渔船捕获物运到目的地，并独家从月光之路公司、拉维尼亚公司购买渔船和加工船所需的全部燃油供应品。

为保证该包运合同的履行，远东公司将涉案"勘察加渔民"（Rybak Kamchatki）轮抵押给月光之路公司和拉维尼亚公司，抵押价值为 700 万美元，各方于 2000 年 5 月 24 日签订了《船舶优先受偿抵押合同》，2000 年 5 月 25 日在符拉迪沃斯托克渔港对"勘察加渔民"轮进行了抵押权登记。《船舶优先受偿抵押合同》第五章第 2 条第 3 款约定"……未经抵押权人的书面同意，不得将船舶转让给第三人……"；第十二章约定"抵押所担保的债务包括：抵押人（远东公司）不履行或不充分履行包运合同项下义务引起的损失赔偿；根据本抵押合同，抵押权人所支付的由抵押人不当行为而引起的所有费用、损失、税金及罚金等，由抵押人承担；因本抵押合同引起争议而发生的法院诉讼费及仲裁费用；对船舶采取强制执行措施所产生的费用"；第十六章约定"抵押人更换抵押物或替代抵押物的义务。1、如果被抵押船舶价值发生减损或发生船舶灭失，则无论抵押人对抵押物所发生的上述情况是否存在过失，只要抵押权人根据被抵押船舶保险合同所获得的保险赔偿不足以补偿该抵押合同所担保的债权，或抵押权人由于各种原因没有得到保险赔偿金，则抵押权人有权要求抵押人——以抵押人所有的其他任何船只替代本抵押合同项下的被抵押船舶；通过提供抵押人所有的其他任何船只进

---

① 天津海事法院（2003）津海法商初字第 370 号民事判决书；天津市高级人民法院（2010）津高民四终字第 109 号民事判决书。本案当事人各方信息如下：上诉人（原审原告）月光之路企业有限公司（Moonpath Enterprises Limited），住所地英属维尔京群岛托托拉罗德镇 146 号信箱；上诉人（原审原告）拉维尼亚公司（Lavinia Corporation），住所地利比里亚共和国蒙罗维亚市辽阔路 80 号；被上诉人（原审被告）远东海产品开放型控股公司（Open Joint-stock Company HC Dalmoreproduct），住所地俄罗斯联邦滨海边疆区符拉迪沃斯托克市波洛卡娅大街 53 号，该公司的外部管理人是亚历山大·维克多罗维奇·苏卡奇（Alexander Viktorovich Sukach）；被上诉人（原审第三人）天津天马拆船工程有限公司，住所地天津市塘沽区北塘镇南营路甲 1 号。

行补充担保。……2、船舶灭失的含义，包括：船舶的实际灭失和推定灭失；船舶被征用或被强制转让；……"。

月光之路公司、拉维尼亚公司与远东公司在履行包运合同过程中发生纠纷，英国伦敦仲裁庭于 2002 年 3 月 22 日裁决远东公司赔偿月光之路公司与拉维尼亚公司 82659647.68 美元。

2002 年 10 月 23 日，俄罗斯滨海边疆区仲裁法院裁决远东公司实施破产外部管理，指定车列维克·亚历山大·米哈伊洛维奇为外部管理人。自 2003 年 10 月 9 日起变更外部管理人为亚历山大·维克多洛维奇·苏卡奇。后俄罗斯滨海边疆区仲裁法院裁决将远东公司的外部管理期和外部管理人亚历山大·维克多洛维奇·苏卡奇的任期延长至 2013 年 12 月 3 日。

2003 年 2 月 18 日，天津天马拆船工程有限公司（以下简称"天马公司"）与 VISA 公司签订废船买卖合同，天马公司以 153.6 万美元的价格购买了"勘察加渔民"轮。天马公司按照约定支付了购船款并取得了对"勘察加渔民"轮的实际占有。远东公司的外部管理人亚历山大·维克多洛维奇·苏卡奇确认远东公司于 2004 年 1 月 1 日收到天马公司购买"勘察加渔民"轮的全部款项。

2003 年 6 月 7 日，天津海事法院法院依据月光之路公司的申请，作出（2003）海告立保字第 27 号民事裁定及（2003）海告立决字第 27—1 号扣押令，对"勘察加渔民"轮予以扣押。2003 年 7 月 4 日，月光之路公司与拉维尼亚公司向天津海事法院提起诉讼，认为远东公司违反了抵押合同"未经抵押权人的书面同意，不得将船舶转让给任何公司"的约定，同时违反了《俄罗斯民法典》《俄罗斯商船法》和《联邦法》关于抵押船舶的相关规定，造成月光之路公司与拉维尼亚公司无法有效行使抵押权，请求法院依法确认月光之路公司与拉维尼亚公司对"勘察加渔民"轮享有船舶抵押权，并准许月光之路公司与拉维尼亚公司对该轮行使抵押权，即以该轮拍卖/变卖后全部船价人民币 12948000 元及利息优先受偿。本案诉讼费、保全费、看护费、拍卖费及律师费由远东公司承担。

天马公司作为有独立请求权的第三人参加诉讼，请求确认天马公司对"勘察加渔民"轮享有全部所有权，而月光之路公司与拉维尼亚公司对"勘察加渔民"轮主张船舶抵押权，不具备条件，应在俄罗斯法院主张债权并向远东公司索赔。2003 年 8 月 11 日，天津市方通资产经营有限公司为"勘察加渔民"轮提供 156 万美元担保，天津海事法院作出（2003）海商初字第 370—1 号民事裁定，解除对"勘察加渔民"轮的扣押，并同意由天马公司拆解"勘察加渔民"轮。2003 年 11 月 9 日，中国农业银行天津塘沽分行将拆解"勘察加渔民"轮所得款项共计人民币 12948000 元（156 万美元×8.3 汇率）划转至天津海事法院保管款账户，作为天马公司提供的解除对"勘察加渔民"轮扣押的担保。2004 年 5 月 21 日，天津海事法院作出（2003）海商初字第 370—20 号民事裁定，准予天马公司用担保人天津市中小企业信用担保中心提供的连带保证，替换天马公司向法院提供的人民币 12948000 元的现金担保。

天津海事法院认为，本案为船舶抵押权纠纷。远东公司为保证履行与月光之路公司、拉维尼亚公司的包运合同，将其所属俄罗斯籍"勘察加渔民"轮登记抵押给月光之路公司与拉维尼亚公司，月光之路公司与拉维尼亚公司对"勘察加渔民"轮享有抵押权，是该轮的抵押权人。月光之路公司、拉维尼亚公司与远东公司在船舶优先受偿抵押合同中约定了"对被抵押船舶采取强制措施时，应适用俄罗斯联邦法律或财产所在地法律"，本案的准据法为俄罗斯联邦法律。

船舶抵押权与其所担保的债权是从权利与主权利的关系，抵押权处于从属地位，行使船舶抵押权的前提是债务人（抵押人）逾期不履行债务。虽经英国伦敦仲裁庭裁决，月光之路公司与拉维尼亚公司对远东公司享有债权，但由于本案远东公司在 2002 年 10 月 23 日被俄罗斯滨海边疆区仲裁法院裁决实施破产外部管理，因此，月光之路公司与拉维尼亚公司对远东公司是否享有到期债权，成为月光之路公司与拉维尼亚公司行使船舶抵押权、采取强制措施的先决条件。

月光之路公司、拉维尼亚公司与远东公司双方约定适用俄罗斯联邦法律，意味着俄罗斯联邦法律体系中有关法律均可适用，结合本案远东公司在俄罗斯境内实施破产外部管理期间，因此《俄罗斯联邦无支付能力（破产）法》应适用于本案。根据 2002 年 10 月 26 日签署的正在俄罗斯联邦有效实施的《俄罗斯联邦无支付能力（破产）法》第 233 条第二款规定，本案应以 1998 年 1 月 8 日签署生效的《俄罗斯联邦无支付能力（破产）法》作为准据法，对月光之路公司与拉维尼亚公司行使船舶抵押权的方式进行判定。根据 1998 年 1 月 8 日《俄罗斯联邦无支付能力（破产）法》第 69 条第 5 款规定，"自实施外部管理之时起，缓期偿还债权人的金钱债务并延期支付债务人的应缴款项，本法另有规定的除外"，故远东公司在实施破产外部管理期间，英国伦敦仲裁庭裁决其应当向月光之路公司与拉维尼亚公司支付的金钱债务，得以缓期偿付。由此月光之路公司与拉维尼亚公司针对远东公司的债权未到履行期限，不属于到期债权。

1998 年 1 月 8 日《俄罗斯联邦无支付能力（破产）法》第 11 条第 4 款规定，"执行破产程序时由根据本法组成的债权人会议和债权人委员会代表全体债权人利益。自仲裁法院受理破产申请时起债权人无权向债务人单独提出清偿债务的请求。所有针对债务人的行为均由债权人会议和债权人委员会代表债权人实施。"依据该规定，月光之路公司与拉维尼亚公司应首先申报债权并使债权被编入债权申报清单成为破产债权，从而确定其债权数额及清偿顺序。鉴于月光之路公司与拉维尼亚公司不能证明其已经申报债权以及该债权被确定为破产债权，本案月光之路公司与拉维尼亚公司不具备向远东公司行使船舶抵押权的法定条件。

远东公司作为涉案船舶的抵押人通过案外人在实施破产外部管理期间将"勘察加

渔民"轮以买卖合同方式卖给天马公司，违背了远东公司与月光之路公司、拉维尼亚公司之间的抵押合同第六章第 1 条"未征得抵押权人事先书面同意，抵押人不得对被抵押船舶进行如下处置，包括买卖、赠与……"之约定，远东公司未征得月光之路公司与拉维尼亚公司书面同意的情况下将船舶出卖给天马公司，是对月光之路公司与拉维尼亚公司的违约。但远东公司实际的船舶转让行为对天马公司并非无效。远东公司向天马公司出具了"勘察加渔民"轮不存在任何债务的官方证明，天马公司向远东公司支付了合理的对价，天马公司已经善意取得了"勘察加渔民"轮的所有权。且远东公司当庭认可已收到全部款项并归入破产财产。根据《俄罗斯联邦无支付能力（破产）法》的规定，享有抵押权的债权人具有优先受偿的权利，故月光之路公司与拉维尼亚公司按规定进行破产债权登记，既不损害自己的利益，又符合全体债权人的利益。

综上所述，月光之路公司与拉维尼亚公司对"勘察加渔民"轮享有抵押权，该轮的所有权已经由远东公司转移给天马公司，月光之路公司与拉维尼亚公司以该轮抵押权人的地位在远东公司的破产外部管理期内单独向远东公司行使船舶抵押权，没有法律依据，不予支持。天津海事法院依照《中华人民共和国海商法》第二百六十九条、《俄罗斯联邦无支付能力（破产）法》第六十九条、《中华人民共和国民事诉讼法》第六十四条第一款，判决：天马公司取得"勘察加渔民"轮的所有权；驳回月光之路公司、拉维尼亚公司行使船舶抵押权的诉讼请求。

月光之路公司与拉维尼亚公司向天津高级人民法院提起上诉，请求撤销原审判决，改判支持其行使船舶抵押权的诉讼请求，驳回天马公司的诉讼请求，一、二审诉讼费用由远东公司与天马公司承担。理由如下。

（1）原审判决关于天马公司已经善意取得了"勘察加渔民"轮所有权的认定错误。天马公司未提供证据证明根据相关法律其提交的船舶买卖合同有效，原审法院不应仅以远东公司和天马公司在庭审中的口头确认就认定该事实存在。天马公司提交的船舶买卖合同是其与 VISA 公司签订的，而支付卖船款凭证显示款项支付到了美国 SV Financial 公司，均与远东公司无关联。天马公司没有提交关于"勘察加渔民"轮不存在任何债务的官方证明，而且天马公司向原审法院提交后又撤回的"船舶注销证明"是伪造的，天马公司没有查询船舶登记、没有提交远东公司对 VISA 公司出售船舶的有效授权。因此，天马公司购买"勘察加渔民"轮并非善意，"勘察加渔民"轮的所有权一直在俄罗斯登记，月光之路公司与拉维尼亚公司的抵押权也一直有效登记，原审法院认定天马公司善意取得该轮所有权没有依据。

（2）原审判决以《俄罗斯联邦无支付能力（破产）法》来判定当事人可否行使船舶抵押权属于适用法律错误。船舶抵押权应当适用俄罗斯关于船舶抵押权的实体法，对案件的审理程序等应适用中华人民共和国相关法律。《俄罗斯联邦无支付能力（破产）法》作为程序性的法律不能作为本案的准据法。原审法院依据抵押合同关于"对被抵押船舶采取强制措施时，应适用俄罗斯联邦法律或财产所在地法律"的约定，认为本案准据法为俄罗斯联邦法律是错误的，因为根据该条款，可以适用财产所在地法律，即中华人民共和国法律。另外，即使天马公司享有船舶所有权，月光之路公司与拉维尼亚公司仍有权行使抵押权，且根据俄罗斯法律，天马公司作为受让人仍应当承担抵押人的全部义务。

（3）原审判决关于债权是否到期认定错误。根据包运合同，月光之路公司与拉维尼亚公司的债权早已到期，且伦敦仲裁裁决是终局的，确认了该债权。外部管理的延期偿付是程序性的，其本身不影响债权的存在，更不影响债权是否到期的实体问题。况且，对于本案船舶抵押权纠纷不应适用《俄罗斯联邦无支付能力（破产）法》关于外部管理程序的规定。

（4）本案没有证据证明远东公司收到了全部卖船款。远东公司的总会计师证明远东公司从没有卖船给天马公司，也没有收到卖船款，更不可能将款项归入破产财产。由于该轮已经在原审法院监管下进行了拆解，抵押权人不能在俄罗斯法律下行使抵押权或登记债权，原审法院认定月光之路公司与拉维尼亚公司能够通过进行破产债权登记来实现抵押权和债权是错误的。

远东公司请求驳回上诉，维持原判。理由如下。

（1）远东公司在外部管理期间将涉案船舶转让给天马公司，该船舶买卖合同是真实的。天马公司支付买船款的凭证也是真实的，远东公司认可天马公司履行了付款义务。

（2）原审法院适用《俄罗斯联邦无支付能力（破产）法》不存在适用法律错误。对于本案原则上适用俄罗斯法律，各方当事人本没有争议。对于远东公司处于外部管理期间，应当适用《俄罗斯联邦无支付能力（破产）法》，月光之路公司和拉维尼亚公司认为该破产法是程序法而孤立地主张适用俄罗斯商船法和抵押法的观点是错误的。《俄罗斯联邦无支付能力（破产）法》是俄罗斯市场经济的基本法，是在债务人资不抵债下调整各项民事关系的规范，该法是实体性法律，是对债权人和债务人具体权利义务的特别调整。

（3）根据《俄罗斯联邦无支付能力（破产）法》的规定，远东公司外部管理期间，债务得以延期偿付。

二审法院在各方当事人均未提交俄罗斯联邦民法的情况下，依法对俄罗斯联邦民法进行了查明，采用黄道秀编译的《俄罗斯联邦民法典》（北京大学出版社2007年11月第一版）一书，各方当事人对此予以认可。

另查明，《俄罗斯联邦无支付能力（破产）法》（1998年11月8日第6号）第1条第6款规定："本法调整的关系涉及外国债权人的，适用本法的规定，俄罗斯联邦缔结的国际条约另有规定的除外"。第二条规定："外部管理（司法预防破产措施）……——对债务人执行的以恢复其支付能力的破产程序，债务人将管理权转交给外部管理人；外部管理人——是指仲裁法院指定的实施外部管理并行使本法所规定权利的人"。第 11 条第 4 款规定："执行破产程序时由根据本法组成的债权人会议和债权人委员会代表全体债权人利益。自仲裁法院受理破产申请时起债权人无权向债务人单独提出清偿债务的请求"。第六十八条规定："仲裁法院作出的关于实施外部管理的裁决必须立即执行"。第六十九条规定："自实施外部管理之时起，撤除债务人负责人的职务，由外部管理人管理债务人的业务……债务人的负责人及其他管理机构的职权移交给外部管理人……；取消先前采取的确保债权人请求得以承兑的措施；查封债务人的资产以及限制债务人分配其所有的资产仅在破产程序范围内实行；缓期偿还债权人的金钱债务并延期支付债务人的应缴款项，本法另有规定的除外"。第 70 条第 1 款规定："债权请求的延期偿付适用执行外部管理前到期的金钱债务和必须支付的其他款项"。第 74 条第 1 款规定："外部管理人的权力：在本法规定的限制下独立处分债务人的财产……"。第 76 条规定："1. 外部管理人有权独立处分债务人财产，债务人财产所有者或者债务人管理机关无权以任何形式限制外部管理人对债务人财产的处分权。2. 如果本法或外部管理计划未作其他规定，外部管理人从事的大宗交易和履行时存在利害关系的交易必须得到债权人会议或债权人委员会的同意。3. 属于大宗交易的交易是处分不动产的交易或处分交易进行时超过债务人资产负债表中资产价值 20% 的其他财产交易。……"。第 75 条规定："在外部管理期间债权人有权随时向债务人提出自己的债权请求……"。

《俄罗斯联邦民法典》第 130 条第 1 款规定："……不动产还包括应进行国家登记的航空器和海洋船舶、内河航运船舶、航天器"。第 131 条第 1 款规定："不动产的所有权和其他物权，其权利的限制、产生、转让和终止，均应由进行不动产和与不动产有关的法律行为登记的机关在统一的国家登记簿中进行登记。应进行登记的有：所有权、经营权、业务管理权、终身继承占有权、永久使用权、不动产抵押、地役权，以及在本法典和其它法律规定情况下的其他权利"。第 302 条第 1 款规定："如果财产系从无权转让的人那里有偿取得，取得人并不知悉或者不可能知悉向他转让财产的人没有转让该财产的权利（善意取得人），而当财产原是被其所有权人遗失或者被他交付其占有的人遗失时，或者是从他们二者那里被盗窃时，或者由于他们意志以外的其他方式而丧失其占有时，则财产所有权人有向取得人要求返还的权利"。第 339 条规定："1、抵押合同、抵押合同的形式和登记……2、抵押合同应当采用书面形式。……3、不动产抵押的合同应当按照相应财产法律行为的登记程序进行登记。4、不遵守本条第二款和第 3 款规定的，抵押合同无效"。

天津高院二审认为，月光之路公司、拉维尼亚公司和远东公司分别为在英国、利比里亚和俄罗斯注册的外国法人，本案为涉外船舶抵押权和船舶所有权纠纷。涉案

"勘察加渔民"轮为登记在俄罗斯符拉迪沃斯托克渔港国家船舶登记处、船旗国为俄罗斯联邦的船舶，根据《中华人民共和国海商法》第二百七十条"船舶所有权的取得、转让和消灭，适用船旗国法律"以及第二百七十一条第一款"船舶抵押权，适用船旗国法律"的规定，本案应当以俄罗斯联邦法律为准据法。

月光之路公司、拉维尼亚公司与远东公司为保证包运合同的履行而签订了《船舶优先受偿抵押合同》，对"勘察加渔民"轮设定了抵押，且按照《俄罗斯联邦民法典》第339条关于不动产抵押的相关规定，在俄罗斯联邦登记机关进行了不动产抵押登记，因此，该《船舶优先受偿抵押合同》符合俄罗斯联邦法律规定，应当认定有效，月光之路公司和拉维尼亚公司对"勘察加渔民"轮享有船舶抵押权。

根据《俄罗斯联邦民法典》第348条，在远东公司不履行或不适当履行债务的情况下，月光之路公司和拉维尼亚公司可以行使船舶抵押权，从而优先受偿。月光之路公司与拉维尼亚公司在中华人民共和国法院申请行使船舶抵押权，应当提供证据证明远东公司存在不履行或不适当履行债务的情形。而在本案中，英国伦敦仲裁庭虽然裁决了远东公司应支付月光之路公司和拉维尼亚公司款项，但该裁决并未在中华人民共和国法院得到承认和执行，因此，月光之路公司和拉维尼亚公司尚不能证明远东公司存在上述情形。根据俄罗斯滨海边疆区仲裁法院的裁决，远东公司自2002年10月23日起实施《俄罗斯联邦无支付能力（破产）法》所规定的外部管理，该外部管理期至2013年12月3日。目前，鉴于远东公司实施外部管理期尚未结束，根据《俄罗斯联邦无支付能力（破产）法》第六十九条"自实施外部管理之时起：……缓期偿还债权人的金钱债务并延期支付债务人的应缴款项……"的规定，远东公司所负的债务得以缓期偿付，因此，"勘察加渔民"轮设定抵押所担保的债务未到履行期限。综上，月光之路公司与拉维尼亚公司不具备向远东公司行使船舶抵押权从而优先受偿的法定条件，对其该项上诉请求，本院不予支持。

本案现有证据证明，天马公司与案外人VISA公司签订的废船买卖合同实际履行完毕，天马公司已经实际占有了涉案"勘察加渔民"轮，远东公司的外部管理人对此未提出异议并确认收到了全部购船款。对于天马公司是否已经取得"勘察加渔民"轮所有权的问题，本院认为，根据《俄罗斯联邦民法典》第130条第1款的规定，"勘察加渔民"轮作为海洋船舶，属于应当进行国家登记的不动产。在该船舶由远东公司通过VISA公司转让时，远东公司正处于破产程序的外部管理期间，依据《俄罗斯联邦无支付能力（破产）法》第七十六条第2款的规定，涉及不动产的交易必须得到债权人会议或债权人委员会的同意。并且根据远东公司与月光之路公司、拉维尼亚公司签订的《船舶优先受偿抵押合同》中关于"……未经抵押权人的书面同意，不得将船舶转让给第三人……"的约定，远东公司对涉案"勘察加渔民"轮进行处分的权能是受到限制的。本案中远东公司不能证明其通过VISA公司转让"勘察加渔民"轮的行为系经过债权人会议或债权人委员会的同意，也不能证明其转让"勘察加渔民"轮已经得到抵押权人的书面同意，因此，远东公司通过 VISA 公司所实施的卖船行为应属于无权处分的行为。但鉴于天马公司是从远东公司处有偿取得并实际占有了"勘察加渔民"轮，而现有证据不能证明天马公司知道或者显然应该知道远东公司没有转让该船舶的权利，在此情况下，根据《俄罗斯联邦民法典》第 302 条第 1 款 "……如果财产系从无权转让的人那里有偿取得，取得人并不知悉或者不可能知悉向他转让财产的人没有转让该财产的权利（善意取得人）……"的规定，天马公司是"勘察加渔民"轮的善意取得人，享有该船舶的所有权。

由于月光之路公司和拉维尼亚公司对远东公司的债权尚未到期，且天马公司在取得该船舶所有权时并不知悉该船舶已被设定了抵押，因此，月光之路公司与拉维尼亚公司提出的即使天马公司享有船舶所有权，但天马公司应承继该船舶所设定的抵押，月光之路公司与拉维尼亚公司仍有权对该船舶行使抵押权的主张不能成立，本院不予支持。根据《俄罗斯联邦无支付能力（破产）法》第七十五条第 1 款、第十一条第 4 款规定，月光之路公司与拉维尼亚公司可就其对远东公司的未到期债权，在俄罗斯滨海边疆区仲裁法院执行的破产程序中向远东公司提出自己的债权请求。

综上，天津高院于 2012 年 7 月 19 日作出终审判决：驳回上诉，维持原判。

第二节　案例评析

本案持续时间长，涉案标的巨大，当事人涉及多国，且法院最终决定适用俄罗斯法律作为本案的准据法，因此本案具有较强的分析价值。笔者将根据我国国际私法理论和现行国际私法法律、法规以及司法解释，对本案涉及的国际私法问题进行全面和详细的分析。

一　案件的涉外性质

该案当事人分别为住所地在英属维尔京群岛的月光之路企业有限公司（以下简称"月光之路公司"）、住所地在利比里亚共和国的拉维尼亚公司和住所地在俄罗斯联邦滨海边疆区符拉迪沃斯托克市的远东海产品开放型控股公司（以下简称"远东公司"），第三人为住所为天津市塘沽区的天津天马拆船工程有限公司（以下简称"天马公司"）。因此，法律关系主体具有明显的涉外因素。本案争议焦点是按照月光之路公司和拉维尼亚公司与远东公司就俄罗斯籍"堪察加渔民"轮签订的抵押合同，在抵押人远东公司不履行或不完全履行其"独家使用月光之路公司、拉维尼亚公司或其指定代理人的冷藏货船服务将远东公司的全部渔船捕获物运到目的地，并独家从月光之路公司、拉维尼亚公司购买渔船和加工船所需的全部燃油供应品"的义务时，月光之路公司和拉维尼亚公司是否可以主张实现其抵押权？由此可知，作为本案法律关系客体的抵押行为亦具有涉外因素。而此案的标的物——"堪察加渔民"轮——为登记在俄罗斯符拉迪沃斯托克渔港国家船舶登记处、船旗国为俄罗斯联邦的船舶，同样具有涉外因素。根据最高人民法院关于适用《中华人民共和国涉外民事关系法律适用法》若干问题的解释（一）第一条"民事关系具有下列情形之一的，人民法院可以认定为涉外民事关系：（一）当事人一方或双方是外国公民、外国法人或者其他组织、无国籍人；（二）当事人一方或双方的经常居所地在中华人民共和国领域外；（三）标的物在中华人民共和国领域外；（四）产生、变更或者消灭民事关系的法律事实发生在中华人民共和国领域外；（五）可以认定为涉外民事关系的其他情形"。月光之路公司、拉维尼亚公司和远东公司之间的船舶抵押权和抵押合同纠纷为涉外民事法律纠纷，即该案件属于国际私法案件。

二　国际民商事管辖权

根据《中华人民共和国民事诉讼法》第 4 条："凡在中华人民共和国领域内进行民事诉讼，必须遵守本法。"因此，月光之路公司与拉维尼亚公司不论是向一审天津海事法院还是二审天津市高级人民法院提出诉讼，天津海事法院和天津市高级人民法院都必须依据我国法律确认其是否享有管辖权。

本案被告（被上诉人）是远东公司，其住所地在俄罗斯联邦滨海边疆区符拉迪沃斯托克市，在中华人民共和国领域内并无住所。此外，在诉讼前，涉案"堪察加渔民"轮由中国天津市天马公司实际占有，也就是说，该船在中国天津市。我国《民事诉讼法》265 条规定："因合同纠纷或者其他财产权益纠纷，对在中华人民共和国领域内没有住所的被告提起的诉讼，如果合同在中华人民共和国领域内签订或者履行，或者诉讼标的物在中华人民共和国领域内，或者被告在中华人民共和国领域内有可供扣押的财产，或者被告在中华人民共和国领域内设有代表机构，可以由合同签订地、合同履行地、诉讼标的物所在地、可供扣押财产所在地、侵权行为地或者代表机构住所地人民法院管辖。"依据该条规定，考虑到月光之路公司和拉维尼亚公司之间的纠纷为船舶抵押权和抵押合同纠纷，属于涉外合同或者财产权益纠纷，远东公司在中华人民共和国领域内没有住所，而诉讼标的物——"堪察加渔民"轮——又在中国天津市，天津法院对本案享有地域管辖权。

级别管辖方面，依据 2002 年《最高人民法院关于涉外民商事案件诉讼管辖若干问题的规定》第 1 条，天津海事法院作为直辖市所在地的中级人民法院，有权管辖涉外民商事案件，因此天津海事法院对本案享有级别管辖权。

事项管辖方面，依据 2001 年 9 月 18 日起实施的《最高人民法院关于海事法院受理案件范围的若干规定》，海事法院的受案范围包括"船舶抵押合同纠纷案件"。因此，本案争议问题属于天津海事法院管辖的事项范围。因海事案件的审级为"三级两审终审制"，自各海事法院、海事法院所在地高级人民法院至最高人民法院，月光之路公司和拉维尼亚公司对一审不服提起上诉时，天津市高级人民法院作为天津海事法院所在地的高级人民法院自然也就享有合法的管辖权。

综上，天津海事法院和天津市高级人民法院对本案拥有合法的管辖权。

三 准据法的确定

本案中，月光之路公司、拉维尼亚公司与远东公司因涉案船舶优先受偿权发生纠纷，该纠纷既涉及抵押合同的效力，又涉及抵押权的效力和行使，原审和二审法院没有明确区分抵押合同和抵押权，均适用俄罗斯联邦法律，却未给出明确的理由，这是其不足之处。在此，笔者将本案中抵押合同与抵押权分开，分别就其应适用的法律进行分析。

（一）船舶抵押合同的准据法

本案中，月光之路公司、拉维尼亚公司与远东公司在船舶优先受偿抵押合同中约定了"对被抵押船舶采取强制措施时，应适用俄罗斯联邦法律或者财产所在地法律。"一审二审法院均据此认定本案适用俄罗斯联邦法律，而月光之路公司和拉维尼亚公司则认为应适用财产所在地法律即中华人民共和国法律。根据法院认定的事实，涉案法律选择条款的措辞是："对被抵押船舶采取强制措施时，应适用俄罗斯联邦法律或者财产所在地法律。"基于该措辞，能否认定当事人双方对于涉案抵押合同适用俄罗斯联邦法律或者财产所在地法律达成了意思表示的一致，属于法院对当事人意思表示的认定问题。本案两审法院判决书虽然没有给出具体理由，但都认定当事人双方对于涉案抵押合同适用俄罗斯联邦法律或者财产所在地法律达成了意思表示的一致，因此本章分析也以法院的前述认定为基础。

根据涉案法律选择条款的措辞，很明显，该法律选择为无条件复合型法律选择，且两个被选择的法律都与所涉争议有关，所以，法院应当允许当事人重新选择；若当事人仍无法达成一致，则应推定当事人没有选择合同准据法①。在本案进行一审判决时，《中华人民共和国涉外民事关系法律适用法》并未颁布实施，可以适用的冲突规范有《中华人民共和国民法通则》一百四十五条和我国《海商法》第二百六十九条。根据特别法优于一般法的原则，法院应当优先适用《海商法》第二百六十九条的规定。而在二审判决书作出之时（2012 年 7 月 19 日），《法律适用法》已实施生效了一年多的时间，故法院首先需要解决应适用《法律适用法》第四十一条还是《海商法》第二

---

① 田键：《涉外合同的多重法律选择问题探析》，《广西政法管理干部学院学报》，2009 年第 1 期。

百六十九条的问题。根据《法律适用法司法解释（一）》第三条，《海商法》属于涉外民事关系法律适用领域的特别法，依据特别法优于一般法的原则，《海商法》和《法律适用法》规定不一致时，《海商法》优先。因此本案船舶抵押合同的准据法应当依据《海商法》第二百六十九条确定，即"合同当事人没有选择法律的，适用与该合同有最密切联系的国家的法律"。在本案中，该抵押合同的双方当事人分别为住所地在英属维尔京群岛的月光之路公司、住所地在利比里亚共和国的拉维尼亚公司和住所地在俄罗斯联邦滨海边疆区符拉迪沃斯托克市远东公司；标的物为包括"勘察加渔民"轮在内的三条船舶；鉴于抵押物船舶在抵押合同履行中的重要性以及船舶本身的重要性；依据我国法律船舶虽属于动产，但其物权的变更应进行登记；而俄罗斯法律则直接将船舶规定为不动产，在判定该抵押合同的最密切联系地时，笔者倾向于认为船舶所在地——中国——为该抵押合同的最密切联系地。故涉案抵押合同应适用中国法律作为合同准据法。

（二）船舶抵押权的准据法

如上文所述，在本案进行一审判决时，《法律适用法》并未颁布实施；二审判决书发布之时，《法律适用法》虽已生效实施了一年多的时间，但《法律适用法》对船舶抵押权的法律适用问题并没有作出规定。因此，无论一审还是二审期间，涉案船舶抵押权的准据法都应根据《中华人民共和国海商法》271条第1款予以确定。该条款规定："船舶抵押权，适用船旗国法律"，涉案"堪察加渔民"轮为登记在俄罗斯符拉迪沃斯托克渔港国家船舶登记处、船旗国为俄罗斯联邦的船舶，因此，涉案船舶抵押权应适用俄罗斯联邦法律。一审和二审法院对于抵押权问题都适用了俄罗斯法律作为准据法，是正确的。

（三）远东公司与月光之路公司和拉维尼亚公司之间包运合同的准据法

远东公司与月光之路公司、拉维尼亚公司之间是否具有债权债务关系是本案争议的先决问题，而该债权债务关系产生于之前三方签订的包运合同及其补充合同。依据两审法院判决书认定的事实，没有证据表明涉案包运合同约定了法律选择条款，故我们假设包运合同三方当事人并未合意选择该合同的准据法。根据《海商法》第二百六十九条的规定，涉外海上货物运输合同纠纷，当事人没有选择合同适用的法律的，适用与合同有最密切联系的国家的法律。包运合同及其补充合同的准据法应依最密切联系原则予以确定。

包运合同性质上属于海上货物运输合同。按照我国《海商法》第四十一条的规定，海上货物运输合同指承运人收取运费，负责将托运人托运的货物经海路由一港运至另一港的合同。在包运合同下，船方的义务是在合同期限内提供足够的运力，按照合同约定的期限和货物总量，分批负责将托运人托运的货物经海路由一港运至另一港；货方的义务是在合同期限内提供约定的托运货物，并按照合同的约定向船方支付运费和其他费用①。根据本案包运合同及其补充合同的约定，拉维尼亚公司或其代理人从远东公司的全资子公司直布罗陀亚历山德拉航运公司等处高于市场价购买七艘冷藏船，从而免除远东公司与直布罗陀亚历山德拉航运公司等拖欠其它公司和银行的债务，远东公司在包运合同的有效期12年内，独家使用月光之路公司、拉维尼亚公司或其指定代理人的冷藏货船服务将远东公司的全部渔船捕获物运到目的地，并独家从月光之路公司、拉维尼亚公司购买渔船和加工船所需的全部燃油供应品。由合同约定可知，月光之路公司和拉维尼亚公司既是这七艘冷藏船的买方，也是运输服务的提供方和全部燃油的供应方，因此，根据"特征履行说"，与该包运合同有最密切联系的法律是月光之路公司和拉维尼亚公司经常居所地法律，即英国法律和利比里亚法律。依据法院查明的本案事实，无法判断英国法律和利比里亚法律中，何者与涉案包运合同联系更为密切。但是考虑到涉案包运合同属于海上货物运输合同，在海事法领域英国法比利比里亚法享有更高的专业权威性和全球知名度，因此笔者认为应当认定，与该包运合同有最密切联系的法律是英国法律。

（四）远东公司破产外部管理期间的民事行为能力

远东公司实施的一切法律行为的有效性都建立在其具备民事行为能力的基础上。我国《法律适用法》第十四条规定"法人及其分支机构的民事权利能力、民事行为能力、组织机构、股东权利义务等事项，适用登记地法律。法人的主营业地与登记地不一致的，可以适用主营业地法律。法人的经常居所地，为其主营业地"。因《俄罗斯联邦民法典》第五十四条第一款明确规定"法人的住所地以其国家注册地为准"，我们可根据远东公司的住所地（俄罗斯联邦滨海边疆区符拉迪沃斯托克市波洛卡娅大街53号）推断出远东公司的注册地为俄罗斯。由此，远东公司民事行为能力应依据俄罗斯法律进行认定。《俄罗斯联邦无支付能力（破产）法》第二条规定"外部管理（司法预防破产措施）……——对债务人执行的以恢复其支付能力的破产程序，债务人将管理权转交给外部管理人"。第六十九条规定"自实施外部管理之时起：撤除债务人负责人的职务，由外部管理人管理债务人的业务；剥夺债务人管理机构和单一制企业债务人的财产所有权的职权，债务人的负责人及其他管理机构的职权移交给外部管理人……"由此可知，在实施破产外部管理期间，远东公司的民事行为能力受到限制。

四　中国法院对外国仲裁裁决和法院裁决的承认与执行

本案中一个值得注意的细节是，中国法院对英国仲裁裁决和俄罗斯仲裁法院裁决所采取的态度明显不同。2002年3月22日，英国伦敦仲裁庭针对月光之路公司、拉维尼亚公司和远东公司的包运合同纠纷，裁决远东公司赔偿月光之路公司与拉维尼亚公

司 82659647.68 美元。然而，二审判决书写道："英国伦敦仲裁庭虽然裁决了远东公司应支付月光之路公司和拉维尼亚公司款项，但该裁决并未在中华人民共和国法院得到承认与执行"；2002 年 10 月 23 日，俄罗斯滨海边疆区仲裁法院裁决，对远东公司实施破产外部管理，并任命外部管理人，而对于俄罗斯仲裁法院有关远东公司破产的裁决，中国法院则欣然接受。同样是外国的裁决，为什么中国法院会持两种截然不同的态度呢？本章就此进行简要分析。

《中华人民共和国民事诉讼法》二百八十三条规定，外国仲裁机构的裁决，需要中华人民共和国人民法院承认和执行的，应当由当事人直接向被执行人住所地或者其财产所在地的中级人民法院申请，人民法院应当依照中华人民共和国缔结或参加的国际条约，或者按互惠原则办理。依据前述规定和我国司法实践，我国承认与执行外国仲裁裁决的依据有三：一是联合国 1958 年《承认与执行外国仲裁裁决的公约》（简称《纽约公约》）；二是我国缔结的双边协定；三是互惠原则[①]。

关于英国伦敦仲裁庭的仲裁裁决在我国的承认和执行问题。《纽约公约》于 1987 年 4 月 22 日对我国生效，1975 年 12 月 23 日《纽约公约》在英国正式生效。因此，根据《纽约公约》第一条第一款，中英两国作为该公约的缔约国，涉案英国仲裁裁决在我国的承认和执行问题应适用该公约。根据《中华人民共和国民事诉讼法》二百六十九条和《纽约公约》第 4 条规定，外国仲裁裁决的承认与执行需要当事人依法向我国法院提出申请。而在本案中，并没有证据表明月光之路公司和拉维尼亚公司已向我国法院提出有关申请，只有判决书中"该裁决并未在中华人民共和国法院得到承认与执行"的表述，因此，我们将分两种情况进行谈论。

一种情况是月光之路公司与拉维尼亚公司向我国法院申请了承认与执行英国伦敦仲裁庭裁决，而我国法院拒绝承认与执行该裁决。在这种情况下，根据《纽约公约》第 5 条第 1 款和第 2 款，除了争议不具有可仲裁性和仲裁裁决违反我国公共秩序两种情况之外，只有被申请人即远东公司提出证据证明具有下列情形之一，我国法院才应裁定拒绝承认和执行该仲裁裁决：当事人无行为能力或仲裁协议无效；或者，仲裁违反正当程序；或者，仲裁员超越权限；或者，仲裁庭的组成或仲裁程序不当；或者，裁决不具有约束力或已被撤销或停止执行。

很明显，远东公司与月光之路公司、拉维尼亚公司的包运合同作为合同的一种，具有可争讼性、可赔偿性、可和解性[②]，因此是具有仲裁性的，且英国仲裁裁决的结果明显也不违犯我国的公共政策和公共秩序，由此我们可以排除因法院主动援引而拒绝

①　杜新丽：《论外国仲裁裁决在我国的承认与执行——兼论〈纽约公约〉在中国的适用》，《比较法研究》，2005 年第 4 期。

②　李湘：《论国外仲裁裁决在中国的承认与执行》，中国政法大学 2007 年硕士学位论文，第 19 页。

承认和执行外国仲裁裁决的可能。如此一来，法院拒绝的理由就只能在于对方当事人即远东公司提出了上述五种情况中的一种或几种。遗憾的是，由于缺乏关于伦敦仲裁庭仲裁此案的资料，笔者无法了解和分析法院拒绝承认与执行的具体原因。可以想象的一个原因是，在申请承认与执行英国伦敦仲裁庭仲裁裁决时，被申请人为正处于破产外部管理中的远东公司。我国法院在审查申请承认和执行外国仲裁裁决的案件之时，若发现被申请人已被宣告破产，将不会予以立案①。

第二种情况是，月光之路公司与拉维尼亚公司根本没有向我国法院提出承认与执行英国伦敦仲裁庭裁决的申请。根据《中华人民共和国民事诉讼法》第二百八十三条："国外仲裁机构的裁决，需要中华人民共和国人民法院承认和执行的，应当由当事人直接向被执行人住所地或者其财产所在地的中级人民法院申请，人民法院应当依照中华人民共和国缔结或者参加的国际条约，或者按照互惠原则办理。"由此可知，外国仲裁裁决的承认与执行需以当事人申请为前提条件。因此，如果月光之路公司与拉维尼亚公司没有向我国法院申请承认与执行英国伦敦仲裁庭的仲裁裁决，该仲裁裁决即不可能在我国法院得到承认与执行。

关于俄罗斯滨海边疆区仲裁法院裁决在我国的承认和执行问题。《中华人民共和国和俄罗斯联邦关于民事和刑事司法协助的条约》（以下简称《中俄司法协助条约》）②第16条第1款规定："缔约双方应依本条约规定的条件，在各自境内承认与执行本条约生效后在缔约另一方境内作出的下列裁决，其中依裁决性质应执行者，则予以执行：（一）法院的民事裁决；（二）法院对刑事案件中有关损害赔偿作出的裁决；（三）仲裁庭作出的裁决。"这为中国法院承认与执行俄罗斯联邦仲裁庭的裁决提供了法律依据。《中俄司法协助条约》第十七条第1款规定："承认与执行法院裁决的请求由申请人向作出该项裁决的缔约一方法院提出，该法院按照本条约第二条规定的途径转交给缔约另一方法院。"判决书中没有证据表明远东公司曾在起诉前向我国法院申请承认和执行俄罗斯滨海边疆仲裁法院关于对远东公司实施外部破产管理的裁决，但是根据判决书内容，我们可以推断出远东公司在起诉前曾申请承认俄罗斯滨海边疆仲裁法院关于对远东公司实施外部破产管理的裁决，且我国法院最终对其予以承认。③ 在这种情况下，根据《中俄司法协助条约》第19条："缔约一方法院的裁决一经缔约另一方法院承认或执行，即与承认或执行裁决一方法院作出的裁决具有同等效力。"俄罗斯滨海边

---

① 屈志一、杨文升：《论破产与国际商事仲裁的冲突及应对——以外国商事仲裁裁决的承认与执行为视角》，《河北法学》，2014年第7期。

② 1992年12月28日中华人民共和国第七届全国人民代表大会常务委员会第二十九次会议批准《中华人民共和国和俄罗斯联邦关于民事和刑事司法协助的条约》，该条约于1993年11月14日正式生效。

③ 如果远东公司根本没有申请承认俄罗斯滨海边疆仲裁法院对远东公司实施外部破产管理的裁决，那么一审法院和二审法院对本案的判决均存在瑕疵。

疆仲裁法院对远东公司实施破产外部管理的裁决有效，并在中国境内产生法律效力。由此，我国法院确认远东公司在 2013 年 12 月 3 日前都处于破产外部管理状态。

五　《俄罗斯联邦无支付能力（破产）法》在我国法院的适用问题

根据我国《民事诉讼法》第四条和公认的国际惯例，诉讼程序问题适用受理案件的法院地法律。因此，要判断《俄罗斯联邦无支付能力（破产）法》能否作为我国法院审理本案的准据法，首先需要明确该法及其相关规定是程序法还是实体法。破产法在程序法上是民事诉讼法的特别法，在实体法上是民法的特别法。破产法中既有有关实体权利的规定，也有诉讼程序方面的规定。《俄罗斯联邦无支付能力（破产）法》也不例外。本案中，远东公司处于破产外部管理期内，根据 1998 年《俄罗斯联邦无支付能力（破产）法》第 69 条第 5 款规定，"自实施外部管理之时起，缓期偿还债权人的金钱债务并延期支付债务人的应缴款项，本法另有规定的除外"。上述《俄罗斯联邦无支付能力（破产）法》的规定到底是实体性规定还是程序性规定，直接影响该规定能否成为我国国际私法意义上的准据法。笔者倾向于认为该规定更接近于关于诉讼权利实现方式的规定而非实体权利有无的规定，所以笔者认为《俄罗斯联邦无支付能力（破产）法》是实体法与程序法的结合，有关缓期偿付债权的相关规定为程序性规定，不应作为本案的判决依据。关于该法中其他规定是否可以作为准据法在我国法院适用的问题，笔者具体分析如下。

根据《中华人民共和国涉外民事关系法律适用法》第三条的规定："当事人依照法律规定可以明示选择涉外民事关系适用的法律"。而在本案当中，经法院查明，月光之路公司、拉维尼亚公司与远东公司在船舶优先受偿抵押合同中约定了"对被抵押船舶采取强制措施时，应适用俄罗斯联邦法律或财产所在地法律"。就月光之路公司、拉维尼亚公司与远东公司的上述法律适用约定我们尝试作出如下分析。

首先，我们应当明确的是，涉案当事人对何种法律关系的法律适用进行了约定。合同中明确指出是对"抵押船采取强制措施"即抵押权的实现约定适用俄罗斯联邦的相关法律或者财产所在地法律。本案法院裁判文书据此认为"月光之路公司、拉维尼亚公司与远东公司双方约定适用俄罗斯联邦法律，意味着俄罗斯联邦法律体系中有关的法律均可适用"，笔者认为裁判文书的认定是不准确的。依据《法律适用法司法解释（一）》第十三条规定"案件涉及两个或者两个以上的涉外民事关系时，人民法院应当分别确定应当适用的法律。"本案涉及多种法律关系，所以法院应当论述清楚双方约定的俄罗斯联邦法律应适用于何种法律关系，并依据我国冲突规范对该结论进行分析和说理。就本案而言，当事人约定对"抵押船采取强制措施"适用俄罗斯联邦的相关法律或者财产所在地法律。对"抵押船采取强制措施"的问题可以认为属于抵押权的实现问题，也可以认为属于诉讼程序问题。前者依据《海商法》第 271 条应当适用船旗国法律；后者依据《民事诉讼法》第四条应当适用法院地即我国法律。《海商法》第271 条和《民事诉讼法》第四条均不允许当事人协议选择法律。因此按照我国国际私法规定，当事人对"抵押船采取强制措施"适用俄罗斯联邦法律或者财产所在地法律的约定实际上是无效的。

其次，远东公司之所以不认可月光之路公司等行使船舶抵押权主要是基于主债权未到期，基于《俄罗斯联邦无支付能力（破产）法》第 69 条第 5 款的规定，"自实施外部管理之时起，缓期偿还债权人的金钱债务并延期支付债务人的应缴款项，本法另有规定的除外"。那么"本法另有规定"包括什么内容呢？关于债权人别除权的特别规定？对有船舶抵押权的债权实现的特殊规定？有抵押权的债权是否需要和普通债权一样延期偿付？在没有查明俄罗斯法律中是否有这些规定及其具体内容的情况下，笔者认为，不能将《俄罗斯联邦无支付能力（破产）法》第 69 的规定作为本案的判决依据。依据《中华人民共和国涉外民事关系法律适用法》第十条的规定"涉外民事关系适用的外国法律，由人民法院、仲裁机构或者行政机关查明。当事人选择适用外国法律的，应当提供该国法律。不能查明外国法律或者该国法律没有规定的，适用中华人民共和国法律"，本案如果不能查明但书条款中的"另有规定的除外"，就不能说对外国法进行了查明，那么应当适用中华人民共和国法律。

综上所述，仅就裁判文书提供的信息来看，笔者认为我国法院不宜适用《俄罗斯联邦无支付能力（破产）法》作为本案破产债权的准据法，可以选择适用中国法律作为破产债权的准据法。

六　关于本案的判决结果

根据前述分析可知，我国法院是否可以适用《俄罗斯联邦无支付能力（破产）法》作为本案破产债权的准据法，理论上是存在争议的。但由于审理本案的两审法院都适用了《俄罗斯联邦无支付能力（破产）法》作为破产法律关系的准据法，因此本文就依据该法分析本案的判决结果。由于法院认定《俄罗斯联邦无支付能力（破产）法》作为破产法律关系的准据法，那么法院首先就应当对该法进行查明。经过笔者查阅，目前国内尚未有《俄罗斯联邦无支付能力（破产）法》的中英文译本，但是根据部分学者的研究，我们了解到一些关于俄罗斯破产程序中"外部管理人制度"的规定。根据 2002 年 10 月 26 日签署的正在俄罗斯联邦有效实施的《俄罗斯联邦无支付能力（破产）法》第 233 条第 2 款规定，本案应以 1998 年 1 月 8 日签署生效的《俄罗斯联邦无支付能力（破产）法》作为准据法，根据 1998 年 1 月 8 日《俄罗斯联邦无支付能力（破产）法》第 69 条第 5 款的规定，"自实施外部管理之时起，缓期偿还债权人的金钱债务并延期支付债务人的应缴款项，本法另有规定的除外。"

当进入外部管理程序后，仲裁法院任命外部管理人，并由外部管理人接管企业。

外部管理的期限一般不超过 18 个月，必要时可以延长 6 个月①。在此期间，债务人不向债权人偿还债务，债权人也无权追讨债务，债权债务处于自动中止阶段。就本案而言，2002 年 10 月 23 日，俄罗斯滨海边疆区仲裁法院裁决，对远东公司实施破产外部管理，即使是最长的外部管理期限也只有 18 个月加 6 个月，也就是两年的时间。但是不知为何，上诉时已经为 2010 年，裁决进入破产的外部管理期限 8 年后，远东公司仍然处于外部管理延长期内（延长至 2013 年 12 月 3 日）。

因为语言和资料限制，笔者无法查明《俄罗斯联邦无支付能力（破产）法》第 69 条第 5 款规定中"另有规定"的内容，也不能理解为何最长只能存续两年的外部管理期已经存续了九年。但是根据现有资料可以肯定，如果直接适用《俄罗斯联邦无支付能力（破产）法》第 69 条第 5 款中的一般条款，确实会产生债务偿付中止的法律后果，进而导致月光之路公司与拉维尼亚公司的债权不能成为到期债权，最终影响其船舶抵押权的实现。

第三节　拓展思考

依据《中华人民共和国海商法》二百七十一条第一款："船舶抵押权，适用船旗国法律。"涉案船舶的抵押权问题应以俄罗斯法律作为准据法。而我国《海商法》271 条规定的船舶抵押权应包括船舶抵押权的设立、抵押权的效力、抵押权的消灭和抵押权的实现方式等船舶抵押概念涵盖的一切物权问题。因此在本案中，对前述船舶物权问题均应适用俄罗斯法律。本案中值得探讨的一个问题是，依据俄罗斯法律，在涉案船舶抵押权已经有效设立的情况下，抵押权人的权利应如何实现？

首先需要回答的一个问题是，船舶抵押权是否只能通过拍卖船舶方式实现？《俄罗斯联邦商船航运法典》第 384 条规定，"如果抵押人不能偿还其债务，可根据船舶或建造中船舶扣押地法院的决定，拍卖已设定抵押权的船舶或建造中的船舶"。由此，我们可以看出，根据俄罗斯法律，拍卖船舶需满足下列条件：（1）抵押人不能偿还其债务；（2）船舶已被法院扣押；（3）拍卖船舶的决定由船舶扣押地法院做出。此外，值得注意的是，《俄罗斯联邦商船航运法典》用"可"字体现出船舶拍卖为任意型规定，为以其他方式实现船舶抵押权预留了空间。因此，于船舶而言，除了拍卖外，船舶抵押权人也可以和抵押人协议选择以变卖方式处理船舶，然后以变卖该船舶所得价款受偿。

---

① 李新生：《俄罗斯破产管理人制度研究》，中国政法大学 2004 年硕士学位论文，第 5 页。

可见，不论是根据俄罗斯法律还是我国法律①，船舶抵押权的实现都不是只能依靠拍卖方式进行。然而，我们必须承认，采用法院拍卖方式实现船舶抵押权有其自身的优越性，这一方式使得船舶上所附着的船舶优先权、船舶留置权、船舶抵押权得以消灭，使买受人获得"清洁物权"，这也有利于保护抵押人和其他债权人的利益②。

值得思考的是，船舶未经抵押权人同意被转让后，抵押权人是否可拍卖受让人占有的船舶？对于这一问题，笔者在《俄罗斯联邦民法典》和《俄罗斯联邦商船航运法典》中都未查明，根据我国《法律适用法》第十条第二款，"不能查明外国法律或者该国法律没有规定的，适用中华人民共和国法律"，故笔者将依据中国法律对此问题进行探讨。

根据我国《海商法》第十七条和《担保法》第四十九条的规定，以及"堪察加渔民"轮确已登记的事实，在拆船前，月光之路公司和拉维尼亚公司对于"堪察加渔民"轮的抵押权具有追及力，即使该涉案船舶已被转让给天马公司，该转让行为也是无效的，月光之路公司和拉维尼亚公司仍对该船享有抵押权。依据我国《民法典》规定，抵押财产的转让亦不影响抵押权的效力。③ 因此，月光之路公司和拉维尼亚公司当然有权利行使作为抵押权人应享有的权利，即《担保法》第53条规定的与抵押人协议以抵押物折价或者以拍卖、变卖该抵押物所得的价款受偿的权利。④ 可见，虽然船舶已转让，但根据我国法律，抵押权人仍可拍卖受让人占有的船舶。

接下来需要回答的问题是，涉案船舶未经抵押权人同意被转让后，抵押权人对转让所得价款是否享有抵押权？由于笔者未能查明俄罗斯法律对于该问题的具体规定，根据我国《法律适用法》第十条第二款，"不能查明外国法律或者该国法律没有规定的，适用中华人民共和国法律"，故笔者仍然依据中国法律对此问题进行探讨。

首先我们应区分船舶抵押权客体和船舶抵押权效力所涉及的标的物的范围。船舶抵押权的客体是船舶，即以船舶作为担保债务的抵押物；而抵押权效力所及的标的物的范围是指抵押权人实现抵押权时得依法予以变价的标的物的范围，主要包括船舶、

---

① 《中华人民共和国担保法》第53条："债务履行期届满抵押权人未受清偿的，可以与抵押人协议以抵押物折价或者以拍卖、变卖该抵押物所得的价款受偿；协议不成的，抵押权人可以向人民法院提起诉讼。"

② 刘安宁：《船舶抵押权立法的比较研究》，2011年大连海事大学博士学位论文，第82页。

③ 《中华人民共和国民法典》第四百零六条 抵押期间，抵押人可以转让抵押财产。当事人另有约定的，按照其约定。抵押财产转让的，抵押权不受影响。抵押人转让抵押财产的，应当及时通知抵押权人。抵押权人能够证明抵押财产转让可能损害抵押权的，可以请求抵押人将转让所得的价款向抵押权人提前清偿债务或者提存。转让的价款超过债权数额的部分归抵押人所有，不足部分由债务人清偿。

④ 关于抵押权的实现方式，我国《民法典》基本上继承了《担保法》的规定。《中华人民共和国民法典》第四百一十条 债务人不履行到期债务或者发生当事人约定的实现抵押权的情形，抵押权人可以与抵押人协议以抵押财产折价或者以拍卖、变卖该抵押财产所得的价款优先受偿。协议损害其他债权人利益的，其他债权人可以请求人民法院撤销该协议。抵押权人与抵押人未就抵押权实现方式达成协议的，抵押权人可以请求人民法院拍卖、变卖抵押财产。抵押财产折价或者变卖的，应当参照市场价格。

运费或租金、保险赔偿金及损害赔偿金等①。明确了这一点后，我们再按照我国现行法律进行具体分析。

我国《海商法》第十七条规定，"船舶抵押权设定后，未经抵押权人同意，抵押人不得将被抵押船舶转让给他人。"我国《担保法》第四十九条也明确规定："抵押期间，抵押人转让已办理登记的抵押物的，应当通知抵押权人并告知受让人转让物已经抵押的情况；抵押人未通知抵押权人或者未告知受让人的，转让行为无效"。具体到本案，由于"堪察加渔民"轮已于2000年5月25日在符拉迪沃斯托克渔港进行了抵押权登记，拆船前（即抵押权灭失前），远东公司未经月光之路公司和拉维尼亚公司的同意转让船舶，因此，该转让行为无效，月光之路公司和拉维尼亚公司有权继续行使抵押权。根据《民法通则》第五十八条规定，无效的民事行为，从行为开始起就没有法律约束力。而《民法通则》第六十一条规定民事行为被确认为无效或者被撤销后，当事人因该行为取得的财产，应当返还给受损失的一方。因此，拆船前，远东公司对转让船舶所得价款并不享有所有权，月光之路公司和拉维尼亚公司对该笔价款也不享有抵押权。

综上，船舶未经抵押权人同意被转让后，抵押权人对转让所得价款不享有抵押权，即拆船前，月光之路公司和拉维尼亚公司对转让"堪察加渔民"轮所得价款不享有抵押权。

《俄罗斯联邦商船航运法典》第375条第1款规定，"除合同另有约定外，船舶抵押权的标的及于作为船舶的一部分并由同一所有人所有的船舶附属物，以及按照对船舶的残骸或损坏承担责任为条件签订的船舶海上保险合同应当支付的保险赔偿。船舶抵押权的标的不包括运费"。根据前述规定，船舶营运所得的运费并不是船舶抵押权的标的，故抵押权人对运费不享有抵押权，因此也不能通过强制执行运费来实现抵押权。

最后必须回答的一个问题是，本案中，涉案船舶未经抵押权人同意被拆解后，抵押权人应如何实现其抵押权？

根据《俄罗斯联邦商船航运法典》第387条第1款②规定，船舶或建造中船舶的灭失可以导致抵押权消灭，但船舶或建造中船舶的抵押权人可以根据海上保险合同从船舶或建造中船舶灭失的保险赔偿中实现其请求权的除外。因此，依据俄罗斯法律，在本案中，当作为抵押物的"堪察加渔民"号被拆解后，船舶灭失，该船舶上的抵押权也随即消灭。根据《俄罗斯联邦民法典》第351条第1款规定，当"非因抵押权人应

---

① 刘安宁：《船舶抵押权立法的比较研究》，大连海事大学2011年博士学位论文，第63页。
② 《俄罗斯联邦商船航运法典》第387条第1款"船舶或建造中船舶抵押权在以下情况下消灭：金钱债务以偿清；通过偿清债务之外的方式（强制拍卖及其他）消灭金钱债务；船舶或建造中船舶的灭失，但船舶或建造中船舶抵押权人可以根据海上保险合同从船舶或建造中船舶灭失的保险赔偿中实现其请求权的除外。"

负责的原因而使抵押物灭失的，而抵押人未行使本法典345条第2款（即'如果抵押标的的灭失、损坏或其所有权、经营权根据法律规定的原因而终止，则抵押人有权在合理期限内复原抵押标的或用价值相等的其他财产进行更换，但合同有不同规定的除外'）的权利"时，债权人有权请求被担保债务的提前履行。而第二款规定，若抵押人违反了关于抵押物处分的规则，抵押权人有权要求提前被担保债务的履行，如果其债权没有得到满足，有权对抵押物进行追索。在本案中，远东公司在未经月光之路公司和拉维尼亚公司同意的情况下，通过 VISA 公司将"堪察加渔民"轮转让给天马公司，违反了《俄罗斯联邦民法典》第346条，因此，月光之路公司和拉维尼亚公司有权要求远东公司提前履行债务。但鉴于远东公司并未提前履行，且涉案船舶已被拆解，即抵押物已经灭失，月光之路公司和拉维尼亚公司只得寻求其他解决途径。根据《俄罗斯联邦民法典》第352条第1款，如果抵押物灭失，而抵押权人没有行使本法第345条第2款的规定，抵押终止。这就意味着双方抵押关系不复存在，月光之路公司和拉维尼亚公司不再享有"堪察加渔民"轮的抵押权，故不再享有作为抵押人应享有的优先受偿权，双方之间法律关系的性质由此发生改变。

由于"堪察加渔民"轮未经抵押权人同意而被拆解，侵犯了月光之路公司和拉维尼亚公司作为抵押权人的权利，故依据我国《法律适用法》第8条，双方之间的法律关系应依中国法律重新识别。根据我国《侵权责任法》第2条、第6条，双方法律关系应识别为侵权关系。因此，月光之路公司和拉维尼亚公司对远东公司享有侵权损害赔偿请求权。

综上所述，在天马公司拆船前，远东公司与月光之路公司和拉维尼亚公司之间确实存在抵押关系，月光之路公司和拉维尼亚公司虽然对"堪察加渔民"轮的转让价款和运费不享有抵押权，却对这些款项有请求权，有权请求远东公司提前清偿债务，或以拍卖方式清偿双方之间的债务。在天马公司拆船后，抵押权灭失，远东公司与月光之路公司和拉维尼亚公司之间的法律关系由抵押关系变为侵权关系，故月光之路公司和拉维尼亚公司有权向远东公司提起侵权损害赔偿诉讼。

【主要法条】

《中华人民共和国海商法》第二百六十九条　合同当事人可以选择合同适用的法律，法律另有规定的除外。合同当事人没有选择的，适用与合同有最密切联系的国家的法律。

《中华人民共和国海商法》第二百七十一条　船舶抵押权适用船旗国法律。

船舶在光船租赁以前或者光船租赁期间，设立船舶抵押权的，适用原船舶登记国的法律。

《中华人民共和国民法典》第三百八十八条　设立担保物权，应当依照本法和其他法律的规定订立担保合同。担保合同包括抵押合同、质押合同和其他具有担保功能的合同。担保合同是主债权债务合同的从合同。主债权债务合同无效的，担保合同无效，但是法律另有规定的除外。

《中华人民共和国民法典》第三百九十条　担保期间，担保财产毁损、灭失或者被征收等，担保物权人可以就获得的保险金、赔偿金或者补偿金等优先受偿。被担保债权的履行期限未届满的，也可以提存该保险金、赔偿金或者补偿金等。

第十六章　合同准据法和物权准据法的区分：
涉外股权转让*

核心知识点

　　股权转让效力包括股权转让的合同效力和股权转让的物权效力。与此相适应，股权转让关系的法律适用分为股权转让合同效力法律适用和股权转让物权效力的法律适用两个方面。如果中外合资经营企业、中外合作经营企业、外商独资企业股份转让合同于 2013 年 4 月 8 日以前《最高人民法院关于审理涉外民事或商事合同纠纷案件法律适用若干问题的规定》仍有效时签订，无论合同如何约定适用法律均不发生法律效力，依据《最高人民法院关于审理涉外民事或商事合同纠纷案件法律适用若干问题的规定》第八条规定，股份转让合同应当适用中华人民共和国法律。2013 年 4 月 8 日以后订立的涉外股权转让协议，可以适用《法律适用法》第四十一条规定，允许当事人自由选择协议适用的法律；但是我国相关法律法规对股权转让的法律适用有其他强制性规定的，应当适用强制性规定。关于股权转让物权效力的法律适用，由于《法律适用法》和其他法律没有规定，可以适用与股权转让有最密切联系的法律。由于股权与其所发行公司具有最密切的联系，股权的取得、行使和处分等受到公司所在地法律的影响更大，故可以以争议股权所发行公司的登记地为标准来认定股权的物之所在地，并进而确定股权转让物权效力的准据法。

＊ 本章作者：北京市金杜（深圳）律师事务所资深律师黄婷。

第一节　典型案例介绍

【泛马有限公司与泛马机械（天津）有限公司、中信（香港）有限公司股权转让合同纠纷①】

被告泛马机械（天津）有限公司（以下简称泛马机械公司）是在中国注册成立的外商独资企业，原股东为原告泛马有限公司（以下简称泛马公司），泛马公司因与被告泛马机械（天津）有限公司、被告中信（香港）有限公司（以下简称中信公司）股权转让合同纠纷一案诉至法院。原告泛马公司于 2009 年 7 月 9 日形成的《董事会决议》记载：泛马公司于 2009 年 7 月 9 日召开了董事会会议。公司形成决议，同意将投资在中国天津的泛马机械公司和泛马纺织公司的全部股权以债转股形式转让给中信公司。该《董事会决议》落款处有五名董事即于伟英、费学军、陆海歌、郑继来及郑继江的签名，并加盖泛马公司印章。同日，郑继江以泛马公司董事会主席的名义出具《授权委托书》，委托泛马公司董事郑继来按照泛马公司 2009 年 7 月 9 日董事会决议，代表泛马公司在天津签署泛马机械公司、泛马纺织公司有关公司股权转让及法定代表人变更等事项所需的所有文件。2009 年 1 月 19 日，陆海歌向泛马公司董事会递交辞呈，辞去泛马公司董事职务。

2009 年 7 月 30 日，泛马公司与中信公司签订《股权转让协议》，双方约定：本次股权交易方式为由泛马公司以股权抵债方式进行，即泛马公司将其对泛马机械公司的全部股权转让给中信公司，以抵偿对中信公司的债务，同时泛马机械公司的其他债权债务也由中信公司负责处理，确认股权转让价款为人民币 1950927.35 元，中信公司无须再向泛马公司支付股权转让款。而在 2009 年 7 月 20 日，郑继来已经向泛马公司董事会递交辞呈，辞去首席执行官职务。同日，泛马公司形成董事会决议，批准郑继来的辞职申请。2009 年 7 月 29 日，郑继江向泛马公司董事会递交辞呈，辞去董事职务。同日，泛马公司形成董事会决议，批准郑继江、陆海歌及于伟英辞职。泛马公司《组织章程大纲》（以下简称《公司章程》）第 104（1）条规定，如果董事出现以下情况，应当免去董事职务：……（e）向公司递交了书面辞职通知……；第 104（2）、（3）条规定，若董事终止其董事职位，则该董事对主席、副主席、常务董事、联合常务董事、代理董事或助理董事的任命应自动终止，若董事因其他任何原因终止其董事职位，其对行政人员的任命应自动终止；第 116 条规定，董事不能实施任何处理本公司全部或基本上为全部业务和财产的提议，除非此提议已于股东大会上经本公司批准和修改；

---

① 天津市高级人民法院（2012）津高民四初字第 1 号民事判决书。

第 132（1）条规定，董事须安全保管印章，若无董事授权，不可使用印章，每份加盖公章的文件须有一名董事与秘书或另一名董事或由董事委托的其他人员的亲笔签署或其复写签名。

2009 年 9 月 10 日，由郑继来签署的泛马机械公司《章程修订案》载明，公司投资者变更为中信公司，其他内容不变。

2010 年 7 月 7 日，宁河商务委对泛马机械公司股权转让的请示作出宁河商务外企字（2010）13 号批复，同意泛马机械公司投资者泛马公司将其在该公司中的全部股权转让给中信公司。

中华人民共和国天津市河西区公证处于 2013 年 3 月 6 日作出（2013）津河西证经字第 37 号《公证书》，《公证书》记载了该公证处对泛马公司委托代理人自新加坡证券交易所网页打印 2009 年 2 月 19 日至 2010 年 1 月 27 日期间泛马公司"公司披露"内容的经过进行了公证。在上述泛马公司"公司披露"内容中，有关于泛马公司董事辞职事项的记载，但没有关于泛马公司就涉案股权转让形成董事会决议及签订股权转让协议的记载。

天津天瑞有限责任会计师事务所在对泛马机械公司的财务状况进行审计后，2009 年 2 月 27 日出具的津瑞会审字【2009】第 0193 号《审计报告》记载：截至 2008 年 12 月 31 日，泛马机械公司流动资产合计人民币 60737556.52 元，非流动资产合计人民币 29686479.97 元，负债合计人民币 65917960.52 元，所有者权益合计人民币 24506075.97 元。

原告泛马公司向天津市高级人民法院起诉称，泛马公司的四位董事郑继来、于伟英、郑继江、陆海歌，伪造其他董事签字，伪造了日期为 2009 年 7 月 9 日的《董事会决议》，违背泛马公司章程规定，在未经泛马公司股东大会批准或认可的情况下，拟将泛马公司投资 1930 万美元设立的泛马纺织（天津）有限公司和泛马机械公司以"债转股"的形式全部转让给中信公司。被告泛马机械公司协助被告中信公司利用伪造的《董事会决议》和非法签订的《股权转让协议》，非法处置和侵占了泛马公司的重大资产，严重侵犯了泛马公司的合法权益，给泛马公司造成了巨额的经济损失。泛马公司请求法院判定股权转让协议无效，中信公司返还非法获取的泛马机械公司的全部股权。

天津高级人民法院认为，本案系外商投资企业股权转让合同纠纷，因泛马公司在新加坡共和国注册成立，故本案属于涉外案件。涉案《股权转让协议》约定争议解决适用中华人民共和国法律，且泛马公司与泛马机械公司、中信公司在庭审中均明确表示对于涉案《股权转让协议》效力的审查适用中华人民共和国法律，根据《中华人民共和国涉外民事关系法律适用法》第三条"当事人依照法律规定可以明示选择涉外民事关系适用的法律"、第四十一条"当事人可以协议选择合同适用的法律"之规定，中华人民共和国法律应作为处理本案争议的准据法。

关于《董事会决议》的效力问题。从《董事会决议》的内容看，是对泛马公司所持有的泛马机械公司的股权进行转让，该转让行为系对泛马公司重大财产进行处置。泛马公司的《公司章程》第 116 条规定，董事不能实施任何处理本公司全部或基本上为全部业务和财产的提议，除非此提议已于股东大会上经本公司批准和修改。显然，根据上述规定，泛马公司的董事在未经股东大会批准的情况下，无权就泛马公司所持有的股权进行转让之事宜形成董事会决议。结合本案查明的事实，泛马公司的五位董事以表决的方式对泛马公司的重大财产进行处置并形成 2009 年 7 月 9 日的《董事会决议》，但该处置行为未经泛马公司股东大会批准，亦未在新加坡证券交易所进行公告，因此，即使五位董事签名真实，也不能据此认定上述《董事会决议》的内容是泛马公司的真实意思表示。

关于《股权转让协议》的效力问题。首先，郑继来、于伟英以泛马公司名义与中信公司签署《股权转让协议》的行为属于无权处分行为。

其次，本案中，泛马公司提起诉讼要求确认《股权转让协议》无效的行为表明，其对郑继来、于伟英的无权处分行为未予事后追认，且现有证据证明该二人亦未在事后取得处分权。因此，郑继来、于伟英所实施的无权处分行为的性质并未发生改变。

再次，依据《中华人民共和国外资企业法》第四条规定，泛马公司作为泛马机械公司的出资人，其基于投资行为所享有的股权及其他相关权益受中国法律保护。泛马公司原股权之取得源自于其对泛马机械公司的投资，而该投资的法律本质在于泛马公司将一定数额财产的所有权转让给泛马机械公司，其股权系由其财产所有权转换而来，是物权在投资领域的延伸，故应参照适用《中华人民共和国物权法》规定。《中华人民共和国物权法》第一百零六条第一款规定，无处分权人将不动产或者动产转让给受让人的，所有权人有权追回。除法律另有规定外，符合下列情形的，受让人取得该不动产或者动产的所有权：（一）受让人受让该不动产或者动产时是善意的；（二）以合理的价格转让；（三）转让的不动产或者动产依照法律规定应当登记的已经登记，不需要登记的已经交付给受让人。根据上述规定，在无权处分的情形下，受让人只有善意取得，该转让行为才具有法律效力。就本案而言，虽然涉案股权已经登记在中信公司名下，但因股权出让行为基于无权处分，故中信公司只有证明其受让该股权时系出于善意且支付了合理对价，其受让行为方为有效。涉案《股权转让协议》签订之时，泛马公司作为新加坡上市公司，其应就股权转让这一重大事项在新加坡证券交易所进行公告。中信公司作为善意受让人，其有责任且有能力就泛马公司转让股权是否是其真实意思表示进行了解。在泛马公司未就该事项对外公告的情况下，中信公司对郑继来、于伟英以泛马公司名义签订《股权转让协议》行为的合法性应产生合理怀疑，但中信公司未能履行善意相对人所应尽之审查义务。而且，根据《股权转让协议》的约定，中信公司受让泛马公司在泛马机械公司的全部股权系基于其对泛马机械公司享有人民币 1950927.35 元的债权，其在承担泛马机械公司的全部债权债务的同时，无须向泛马公司支付股权转让价款。中信公司所享有的债权并非泛马机械公司所欠债务，系从他方转让而来，中信公司未就其该项债权的来源提交证据予以证明。而根据《审计报告》的记载，截至 2008 年 12 月 31 日，泛马机械公司的所有者权益合计为人民币 24506075.97 元，明显高于中信公司对泛马机械公司所享有的债权数额。因此，即使中信公司的债权真实存在，但因其以不合理之低价受让股权，结合中信公司未尽到善意相对人所应尽审查义务之事实，本院认定中信公司受让股权之行为不构成善意取得。

综上，因郑继来、于伟英实施了无权处分行为，且中信公司受让股权不构成善意取得，故涉案《股权转让协议》应认定无效，中信公司依据《股权转让协议》取得的股权应返还泛马公司。依照《中华人民共和国涉外民事关系法律适用法》第三条、第四十一条，《中华人民共和国物权法》第一百零六条第一款，《中华人民共和国合同法》第五十一条，《中华人民共和国外资企业法》第四条，《中华人民共和国民事诉讼法》第六十四条，天津高院判决：

（1）泛马有限公司与中信（香港）有限公司于 2009 年 7 月 30 日签订的《股权转让协议》无效；

（2）泛马有限公司与中信（香港）有限公司于本判决生效后三十日内共同办理中信（香港）有限公司所持有的泛马机械（天津）有限公司 100% 股权恢复至泛马有限公司名下的行政审批及工商登记变更手续，泛马机械（天津）有限公司给予协助；

（3）驳回泛马有限公司的其他诉讼请求。

第二节　案例评析

法院认定本案《股权转让协议》无效，其分析思路如下：首先，因为签署《股权转让协议》的郑继来、于伟英签订《股权转让协议》时已经辞职，无权签署该《股权转让协议》，因而郑继来、于伟英的行为属于无权处分；其次，根据《合同法》第五十一条的规定，不仅无权处分行为并未得到事后追认，而且根据《物权法》第一百零六条第一款关于善意取得制度的规定，中信公司不属于善意取得；最后，前述两方面原因导致转让行为无效、《股权转让协议》无效。可见，法院同时对股权转让协议的效力和股权转让的物权效力都适用了中国的法律。本文将针对涉外股权转让的合同效力及物权效力的法律适用问题展开分析。

涉外公司关系作为实践中较为常见的一类特殊民商事关系，其法律适用不同于其他民商事关系。即便是可以归入合同领域的股权转让关系，以及可以归入侵权领域的股东权侵权关系，其法律适用也有别于普通的合同关系和侵权关系。[①]

一　股权转让协议的法律适用

（一）如果本案中《股权转让协议》约定合同适用新加坡的法律，法院是否应当根据《法律适用法》第四十一条规定适用当事人协议选择的法律？

《股权转让协议》的效力问题是本案争议的焦点问题，因股权出让方泛马公司在新加坡共和国注册成立，而泛马机械（天津）有限公司是泛马公司在中国注册成立的外商独资企业，本案属于涉外案件。认定《股权转让协议》的效力首先要解决法律适用问题，涉案《股权转让协议》中有争议解决适用中华人民共和国法律之条款，且泛马公司与泛马机械公司、中信公司在庭审中均明确表示对于涉案《股权转让协议》效力的审查适用中华人民共和国法律，所以法院根据《中华人民共和国涉外民事关系法律适用法》第三条"当事人依照法律规定可以明示选择涉外民事关系适用的法律"、第四十一条"当事人可以协议选择合同适用的法律"之规定，认定中华人民共和国法律应作为处理本案争议的准据法。

但是，已于2013年4月8日失效的《最高人民法院关于审理涉外民事或商事合同纠纷案件法律适用若干问题的规定》（以下简称《涉外合同法律适用规定》）第八条规定，"在中华人民共和国领域内履行的下列合同，适用中华人民共和国法律：（四）中外合资经营企业、中外合作经营企业、外商独资企业股份转让合同；……（九）中华人民共和国法律、行政法规规定应适用中华人民共和国法律的其他合同。"因泛马机械公司是外商独资企业，根据《涉外合同法律适用规定》第八条的规定，无论合同如何约定适用法律，本案《股权转让协议》均应当适用中华人民共和国法律。

虽然《涉外合同法律适用规定》已经与2013年4月8日失效，但是根据法不溯及既往的原则，本案应当适用行为时即合同签订时的法律。且根据《最高人民法院关于适用〈中华人民共和国涉外民事关系法律适用法〉若干问题解释（一）》（简称《法律适用法司法解释（一）》）第二条的规定：《法律适用法》实施以前发生的涉外民事关系，人民法院应当根据该涉外民事关系发生时的有关法律规定确定应当适用的法律；当时法律没有规定的，可以参照涉外民事关系法律适用法的规定确定。可见，认定该协议效力应适用的法律，应根据协议签订时的有关法律规定确定。由于《涉外合同法律适用规定》于2007年8月8日起施行，于2013年4月8日被废止，在2009年7月30日《股权转让协议》签订时为有效规定，因此，应根据该规定确定上述协议应适用的法律。根据该规定第八条第（四）项的规定，在中华人民共和国领域内履行的外商独资企业股份转让合同，适用中华人民共和国法律。由于被告泛马机械（天津）有限

[①] 本书不对股票等有价证券的股权转让法律适用进行分析，仅对非公众公司的股权转让进行分析。

公司是在我国设立的外资企业，其股权转让协议如果履行，只能在其登记设立地天津市履行。所以，本案中 2009 年 7 月 30 日签订的协议可以适用《涉外合同法律适用规定》，涉案《股权转让协议》应当适用中国的法律。

综上，如果中外合资经营企业、中外合作经营企业、外商独资企业（以下称"三资企业"）股份转让合同于 2013 年 4 月 8 日前《涉外合同法律适用规定》仍然有效时签订，无论合同如何约定适用法律，该法律选择都不发生法律效力，依据《涉外合同法律适用规定》第八条的规定，该合同仍然应当直接适用中华人民共和国法律。该原则也被司法实践所验证，根据笔者研读审结日期在 2013 年 4 月 8 日之后的涉外股权转让纠纷案例，包括最高人民法院于 2013 年 11 月 29 日审结的"郑振欣等诉恒发世纪有限公司合同纠纷案"和上海市高级人民法院于 2013 年 4 月 19 日审结的"L. F. T. E. (USA)，INC. 与上海正誉工业炉有限公司等股权转让纠纷上诉案"等案例，虽然案例审结是在《涉外合同法律适用规定》失效之后，但是就合同的适用法律而言，只要是在该规定有效时签订、在中国境内履行的三资企业股份转让合同，无论当事人如何约定，法院都会援引《法律适用法》第三条及《涉外合同法律适用规定》第八条的规定判定合同应当适用中国法律。

（二）2013 年 4 月 8 日以后签订的涉外股权转让协议是否适用《法律适用法》第四十一条？

根据《法律适用法》第四十一条规定，当事人可以协议选择合同适用的法律。当事人没有选择的，适用履行义务最能体现该合同特征的一方当事人经常居所地法律或者其他与该合同有最密切联系的法律。根据这一条的规定，涉外合同应依据当事人意思自治原则、特征履行规则以及最密切联系原则确定准据法。根据上述规定，涉外股权转让合同属于合同的一种，《法律适用法》并没有对股权转让合同的法律适用有专门的规定，原则上当事人可以协议选择合同适用的法律，但是如果中国法律对股权转让协议的法律适用有特殊规定的，则应当适用该特殊规定。

（1）我国《合同法》第一百二十六第二款规定，"在中华人民共和国境内履行的中外合资经营企业合同、中外合作经营企业合同、中外合作勘探开发自然资源合同，适用中华人民共和国法律。"在司法实践中，法院通常会判定在履行中外合资经营企业合同、中外合作经营企业合同过程中的中外合资经营企业、中外合作经营企业投资者之间的股权转让合同根据《合同法》第 126 第二款规定应当适用中国法律。①

（2）外国投资者购买境内公司股权的股权购买协议应当适用中国法律。根据《关

---

① 蔡毅：《涉外股权纠纷案件之法律适用》，《人民司法》2006 年第 7 期，其中提到"涉及中外合资、合作经营企业股东之间的股权转让，应当依据合同法第一百二十六条第二款、中外合资经营企业法实施条例第十二条或中外合资经营企业法实施条例第五十五条的规定，适用我国内地法律。"

于外国投资者并购境内企业的规定》（商务部令 2009 年第 6 号，二〇〇九年六月二十二日颁布）第二十二条的规定，外国投资者购买境内非外商投资企业（以下称"境内公司"）股东的股权或认购境内公司增资，使该境内公司变更设立为外商投资企业，股权购买协议、境内公司增资协议应适用中国法律。但是因为该规定属于商务部门颁发的部门规章，效力低于法律、行政法规，司法实践中法院不会将其作为裁判依据从而否定当事人协商一致选择的合同适用法律。具体对该规定是否属于《法律适用法》第四条中"强制性规定"，请见下文分析。

综上所述，笔者认为涉外股权转让协议可以适用《法律适用法》第四十一条规定，允许当事人自由选择协议适用的法律。本案当中，因为股权转让协议是外国投资者（新加坡注册成立的泛马公司）与境外投资者（香港注册成立的中信公司）之间签订的转让外商独资企业股权的合同，具有明显的涉外因素，也不属于《合同法》第一百二十六条规定的特殊情况，所以如果当事人在股权转让协议中约定协议适用新加坡法律，应可获得法院的支持。

（三）中国香港地区、新加坡对股权转让协议法律适用的规定以及对我国相关冲突法规则的思考

中国香港地区是普通法地区，没有成文的冲突法规则，冲突法规则属于案例法，相关法律适用的规则是在案件的判决中形成。香港的冲突法规则允许当事人自由选择合同适用的法律，除非存在违反合同履行地公共秩序或香港公共秩序的情形。

新加坡的冲突法规则与香港的冲突法规则相似，允许当事人自由选择合同适用的法律，除非存在违反新加坡公共秩序的情形。

有学者提出对于在我国境内履行的涉外投资合同不应再作出特别规定，应适用我国合同冲突法的一般原则，理由包括：第一，投资合同强制适用中国法是改革开放之初基于我国法律和实践都不成熟的特殊情况，为维护经济秩序稳定所作出的，如今情况已经发生了根本性的改变，我国调整涉外民事关系的法律基本健全，中国企业在国际市场上已经成熟起来，没有必要再将投资合同纳入公共秩序范畴特别保护；第二，中国崛起成为经济大国，挺进于世界强国，我国参与国际事务能力增强，大量的资金要寻求海外市场，再坚持投资合同适用中国法，基于法律适用的平等性，必然导致中国海外投资适用东道国法，从长远发展的观点看问题，这对我国不利，应与时俱进适时修改法律；第三，投资合同允许当事人选择法律或者法官依据最密切联系原则确定应适用的法律，并不必然适用外国法，因为在中国境内履行的投资合同与中国联系密切，当事人选择适用中国法律或者依据最密切联系原则确定适用中国法律的机率大于选择适用外国法；第四，即使投资合同适用外国法，也并不一定产生对中方当事人不利的后果，有时适用外国法对中方当事人有利；第五，从各国家立法来看，各国对外国投资者实行国民待遇，对投资合同的法律适用没有限制性规定，对投资合同法律适用作出限制性规定的属例外。我国已经立于世界之林，法律应与世界各国法律接轨，应予以投资合同法律适用的灵活性，允许当事人在投资领域意思自治，不应再采用单边冲突规范规制。[1] 笔者认为该观点合理可行，值得我国立法者认真对待。

二 股权转让效力的法律适用

（一）依据最密切联系原则适用股权转让公司登记地法律

股权转让协议效力法律适用属于债权领域的法律适用，而股权转让效力法律适用属于物权范围的法律适用。在本案判决中，法院对协议的效力和股权转让的效力均适用了中国法律。《法律适用法》并没有对股权转让的法律适用做出特别的规定。关于股权的性质，中外法学界认识不一，有所有权说、债权说、社员权说、股东地位说、集合体说等多种观点。本案中，法院认为，股权系由财产所有权转换而来，是物权在投资领域的延伸。笔者认为，股权是由出资财产所有权转化而来的，股东因直接投资设立公司而享有的一种独立权利。它对外主要体现为一种财产性权利，对内则主要体现为一种经营管理权。应当认定股权是一种物权，并且是一种无体动产物权。国际私法理论一般认为物权关系适用物之所在地法，但是股权作为一种无体动产物权，与一般的动产物权存在很大的差别。[2] 根据《法律适用法》第二条，"……本法和其他法律对涉外民事关系法律适用没有规定的，适用与该涉外民事关系有最密切联系的法律。"由于《法律适用法》和其他法律对股权转让的法律适用没有规定，可以适用与股权转让有最密切联系的法律。由于股权与其所发行公司具有最密切的联系，股权的取得、行使和处分等受到公司所在地法律的影响更大，故可以认定股权转让与股权发行公司所在地，一般情况下即该公司的登记地具有最密切联系，进而对股权转让适用股权发行公司登记地的法律。

《中华人民共和国外资企业法实施细则（2014年修订）》第二十三条规定，外资企业将其财产或者权益对外抵押、转让，须经审批机关批准并向工商行政管理机关备案。《中华人民共和国中外合资经营企业法实施条例》第二十条规定，合营一方向第三者转让其全部或者部分股权的，须经合营他方同意，并报审批机构批准，向登记管理机构办理变更登记手续。合营一方转让其全部或者部分股权时，合营他方有优先购买权。合营一方向第三者转让股权的条件，不得比向合营他方转让的条件优惠。违反上述规定的，其转让无效。

根据上述规定，如果是在中国境内注册登记的外商投资企业，其股权变更必须要履行中国相关法律法规规定的审批手续，中外合资经营企业一方转让其股权时，须经

---

[1] 齐湘泉：《〈涉外民事关系法律适用法〉起草过程中的若干争议及解决》，《法学杂志》2010年第2期。

[2] 蔡毅：《论审理涉外股权纠纷案件之法律适用》，《法律适用》2006年第7期。

合营他方同意且合营他方有优先购买权。上述规定也表明适用股权转让标的公司登记地法律具有合理性，因为股权转让需要得到政府的批准并且要符合中国法律的规定的特定条件。

（二）中国香港地区和新加坡对股权转让效力法律适用的规定

中国香港地区冲突法适用判例法，根据一般原则，股权转让的效力，通常适用公司注册地法律。新加坡的冲突法同样是案例法，法律渊源以案例为主。但是由于新加坡相关案例的数量较少，学术界的观点对于新加坡法院在运用冲突法的实践有着很大的影响。学术界普遍认为动产物权适用能够有效执行动产权利的地方的法律，股权转让应当适用能有效执行股权转让（need a law to facilitate transfer of shares）的地方的法律。但是根据具体的案件情况，法院会有不同的判决结果。有的学者认为适用公司登记地的法律更加重要，因为该法律规定了公司的组织事项（matters of constitution）；其他学者认为公众公司的股份转让应当适用股票登记地法律，因为股票的购买者可以在股票登记地查询到股票所有权等重要信息，如果适用公司登记地法将减缓股权转让的速度；也有学者认为股票等有价证券转让的效力应当适用权利载体的物之所在地的法律，前提是该有价证券是交付即发生转让效力的证券（比如无记名股票）。

三　本案若适用新加坡法律，应如何判决？

关于《董事会决议》的效力问题，因为董事会决议属于公司内部治理的文件，其效力应当根据《公司章程》的规定。从《董事会决议》的内容看，是对泛马公司所持有的泛马机械公司的股权进行转让，该转让行为系对泛马公司重大财产进行处置。泛马公司的《公司章程》第116条规定，董事不能实施任何处理本公司全部或基本上为全部业务和财产的提议，除非此提议已于股东大会上经本公司批准和修改。泛马公司的五位董事以表决的方式对泛马公司的重大财产进行处置并形成2009年7月9日的《董事会决议》，但该处置行为未经泛马公司股东大会批准，亦未在新加坡证券交易所进行公告，根据《公司章程》的规定，该董事会决议在公司内部无效。

《股权转让协议》对内的效力问题。根据泛马公司章程第104条1款（e）项规定，如果董事向公司递交了书面辞职通知，应当免去其董事职务；公司章程第116条规定，董事无权处分公司的全部股权及资产。因此郑继来、于伟英在辞职以后无权代表公司签署《股权转让协议》，该股权转让协议对公司内部不发生效力。

《股权转让协议》对外的效力问题。该合同是否对第三方产生效力，根据新加坡《公司法》以及相关的判例，没资格的董事签字，属于代理问题，关键问题就是当时董事签字有没有确实或者明显的权力来约束公司（actual or apparent authority）。本案当中，该股权转让交易内容并没有在交易所网站上进行公告，已经违反了新加坡上市规则的相关规定，很显然董事没有确实或者明显的权力来代表公司签署对公司产生约束力的合同，且基于该协议未在交易所网站上进行公告，已经违反了新加坡上市公司信息披露规则，构成违法的行为，合同对第三人也不应当产生效力，因而无强制执行力（unenforceable）。

根据新加坡证券交易所上市公司信息披露规则，上市公司资产处置必须在新加坡证券交易所公告。2009年7月9日签署《董事会决议》及2009年7月30日签订的《股权转让协议》均未在新加坡证券交易所网站公告，违反新加坡证券交易所上市公司信息披露规则的规定，因而签署的协议根据新加坡合同法原则可能因为违反法律规定而无强制执行力（unenforceable），而不是合同自始无效（void ab initio）。即承认有这个协议的存在，但是不能根据该协议来主张实现权利。

第三节　拓展思考

我国《法律适用法》第四十二条和第四十三条对涉外消费者合同和劳动合同的法律适用问题做了专门规定，该法对涉外股权转让合同的法律适用并没有专门规定。因此依据《法律适用法》第四十一条，应当允许涉外股权转让合同当事人选择合同适用的法律，在当事人没有选择适用法律的情况下，人民法院应当根据《法律适用法》第四十一条规定的特征履行规则以及最密切联系原则确定涉外股权转让合同的准据法。但是，我国《合同法》第一百二十六第二款规定，"在中华人民共和国境内履行的中外合资经营企业合同、中外合作经营企业合同、中外合作勘探开发自然资源合同，适用中华人民共和国法律。"而且在司法实践中，法院通常会判定在履行中外合资经营企业合同、中外合作经营企业合同过程中的中外合资经营企业、中外合作经营企业投资者之间的股权转让合同根据《合同法》第一百二十六第二款规定应当适用中国法律①。由此产生了《法律适用法》第四十一条和《合同法》第一百二十六条第二款之间的关系问题。

最高人民法院民四庭负责人就《关于适用〈中华人民共和国涉外民事关系法律适用法〉若干问题的解释（一）》答记者问时提到，"涉外民事关系法律适用法出台前，我国的冲突规范散见于《中华人民共和国民法通则》第八章、《中华人民共和国合同法》第一百二十六条、《中华人民共和国票据法》第五章、《中华人民共和国海商法》第十四章、《中华人民共和国民用航空法》第十四章、《中华人民共和国继承法》第三十六条等法律条文中。《中华人民共和国立法法》第八十三条确立了同级法律规范下，

---

① 例如（2012）鲁民四初字第3号×××有限公司诉×××等股权转让纠纷案中，法院根据合同法126条判定在境内履行的中外合资经营企业股权转让合同应当适用中国法律。

特别法优于一般法、新法优于旧法的法律适用基本原则。结合该原则，本司法解释第三条分两款明确规定了涉外民事关系法律适用法与其他法律中的冲突规范的适用关系。具体理解如下：第一，涉外民事关系法律适用法和其他法律对同一涉外民事关系的法律适用问题规定一致的，应当优先适用涉外民事关系法律适用法的规定；第二，涉外民事关系法律适用法和其他法律对同一涉外民事关系的法律适用规定不一致的，要看其他法律的规定是否属于"特别规定"，否则仍应当适用涉外民事关系法律适用法的规定，因此，票据法、海商法、民用航空法等商事领域法律的特别规定以及知识产权领域法律的特别规定应当优先于涉外民事关系法律适用法适用；第三，涉外民事关系法律适用法有规定而其他法律没有规定的，适用涉外民事关系法律适用法的规定；第四，涉外民事关系法律适用法对涉外民事关系的法律适用没有规定而其他法律有规定的，适用其他法律的规定。"由于《法律适用法》对中外合资经营企业合同、中外合作经营企业合同、中外合作勘探开发自然资源合同的法律适用问题没有任何规定，因此，笔者认为，《合同法》第126第2款规定的三种涉外合同应当属于上述第4种情况，即涉外民事关系法律适用法对涉外民事关系的法律适用没有规定而其他法律【我国《合同法》第一百二十六条】有规定的，因此，对于该三种合同，本书认为不应适用《法律适用法》第四十一条，而应当适用我国《合同法》第一百二十六第二款①规定。

我国商务部《关于外国投资者并购境内企业的规定》② 第二十二条规定，股权购买协议、境内公司增资协议应适用中国法律，并包括以下主要内容：

（一）协议各方的状况，包括名称（姓名），住所，法定代表人姓名、职务、国籍等；

（二）购买股权或认购增资的份额和价款；

（三）协议的履行期限、履行方式；

（四）协议各方的权利、义务；

（五）违约责任、争议解决；

（六）协议签署的时间、地点。

我国《法律适用法》第四条规定，中华人民共和国法律对涉外民事关系有强制性规定的，直接适用该强制性规定。

由此又产生一个问题：《关于外国投资者并购境内企业的规定》第二十二条是否属于《法律适用法》第四条规定的强制性规定？

---

① 《合同法》第一百二十六条第二款的内容为我国《民法典》所继承。《中华人民共和国民法典》第四百六十七条规定："本法或者其他法律没有明文规定的合同，适用本编通则的规定，并可以参照适用本编或者其他法律最相类似合同的规定。在中华人民共和国境内履行的中外合资经营企业合同、中外合作经营企业合同、中外合作勘探开发自然资源合同，适用中华人民共和国法律。"

② 中华人民共和国商务部令 2009 年第 6 号，二〇〇九年六月二十二日颁布。

根据《法律适用法解释（一）》第十条的规定，首先，强制性规定须是"法律、行政法规"，行政规章不能作为强制性规定。其次，该强制性规定须涉及中华人民共和国社会公共利益。而《关于外国投资者并购境内企业的规定》效力上属于商务部门颁发的部门规章，效力低于法律、行政法规，不能作为裁判依据，司法实践中法院不会将其作为裁判依据从而否定当事人协商一致选择的合同适用法律。再次，《法律适用法》第四条中的"强制性规定"只包括实体法、不包括冲突法。① 《关于外国投资者并购境内企业的规定》第二十二条不符合前述任何一个构成要件，因此该条款显然不属于《法律适用法》第四条中的"强制性规定"。但是在实践操作当中，因为三资企业的股权转让协议须经商务部门审批，而如果股权转让合同约定适用国外法律很有可能商务部门不会批准，所以从便利股权转让交易的角度考虑，建议三资企业的股权转让协议约定适用中国法律。但是基于前述分析，如果股权转让合同约定适用国外的法律，法院不应当依据《关于外国投资者并购境内企业的规定》第二十二条规定否定双方当事人约定适用国外法律的效力。

【主要法条】

《中华人民共和国法律适用法》第四条 中华人民共和国法律对涉外民事关系有强制性规定的，直接适用该强制性规定。

《最高人民法院关于适用〈中华人民共和国涉外民事关系法律适用法〉若干问题的解释（一）》第三条 涉外民事关系法律适用法与其他法律对同一涉外民事关系法律适用规定不一致的，适用涉外民事关系法律适用法的规定，但《中华人民共和国票据法》、《中华人民共和国海商法》、《中华人民共和国民用航空法》等商事领域法律的特别规定以及知识产权领域法律的特别规定除外。

涉外民事关系法律适用法对涉外民事关系的法律适用没有规定而其他法律有规定的，适用其他法律的规定。

《中华人民共和国民法典》第四百六十七条 本法或者其他法律没有明文规定的合同，适用本编通则的规定，并可以参照适用本编或者其他法律最相类似合同的规定。

在中华人民共和国境内履行的中外合资经营企业合同、中外合作经营企业合同、中外合作勘探开发自然资源合同，适用中华人民共和国法律。

---

① 司法实践中人民法院有时并不分析《法律适用法》第四条中的"强制性规定"的构成要件，在认定方面有些随意。比如最高人民法院于 2013 年 11 月 29 日审结的"郑振欣等诉恒发世纪有限公司合同纠纷案"中，最高人民法院的判决书中写道"因本案系转让中国境内的中外合资企业股权而引起的纠纷，根据《中华人民共和国涉外民事关系法律适用法》第四条以及最高人民法院《关于审理涉外民事或商事合同纠纷案件法律适用若干问题的规定》第八条第（四）项之规定（该条属于冲突规则），本案应以中华人民共和国法律为准据法。"

第十七章　知识产权法律冲突：管辖权和准据法[*]

核心知识点

内国法院适用外国法律审理发生在该外国的著作权使用行为，没有突破知识产权的地域性原则，也不是承认外国知识产权法在内国的域外效力；而是表明依据外国法律产生的知识产权，仅在该外国地域范围内有效，并且仅受该外国法律的保护。这恰恰是对知识产权地域性原则的认可和尊重。我国《涉外民事关系法律适用法》引入了知识产权法的冲突规则，分别对知识产权案件的先决问题，即知识产权的归属和内容，以及与知识产权相关的合同纠纷与侵权纠纷作出了规定。但该法律规定仍然显得过于简单，内容也不尽完善。我国法院在司法裁判中应结合国内外的理论和司法实践，明确行使管辖权的条件、涉外知识产权法律关系准据法的确定方法及其适用范围；对于网络环境下的知识产权侵权案件，人民法院应针对普遍侵权的特点，对传统的管辖权规则和冲突法规则进行灵活解释和适用。

[*] 本章作者为法国巴黎律师和德国慕尼黑大学法学博士研究生柴耀田，作者特别感谢巴黎第一大学的 Dr. Didier Boden，慕尼黑大学的 Prof. Ansgar Ohly 与 Dr. Agnés Lucas-Schloetter 等各位老师在查找文献与内容结构方面提出的专业建议。

第一节 典型案例介绍

【北影录音录像公司诉北京电影学院侵犯作品专有使用权纠纷案①】

1992 年 5 月 5 日北影录音录像公司（乙方）与汪曾祺（甲方）签订合同，合同约定："一、甲方允许乙方对其拥有版权的作品《受戒》《大淖纪事》《徒》进行影视改编及拍摄。二、甲方保证三年内不将以上三篇作品的改编权及拍摄权转让他人。期限为 1992 年 3 月 15 日至 1995 年 3 月 15 日……乙方向甲方一次性支付改编转让费人民币 5000 元。乙方在合同期满后，如未对以上三篇作品进行改编拍摄，即丧失其改编权与拍摄权。如欲重新拥有以上权利，则需与甲方重新商定。"1994 年 12 月 30 日，北影录音录像公司与汪曾祺就作品《受戒》《大淖纪事》《徒》的影视改编拍摄问题续订合同，在原合同中增加了下列条款："甲方保证三年内不将以上三篇作品的改编权及拍摄权转让他人。期限为 1995 年 3 月 15 日至 1998 年 3 月 15 日，由乙方向甲方支付改编权转让费人民币 5000 元，该影片摄制完成后，乙方再向甲方支付转让费 5000 元，共计 1万元"。

1992 年 10 月，北京电影学院文学系学生吴琼为完成改编课程作业，将汪曾祺的小说《受戒》改编成电影剧本。北京电影学院对在校学生上交的改编作业进行审核后，选定将吴琼改编的剧本《受戒》用于学生毕业作品的拍摄。吴琼与北京电影学院教师赵凤玺通过电话与汪曾祺取得联系，汪曾祺表示小说《受戒》的改编、拍摄权已转让给北影录音录像公司。赵凤玺与北影录音录像公司协商，该公司未明确表示同意北京电影学院拍摄《受戒》一片。

1993 年 4 月，北京电影学院投资人民币 5 万元，组织该院八九级学生联合摄制电影《受戒》，同年 5 月拍摄完成。影片全长为 30 分钟，用 16 毫米胶片拍摄，片头字目为："根据汪曾祺同名小说改编"，片尾字目为"北京电影学院出品"。影片摄制完成后，曾在北京电影学院小剧场内放映一次，用于教学观摩，观看者系该院教师和学生。1994 年 11 月，北京电影学院携《受戒》等片参加法国朗格鲁瓦国际学生电影节。该电影节上放映过《受戒》影片，观众系参加电影节的各国学生及教师，也有当地公民，电影节组委会对外公开出售了少量门票。北京电影学院共制作《受戒》电影拷贝两个，其中一个封存于北京市海淀区人民法院，另一个拷贝尚在由朗格鲁瓦电影节组委会寄往北京电影学院途中。北京电影学院制作的《受戒》录像带一盒，也已封存于北京市

---

① 一审判决书：北京市海淀区人民法院民事判决书（1995）海民初字第 963 号。二审判决书：北京第一中级人民法院（1995）一中知终字第 19 号。

海淀区人民法院。

一审原告北影录音录像公司诉称：根据作家汪曾祺和原告之间的合同，原告是小说《受戒》改编权及拍摄权的唯一合法享有者。为拍摄该作品，原告已投入了相当的人力、物力。1995 年 1 月 14 日，原告在总第 729 期《戏剧电影报》上读到了"《受戒》入围法国短片电影节"的报道。据此，原告得知北京电影学院未经权利人许可，擅自将小说《受戒》改编、摄制成电影，并携该影片参加法国朗格鲁瓦国际学生电影节，使该片入围法国克雷芒电影节。北京电影学院公然侵犯原告依法享有的作品改编专用使用权，并将其侵权行为由校内扩展到校外，由国内扩展到国外，给原告带来无法弥补的精神及财产损失，故要求：法院判令北京电影学院停止侵权，销毁侵权影片拷贝；公开向原告赔礼道歉；赔偿原告经济损失 20 万元，并赔偿原告为本案支付的一切费用；承担本案诉讼费。

被告北京电影学院辩称：《受戒》一片是学生毕业作业。拍摄该片之前，被告曾向原告征求意见，原告未明确表示反对。被告拍摄该片的行为，属于汪曾祺先生已发表作品《受戒》的合理使用，直接目的是制作学生毕业作业，没有侵犯原告的作品专有使用权。被告携带《受戒》等学生电影作品参加法国朗格鲁瓦学生电影节，该电影节的主题是"向北京电影学院致敬"。《受戒》是全长仅为三十分钟的短片，除被告在小剧场放映一次用作观摩教学外，在朗格鲁瓦学生电影节也只放映了一次。朗格鲁瓦电影节并非法国克雷芒电影节的预选电影节。总之，被告拍摄《受戒》一片主观上无恶意，事实上更未参加克雷芒电影节。原告称被告"将其侵权结果由校内扩展到校外，由国内扩展到国外"是毫无根据的夸大其辞，并称"带来无法弥补的精神及财产损失"更是危言耸听。原告在既缺乏事实基础又未正确理解法律的前提下，对被告提起诉讼，严重损害了被告的声誉，已在社会上造成难以挽回的损害。请求法院驳回原告的诉讼请求。

一审法院北京市海淀区人民法院认为，原告北影录音录像公司通过合同依法取得的以摄制电视剧、电影方式改编小说《受戒》的专有使用权受法律保护。未经该专有使用权人的许可，其他任何人均不得以同样的方式改编、使用该作品，否则即构成对该专有使用权的侵犯。《中华人民共和国著作权法》第二十二条第一款（六）项规定，"为学校课堂教学或者科学研究，翻译或者少量复制已经发表的作品，供教学或者科研人员使用，但不得出版发行。"上述行为，"可以不经著作权人许可，不向其支付报酬，但应当指明作者姓名、作品名称，并且不得侵犯著作权人依照本法享有的其他权利"。被告北京电影学院从教学实际需要出发，挑选在校学生吴琼的课堂练习作品，即根据汪曾祺的同名小说《受戒》改编的电影剧本，组织应届毕业生摄制毕业电影作品，用于评定学生学习成果。虽然该电影剧本的改编与电影的摄制未取得小说《受戒》的专有使用权人——原告北影录音录像公司的许可，但该作品摄制完成后，在国内使用方式仅限于在北京电影学院内进行教学观摩和教学评定，作品未进入社会公知的领域发行放映。因此，在此阶段，北京电影学院摄制该部电影的行为，应属合理使用他人作品，不构成对北影录音录像公司的专有使用权的侵犯。但是，1994年11月，北京电影学院将电影《受戒》送往法国参加朗格鲁瓦国际学生电影节，电影节放映该片时，观众除特定的学生、教师外，还有当地公民，且组委会还出售了少量门票，这已超出在本校内课堂教学使用的范畴，违反了著作权法的规定，构成了对北影录音录像公司专有使用权的侵犯。北京电影学院对其侵权行为应向北影录音录像公司赔礼道歉。北京电影学院的侵权行为虽然对北影录音录像公司以后以同样方式使用同名作品可能造成潜在的市场影响，但侵权情节轻微，应酌情予以赔偿。基于前述理由，海淀区人民法院于1995年5月18日判决：一、被告北京电影学院向原告北影录音录像公司以书面形式赔礼道歉（致歉内容需经本院审核）。二、被告北京电影学院制作的电影《受戒》拷贝及录像带自本判决生效之日起只能在其学院内供教学使用，不得投入公知领域。三、本判决生效后十日内被告北京电影学院赔偿原告北影录音录像公司经济损失人民币一万元。

原告北影录音录像公司不服第一审判决，向北京市第一中级人民法院提出上诉。

上诉人北影录音录像公司称：著作权法规定的为教学目的合理使用他人作品，仅限于课堂教学，使用方式仅限于翻译或者少量复制。原审判决将被上诉人拍摄电影的行为，确认为合理使用，于法无据。请求第二审法院确认被上诉人的侵权行为，并判令被上诉人赔偿上诉人损失25万元。

被上诉人北京电影学院辩称：上诉人没有拍摄电影的法定资格，不享有小说《受戒》的电影拍摄权。被上诉人以教学为目的拍摄电影《受戒》及在校内放映属于合理使用。朗格鲁瓦国际学生电影节纯系学术活动，被上诉人将电影《受戒》送至该电影节参展不属于出版发行，未超出合理使用范围。原审判决判令《受戒》只能在学院内使用于法无据，认定电影节组委会出售少量门票也与事实不符。要求撤销原审法院有关被上诉人侵权部分的判决。

北京市第一中级人民法院认为：上诉人北影录音录像公司与小说《受戒》的著作权人订有著作权许可使用合同，该合同真实有效。上诉人依合同取得了以拍摄影视的方式改编该小说的专有使用权。因为法律未对拥有此项权利的主体资格进行限制，所以被上诉人否认上诉人享有小说《受戒》拍摄电视专有使用权的主张不能成立。根据《中华人民共和国著作权法实施条例》第三十五条关于"取得某项专有使用权的使用者，有权排除著作权人在内的一切他人以同样方式使用作品，如果许可第三人行使同一权利，必须取得著作权人的许可，合同另有约定的除外"的规定，上诉人取得的专有使用权应受法律保护，有权排除他人以拍摄影视的同样方式使用小说《受戒》。

《中华人民共和国著作权法》第二十二条第一款（六）项的规定，目的在于许可学校为课堂教学在一定范围内无偿使用他人作品，以保障教学活动得以顺利进行。被上诉人系培养电影人才的艺术院校，其教学方式具有相对的特殊性，练习拍摄电影应属于该校进行课堂教学活动必不可少的一部分。被上诉人组织应届毕业生改编小说《受戒》拍摄电影，其目的是为学生完成毕业作业及锻炼学生的实践能力，在校内放映该片也是为了教学观摩及评定，均为课堂教学必要的组成部分。所以，被上诉人在上述范围内的行为系对小说《受戒》的合理使用，不构成对上诉人专有使用权的侵犯。

被上诉人携《受戒》一片参加朗格鲁瓦国际电影节，且电影节上放映《受戒》时的观众除参加电影节的各国学生、教师外，也有当地公民，电影节组委会还对外公开销售了少量门票。被上诉人携影片《受戒》参加电影节，使之进入公知领域，超出了为本校课堂教学而使用的范围，不属于著作权法规定的合理使用，侵犯了上诉人所享有的对小说《受戒》的专有使用权，给上诉人以同样方式使用该作品的潜在市场造成不利影响，构成侵权。对此，被上诉人应承担责任。

综上，北京市第一中级人民法院于 1995 年 10 月 10 日判决驳回上诉人北影录音录像公司的上诉，维持原判。

第二节　案例评析

北影录音录像公司诉北京电影学院案（下称"北影案"）是我国司法实践中关于著作权合理使用问题的典型案例。由于我国著作权法将出于教学目的的合理使用限于翻译和复制，法院将北京电影学院在教学中对他人作品进行改编、拍摄并在校内放映的行为认定为属于合理使用的范畴，引发了国内著作权界对于合理使用立法技术的广泛讨论。[①]

从国际私法角度来看，该案在著作权国际私法领域也具有典型的借鉴意义。由于北影案发生在我国现行涉外民事关系法律适用法颁布之前，当时法院未考虑冲突法问题，直接对这一涉外案件进行管辖并适用中国法律的做法也具有一定的普遍性。下文将依据知识产权冲突法的一般法理，对涉外著作权纠纷中法院管辖与法律适用的一般原则进行探讨，并以现行法律为基础对该案重新分析，与当时的判决，以及在法国乃至第三国提起诉讼可能得出的判决结果进行比较。

一　依据《法律适用法》对北影案判决的重新审视

（一）涉外知识产权案件的涉外性判断与法律选择的必要性

涉外知识产权侵权案件中的涉外因素可以分为两类，即当事人涉外和法律事实、标

---

① 李庆保，张艳：《对我国著作权合理使用制度的反思》，《知识产权》2013 年第 7 期。李琛：《论我国著作权法修订中"合理使用"的立法技术》，《知识产权》2013 年第 1 期。

的涉外。因此，虽然双方当事人均为我国公民、法人或者其他组织，但侵犯知识产权的行为发生在外国，或者受到侵害之权利标的位于外国，亦属于涉外知识产权民事案件。[①]

然而，司法实践中，审理涉外知识产权案件的人民法院法官往往只重视当事人这一涉外因素，而忽略法律事实或标的这两个涉外因素。尤其是在当事人双方是中国公民，侵权行为发生在境外，或侵权行为的范围同时覆盖国内和国外的情况下，法院忽视案件涉外因素的问题更为突出。在北影案中，当事人双方均具有中国国籍，作品的首次发表地在中国，但侵权行为地在法国。法院根据中国著作权法规定的合理使用制度，将北京电影学院参展法国朗格鲁瓦学生电影节的行为认定为侵权行为。法院将中国著作权法直接适用于在法国发生的作品使用行为，实际上是受到了双方当事人均系中国法人这一案件事实构成的干扰，将此案件作为国内案件来处理。在我国没有知识产权冲突规范的时代背景下，法院的上述做法可以理解，也符合当时的司法政策。例如 2004 年 2 月 18 日北京市高级人民法院公布的《关于涉外知识产权民事案件法律适用若干问题的解答》[②]（简称《北京高院解答》）第十八条就明确规定："根据《民法通则》第一百四十六条第一款的规定，侵权行为的损害赔偿，当事人双方国籍相同或者在同一国家有住所的，可以适用当事人本国法律或者住所地法律。因此，侵犯著作权、实施不正当竞争纠纷案件，双方当事人均为我国自然人、法人，或者在我国均有住所，侵权行为发生在外国的，可以适用我国的著作权法、反不正当竞争法等法律。"但笔者认为，《北京高院解答》第十八条无视知识产权的地域性特征，将我国规范一般侵权行为的冲突规则直接适用于涉外知识产权侵权案件，其实是对《民法通则》第一百四十六条第一款的错误理解和适用。

知识产权案件的涉外性判断之所以重要，是因为知识产权的地域性原则决定了其法律选择的必要性。地域性是知识产权的基本特征，其基本含义是依一国法律产生的知识产权仅在该国境内有效，受该国法律保护。以著作权为例，尽管著作权的取得不依赖于登记和注册，但权利人依创作而取得的著作权并不是由某个全球性公约创设的"世界权利"，而是"一束"不同国家不同法律创设的权利集合。[③] 实体法层面上的地域性原则表现在冲突法层面，就要求对发生在不同国家内的知识产权创设和使用行为分别依据该不同国家的法律进行判断。原则上，一国的知识产权法并不具有域外效力。[④] 有观点认为，只要受案法院适用了外国知识产权的实体法就是知识产权法域外效

① 《北京市高级人民法院关于涉外知识产权民事案件法律适用若干问题的解答》第 5 条。

② 京高法发〔2004〕49 号。

③ Jürgen Säcker/Rixecker, Münchener Kommentar zum Bürgerlichen Gesetzbuch: Drexl, Band 11, Internationales Immaterialgüterrecht, Verlag C. H. Beck, München 6 Aufl. 2015, Rn. 7.

④ 有学者提出了知识产权的域外效力与知识产权法的域外效力的区分，认为知识产权仍具有较严格的地域性，而知识产权法的域外效力为各国所广泛承认。参见齐爱民、何培育《涉外知识产权纠纷的法律适用——兼评〈涉外民事关系法律适用法〉相关规定》，《知识产权》2011 年第 2 期。

力的体现。① 这是对法律域外效力的错误认识。法律的域外效力指的是该法适用于境外的法律事实或标的。对于知识产权法而言，其"域外效力"应当指的是内国的知识产权法适用于境外的外国知识产权。内国法院对于外国的知识产权纠纷适用外国知识产权法，并不是承认外国知识产权法的域外效力，而只是承认了外国知识产权法在外国境内的效力，这正是知识产权法地域性的体现。② 在北影案中，如果中国法院对在法国境内的电影放映行为适用法国著作权法进行判定，是法国著作权法在地域性原则下适用的必然结果，而不是承认法国著作权法在中国境内的效力。

值得指出的是，知识产权法的地域性并没有随着一系列知识产权国际条约的签订和以欧盟为代表的区域知识产权立法而逐渐弱化。③ 首先，知识产权国际条约只是为各国的知识产权保护提出了最低标准要求或订立了统一实体规则，但各国仍拥有自己的立法空间。区域知识产权立法，如欧盟商标，也只是扩大了该知识产权地域性的效力范围。④ 这些不但没有打破知识产权的地域性，相反，正是尊重地域性的体现。

（二）中国法院对涉外知识产权案件的管辖权

《北京高院解答》第十三条指出对于外国人在我国提起的知识产权民事诉讼，其起诉是否符合受理条件，依据我国的民事诉讼法。举重以明轻，我国公民在我国提起的具有涉外因素的知识产权民事诉讼，其起诉是否符合受理条件，自然也适用我国民事诉讼法。北影案即属于后一种情况，由于当事人双方均为我国公民，都在我国境内有住所，依据我国《民事诉讼法》第二十一条，由我国法院管辖是正确的。

我国民事诉讼法并没有对涉外知识产权案件的管辖问题作出特别规定，仅在《最高人民法院关于涉外民商事案件诉讼管辖若干问题的规定》中，将涉外知识产权案件排除在集中管辖的范围之外。2012 年民事诉讼法第二百六十五条规定，因合同纠纷或者其他财产权益纠纷，对在中华人民共和国领域内没有住所的被告提起的诉讼，如果合同在中华人民共和国领域内签订或者履行，或者诉讼标的物在中华人民共和国领域内，或者被告在中华人民共和国领域内有可供扣押的财产，或者被告在中华人民共和国领域内设有代表机构，可以由合同签订地、合同履行地、诉讼标的物所在地、可供扣押财产所在地、侵权行为地或者代表机构住所地人民法院管辖。与知识产权有关的纠纷中，知识产权合同纠纷与侵权纠纷本质上都属于财产权益纠纷，与知识产权登记注册相关的纠纷属于行政纠纷，因而对著作权侵权纠纷可以依据《民事诉讼法》第二百六十五条确定管辖权。在著作权人为中国公民，侵权行为发生在外国，且侵权人为

---

① 张爱国：《关于知识产权法的域外效力》，《理论探索》2006 年第 4 期。蒋进：《知识产权法的域外效力辨》，《求索》2009 年第 9 期。

② 赵相林主编：《中国国际私法立法问题研究》，中国政法大学出版社，2002 年，第 5 页。

③ 不同观点见冯术杰《知识产权与法律冲突》，《法学杂志》，2005 年第 1 期。

④ 陈锦川：《涉外知识产权民事法律关系的调整》，《人民司法》，2005 年第 3 期。

外国公民时，由于被侵犯的著作权是中国人所有的外国著作权，诉讼标的物并非位于我国境内，按照上述第二百六十五条，如果外国当事人在中国境内既没有住所也没有可供扣押的财产，在中国境内也没有代表机构，那么我国法院对此类案件没有管辖权。[①] 显而易见，这一结果并不利于保护我国著作权人的合法权益。与我国民事诉讼法的这一保守态度相比，美国法院则更经常行使长臂管辖原则，对发生在美国境外的知识产权侵权纠纷进行管辖。

另一个相关的问题是，我国法院对涉外知识产权案件是否享有专属管辖权？有观点认为，基于知识产权的地域性原则，有必要规定我国人民法院的专属管辖权。[②]在此需要区分工业产权与著作权。前者由注册取得，与国家的行政行为密切相关，因此欧盟《布鲁塞尔第一条例》[③] 第二十二条规定，对于专利、商标、外观设计或实用新型等工业产权的注册或效力纠纷，由注册国法院专属管辖。而著作权由创作自动取得，其纠纷可以通过一般的管辖权规则解决，而无需借助于专属管辖制度。在网络环境下，网上大规模著作权侵权案件的爆发，也使得专属管辖失去了现实意义。[④]

此外，在涉外知识产权案件中，当事人也可以协议选择管辖法院。在跨国贸易中，可能出现的知识产权纠纷涉及多国，因此事前协议约定管辖法院也会在日后大大加速纠纷的解决。我国民事诉讼法并未对涉外知识产权纠纷排除协议管辖的适用，在实践中应当提倡采用这种作法。

（三）涉外著作权案件的法律适用

1. 我国著作权冲突法的法律渊源

我国知识产权法律体系中绝大部分为实体法，鲜有涉及法律选择的冲突法规范。2011 年 4 月 1 日起实施的涉外民事关系法律适用法是我国第一部冲突法性质的专门法律。最高人民法院对此出台了关于适用《中华人民共和国涉外民事关系法律适用法》若干问题的解释（一）[⑤]。在此之前，《北京高院解答》是为数不多的专门针对涉外知识产权案件法律适用问题的规定，但是对冲突法规范在涉外知识产权案件中的作用重视不足。另外，《北京高院解答》仅具有审判业务参考的意义，并不是严格意义上的法律渊源。涉外民事关系法律适用法虽然为涉外知识产权案件的法律适用设立了专门的章节，但寥寥三个条文在复杂的涉外知识产权案件面前显得原则性有余而可行性不足。

[①] 徐妮娜：《著作权的国际私法问题研究》，武汉大学 2011 年博士学位论文，第 77 页。

[②] 韩德培主编：《国际私法》，高等教育出版社、北京大学出版社 2000 年版，第 433 页，转引自徐妮娜《著作权的国际私法问题研究》，武汉大学国际法系博士学位论文，2011 年，第 76 页。

[③] The Council Regulation (EC) no 44/2001 of 22 December 2000 on jurisdiction and the recognition and enforcement of judgments in civil and commercial matters.

[④] 董开星：《涉外著作权侵权的管辖权问题研究》，华东政法大学 2014 年博士学位论文，第 89—90 页。

[⑤] 法释〔2012〕24 号。

除了我国国内知识产权法律之外，还需要考虑我国参加的国际条约的适用。依据民法通则第一百四十二条第二款规定，我国参加的国际条约同我国民事法律有不同规定的，适用国际条约规定；但我国声明保留的条款除外。因此，我国参与的知识产权国际条约，如《巴黎公约》、《伯尔尼公约》等，如果与我国法律有不同规定，可以在涉外知识产权案件中直接适用。但包括 TRIPS 协议在内的世贸协定，由于我国只是承诺以制定或者修改国内法律的方式予以履行，并未赋予其在国内的直接适用效力。因此，不能直接援用该规则作为裁判的依据。① 另外，在案件当事人所属国均为《伯尔尼公约》和《世界版权公约》成员国的情况下，仅需引用《伯尔尼公约》。②

首先需要考虑的是，《伯尔尼公约》第五条第一款所奠定的国民待遇原则可否作为冲突法规则加以引用。对这一著作权国际保护基本原则的正确理解实际上取决于著作权法中外国人法律地位规则与冲突法规则的区分。外国人法律地位规则旨在调整外国作者在本国著作权法下的法律地位，在一定条件下将外国作者视为本国作者，其作品也就相应地视为本国著作权法下保护的作品，从而对其作品适用本国著作权法。而冲突法规则旨在对具有涉外因素的作品，以及与该作品相关的使用或侵权行为，通过连结点的确定选择应当适用的法律，该法律并不一定是本国著作权法。因此，前者的着眼点在于避免对外国"作者"的歧视，对于本国作者当然不适用外国人法律地位规则，而且外国作者可以援引伯尔尼公约中的最低保护原则；与之相反，本国作者对于在本国发表的作品，却不能援引最低保护原则。而后者的重心在于具有涉外因素的"作品"的法律适用。

德国法院在实践中将国民待遇原则作为冲突法规范理解，并以此为基础，对著作权的权利保护范围和权利产生问题都适用被请求保护地法。与此相反，欧盟法院在 Tod's 案③中则指出，《伯尔尼公约》的国民待遇原则④并不以决定应适用的法律为目的。这一原则旨在规制公约其他成员国的著作权人在本国著作权法律体系下的法律地位，保证其享有同内国著作权人相同的权利。法律适用过程中具体连结点的选择仍取决于内国冲突法。从根本上说，国民待遇原则属于外国人法律地位问题，与冲突法规范分

---

① 《北京市高级人民法院关于涉外知识产权民事案件法律适用若干问题的解答》（京高法发［2004］49 号）第十四、十五条。最高人民法院关于适用《中华人民共和国涉外民事关系法律适用法》若干问题的解释（一）第四条：涉外民事关系的法律适用涉及适用国际条约的，人民法院应当根据《中华人民共和国民法通则》第一百四十二条第二款以及《中华人民共和国票据法》第九十五条第一款、《中华人民共和国海商法》第二百六十八条第一款、《中华人民共和国民用航空法》第一百八十四条第一款等法律规定予以适用，但知识产权领域的国际条约已经转化或者需要转化为国内法律的除外。

② 为协调《伯尔尼公约》与《世界版权公约》的关系，《世界版权公约》第十七条规定："本公约完全不影响《伯尔尼公约》的规定。"在与第十七条相关的附加声明中又指出："《伯尔尼公约》成员之间，关系到起源国是伯尔尼联盟的国家之一的作品的保护时，不适用《世界版权公约》。"

③ C-28/04 - Tod's and Tod's France.

④ 这一知识产权国际保护的基本原则也规定于《保护表演者、音像制品制作者和广播组织罗马公约》第四条，Trips 协议第三条第一款，WCT 公约第三条（通过继受伯尔尼公约第五条第二款的规定），以及 WPPT 公约第四条。

属两个不同的范畴。国民待遇原则的目的在于使外国作者避免遭受歧视，而非建立一套适用于其作品的冲突法规则。[①]

但不可否认，《伯尔尼公约》的国民待遇原则可以指向被请求保护地的实体法规则，因而其虽然旨在调整外国人法律地位，也具有冲突法上的意义。[②]

其次，《伯尔尼公约》第五条之二奠定了被请求保护地法原则的基础。该条规定，知识产权的享有和行使与来源国是否保护这些权利无关，仅应当由被请求保护地法作为权利保护范围和救济方式的准据法。这一规定是《伯尔尼公约》中最重要的冲突法规则。

2. 知识产权法律适用的同一论和分割论

对于涉外知识产权的法律适用，存在同一论和分割论两种观点，即对于知识产权的不同事项，如权利的产生、内容、归属、期限、可转让性及侵权判定等，应当统一适用一个国家的法律，还是分别适用不同国家的法律。从法律适用的实践角度考虑，在选择具体的连结点以决定适用的法律之前，应当首先确定采用同一论还是分割论的适用方法。对于北影案而言，作品的创作地在中国，侵权行为发生在法国，诉讼地在中国，采用同一论还是分割论将直接影响到应适用的法律。基于本案案情，下文的讨论主要局限于著作权，但其依据的法理对于工业产权侵权纠纷也可以适用，因为权利的存在、归属和范围等，实质上都是权利本身是否被承认、在多大范围内被承认的法律界定。这一问题对于著作权和工业产权而言并没有区别，不会因为是否需要注册登记而有所不同。著作权的自动保护原则是指权利的产生不需要履行任何行政手续，但并不意味着一部作品的著作权在创作完成国外的其他国家也可以自动产生，还需要满足其他国家著作权法规定的条件。我国著作权法第二条第二款和第四款即规定了外国人或无国籍人非在中国首先出版的作品受保护的条件。

（1）分割论。法国著作权国际私法中，"Rideau de fer"一案[③]奠定了分割论的基础。在该案中，法院对著作权的存在和行使分别适用了来源国法与被请求保护地法。但在当时的法国司法实践中，来源国法实际上是作为变相歧视外国作者的工具，因为只有外国作者在其作品来源国也同样享有类似的私权时，才能在法国享有同法国作者相同的权利。因此，尽管该案通过区分外国作者在法国享有的法律地位与适用

① André Lucas, La loi applicable à la violation du droit d'auteur dans l'environnement numérique, e. Bulletin du droit d'auteur, octobre-décembre 2005, n° 6, http：//portal. unesco. org/culture/fr/files/29336/11338011821lucas_fr. pdf/lucas_ fr. pdf（10/9/2015）.

② Jürgen Säcker/Rixecker, Münchener Kommentar zum Bürgerlichen Gesetzbuch：Drexl, Band 11, Internationales Immaterialgüterrecht, Verlag C. H. Beck, München 6 Aufl. 2015, Rn. 70ff.

③ Cass. 1re civ. , 22/12/1959.

外国作者的来源国法这两个问题，首次对外国人法律地位问题和法律适用问题之间区别进行了界定，却仍然停留在法国著作权法传统的双重保护要求层面。① 在这一背景下，90 年代以来，法国的一些法院倾向于将来源国法适用于著作权的原始所有权问题。②

德国的一些学者也主张采取分割论的法律适用方法。如 Schack 教授根据一般的冲突法原则，认为应当将权利的存在与归属作为先决问题，与侵权问题严格加以区分。③ 在此基础上，欧盟《罗马第二条例》第八条应当只适用于知识产权侵权判定问题。④ 也有学者提出了折衷的方案，即对于权利的内容、范围、保护条件等先决问题，对于工业产权应适用被请求保护地法，对于著作权，欧盟各国则具有一定的立法空间，在不存在必须适用被请求保护地法的情况下，也可以将来源国法作为可适用法律的选项。⑤

值得注意的是，美国法学会提出的《知识产权：跨国纠纷中的管辖权、法律选择和裁判原则》（简称 ALI 原则）⑥ 和欧洲知识产权冲突法小组提出的《知识产权冲突法原则》（简称 CLIP 原则）⑦ 是国际社会知识产权冲突法学界最为重要的两份机构研究报告，集中体现了美国和欧盟两大法域关于知识产权国际私法的基本观点。⑧ 其中，ALI 原则采取了分割论的观点。著作权作为不依据注册产生的权利，其原始所有权适用创作时作者居住地法；合作作品的著作权归属适用合同约定的某个作者的住所地法；

① André Lucas, Henri-Jacques Lucas, Agnés Lucas-Schloetter, Traité de la propriété littéraire et artistique, LexisNexis, Paris 4e éd. 2012, n° 1347.

② André Lucas, Henri-Jacques Lucas, Agnés Lucas-Schloetter, Traité de la propriété littéraire et artistique, LexisNexis, Paris 4e éd. 2012, n° 1350.

③ Haimo Schack: Das auf (formlose) Immaterialgüterrechte anwendbare Recht nach Rom II, in: Die richtige Ordnung: Festschrift für Jan Kropholler zum 70. Geburtstag, hrsg. von Dietmar Baetge, Mohr Siebeck, Tübingen Aufl. 1, 2008, S. 651ff.

④ Jürgen Säcker/Rixecker, Münchener Kommentar zum Bürgerlichen Gesetzbuch: Drexl, Band 11, Internationales Immaterialgüterrecht, Verlag C. H. Beck, München 6 Aufl. 2015, Rn. 166.

⑤ Jürgen Säcker/Rixecker, Münchener Kommentar zum Bürgerlichen Gesetzbuch: Drexl, Band 11, Internationales Immaterialgüterrecht, Verlag C. H. Beck, München 6 Aufl. 2015, Rn. 174.

⑥ 美国法学会：《知识产权：跨国纠纷中的管辖权、法律选择和裁判原则》（Intellectual Property: Principles Governing Jurisdiction, Choice of Law, and Judgments in Transnational Disputes），http://www.wipo.int/wipolex/en/details.jsp?id=7687，2013 年 9 月 9 日。

⑦ 欧洲知识产权冲突法小组：《知识产权冲突法原则》（Principles on Conflict of Laws in Intellectual Property），http://www.cl-ip.eu/_www/en/pub/home.html，2013 年 9 月 9 日。

⑧ 作为知识产权国际私法统一规则的最初尝试，海牙国际私法会议也对制定与知识产权涉外案件管辖权相关的统一规则作出了努力。海牙国际私法会议汇聚了包含美国和所有欧盟成员国在内的 80 个国家，（http://www.hcch.net/index_en.php?act=states.listing，2015 年 9 月 9 日）该会议的特别委员会于 1999 年起草了"关于民商事案件管辖权和外国裁判的公约"的草案，在 2001 年的会议上又提出了公约的临时文本。由于参与会议的各国对于很多重要问题，如对于知识产权案件管辖权的问题存在很大的分歧，公约文本不尽人意。之后海牙国际私法会议搁置了一般性公约的起草工作，从特殊性的专门问题入手，如 2004 年提出了排他性法院选择协议公约草案。与之相比，美国法律协会和欧洲知识产权冲突法小组专门针对知识产权冲突法提出的 ALI 原则和 CLIP 原则更具有针对性，海牙国际私法会议的思路也在这些后续的工程中有所体现，因此这里主要介绍 ALI 原则和 CLIP 原则。

没有约定时，适用大多数作者住所地法；没有共同住所地时，适用与作品初次使用联系最密切联系地的法律；职务作品适用调整雇佣关系的法律。① 著作权的可转让性，即著作权本身是否可以转让，适用转让行为指向的国家的法律。② 权利转让或许可使用的具体行为则适用双方约定的法律，没有约定的情况下则适用与转让或许可使用合同有最密切联系的国家的合同法。合同执行时转让人或许可人的居住地国推定为合同的最密切联系地。③ 与此相反，CLIP 原则则采取了同一论的观点。

我国学者多持分割论观点。我国国际私法学会起草的《中华人民共和国国际私法示范法》（第六稿）第95条规定著作权的成立、内容和效力，适用权利主张地法。还有学者主张将分割论作为第二位的冲突规范，即适用于未在保护国取得知识产权的外国知识产权。④

（2）同一论。同一论指的是对知识产权法律关系的各个方面统一适用同一个国家的法律。对于著作权而言，有学者主张应统一适用来源国法。⑤《伯尔尼公约》第五条第四款对于来源国的定义分别采取了作品和作者两个不同的连结点。对于首次在某一公约成员国发表的作品，其来源国指的是作品的首次发表地。作品在不同成员国同时发表时，来源国指的是保护期限最短的成员国。作品在公约成员国和非公约成员国同时发表时，来源国指的是成员国。对于公约成员国国民未发表的作品，或者首次在非公约成员国发表，而未在公约成员国同时发表的作品，来源国指的是该作者的国籍国。电影作品和建筑作品的来源国则适用特别规则。

然而，无论是从作品的首次发表地角度，还是从作者的国籍国角度，将来源国作为同一论下的连结点在法理和实践上都不具有说服力。首先，作者的定义本身就已经是特定国家著作权法上的概念，将其作为冲突法上的连结点，实际上等于事先已经进行了实体上的判断。其次，在网络环境下，确定作品的首次发表地在实践中也不具有可操作性。⑥

因此，大部分观点认为这一统一适用的法律指的是被请求保护地法。德国理论和实践中的主流观点是对著作权法律关系的所有方面，即权利的产生、原始所有权、可转让性等先决问题，以及侵权判定问题，都统一适用被请求保护地法。⑦ 德国联邦法院

---

① ALI Principles，§313。

② ALI Principles，§314。

③ ALI Principles，§315。

④ 冯术杰：《论知识产权冲突规则的拟定——保护国法主义与分割论的结合适用》，《法学》，2005 年第3 期。

⑤ William Patry, "Choice of Law and International Copyright", *The American Journal of Comparative Law*, 2000 (3), pp. 383–470. Batiffol 教授也主张统一适用来源国法。André Lucas, Henri-Jacques Lucas, Agnés Lucas-Schloetter, Traité de la propriétélittéraire et artistique, LexisNexis, Paris 4eéd. 2012, n° 1353.

⑥ Klass: Ein interessen- und prinzipienorientierter Ansatz für die urheberkollisionsrechtliche Normbildung: Die Bestimmung geeigneter Anknüpfungspunkte für die erste Inhaberschaft, GRUR Int 2008, 546, 548.

⑦ Matthias Pierson, Recht des geistigen Eigentums, Verlag Nomos-Verlagsges. , Baden-Baden 3Aufl. 2014, S. 432.

在 Spielbankaffaire 案①中又一次确认了这一原则。欧盟《罗马第二条例》对于非合同责任的规制也可以证成同一论的观点。该条例第十五条规定的是非合同责任准据法适用的范围，涵盖第 a 项中非合同责任认定的条件和责任范围，以及第 f 项中具有侵权责任请求权的主体。由此可以推断，该条例第八条第一款下对知识产权侵权案件适用被请求保护地法，也应当理解为既包含权利的存在，即作为责任认定的条件，也包含原始所有权问题，即请求权的主体。② 欧洲知识产权冲突法小组提出的 CLIP 原则也主张被请求保护地法的统一适用。③

（3）分割论与同一论之争的辨析。首先，主张分割论的论据之一是知识产权法的域外效力。因为如果知识产权法律关系的所有方面都由被请求保护地法决定，则未在被请求保护地取得知识产权的外国知识产权将得不到保护。这将允许侵权行为人得以选择侵权行为地来逃避法律的制裁。④ 但由上文论述可知，一国的知识产权法并不具有域外效力，外国权利人在被请求保护地可以主张的仍然是由被请求保护地法承认的权利。因此这一论据并不能支持分割论的适用。

其次，在分割论下，除被请求保护地法外，还应适用的准据法往往指的是来源国法。对于来源国法的具体适用范围则存在不同的观点，从仅适用于著作权原始所有权问题到适用于与该权利本体相关的问题，如权利的存在、保护期限等，乃至更为激进的同一论进路，即由来源国法决定著作权的所有问题。实际上，对这一问题的回答，取决于对伯尔尼公约第五条第二款所奠定的被请求保护地法原则的理解。

世界知识产权组织《伯尔尼公约指南》指出，根据《伯尔尼公约》第五条第二款的规定，应受保护国法调整的事项有二：一是保护的程度（the extent of protection），二是救济方式（the means of redress）。保护程度和救济方式指的是权利的享用、范围和有效期（the enjoyment of the rights, their scope and duration）。有学者认为，根据指南的表述，伯尔尼公约第五条未规定著作权的权属应受被请求保护地法管辖。⑤ 然而，著作权的权属与其范围、期限属于同一性质的先决问题，应当采取相同的法律适用方法。指南中 "the enjoyment of the rights" 的表述，也正包含了著作权权属的含义。可见，《伯尔尼公约》及其指南都选择了被请求保护地法作为知识产权先决问题的准据法。在

---

① BGH, GRUR 1999, 152 - *Spielbankaffaire*.

② Jürgen Säcker/Rixecker, Münchener Kommentar zum Bürgerlichen Gesetzbuch: Drexl, Band 11, Internationales Immaterialgüterrecht, Verlag C. H. Beck, München 6 Aufl. 2015, Rn. 166.

③ CLIP Principles, Art. 3：601.

④ 冯术杰：《论知识产权冲突规则的拟定——保护国法主义与分割论的结合适用》，《法学》，2005 年第 3 期，第 104 页。

⑤ 冯术杰：《论知识产权冲突规则的拟定——保护国法主义与分割论的结合适用》，《法学》，2005 年第 3 期，第 105 页。

Fabrice X / ABC News Intercontinental 一案中，法国最高法院也清楚地表明了其立场，不再遵循 Rideau de fer 一案中分割论的进路，而是认为第五条第二款中的"被请求保护地法"不仅适用于著作权的内容，也适用于著作权所有权的原始取得和转让问题。[①] 另外，作为特别规则二，《伯尔尼公约》第十四条之二第 a 项也明确规定，电影作品的所有权由被请求保护地法决定。

从根本上讲，对来源国法的推崇根源于著作权普遍性的假设。由于著作权由创作自动产生，与作者紧密相连，普遍性原则将其看做是作者的自然权利。对此最具有代表性的是德国著作权法。在德国著作权法下，根据创作者原则，实际创作作品的自然人为作者，作者享有的著作人身权和财产权为一个整体，在作者生前不可转让。因此有德国学者提出，对作品的初始所有权问题应当适用作者创作作品时的惯常居住地法。只有在惯常居住地法不保护著作人身权时，才可以适用被请求保护地法。[②] 从法律适用的实务角度来看，分别以被请求保护地法对各国地域范围内的著作权产生、转让等问题进行判断，不具有可预见性。[③] 然而，著作权不依赖于注册行为产生，这并不意味着著作权是普世权利。如上所论述，不论是注册产生的知识产权，还是非注册产生的知识产权，其效力的发挥都依赖于各国法律的承认。在一般情况下，各国对于同一创作者初始著作权人身份的承认，并不意味着该著作权人是依据其创作行为，取得了世界范围内有效的同一个初始所有权，而是"一束"在各国都得到有效承认的初始所有权。而作者权体系和版权体系下对雇佣作品初始所有权判断可能存在的差异，就已经难以再借助普遍性原则解释。因此，一系列著作权国际条约都将地域性原则作为基础，在一国法律下承认的知识产权，其效力不能跨过该国的边境。[④]

另外，分割论导致的必然后果是人为地将权利的存在等先决问题与权利的行使问题割裂开来。然而，权利的范围、限制、归属等与权利的行使、侵权判定问题是内在联系，不可分割的，对前者的判定会直接影响到对后者的认定结果。因而分割论在实践上也不具有可操作性。同样在分割论下，对于来源国法适用范围的认识不同，也会带来截然不同的法律适用结果。如法国的一些学者主张将来源国法的适用范围扩大到权利存在问题之外，而另一些学者则主张被请求保护地法的适用应当作为一般规则，

---

① Cass. 1re civ. , 10. 4. 2013（Nr. 11 – 12508）. In: Agnès Lucas-Schloetter: Inländerbehandlung nach der RBÜ als umfassende kollisionsrechtliche Verweisung auf französisches Schutzlandrecht -Fabrice X / ABC News Intercontinental, GRUR Int 2013, 955, 956.

② Klass: Ein interessen-und prinzipienorientierter Ansatz für die urheberkollisionsrechtliche Normbildung: Die Bestimmung geeigneter Anknüpfungspunkte für die erste Inhaberschaft, GRUR Int 2008, 546, 557.

③ Schack: Internationale Urheber-, Marken-und Wettbewerbsrechtsverletzungen im Internet-Internationales Privatrecht, MMR 2000, 59, 62.

④ Eugen Ulmer, Die Immaterialgüterrechte im internationalen Privatrecht, Carl Heymanns Verlag KG, Köln, 1975, Rn. 50; Buchner: Rom II und das Internationale Immaterialgüter-und Wettbewerbsrecht, GRUR Int 2005, 1004, 1005.

而来源国的法律适用只能作为例外，在被请求保护地法与来源国法发生难以调和的冲突的个案情况下适用。①

此外，尤其对于著作人身权而言，如果对权利的归属和权利的行使分别适用不同的法律，不同法律体系下各自的价值判断取向可能会导致法律适用结果中的自相矛盾。如在法国著作权法的二元体系下，尚可设想将著作人身权和著作权行使所产生的财产利益分别归属不同的主体，这在德国著作权法的一元体系下则是无法想象的。②

由以上讨论可知，对于涉外著作权案件，应当采取同一论的进路，对著作权的产生、权属、可转让性、范围、限制、保护期限、侵权认定等一系列问题统一适用被请求保护地法。被请求保护地法是针对知识产权的所有问题，内涵具有普遍性的冲突法规则。③

（4）我国立法的选择。依据我国涉外民事关系法律适用法第四十八条和第五十条，知识产权的归属、内容和侵权责任问题，适用被请求保护地法律。而第四十九条规定，当事人可以协议选择知识产权转让和许可使用适用的法律。当事人没有选择的，适用本法对合同的有关规定。那么，我国立法究竟采取的是同一论，还是分割论的进路呢？这取决于对第四十九条中允许选择法律的"转让和许可使用"事项的理解。

理解第四十九条的关键在于对合同标的本身和合同行为的区分。一方面，对于著作权相关的债权问题适用与合同相关的法律规定；另一方面，对于与著作权本身相关的问题则适用被请求保护地法。④ 第四十九条中的"转让和许可使用"指的实际上是知识产权转让和许可使用的行为，即合同行为，而非著作权的可转让性本身。因此对知识产权相关的合同行为协议选择适用的法律是允许的，也自然可以适用与合同相关的冲突法规定。

因此，对于涉外知识产权纠纷，我国立法采取的是同一论下被请求保护地法的进路。我国涉外民事关系法律适用法第四十八条规定知识产权的归属和内容适用被请求保护地的法律，去掉了其草案第51条中"也可以适用来源地法"的表述，也体现了这一同一论的立法选择。

---

① H. Desbois, note *Rev. crit. DIP* 1962, p. 113. In : André Lucas, Henri-Jacques Lucas, Agnés Lucas-Schloetter, Traité de la propriété littéraire et artistique, LexisNexis, Paris 4e éd. 2012, n° 1348.

② Jürgen Säcker/Rixecker, Münchener Kommentar zum Bürgerlichen Gesetzbuch：Drexl, Band 11, Internationales Immaterialgüterrecht, Verlag C. H. Beck, München 6 Aufl. 2015, Rn. 20.

③ André Lucas, La loi applicable à la violation du droit d'auteur dans l'environnement numérique, e. Bulletin du droit d'auteur, octobre-décembre 2005, n° 14, http：//portal. unesco. org/culture/fr/files/29336/11338011821lucas_ fr. pdf/lucas_ fr. pdf（10/9/2015）

④ Thum：Internationalprivatrechtliche Aspekte der Verwertung urheberrechtlich geschützte Werke im Internet － Zugleich Bericht über eine WIPO-Expertensitzung in Genf, GRUR Int 2001, 9, 16；Eugen Ulmer, Die Immaterialgüterrechte im internationalen Privatrecht, Carl Heymanns Verlag KG, Köln, 1975, Rn. 68, 73.

3. 被请求保护地法（lex loci protectionis）的含义

被请求保护地法常被认为是知识产权地域性原则的体现。[1] 实际上两者之间并没有直接联系。地域性原则在实体法层面决定了一国知识产权的效力仅局限在该国地域范围之内，而被请求保护地法则在冲突法层面确定了具体应当适用的国家的法律。但在跨国境侵权的情况下，对于同一个侵权行为需要分别适用不同国家的法律作为被请求保护地法，也体现了知识产权的地域性。

接下来的问题是被请求保护地法的含义。通常认为，被请求保护地法指的是知识产权权利人请求在该地域范围内保护其权利的国家的法律。[2] 然而具体来说，对被请求保护地存在不同的理解，如作品的使用地、作者参与诉讼地[3]等。由于在涉外知识产权诉讼中，知识产权的被请求保护地与知识产权的使用地、法院地、侵权行为地常常在事实上是重合的，但实质上属于不同的冲突法连结点，因此需要对这些相关概念进行区分。

首先，被请求保护地法不同于法院地法（lex fori）。与法院地法相联系的是当事人要求权利保护的行为所在地，与当事人的权利主张行为相联系；而与被请求保护地法相联系的是当事人所主张的权利可以实现的地域范围，与权利本身的效力范围相联系。尽管事实上，知识产权侵权之诉常常在被请求保护地提出，但这并不是必须的。具有国际管辖权的内国法院常常会适用外国法律作为准据法。[4] 在很多情况下，如在合同的谈判过程中，虽然还没有发生法律诉讼，当事人也需要了解未来纠纷产生时会适用的法律，即其可以据以主张其权利的法律。[5]

其次，也有观点认为被请求保护地法实际上指的是侵权行为地法（lex loci delicti）。因为侵权行为作为负面的权利使用行为，与正面的权利使用行为共同构成一个整体，都应该受到侵权行为地法，即被请求保护地法的调整。[6] 然而，被请求保护地与侵权行为地并不能完全等同。法国最高法院倾向于将被请求保护地法解释为侵权行为地法，实际上是忽视了伯尔尼公约第五条中的冲突法规则，将知识产权侵权简单地等同于一般侵权，从而适用了一般侵权行为下的侵权行为地法原则。[7]

---

① Matthias Pierson, Recht des geistigen Eigentums, Verlag Nomos-Verlagsges. , Baden-Baden 3 Aufl. 2014, S. 432.

② Jürgen Säcker/Rixecker, Münchener Kommentar zum Bürgerlichen Gesetzbuch: Drexl, Band 11, Internationales Immaterialgüterrecht, Verlag C. H. Beck, München 6 Aufl. 2015, Rn. 10.

③ James J. Fawcett, Paul Torremans, Intellectual Property and Private International Law, Oxford University Press, Oxford 2nd edition 2011, 12. 25.

④ Oliver Baetzgen, Internationales Wettbewerbs-und Immaterialgüterrecht im EG-Binnenmarkt, Carl Heymanns Verlag, Köln, München〔u. a.〕, 2007, Rn. 59.

⑤ James J. Fawcett, Paul Torremans, Intellectual Property and Private International Law, Oxford University Press, Oxford 2nd edition 2011, 12. 25.

⑥ André Lucas, Henri-Jacques Lucas, Agnés Lucas-Schloetter, Traité de la propriété littéraire et artistique, LexisNexis, Paris 4e éd. 2012, n° 1369.

⑦ James J. Fawcett, Paul Torremans, Intellectual Property and Private International Law, Oxford University Press, Oxford 2nd edition 2011, p. 12. 26.

综上所述，被请求保护地法实际上指的是知识产权人可以据以主张其权利受到保护的法律，[①] 在侵权诉讼中指的是侵权行为地法，因为该法律保护的知识产权受到了侵害；而在其他情况下指的是权利的使用地法，因为权利人根据该国法律对自己的权利进行了许可使用，其行为和所获得的利益受该国法律保护。[②] 实务操作中，法院应根据当事人的请求加以确定。如德国联邦法院曾拒绝检验外国版权法是否是可以适用的法律，因为当事人没有要求依据外国法律主张对其作品的使用权进行保护。[③]

同时，在一般侵权案件中，侵权行为地法指的既可能是侵权行为实施地，也可能是侵权结果发生地。有学者认为，这一选择可能性应当在涉外知识产权侵权案件中加以限制，被请求保护地法指的只能是侵权结果发生地法，侵权行为的内容只有关涉到知识产权时，才满足知识产权侵权的构成要件。[④] 但这一冲突法上的问题实际上取决于知识产权实体法上对于侵权要件的界定，对侵权行为的扩张解释可以涵盖侵权准备行为，从而将该行为地的法律也纳入可能适用的法律范围之内。仅以欧盟法院对传播权的解读为例。欧盟信息社会著作权保护指令[⑤]第四条规定，传播权指的是权利人通过销售或其他方式，向公众以任何形式传播作品或对这一传播行为进行禁止的权利。在Cassina[⑥]一案中，欧盟法院将财产权的转让定义为第四条下传播权所覆盖行为的要件。而在 Dimension 案[⑦]中，欧盟法院放宽了对财产权转让的要求，因而传播权所涵盖的行为范围也包括对潜在顾客发出的订立合同的要约邀请。因此，被请求保护地法实际指向侵权行为地法的情况下，该案中所有相关行为实施地或结果发生地的法律都是被请求保护地法，因为该涉案行为在上述法律下可能都构成了对权利人权利使用行为进行许可的权限的侵权。至于是否确实构成了侵权，则是在法律选择后第二位的实体法判断问题。

就北影案而言，法院地在中国，电影的放映行为，即被诉的侵权行为分别发生在中国和法国，因此对于法国境内的电影放映行为，应当适用的被请求保护地是法国法。我国法院不加区分地对两个作品使用行为都适用了中国法律，是错误的。

---

① 《罗马一号条例》第八条的英文文本更容易阐释被请求保护地的含义："The law of the country for which protection is sought"。

② Savola：The Ultimate Copyright Shopping Opportunity – Jurisdiction and Choice of Law in Website Blocking Injunctions, IIC 2014, 287, 299.

③ BGH GRUR 2004, 855, 856-*Hundefigur*；Jürgen Säcker/Rixecker, Münchener Kommentar zum Bürgerlichen Gesetzbuch：Drexl, Band 11, Internationales Immaterialgüterrecht, Verlag C. H. Beck, München 6 Aufl. 2015, Rn. 12.

④ Schack：Internationale Urheber-, Marken-und Wettbewerbsrechtsverletzungen im Internet-Internationales Privatrecht, MMR 2000, 59, 64.

⑤ 2001 年 5 月 22 日欧洲议会和欧盟理事会关于协调信息社会中版权和相关权若干方面的第 2001/29/EC 号指令。

⑥ C – 456/06-Cassina.

⑦ C – 454/06-Dimension.

4. 涉外知识产权侵权案件当事人选择法律问题

我国涉外民事关系法律适用法第五十条规定，对于知识产权的侵权责任，当事人也可以在侵权行为发生后协议选择适用法院地法律。对该条的理解涉及到两个问题，即在涉外知识产权侵权案件中是否应当允许当事人选择法律，以及对当事人的法律选择是否应当限制和限制到何种程度的问题。

有观点认为，涉外知识产权侵权案件中，不应由当事人自己选择希望受到保护的法律，这一权力应保留给审理法官。尽管当事人可以选择起诉法院地，尤其是在复杂侵权的情况下，既可以向损害事实发生地的法院主张全部的损害赔偿，也可以向损害结果发生地的法院主张当地的损害赔偿。[①] 欧盟《罗马第二条例》第八条第三款也明确排除了第十四条所允许的法律选择。著作权的地域性决定了著作权侵权问题应当完全由被请求保护地法调整，允当事人选择法律是对著作权地域性原则的违反。[②]

与之对应，有学者对此提出了批评。允许当事人选择法律并不影响在侵权判定时仍然适用被请求保护地法原则。尤其是在跨国侵权的情况下，当事人的法律选择可以避免必须对各国的侵权行为分别判断。[③] 由于这只是赋予了当事人选择的权利，而非当事人必须承担的义务，其带来的法律风险甚微。[④] 因此，CLIP 原则和 ALI 原则都允许知识产权案件当事人选择法律。[⑤]

涉外知识产权侵权案件中当事人能否选择法律，实际上取决于对这一法律选择限度的理解，换言之，即知识产权侵权问题中对侵权标的物，即依附于知识产权本体的法律关系，和侵权法律关系两者的区分。和 ALI 原则一样，涉外民事关系法律适用法第五十条没有对当事人所选择法律的适用范围明确作出限制，允许该意思自治的范围扩展到整个侵权案件，而不仅仅是侵权救济问题。然而，侵权判定关系到知识产权的权利范围和限制等权利本体问题时，仍然应当适用被请求保护地法，[⑥] 只有侵权救济，

① André Lucas, Henri-Jacques Lucas, Agnés Lucas-Schloetter, Traité de la propriété littéraire et artistique, LexisNexis, Paris 2012, n° 1337.

② 在《罗马第二条例》的制定过程中，欧盟委员会提出的最初文本的第十条允许一般侵权的法律选择，而对于知识产权侵权则例外，不能由当事人选择法律。但在欧洲议会的审议稿中，欧洲议会认为没有理由阻止当事人在知识产权侵权纠纷中选择法律，因而删除了该例外。但最终稿仍然采用了欧盟委员会的意见。参见 Buchner "Rom II und das Internationale Immaterialgüter-und Wettbewerbsrecht", GRUR Int 2005, 1004, 1007 – 1008.

③ Jürgen Säcker/Rixecker, Münchener Kommentar zum Bürgerlichen Gesetzbuch: Drexl, Band 11, Internationales Immaterialgüterrecht, Verlag C. H. Beck, München 6 Aufl. 2015, Rn. 250.

④ James J. Fawcett, Paul Torremans, Intellectual Property and Private International Law, Oxford University Press, Oxford 2nd edition 2011, 18. 32.

⑤ CLIP Principles, Art. 3：605；ALI Principles § 302.

⑥ Schack: Internationale Urheber-, Marken-und Wettbewerbsrechtsverletzungen im Internet-Internationales Privatrecht, MMR 2000, 59, 65.

如侵权赔偿方式等，属于在一般侵权冲突法下当事人意思自治的范畴。[①] 对于后者，也可以适用其他一般侵权冲突法的基本规则，如也可以适用当事人共同住所地法。[②] 在明确了当事人选择的法律所能调整的实际范围后，我国将这一选择局限于法院地法就失去了必要性。

最后是对当事人法律选择的时间加以限制的问题。首先，我国法律把当事人的法律选择限于侵权行为发生之后，这是不必要的。因为在更多情况下，法律选择的需要存在于纠纷发生之前，如在当事人之间存在许可合同关系时，有必要允许当事人事前约定在发生侵权行为时，如被许可人对知识产权的使用行为超过了许可的范围，所应当适用的法律。[③] 这样在日后发生纠纷时，有利于快速地解决争议。

（四）小结：北影案依据现行中国法律的判决结果

综上所述，二十余年前的北影案中，法院不经区分，对案件的全部事实直接适用了中国法律加以审理和判断，其背景是当时我国知识产权冲突法法律渊源匮乏的客观情况与法院审判的一般实践。如果北影案发生在今天，依据我国现行的涉外民事关系法律适用法，可能得出的判决结果会有何不同呢？

首先，虽然案件双方当事人均为我国国民，但侵权行为发生在境外，案件具有涉外性，应当首先判断我国法院对该案是否具有管辖权，而不是直接进行管辖。如上文所述，北影案的双方当事人都在我国境内拥有合法住所，依据我国民事诉讼法第二百五十九条和第二十一条规定，我国法院具有管辖权。

其次，应当根据我国涉外民事关系法律适用法确定应当适用的法律，而不是直接适用我国著作权法。

值得注意的是，在适用我国《涉外民事关系法律适用法》关于知识产权纠纷的具体规定之前，应当首先明确涉案法律纠纷的性质，即该案属于合同纠纷还是侵权纠纷。《涉外民事关系法律适用法》第八条规定，涉外民事关系的定性，适用法院地法律。依据法院地法，即我国法律进行判断，北影案为涉外知识产权侵权纠纷。

因此根据《涉外民事关系法律适用法》第五十条，北京电影学院将被改编的涉案小说摄制为电影，并在中国与法国的不同场合加以播放是否构成侵权的问题，由于双方当事人未选择适用法律，均应根据被请求保护地法进行判断。同时，涉案作品著作权的归属与内容作为先决问题，也应当根据被请求保护地法加以判定。

[①]　James J. Fawcett, Paul Torremans, *Intellectual Property and Private International Law*, Oxford University Press, Oxford 2nd edition 2011, p. 18. 32.

[②]　Schack: Internationale Urheber-, Marken- und Wettbewerbsrechtsverletzungen im Internet-Internationales Privatrecht, MMR 2000, 59, 65. 另见我国涉外民事关系适用法第四十四条。

[③]　James J. Fawcett, Paul Torremans, *Intellectual Property and Private International Law*, Oxford University Press, Oxford 2nd edition 2011, p. 18. 31.

本案法律适用的关键在于，北京电影学院将改编创作的电影作品分别在中国和法国境内播放，这两个作品使用行为的合法性应当分别加以判断，该案的一审与二审判决实际上也采取了这一思路。由上文讨论可知，在著作权侵权案件中，被请求保护地法与侵权行为地法在事实上重合，因此在中国境内的被诉侵权行为所对应的被请求保护地法为中国法，而在法国境内被诉侵权行为所对应的被请求保护地法为法国法。该案的一审与二审判决均在第二个作品使用行为的判断上错误适用了中国法。对于第二个作品使用行为的具体法律适用在下文进一步进行讨论。

二　在法国提起诉讼的情形

值得讨论的是，如果本案是在今日于法国提起诉讼，最后得出的判决结果是否会与上文所讨论的结果存在区别？对于这一假设情况的讨论有助于明确在涉外著作权案件中，是否存在当事人通过选择法院以取得自己所期望诉讼结果的可能性（forum shopping）。

（一）法国法院的管辖权问题

法国法院的管辖权问题应当考虑欧盟法和法国本国法两方面的法律渊源。在欧盟立法层面，规制各成员国法院民商事案件管辖权的主要是欧盟《布鲁塞尔第一条例》。①

1. 《布鲁塞尔第一条例》

《布鲁塞尔第一条例》适用于民商事法律关系②，因此对于与知识产权有关的民事纠纷可以适用。《布鲁塞尔第一条例》适用于与欧洲有联系的国际性案件，本案侵权行为部分发生在法国，案件具有国际性，且法院地国法国是欧盟成员国。因此布鲁塞尔第一条例可以适用于本案的管辖权确定问题。

接下来，对于具体管辖权的确定，首先应当考虑第二十二条专属管辖权的适用可能性。根据第二十二条第四款，对于专利、商标、外观设计、实用新型等需要注册登记的权利，对于其注册或效力问题，由注册登记国的法院专属管辖。本案并不属于这一专属管辖的范围。

其次，依据第二十三条规定，当事人可以协议选择管辖法院。而依据第二十四条，被告的主动应诉视为对法院管辖权的承认。本案并不涉及这些情况。

最后，被告在欧盟的某一成员国有住所时，不论其国籍是哪一国，居住国法院都具有管辖权。如果被告不具有居住国国籍，该国法院对其的管辖适用对本国国民相同的规定。③ 法人的住所地为其注册登记地、行政管理中心所在地或主要营业地。④ 如果

---

① 实际上本案发生在《布鲁塞尔第一条例》生效之前，应当适用 1968 年的布鲁塞尔公约。由于《布鲁塞尔第一条例》采纳了 1968 年布鲁塞尔公约大部分内容，在此仅讨论《布鲁塞尔第一条例》。

② 《布鲁塞尔第一条例》第一条。

③ 《布鲁塞尔第一条例》第二条。

④ 《布鲁塞尔第一条例》第六十条。

被告在任何成员国都没有住所，任一成员国法院适用内国法关于管辖的规定。① 因此，本案中，北京电影学院在欧盟境内没有住所，如果案件在法国提起诉讼，应当适用法国国内法判断法国法院对于该案是否有管辖权。

2. 法国民事诉讼法

在欧盟统一立法的背景下，管辖权问题绝大部分由布鲁塞尔第一条例加以调整，除此之外留给法国本国法的空间并不多。在法国本国法中，法国法院对于涉外案件的一般规则在 Scheffel 案②中加以确定，即如果依据法国民事诉讼法，一个法国法院在法国领土内具有属地管辖权，那么所有法国法院对该涉外案件都具有国际管辖权。根据法国民事诉讼法第46条的规定，对于侵权案件，由侵权事实发生地或侵权结果发生地的法院管辖。因此，如果将本案在法国发生的侵权行为部分作为纯粹的国内案件对待，应当由侵权行为地的法国法院管辖，那么所有的法国法院都对本案拥有国际管辖权。

（二）在法国起诉情况下的法律适用

在法国法院对本案具有管辖权的情况下，如果原告在法国法院提起诉讼，法国法院应当如何选择法律，法律适用的结果又将如何呢？

在欧盟统一国际私法立法的背景下，与知识产权有关的国际私法问题，依据其属于合同关系还是侵权关系，分别由《罗马第一条例》和《罗马第二条例》调整。由于欧盟条例的适用优先于成员国本国的冲突法，本案的著作权侵权纠纷应当首先适用《罗马第二条例》来判断。

依据《罗马第二条例》，法院通过冲突法规范指引确定的准据法不仅指欧盟成员国的法律，也可以是非成员国的法律。③ 第四条规定了侵权行为的一般性规则，即适用损害发生地法。如果双方当事人在损害发生时具有共同惯常居所地的，则适用共同惯常居所地法。若案件与损害发生地和当事人共同惯常居所地之外的第三国有更紧密的联系的，例如双方之间存在先合同关系，则适用该第三国的法律。而对于知识产权侵权则应当仅适用第八条的特殊规定，即知识产权侵权责任的判定适用被请求保护地法。但如果侵害的是共同体的知识产权，对于共同体法没有规定的法律问题，应当适用侵权行为地法。当事人没有权利协议选择知识产权侵权责任的准据法。此外，第八条所指向的法律应当只包括实体法规范，排除了反致或者转致的可能性。④

对于第八条第一款所指向的被请求保护地法的适用范围，欧洲学者存在不同的观

---

① 《布鲁塞尔第一条例》第四条。
② Cass. 1re civ., 30/10/1962.
③ 《罗马第二条例》第三条。
④ 《罗马第二条例》第二十四条。

点。有学者主张该被请求保护地法也适用于知识产权的存在与初始所有权问题，① 而相反观点则认为应当将知识产权的存在和初始所有权等先决问题与侵权判定问题区分开来，《罗马第二条例》仅适用于后者。② 折衷的观点认为对于工业产权统一适用被请求保护地法，而对于著作权各国立法者则拥有一定的自由空间，在不存在必须适用被请求保护地法的情况下，也可以适用来源国法。③

根据上文对同一论与分割论的讨论可知，应当认为被请求保护地法适用于著作权侵权责任判定的所有方面。依据一国的法律判断著作权侵权责任的先决问题，依据另一国的法律判断著作权侵权责任是否成立，可能会带来两个法律体系价值取向之间的冲突。如在美国创作产生的雇佣作品，若侵权行为发生在德国，在德国起诉的情况下，依照美国法，雇佣作品的初始著作权人为雇主；而德国著作权法则坚持创作者原则，作者只能是实际的创作者，在著作人身权与著作财产权的一元性原则下，著作权不能在生前转让，因此雇主不能成为雇佣作品的初始著作权人。如果依据美国法将雇主作为初始著作权人，接下来以德国法判断该雇主的著作权是否受到了侵害，两个著作权体系之间的差异会导致法律适用的内在矛盾。

具体到本案而言，对于发生在中国境内的侵权行为所应适用的被请求保护地法指的是中国法，而对于发生在法国境内的侵权行为所应适用的被请求保护地法指的是法国法，因此法律适用结果与在中国起诉的情况并没有差异。

在法国为被请求保护地的情况下，需要注意的是，此处所称的"法国法"并不仅仅指的是法国的本国法，而是在法国法下可以适用于本案的所有法律渊源，包括法国本国法、欧盟法与条约法，在适用时需要注意它们之间的优先顺序。首先，欧盟法第一层面的法律渊源，即欧盟基本条约，相对于《伯尔尼公约》等著作权国际条约有优先效力；而欧盟法第二层面的条例、指令等，可以将《伯尔尼公约》作为其法律解释的依据。④ 无论是欧盟的基本条约，还是条例和指令，根据欧盟法的优先适用原则，其适用都优先于成员国的本国法。其次，欧盟法中的条例在成员国有直接适用的效力，而指令则需要转化为成员国的国内法。再次，在法国法下，国际条约在本国法律之上，但在宪法之下。因此综合来看，在与本案相关的法律渊源中，位阶最高的是欧盟的基

---

① Jürgen Säcker/Rixecker, Münchener Kommentar zum Bürgerlichen Gesetzbuch: Drexl, Band 11, Internationales Immaterialgüterrecht, Verlag C. H. Beck, München 6 Aufl. 2015, Rn. 166.

② Haimo Schack: Das auf (formlose) Immaterialgüterrechte anwendbare Recht nach Rom II, in: Die richtige Ordnung: Festschrift für Jan Kropholler zum 70. Geburtstag, hrsg. von Dietmar Baetge, Mohr Siebeck, Tübingen Aufl. 1, 2008, S. 651ff.

③ Jürgen Säcker/Rixecker, Münchener Kommentar zum Bürgerlichen Gesetzbuch: Drexl, Band 11, Internationales Immaterialgüterrecht, Verlag C. H. Beck, München 6 Aufl. 2015, Rn. 174.

④ Jörg Gundel: Die Europäische Gemeinschaft im Geflecht des internationalen Systems zum Schutz des geistigen Eigentums, ZUM 2007, 603, 604.

本条约，其次是《伯尔尼公约》，再次是欧盟的条例和转化为法国本国法的指令，最后是纯粹意义上的法国本国法。就本案具体的法律适用来看，则需要首先考虑最相关的欧盟信息社会著作权保护指令①。在欧盟法下，作品的定义和著作权保护的条件并没有统一，欧盟法院提出了"个人的智力创造"标准作为该指令下著作权保护的基本要求，但具体如何判断则留给了各成员国法律决定。② 同时，该指令中出于教学目的对作品合理使用③的条款属于选择性的转化条款，成员国对其不具有必须转化为国内法的义务。因此，本案应当直接援引的法律渊源为法国的著作权法，对其进行解释和适用时需要以欧盟法为依据，并不得违反《伯尔尼公约》下的最低保护要求和欧盟基本条约中的基本自由与权利。

在法国著作权法下，著作权依创作行为取得④，而创作行为为事实行为，不受其行为地点的影响，因此被改编小说的著作权人仍为汪曾祺。在法国著作权法下，著作财产权分为传播权和复制权这两大类（CPI，L122 - 1），本案中对小说的改编行为属于广义的复制权范畴，而改编创作的电影的放映行为则属于广义的传播权范畴，两种权利都可以成为转让的对象。但转让复制权和传播权的行为在法国法下属于要式行为，需要满足一定的形式要件，如在转让合同中需分别注明被转让的具体财产权，且权利转让需在权利范围、使用目的和期限上加以限定。另外，对于拍摄权，即将作品改编为电影的权利，这一特殊改编权的转让还需在与作品改编合同相分离的单独文件中注明。受让人应保证对作品的利用行为符合行业惯例，并在改编作品的情况下，支付给作者收入的一定比例（CPI，L131 - 3）。该法律规则属于强行法规则，当事人不可通过合意规避。在本案中，汪曾祺与北影录音录像公司之间的改编权和拍摄权转让合同是否满足这些形式要求并不明确。对于该转让合同的效力问题，应依据欧盟《罗马第一条例》进行判断。《罗马第一条例》第四条第一款列举了典型合同应当适用的法律；第二款规定，对于第一款没有列举的合同，应适用提供合同典型标的物一方当事人惯常居住地的法律，在本案中为著作权转让人的惯常居住地法，即中国法。因此，该转让合同适用中国法律，作品的改编权和拍摄权的转让有效，受让人北影录音录像公司取得了上述权利。

进一步从侵权判定来看，显而易见的是，北京电影学院对汪曾祺小说的改编，以及随后对电影的放映行为满足复制权和传播权的侵权要件，但最终是否构成侵权，还需要考虑作为侵权例外的合理使用制度。

---

① 2001 年 5 月 22 日欧洲议会和欧盟理事会关于协调信息社会中版权和相关权若干方面的第 2001/29/EC 号指令。

② C5/08-Infopaq.

③ 欧盟信息社会著作权保护指令第五条第三款第 a 项。

④ 法国知识产权法典 CPI，L111 - 1。

　　法国著作权法的合理使用制度采取了列举主义的立法模式（CPI，L122 - 5），与本案直接相关的是以教学和研究为目的的合理使用①。在作品已经发表的情况下，除以教学目的创作的作品和乐谱之外，仅以教学或研究为目的，对于作品一部分的传播或复制是允许的，但必须指明作者姓名和作品来源。对于该合理使用的具体条件，法国立法者进一步做出了如下限制：首先，该合理使用仅限于对作品部分的使用，而不能扩展到作品的全部，即使作品本身短小也不例外；② 其次，作品的传播或复制所针对的受众必须主要由直接相关的学生、教学人员和研究人员组成；最后，该作品的传播或复制行为不能构成商业活动，且必须在不损害以复制技术对作品进行复制权的转让的情况下，在协定的基础上，对作品使用进行一次性的补偿。

　　因此，在北影案中，以法国著作权法作为准据法，也不能满足其合理使用要件，因为对小说的改编涉及到了其全部内容，在法国的播放也出售了门票，面向社会公众，不再满足非营利性目的的要求和受众的限制。

　　值得注意的是，《罗马第二条例》第十六条和第二十六条分别规定了法院地的强行法适用和法院地的公共秩序保留问题。在法国作为法院地的情况下，其强行法和公共秩序保留的适用应特别注意著作人身权保护的问题。法国最高法院在 Huston 案③中，以公共秩序保留为由，适用了知识产权法典第 L. 111 - 4 条第二款保护作品完整权，和第 L. 121 - 1 条只有作者可以享有著作人身权的规定。但这种法律适用方法已经超出了公共秩序保留制度的限制，而更类似于强行法的适用。尤其是该案过分扩大了著作人身权的保护力度，使得所有关于著作人身权的法律规定从此可能都具有了强行法的性质。因此并没有被之后的判例法一贯遵循。④ 但这在本案中并没有涉及。

三　在第三国提起诉讼的情形——美国

　　虽然在本案中，当事人最有可能提起诉讼的地点是中国和法国，但值得思考的是，如果当事人在第三国起诉，第三国法院对本案是否可能具有管辖权，以及应当如何适用法律？对这一问题的回答有助于更好地理解涉外知识产权案件中，地域性的知识产权与全球化的国际市场之间的碰撞。

　　与欧洲大陆法系相对应的美国法不仅在知识产权实体法上，而且在与知识产权相

---

① CPI, L122 - 5, 3°e.

② André Lucas：Fasc. 1248 ：Droit des auteurs - Droits patrimoniaux - Exceptions au droit exclusif（CPI, art. L. 122 - 5 et L. 331 - 4），JurisClasseur, n°73.

③ Cass. 1re civ., 28/5/1991.

④ André Lucas, Henri-Jacques Lucas, Agnés Lucas-Schloetter, Traité de la propriété littéraire et artistique, LexisNexis, Paris 4e éd. 2012, n° 1358. 又如法国最高法院在 Fabrice X / ABC News Intercontinental 一案中，仍指出了著作人身权可以作为强行法，排除美国法的适用。

关的冲突法上均呈现出鲜明的特点，因此下文选取美国作为第三国的代表进行讨论。在北影案中，如果北影录音录像公司在美国法院起诉北京电影学院，美国法院是否有管辖权？法律适用的结果又会如何？

（一）美国法院对涉外著作权侵权案件的管辖权

美国法院行使管辖权的前提是同时满足对人管辖权和标的管辖权两个条件。此外，还存在补充管辖权，是指法院对某一诉讼请求本无管辖权，但由于该诉讼请求与另一诉讼请求紧密相关，实质上构成同一纠纷，而法院对后一诉讼请求已经取得了管辖权，因而也对前一诉讼请求一并进行管辖。[①] 下文着重分析美国法院的标的管辖权和对人管辖权。

1、标的管辖权

与欧盟《布鲁塞尔第一条例》不同，美国法院行使管辖权除需要满足对人管辖权的条件之外，还必须满足标的管辖权的要求，即争议本身是否在受案法院具有可诉性。[②] 对于涉及联邦法律的问题，属于联邦法院的专属管辖范围。[③] 由于著作权法是由国会制定的法律，因而属于联邦法院的受案范畴。其次，当事人州籍或国籍的不同构成美国联邦法院专属管辖的标的。[④]

接下来的问题是，在标的管辖权规则下，发生在美国境内的何种著作权侵权行为可视为美国法院管辖的标的？在美国境内实施完成的著作权侵权行为自然属于美国法院标的管辖权的范围。问题在于，如果侵权行为并没有完全在美国境内完成，甚至在美国境内发生的仅仅是非法的许可使用行为，而大部分的实质侵权行为发生在美国境外，该单纯的许可使用行为是否属于美国法院管辖？对此美国第九巡回上诉法院和第二巡回上诉法院采取了不同的立场。

在 Peter Starr Prods. Co. 案[⑤]中，尽管实质性的侵权行为发生在美国境外，但第九巡回上诉法院认定，由于对国际展览的非法授权发生在美国境内，美国法院的标的管辖权成立。这一宽松的管辖权标准随后即被第九巡回法院自行纠正。在接下来里程碑式的 Subafilms 案[⑥]中，被告 MGM/UA Communications 公司在不确定自己之前持有的使用许可是否过期的情况下，授权其子公司发行披头士的电影《黄色潜水艇》。原告 Subafilms 公司就美国境内外的侵权发行提起了诉讼。第九巡回上诉法院撤销了初审法院的判决，对国会 1976 年版权法案中有限例外的具体列举，从而对美国著作权法域外效力的限制意

---

① 28 U. S. C § 1367（a）。参见董开星《涉外著作权侵权的管辖权问题研究》，华东政法大学 2014 年博士学位论文，第 44 页。

② 董开星：《涉外著作权侵权的管辖权问题研究》，华东政法大学 2014 年博士学位论文，第 80 页。

③ 28 U. S. Code § 1331.

④ 28 U. S. Code § 1332（a）（2）.

⑤ Peter Starr Prods. Co. v. Twin Cont'l Films, Inc. , 783 F. 2d 1440, 1442 – 43（9th Cir. 1986）.

⑥ Subafilms, Ltd. v. MGM-Pathe Communications, Co. , 24 F. 3d 108, 9thCir. , 1994.

图进行了解读。① 最终，由于应适用的法律为外国法，第九巡回上诉法院以不方便法院原则为由拒绝了裁判。由此，第九巡回上诉法院推翻了 Peter Starr 案的先例，发生在美国境内的单纯的许可使用行为不属于美国法院的标的管辖权范围。但该案中，通过首先判断应当适用的法律，从而应用不方便法院原则，第九巡回上诉法院混淆了管辖权问题和法律适用问题，实际上是主张在《伯尔尼公约》的国民待遇原则下适用法院地法。②

与之相反，第二巡回上诉法院在 1988 年的 Update Art 案③中则指出，当美国境内的侵权行为允许在境外进一步对作品进行非法复制时，美国著作权法可以适用于域外的侵权行为。这一"根复制"进路同时也意味着对美国法院在这种情形下的标的管辖权的承认。

2、对人管辖权

美国法院的对人管辖权可以分为对在美国有住所地的被告的普遍管辖权和对在美国没有住所地的被告的长臂管辖权。此外，如果被告出庭应诉而没有对法院的对人管辖权提出异议，视为其对法院对人管辖权的承认。④

普遍管辖权的意义在于，当被告在美国有住所或分支机构时，对其在全世界从事的侵权行为，美国法院都可以管辖。美国在联邦层面并无相关法典专门确定针对被告的对人管辖权标准问题。⑤ 根据美国联邦民事诉讼规则第 4（e）（1）条，各法院必须适用联邦法院所在的州法确定对人管辖权。因此，联邦法院对人管辖权的确定会受到州法的影响，尤其是各州法律中关于长臂管辖权的规定。在这方面，有些州的规定与联邦宪法正当程序标准在实质上一致，因而在对人管辖权的审查上几乎就依据最高法院确立的标准进行，比如第九巡回上诉法院辖区的加州、华盛顿州等。也有些州有自己较为明确的规定，比如纽约州。

对在美国没有住所地的被告提起的诉讼，美国法院一般依据长臂管辖权进行管辖。美国法院长臂管辖权的奠基性案件是 International Shoe Co. v. Washington 案⑥。该案中，美国最高法院提出了对于非居民行使管辖权的著名的"正当程序"标准，即对人管辖权的行使不得与"诉讼公平与实质主义的传统观念"相违背。具体而言，需要满足两方面的条件，即（1）被告与法院地州之间存在足够的最低联系；（2）被告在其非居住

---

① Subafilms, at 1094.

② Anita B. Froblich, "Copyright Infringement in the Internet Age-Primetime for Harmonized Conflict-of-Laws Rules," 24 BERKELEY TECH. L. J. 851（2009），p. 861.

③ Update Art, Inc. v. ModiinPublg, Ltd., 843 F. 2d 67, 73（2d Cir. 1988）. 另见 Sheldon v. Metro-Goldwyn Pictures Corp., 106 F. 2d 45, 52（2d Cir. 1939）。

④ Federal Rules of Civil Procedure Rule 12（a）（4）.

⑤ 董丼星：《涉外著作权侵权的管辖权问题研究》，华东政法大学 2014 年博士学位论文，第44 页。

⑥ 326. U. S. 310（1945）.

地的法院地州应诉是否"公平合理"。① 这一正当程序要求的宪法基础在 Insurance Corp. of Ireland，Ltd. v. Compagnie des Bauxites de Guinee 一案②中进一步得到了阐明。在该案中，通过区分标的管辖权与对人管辖权的性质，美国最高法院指出，某一法院的对人管辖权并不源自于宪法第三条，而是源自于正当程序条款。③

关于 International Shoe 案中确立的"最低联系"要求，一般情况下要求被告与法院地存在系统且持续的联系；在特殊情况下，则要求作为诉讼标的的交易与法院地之间存在最低联系，即使该联系是零星出现的。④ 对于特殊情况下的对人管辖权，从 Zippo 案开始，大部分法院采取了三步判断法，即（1）被告必须与法院地存在足够的"最低联系"；（2）对被告提出的诉讼请求是以该"最低联系"为基础的；（3）该对人管辖权的行使必须是合理的。⑤

对于该"最低联系"的判断，在 1958 年的 Hanson v. Denckla 案中，美国法院首先提出了"有意利用"标准。即如果被告有意在法院地所在州开展行为，以利用该州法律下可能享有的保护，就应当受到该州法院的管辖。⑥ 在 1984 年的 Calder v. Jones 案中，最高法院进一步确立了"有意指向"标准。在该案中，最高法院认为被告的诽谤行为明确指向加州，因为他们知道这会在原告工作和生活所在地造成冲击。因此，被告应当合理预见到在加州应诉。⑦

美国各个法院判例法中长臂管辖权的扩张趋势终于在 1993 年 12 月 1 日制定的联邦民事诉讼规则第 4（k）（2）条中得以确认。该条规定：对于基于联邦法律提出的诉讼请求，如果管辖权的行使符合美国宪法或法律的规定，即可送达传唤令或提交放弃送达的声明，对不受任何一个州法院依据一般管辖权规则所管辖的被告行使对人管辖权有效。因此，原告可以对非本州居民，甚至是外国居民提起诉讼，法院行使对人管辖权的条件是（1）原告的诉讼请求是基于联邦法律；（2）被告与整个美国的联系足以满足以宪法第五修正案的正当程序原则为基础的最低联系要求；（3）被告不受美国任何

① 326. U. S. 310（1945），at 320.

② 456 U. S. 694，1982.

③ 董开星：《涉外著作权侵权的管辖权问题研究》，华东政法大学 2014 年博士学位论文，第46 页。

④ Jeffrey R. Armstrong，"Guaranteed Jurisdiction：The Emerging Role of FED. R. Civ. P. 4（k）（2）in the Acquisition of Personal Jurisdiction of Foreign Nationals in Internet Intellectual Property Disputes"，5 *MINN. INTELL. PROP. REV.* 63（2003），pp. 65 – 66.

⑤ Zippo Mfg. Co. v. Zippo Dot Corn，Inc.，952 F. Supp. 1119，1122 – 23（W. D. Pa. 1997）（citing Mellon Bank（East）PSFS，N. A. v. Farino，960 F. 2d 1217，1221（3d Cir. 1992）. In：Jeffrey R. Armstrong，"Guaranteed Jurisdiction：The Emerging Role of FED. R. Civ. P. 4（k）（2）in the Acquisition of Personal Jurisdiction of Foreign Nationals in Internet Intellectual Property Disputes"，5 MINN. INTELL. PROP. REV. 63（2003），p. 66.

⑥ Hanson v. Denckla，357 U. S. 235，253（1958）.

⑦ 465 U. S. 783，1984，at 789 – 790. 参见董开星《涉外著作权侵权的管辖权问题研究》，华东政法大学 2014 年博士学位论文，第 73 页。

一个州的对人管辖权的管辖。①

接下来的判例法对这一规则继续进行了扩张，最具代表性的是 United States v. Swiss Am. Bank, Ltd 案②。该案审理法院指出，原告可以通过上述联邦民事诉讼规则第 4（k）（4）条的三个条件提出一个初步证明的案件，随后举证责任即转移到被告一方。被告则必须证明（a）其至少受一个州的长臂管辖权管辖，或（b）其与美国的联系不够充分。③同时，在该案中，原告据以提出诉讼请求的联邦法也被进一步扩张解释为包括联邦的普通法。④

由此可见，美国的管辖权一直处于扩张的过程，甚至扩张到诉前证据发现程序，因此美国法院可以对涉外著作权案件行使管辖权几乎是确定的。

讨论美国法院对涉外知识产权案件的管辖权，不应当忽视美国法学会制定的 ALI 原则。该原则在很大程度上反映了美国的立法和实践，属于美国国际知识产权法领域学者制定的"示范法"。ALI 原则也将管辖权分为对人管辖权（§ 201—§ 206）和标的管辖权（§ 211—§ 214），同时规定了诉讼简化程序（§ 221—§ 223）和禁止行使管辖权的情况（§ 207）。

在一般管辖权问题上，被告可在其居住地被诉（§ 201）。第 211 条对标的管辖权进行了明确规定。在外国法律下产生的诉讼请求如果与 ALI 原则规定的标的相关，美国法院对该诉讼请求具有标的管辖权。但法院行使管辖权还必须满足对人管辖权的条件。该规定还在注册权利与非注册权利之间进行了区分。宣告另一个国家注册权利无效的判决仅在该案当事人之间有效。

对于侵权案件而言，ALI 原则第 204 条第 1 款规定，当事人可在采取实质侵权行为或实质准备活动以开始或进一步进行侵权的国家被诉。

ALI 原则的创新之处在于创设了普遍管辖权的另一种情况，即当被诉侵权人在法院地没有住所，且依据被告住所地管辖、协议管辖、默认管辖或侵权行为地管辖等管辖权原则，无法在世界贸易组织成员国⑤被起诉时，任何一个侵权结果发生地的法院都可

---

① Jeffrey R. Armstrong, "Guaranteed Jurisdiction: The Emerging Role ofFED. R. Civ. P. 4 (k) (2) in the Acquisition ofPersonal Jurisdiction of Foreign Nationals inInternet Intellectual Property Disputes", 5 *MINN. INTELL. PROP. REV. 63* (2003), p. 70.

② United States v. Swiss Am. Bank, Ltd, 191 F. 3d 30 (1st Cir. 1999).

③ United States v. Swiss Am. Bank, Ltd, 191 F. 3d 30 (1st Cir. 1999), at 41.

④ Jeffrey R. Armstrong, "Guaranteed Jurisdiction: The Emerging Role ofFED. R. Civ. P. 4 (k) (2) in the Acquisition ofPersonal Jurisdiction of Foreign Nationals inInternet Intellectual Property Disputes", 5 *MINN. INTELL. PROP. REv.* 63 (2003), p. 74.

⑤ § 204. Infringement Activity by a Defendant Not Resident in the Forum (3) A person who cannot be sued in a World Trade Organization-member State with respect to the full territorial scope of the claim through the application of § § 201 – 204 (1) may be sued in any State in which that person's activities give rise to an infringement claim if: (a) that person directed those activities to that State, and (b) that person solicits or maintains contacts, business, oran audience in that State on a regular basis, whether or not such activity initiates or furthers the infringing activity. The court's jurisdiction extends to claims respecting injuries arising out of conduct outside the State that relates to the alleged infringement in the State, wherever the injuries occur.

对该侵权行为造成的全部损害行使管辖权，如果被诉侵权人的行为指向该国，且被诉侵权人在该国规律性地从事签订合同或其他商业活动等。①

应当注意的是，对于原告可以提起的诉讼请求的范围而言，在侵权行为发生在法院地，即美国的情况下，原告可以就所有损害提起诉讼请求；而在侵权行为发生在法院地之外时，原告只可以对法院地的损害提起诉讼请求。在第二种情况下，原告不得不在每一个法院地分别起诉，以要求当地的损害赔偿。第二次冲突法重述针对诽谤案件提出的"单一发表"原则似乎对这一问题的解决提供了借鉴思路。在该原则下，原告可以一次性要求所有的损害赔偿，但是否该赔偿必须局限于美国境内，还没有相关的判例。② ALI 原则基本上也采取了这一进路。被告在法院地没有住所的情况下，如果该被诉侵权人在法院地进行了实质性的侵权活动，或者采取了实质性的准备措施，以开始或进一步实施侵权活动，法院可对该侵权活动在其他国家造成的全部损害后果行使管辖权。③ 但是根据美国的标的管辖权，著作权侵权问题属于联邦法院管辖，因此其诉讼标的的范围已经及于了美国全境，法院没有必要再另外援引单一发表原则。④

就北影案而言，如果原告在美国法院提起诉讼，由于双方当事人在美国都没有居住地，侵权行为的实施和侵权后果也没有发生在美国，因此并不满足美国法院标的管辖权或对人管辖权的条件，美国法院没有管辖权。

（二）美国法院可能适用的准据法

1、著作权原始归属的准据法

美国的 Itar-Tass 案⑤常被作为美国判例法中著作权原始所有权适用来源国法的范例。然而在该案中，美国法院采取了第二次冲突法重述中的多因素分析方法，对该案中的不同事实因素加以综合考虑，如侵权行为地、著作权人的国籍国和住所地、作品发表地和原始语言等。该案中，除了侵权行为外，所有其他事实因素都在俄国境内，因此适用俄国法实际上适用的是与该案有最密切联系国家的法律。⑥ 此外，该案还采取了分割论的法律适用方法，对于侵权行为适用了侵权地法。

但在网络环境下，这一最密切联系地法的适用方法值得怀疑。因为传统意义上的

---

① ALI Principles, 204（3）.

② Restatement（Second）of Torts § 577 A（1977）；Unif. Single Publication Act § 1, 14 U. L. A. 377（1990）. In: Thum: Internationalprivatrechtliche Aspekte der Verwertung urheberrechtlich geschützte Werke im Internet － Zugleich Bericht über eine WIPO-Expertensitzung in Genf, GRUR Int 2001, 9, 24.

③ ALI Principles, 204（1）.

④ Jane C. Ginsburg, "Copyright Without Borders? Choice of Forum and Choice of Law for Copyright Infringement in Cyberspace", *15 Cardozo Arts &Ent. L. J.* 153 1997, pp. 167 – 168.

⑤ Itar-Tass Russian News Agency v. Russian Kurier, Inc., US Court of Appeals, Urt. v. 27. 8. 1998, 153 F. 3d. 82（2d Cir. 1998）.

⑥ Thum: Internationalprivatrechtliche Aspekte der Verwertung urheberrechtlich geschützte Werke im Internet-Zugleich Bericht über eine WIPO-Expertensitzung in Genf, GRUR Int 2001, 9, 16.

最密切联系地指的是作品的首次发表地，而在网络环境下，作品并没有严格意义上的首次发表地。① 同时，在 Itar-Tass 案中，第二巡回上诉法院将著作权与财产进行了类比。由于对于一般财产权而言，与其联系最密切的国家为其来源国，因而在该案中应当适用的最密切联系地法为俄国法。但这一最密切联系法进路的基础本身，即将知识产权与普通财产所有权等同，是值得怀疑的。②

美国法学会制定的 ALI 原则第 313 条则规定，对著作权原始所有权问题适用创作时的作者居住地法，实际上是采取了来源国法的进路。

2. 著作权侵权的准据法

在美国国际私法中，著作权侵权纠纷法律适用的核心是美国法律的域外效力问题。美国国会制定的法律原则上只在美国境内适用，1976 年版权法案也并没有脱离这一地域性的基本原则，而只是作出了有限的修改，即该法也可以适用于在境外制造的侵权材料的进口。③ 但在之后的司法实践中，以第二巡回上诉法院和第九巡回上诉法院之间的分歧为代表，美国法院开始就著作权法的域外效力问题采取不同的立场。④

第九巡回上诉法院在美国法的域外效力扩张问题上比较谨慎。Subafilms 案⑤中，第九巡回上诉法院指出，美国法的域外适用与伯尔尼公约的精神相悖，并可能会扰乱他国的法律体系。⑥ 1976 年版权法案把美国著作权法的域外效力明确限制于侵权作品的进口这一种情形，从反面说明了国会仍然把著作权法的地域性效力作为原则。在该案中，第九巡回上诉法院立足伯尔尼公约的国民待遇原则，将该原则视为著作权侵权案件法律适用的特殊规则，结果是导致了法院地法的原则性适用。⑦ 但这一保守态度受到了猛烈的批评，认为其与互联网无国界性的现实并不吻合。特别是根据第九巡回上诉法院的进路会出现这样一个矛盾的结果，即指向美国境内另外一个州的侵权行为会适用美国法，而指向外国的侵权行为却不受美国法制约。而在全球化市场的背景下，这一严格依据国界进行的区分是不合理的。⑧ 在接下来的判例中，第九巡回上诉法院也采

---

① Ted Solley, "The Problem and the Solution: Using the Internent to Resolve Internet Copyright Disputes", *Georgia State University Law Review*, Vol. 24, Iss. 3 (Spring 2008), p. 824.

② Itar-Tass Russian News Agency v. Russian Kurier, Inc., US Court of Appeals, Urt. v. 27. 8. 1998, 153 F. 3d. 82 (2d Cir. 1998), at 90.

③ Robert H. Thornburg, "Choice of Law in International Copyright: The Split of Authority Between the Second and Ninth Circuits Regarding Extraterritorial Application of the Copyright Act", *10 J. Tech. L. &Pol'y 23 2005*, pp. 24 - 25.

④ Jane C. Ginsburg, "Copyright Without Borders? Choice of Forum and Choice of Law for Copyright Infringement in Cyberspace", 15 Cardozo Arts &Ent. L. J. 153 1997, p. 169.

⑤ Subafilms, Ltd. v. MGM-Pathe Communications, Co., 24 F. 3d 108, 9thCir., 1994.

⑥ Subafilms, 24 F. 3d at 1097.

⑦ Anita B. Froblich, "Copyright Infringement in the Internet Age - Primetime for Harmonized Conflict-of-Laws Rules," 24 BERKELEY TECH. L. J. 851 (2009), p. 863.

⑧ Jane C. Ginsburg, "Copyright Without Borders? Choice of Forum and Choice of Law for Copyright Infringement in Cyberspace", 15 Cardozo Arts &Ent. L. J. 153 1997, p. 170.

取了更加缓和的态度，对于发生在美国境外的侵权行为，允许著作权人获得法定赔偿救济，但仍然不能获得实际损害的赔偿。①

与之相反，第二巡回上诉法院对法院地法的适用则采取了比较宽松的态度。如在 Itar-Tass 案中，第二巡回上诉法院没有像第九巡回上诉法院那样特别诉诸《伯尔尼公约》，而是采取了一般性的冲突法规则，对侵权问题适用了侵权地法。② 另外，采取的"根复制"进路（root copy approach）实际上则是对法院地法的扩张适用。在"根复制"进路下，尽管著作权侵权行为发生在外国，但由于其借以侵权的材料是在美国复制制造的，因此美国法作为被请求保护地法也被适用于发生在外国的侵权行为。③

这一对美国法扩张适用的态度间接表现为对著作权权利内容的扩大解释。在 National Football League v. Primetime 24 Joint Venture 案④中，被告利用其卫星设备捕捉了著作权人的信号，并传送给美国境内的卫星广播用户和加拿大境内的用户。这一行为在美国著作权法下属于法定许可的范畴，本身并不构成著作权侵权，在加拿大法律下也是允许的。然而，第二巡回上诉法院判定，作为著作权的内容，公共表演或展示的权限包括"将受著作权保护的作品向公众传播过程中的每一步"，因此被告在美国境内上载卫星信号的行为违反了美国著作权法。更进一步，在来源于外国的作品在美国境内被观看或者被接收的情况下，美国法院也认为该行为违反了美国著作权法下的公共表演权。如在 National Football League v. TV Radio Now 案中，一个加拿大的视频网站允许在其网站上以流媒体的形式观看电视节目，尽管该网站将其访问权限限制在加拿大境内，但该访问限制很容易绕过，也有证据证明大量美国网络用户访问了该网站并观看了视频。严格来看，该案并不符合典型的"根复制"的情境，因为视频来源于加拿大，但美国法院仍认为作品的公共表演行为发生在美国，违反了美国的著作权法。⑤

这一扩张适用的结果实际上是不加区分地适用了法院地法，根本没有考虑被诉侵权行为是否在外国构成了侵权，典型体现了美国法院对于跨国著作权侵权案件适用本国法的偏向。只有在最近的司法实践中，美国法院才开始限制本国著作权法域外效力的扩张。⑥

---

① Los Angeles News Serv. v. Reuters Television Int'l Ltd. , 340 F. 3d 926, 927–28, 932（9th Cir. 2003）. 法定赔偿（statutory damages）指的是在实际赔偿（actual damages）不易确定的情况下，由法院裁量，在法定的赔偿额度内酌情给予著作权人的赔偿，其计算基础并非权利人遭受的实际损失（17 U. S. Code § 504）。

② Anita B. Froblich, "Copyright Infringement in the Internet Age – Primetime for Harmonized Conflict-of-Laws Rules," 24 *BERKELEY TECH. L. J. 851*（2009），p. 863.

③ Thum: Internationalprivatrechtliche Aspekte der Verwertung urheberrechtlich geschützte Werke im Internet-Zugleich Bericht über eine WIPO-Expertensitzung in Genf, GRUR Int 2001, 9, 21.

④ National Football League v. Primetime 24 Joint Venture, 211 F. 3d 10（2nd Cir. 2000）

⑤ Graeme B. Dinwoodie, "Extra-Territorial Application of IP Law: A View from America", In: Stefan Leible and Ansgar Ohly, Intellectual property and private international law, Mohr Siebeck, Tübingen 2009, p. 135.

⑥ Subafilms v. MGM, 31 F. 3d 812（9th Cir. 1994）（en banc）案中否定了"根复制"进路的适用。参见 Geller, Internationales Immaterialgüterrecht, Kollisionsrecht und gerichtliche Sanktionen im Internet, GRUR Int 2000, 659, 661.

综合来看，当著作权人是美国公民，在美国提起诉讼时，美国法院倾向于扩大本国著作权法的适用范围以保护本国公民的利益。与之相反，当涉外著作权案件所可能适用的法律为外国法律，甚至侵权行为发生在美国境内，原告为外国公民时，美国法院传统上则倾向于适用不方便法院原则拒绝裁判。[①] 但在持激进态度的第二巡回上诉法院及其下属初审地方法院的进路下，美国法院甚至有时也赋予了自己在适用外国法律时，对外国法律进行解释的权力。[②] 这带来了法律适用的极大不确定性。

就北影案而言，依照上文分析，美国法院不享有管辖权，因此不必要再讨论是否可能适用美国法的问题。

第三节　拓展思考

在互联网成为作品传播主要平台之一的今天，无国界的网络与无体的著作权两者结合在一起，网上著作权侵权的结果瞬间扩散到世界各地，涉外著作权纠纷的处理面临着前所未有的挑战。在这种互联网普遍侵权（ubiquitous infringement）的情况下，传统的法院管辖权和法律选择规则是否仍然适用，值得进一步进行思考。

有学者提出，在网上知识产权侵权案件中，应当以仲裁代替传统的法院诉讼来解决纠纷。美国国家自动信息研究中心（NCAIR）和网络法律研究所（CLI）共同发起的网上仲裁项目 Virtual Magistrate 是这方面的第一个尝试。与之相对应，也可以设想在网络环境下适用一套独立的网络法律规则（lex mediatica）。因此可以借鉴域名与商标权冲突的统一纠纷解决机制（UDRP），建立集中的网上著作权侵权解决机制，同时调整管辖权和法律救济问题。[③] 然而网上仲裁的最大局限性在于，只有在当事人双方都同意以仲裁解决纠纷的前提下才能发挥作用，而这在涉外知识产权侵权诉讼中并不普遍。[④] 因此，著作权网络侵权案件中，对于纠纷解决最重要的仍然是发挥传统的法院诉讼的作用，结合网络环境的全球维度对法院管辖权和法律适用问题作出新的解读。

仍然以北影案为例，假设北京电影学院在法国放映其影片期间，一名法国观众甲私自用手机录下了电影的全部内容，随后上传到视频网站，以供播放或下载，在世界

---

① Ted Solley, "The Problem and the Solution: Using the Internet to Resolve Internet Copyright Disputes", *Georgia State University Law Review*, Vol. 24, Iss. 3 (Spring 2008), p. 824.

② Films by Jove v. Berov, 250 F. Supp. 2d 156 (E. D. N. Y. 2003), at 217.

③ Mark A. Lemley& R. Anthony Reese, "A Quick and Inexpensive System for Resolving Peer-To-Peer Copyright Disputes, *23 CARDOZO ARTS & ENT. L. J.* 1 2005, pp. 1 – 2.

④ André Lucas, Henri-Jacques Lucas, Agnés Lucas-Schloetter, Traité de la propriétélittéraire et artistique, LexisNexis, Paris 4eéd. 2012, n° 1395; Schack: Internationale Urheber-, Marken-und Wettbewerbsrechtsverletzungen im Internet – Internationales Privatrecht, MMR 2000, 59, 60 – 61.

任何地点都可以观看，随后该录像又在欧盟境内外的其他网站上被多次进一步传播。如果北影案中，北影录音录像公司对私自用手机录像的甲，以及其他参与该影片在网络上非法传播的行为人，和作为网络服务提供商（ISP）的视频网站经营者也提起诉讼，哪些法院会对该案拥有管辖权？经过冲突法规范选择是否还会得出同样的法律适用结果？下文从管辖权和法律适用两个角度，分别分析欧盟与美国国际私法规则对网络环境下这些挑战所作出回应的共性与个性。

一　网上著作权侵权的管辖权

在网上著作权侵权案件中，潜在的侵权人有可能出现在世界上任何一个国家，传统的侵权行为地或被告住所地法院管辖规则会使得任何一个国家的法院在理论上都享有管辖权，结果导致当事人处处可诉而最终出于诉讼成本的考虑无处可诉的困境。因此，在网上著作权侵权案件中，管辖权问题的核心在于扩张法院的国际管辖权。[①]

同时，在网络环境中，不仅难以确定侵权人的实际所在地，[②] 也难以查清每一台传送侵权数据的中转服务器的位置。因此，是否有必要为这类案件设立专门的管辖法院呢？对于这个问题，需要首先分析通过在网络背景下重新阐释既有的管辖权规则，能否在现有的立法框架内解决此类案件的管辖权问题。

（一）欧盟

1. 被告住所地法院的管辖权

下文以在法国诉讼的可能性为出发点进行讨论。依据《布鲁塞尔第一条例》第二条，法国法院对于居住地在其境内的被告拥有管辖权。若该影片在欧盟境内被非法下载或传播，且原告对在其他欧盟成员国有住所的侵权人也提起诉讼的情况下，根据《布鲁塞尔第一条例》第六条第一款的规定，可以将诉讼合并，集中由法国法院审理。

2. 侵权行为地法院的管辖权

接下来的问题是，居住在法国境内的甲将录像上传至视频网站后，该录像随后在欧盟其他国家乃至欧盟之外的其他国家被下载并进一步传播。该著作权侵权行为地是法国还是其他国家？其他欧盟成员国的法院对甲是否拥有管辖权？

根据《布鲁塞尔第一条例》第五条第三款，侵权人在欧盟一个成员国有住所时，

---

① 这与网上的商标权侵权案件相反。在网上商标权侵权案件中，管辖权问题的关键是限制法院国际管辖权的过分扩张，以防止网站的经营者仅因为某侵权商标在其网站上可被访问，就不得不在其他国家应诉。参见 Thum：Internationalprivatrechtliche Aspekte der Verwertung urheberrechtlich geschützte Werke im Internet－Zugleich Bericht über eine WIPO-Expertensitzung in Genf, GRUR Int 2001，9，23.

② 尽管网络服务提供商（ISP）在网络用户访问网站时，会分配给用户一个网络地址，借此可确定用户的地理位置，但一些网络服务提供商在用户每一次访问网站时，都会分配给其一个新的地址，因此带来确定用户实际位置的困难。（参见 James J. Fawcett，Paul Torremans，Intellectual Property and Private International Law，Oxford University Press，Oxford 2nd edition 2011，10.09）。

损害事实发生地如果位于另一个欧盟成员国，该地法院也具有管辖权，该规则相对于第二条下的一般管辖权是例外情况。因此，包含侵权内容的网站在一国境内可以访问时，可以认为损害事实发生在该国，该国法院具有管辖权。① 在合作作品的情况下，合作作者之一的住所地也是损害事实发生地，该居住国法院对当地的损害具有管辖权。②

欧共体法院在 Mines de Potasse d'Alsace 案③中将《布鲁塞尔第一条例》第五条第三款下的损害事实发生地进行了扩张解释，既包含侵害行为发生地，也包含侵权结果发生地。在 Shevill 案④中，该扩张解释被进一步发展，从而这一侵害行为发生地与侵权结果发生地的区分既适用于物质损害，也适用于非物质损害。⑤ 建立在 Shevill 案的基础上，在 Wintersteiger 案中，《布鲁塞尔第一条例》第五条第三款的扩张解释也被适用于网上商标侵权的管辖权问题。⑥

根据欧共体法院在 Shevill 案中的裁决，作为选项之一的侵害行为发生地为侵权人的营业地，其思路在实质上与 Mines de Potasse d'Alsace 案相同，因为在该案中，侵害行为发生地与侵权人的住所地在事实上重合。而在网上著作权侵权案件中，侵害行为发生地与具体侵害知识产权的行为直接相关，而与网站经营者的营业地往往并不重合，因此需要对 Shevill 案中的进路进行调整，将侵害行为发生地解释为侵权行为实施地。⑦ 在假设的案情下，侵害行为发生地为非法上载或非法下载录像的著作权侵权行为实施地，损害结果发生地为著作权侵权结果发生地。

首先，对于著作权侵权行为实施地而言，需要确定侵权行为的具体发生地点。但问题在于，在定位侵权行为所在地的过程中，已经无法避免地涉及到了是否构成著作权侵权的实体法问题，⑧ 使得法律适用问题不得不先于管辖权问题判断。而且侵权行为

---

① C-441/13-Hejduk.

② C-387/12-Hi Hotel HCF.

③ C-21/76-Handelskwekerij Bier v Mines de Potassed'Alsace. 该案被告 Mines de Potassed-Alsace 是一家法国公司，向莱茵河排放废水，导致位于荷兰的原告在荷兰起诉，认为其园艺经营因此受到影响。法国公司提出管辖权异议，认为损害发生地在法国而非荷兰。

④ C-68/93'Shevill and Others v Presse Alliance. 该案中，居住在英国的 Shevill 女士在英国起诉一家主要在法国发行的报纸诽谤。该报纸在英国仅有少量发行。该报纸出版社提出管辖权异议，认为《布鲁塞尔第一条例》第5条第3款的损害事实未发生于英国。

⑤ Klass: Ein interessen-und prinzipienorientierter Ansatz für die urheberkollisionsrechtliche Normbildung: Die Bestimmung geeigneter Anknüpfungspunkte für die erste Inhaberschaft, GRUR Int 2008, 546, 551.

⑥ 在 Wintersteiger 案 (C523/10) 中，欧盟法院将《布鲁塞尔第一条例》第五条第三款的扩张解释适用于了网上的商标侵权问题。

⑦ James J. Fawcett, Paul Torremans, Intellectual Property and Private International Law, Oxford University Press, Oxford 2nd edition 2011, 5. 82. 不同观点见 André Lucas, Fasc. 1248: Droit des auteurs - Droits patrimoniaux - Exceptions au droit exclusif (CPI, art. L. 122-5 et L. 331-4), Juris Classeur, n°60 (2015 年 5 月 17 日最后更新): 认为损害原因发生地是侵权人的营业所在地。

⑧ James J. Fawcett, Paul Torremans, Intellectual Property and Private International Law, Oxford University Press, Oxford 2nd edition 2011, 10. 46.

实施地的含义并不明确，有可能是服务器所在地、侵权作品上载地、任意的非法下载地等。① 侵权作品的上载地显然存在人为操纵的可能性，而服务器所在地在实践中难以定位，也过于技术性，并不能真正体现与案件事实的最紧密联系，与知识产权国际私法的宗旨不相吻合，即最终通过连结点的选择适用与案件有最紧密联系的准据法。

其次，对于第二种选择可能性，即著作权侵权结果的发生地，则需要明确在什么情况下可以认为构成了著作权侵权。例如，在含有侵权作品的网站在一国境内可以被访问，但实际下载或进一步传播行为尚未发生时，是否可以认定在该国已经发生了著作权侵权的结果？

首先，欧洲法院和欧盟成员国在网上商标侵权案件中普遍采用了"指向"标准，即要求网站的商业活动指向一国的消费者。在 L'Oréal 案②中，第三国的 eBay 商户将 L'Oréal 原本未投入欧盟市场的产品在网上进行销售。欧洲法院认为，商标权人对此可以提起侵权之诉，而具体由各成员国法院判断该网上的出售或广告行为是否指向该国消费者。美国 ALI 原则和欧洲 CLIP 原则也采取了"指向"这一概念。③ 当事人的经济活动的重心可以作为判断行为人的活动是否直接指向某一国的参考，如该行为人在该国规律性地缔结或维持合同行为等商业活动等。

对于"指向"行为具体标准的判断，在 Hotel Maritime 案④中，德国汉堡法院将网站的可访问性作为唯一标准，从而以《布鲁塞尔第一条例》第五条第三款为基础行使了管辖权。但这一标准显然过于宽松。德国最高法院对此追加了一条要求，即网站直接指向德国消费者。该直接指向标准随后为下级法院所遵守。⑤ 在 Arzneimittelwerbung 案⑥中，德国最高法院进一步指出，网络服务提供商可以在其网站上通过免责声明来指明其网站所指向的受众所限的地理范围，但这一免责声明必须是严肃作出的，并且有配套措施保证其效果。如在该案中，尽管该网站的德语版声明仅针对欧洲境内的讲德语的网络用户，而不针对德国用户，但在价格中却给出了德国马克作为计价单位，因此该免责声明是无效的。

在 Pinckney 案⑦中，欧洲法院则更进一步，认为《布鲁塞尔第一条例》第五条第三款中的管辖权条件不应被扩大解释到文本之外，提出应适用"可登入性"（accessibility）代替"指向"标准作为行使管辖权的条件。A 国著作权人的作品在 B 国被非法复

---

① Matthias Pierson, Recht des geistigen Eigentums, Verlag Nomos-Verlagsges. , Baden-Baden 3 Aufl. 2014, S. 429.

② C – 324/09 – L'Oréal SA and Others v. eBay International AG and Others.

③ ALI Principles § 204 (2) ; CLIP Principles Art. 2：202.

④ Buchner：Rom II und das Internationale Immaterialgüter'und Wettbewerbsrecht, GRUR Int 2005, 1004, 1007.

⑤ James J. Fawcett, Paul Torremans, *Intellectual Property and Private International Law*, Oxford University Press, Oxford 2nd edition 2011, 10. 66.

⑥ BGH, GRUR 2006, 513 – *Arzneimittelwerbung im Internet*.

⑦ C – 170/12 – Pinckney, para. 42.

制，并在 C 国在网上被出售，且该网站在 A 国也可登入时，如果著作权人在 A 国对 B 国侵权人提起诉讼，A 国法院可以行使管辖权。由于著作权在欧盟所有成员国自动受到保护，无需履行任何注册登记手续，结果是实际可登入该网站的任何成员国的法院都有管辖权。法国最高法院自从 Roederer 案以来，也采用了"可登入性"作为行使管辖权的标准，即只要涉案网站在法国领土可以访问，即可认为知识产权侵权在法国发生的可能性是现实存在的，因而法国法院可以依据《布鲁塞尔第一条例》第五条第三款行使管辖权。①

综合来看，尽管对于确定国际管辖权问题而言，并不需要侵权行为已经实际发生，只要侵权可能性没有事前被排除即可。② 但在欧盟其他成员国境内仅存在可以访问含有该侵权作品网站的可能性时，该事实本身不足以证成在该国会发生著作权侵权结果。如果法院地仅依据网站访问的可能性就可以行使管辖权，则可能会使得侵权人不得不在任何一个可访问该网站的国家应诉，完全不能预见可能的管辖法院，在无法应诉的情况下，不得不承受缺席审判的结果。③

因此，"指向"标准比"可登入性"标准更具有说服力，也更符合无国界的互联网侵权案件中对各方利益实际权衡的需要。在该侵权作品的目的受众位于法国，在法国境内可以被下载或进一步传播时，则可能会构成著作权侵权，存在发生著作权侵权结果的可能性。此时法国可依据《布鲁塞尔第一条例》第五条第三款行使管辖权。

需要进一步考虑的问题是，在网上著作权侵权的情况下，由于直接侵权人往往难以查找，或者在经济上并不具有赔偿的实力，著作权人往往选择网站经营者一并或单独起诉。在这里需要区分网络内容提供商和网络服务提供商，即该视频网站自己也提供影视资源，还是仅提供存储空间、网络接入、搜索链接等接入服务。根据电子商务条例第十二条，单纯提供信息传输服务的网络服务提供商并不承担侵权责任，但成员国的法律可以允许法院给予终止或预防侵权的救济。对于并不承担侵权责任的网络服务提供商不适用《布鲁塞尔第一条例》第 5 条第 3 款，也不能依照第 6 条第二款将其作为诉讼第三人。④

那么，在假设的案情下，当直接侵权人在法国实施著作权侵权行为，而视频网站的经营者位于第三国，如德国，如果网站经营者对直接侵权的发生也起到了促进作用，其行为可能构成帮助侵权时，著作权人能否在法国单独起诉视频网站的经营者？ 换言

---

① Cass. 1re civ. , 9/12/2003.

② BGH, GRUR 2005, 431-*Hotel Maritime*.

③ Axel Metzger, Jurisdiction in Cases Concerning Intellectual Property Infringements on the Internet. Brussels-I-Regulation, ALI-Principles and Max-Planck-Proposals, in: *Stefan Leible and Ansgar Ohly*, *Intellectual property and private international law*, Mohr Siebeck, Tübingen 2009, p. 256.

④ Savola: The Ultimate Copyright Shopping Opportunity-Jurisdiction and Choice of Law in Website Blocking Injunctions, IIC 2014, 287, 310.

之，当网站经营者的帮助侵权行为发生于 A 国，而直接侵权行为发生于 B 国，著作权人自然可以根据《布鲁塞尔第一条例》第六条，将针对不同侵权人的诉讼合并，在 B 国同时起诉帮助侵权人和直接侵权人。那么进一步，是否可以依据《布鲁塞尔第一条例》第五条第三款，由侵害事实发生国，即 B 国法院对 A 国的网站经营者行使管辖权？[①]

欧盟法院在 Melzer 案[②]中对这一情境下的管辖权问题进行了阐述。该案中，居住在德国柏林的 Melzer 先生委托设立于德国杜塞尔多夫的 WWH 公司进行证券投资。该公司为 Melzer 先生在伦敦开设了由英国经纪公司 MF Global 负责的证券交易账户。由于投资失败，Melzer 先生在德国单独对英国 MF Global 公司提起诉讼，要求赔偿。德国法院能够对英国 MF Global 公司行使管辖权的第一个可能的依据在于将法院地，即德国，解释为《布鲁塞尔第一条例》第五条第三款下的"损害事实发生地"的第一种情况，即侵害行为发生地。由于本案中的损害行为实际是德国 WWH 公司实施的，只有当德国 WWH 公司的行为可以归因于英国的 MF Global 公司时，才可以认为英国 MF Global 公司在德国实施了作为损害发生原因的侵权行为。尽管德国法对共同侵权人适用的"相互归因"[③] 理论支持这一管辖的可能性，欧盟法院指出，《布鲁塞尔第一条例》下各成员国法院的国际管辖权问题应当属于欧盟法自治的范畴，其解释不依赖于各成员的国内法。[④] 同时，这一所谓的"相互归因"规则属于侵权实体法范畴，以其作为判断管辖权的基础不利于司法的可预见性。[⑤] 对在法院地境内没有实施侵权行为的共同侵权人行使管辖权，也已经超出了《布鲁塞尔第一条例》规则的立法原意。[⑥] 因此，欧盟法院没有采纳德国法下的"相互归因"规则，而是指出，《布鲁塞尔第一条例》第五条第三款不允许一国法院以损害行为发生地为由，对未在该国境内实施侵权行为的共同侵权人行使管辖权。[⑦]

在 Hi Hotel 案[⑧]中，欧盟法院进一步对此进路进行了确认。在共同侵权的情况下，《布鲁塞尔第一条例》第五条第三款并不意味着允许成员国的法院可以以损害行为发生地为基础，对未在该国境内实施侵权行为的行为人行使管辖权，但可以以损害结果发生地为基础，对该行为人行使管辖权。在后一种情况下，该法院的管辖权仅限于当地发生的损害范围。

---

① 董开星：《涉外著作权侵权的管辖权问题研究》，华东政法大学 2014 年博士学位论文，第 68 页。
② C－228/11-Melzer.
③ 德国民法典第 830 条。
④ C－228/11-Melzer, para. 34.
⑤ C－228/11-Melzer, para. 35.
⑥ C－228/11-Melzer, para. 36.
⑦ C－228/11-Melzer, para. 41.
⑧ C－387/12-Hi Hotel HCF.

3. 损害赔偿请求权的范围界定

由上述讨论可知，在《布鲁塞尔第一条例》第五条第三款下，当事人被赋予了在著作权侵权行为地与著作权损害结果发生地之间的起诉选择权。问题在于，当事人是否在这两地都可以对全部的损害要求赔偿？

在 Shevill 案的进路下，侵权行为地的法院应当对全部的著作权损害结果具有管辖权，这是因为网络传播使得著作权侵权结果更容易地扩散到世界各地，但多地损害的根源仍在于同一侵权行为，而损害结果发生地的法院仅对当地的损害结果具有管辖权。[①] 而在 Pinckney 案中，著作权的地域性则被进行了更严格的解读，损害赔偿应当局限于法院可行使管辖权的范围，甚至在法院可行使的管辖权范围更大时，也仅局限于当地发生的损害。[②]

CLIP 原则针对互联网环境下的普遍侵权，提出了一定条件下的特别管辖权规则。[③] 与 ALI 原则相比，CLIP 对知识产权地域性原则更为坚持，侵权行为地的法院原则上只对该国领域内的侵权范围行使管辖权。但在普遍侵权的情况下，该法院也可以对发生在其他国家境内的侵权行为行使管辖权。对于这一例外性的管辖权，CLIP 规则也进行了进一步的限制，即要求侵权行为在侵权行为人的的惯常居住地没有实质性的影响，且进一步的侵权行为主要发生在法院地，或法院地的侵权损害结果与侵害整体比较具有重要性。

但这带来的另一问题是，如果权利人想要取得充分的赔偿，就必须在尽可能多的法院起诉，这无疑是不可行的。对此，法国最高行政法院提出应由与侵权案件具有最密切联系的法院对全部损害行使管辖权。原告的居住地或主要营业机构所在地可以推定为与案件具有最密切联系，该推定允许被告提出反证推翻。[④]

世界知识产权组织在日内瓦召开的著作权网络侵权国际私法问题专家研讨会议上，Ginsburg 教授和 Lucas 教授作为美国和欧洲两大体系的专家代表，分别提交了各自的报告。Ginsburg 教授认为在《布鲁塞尔第一条例》下，可以采取法国最高行政法院的观点，由与被侵权作品存在最紧密联系的国家的法院对世界范围的全部侵害行使管辖权；而在美国法下，则采取单一发表原则，即由于世界范围内的损害都是由在美国发生的同一个发表行为造成的，因此与案件存在紧密联系的美国法院可以依据这一行为对全部侵害行使管辖权。与之相反，Lucas 教授则对法国最高行政法院的观点提出了批评，

---

① Cass. 1re civ. , Castellblanch SA v. Champagne Louis Roederer SA, 9/12/2003; *James J. Fawcett*, *Paul Torremans*, *Intellectual Property and Private International Law*, Oxford University Press, Oxford 2nd edition 2011, 10. 81.

② Savola: The Ultimate Copyright Shopping Opportunity-Jurisdiction and Choice of Law in Website Blocking Injunctions, IIC 2014, 287, 293.

③ CLIP Principles, Art. 2: 203 (2).

④ Thum: Internationalprivatrechtliche Aspekte der Verwertung urheberrechtlich geschützte Werke im Internet-Zugleich Bericht über eine WIPO-Expertensitzung in Genf, GRUR Int 2001, 9, 24 – 25.

认为这违背了民事诉讼法中原告就被告的基本原则，不公正地损害了被告人的利益。[①]作为折衷观点，有学者建议对相邻国家的侵权诉讼进行有限度的集中管辖。[②]

综合来看，法院管辖权问题与一国民事诉讼法的传统密切相关，例如最密切联系原则在灵活的美国诉讼法体系中发挥着举足轻重的作用，而在成文法传统的欧洲和奉行管辖权法定主义的我国能否直接采用，则需要慎重考量。因此应在现有管辖权规则的框架内，通过对法律规范的灵活解释来确定著作权网络侵权案件的管辖法院，如对"侵权行为地"等连结点进行新的界定。在损害赔偿的管辖权界定上，坚持侵权结果发生地的法院仅对当地损害行使管辖权的同时，也允许一定范围内合并管辖的存在。

综上所述，当法国观众在法国境内上传了侵权视频，在他国也可以访问和下载的情况下，法国法院可以根据《布鲁塞尔第一条例》第五条第三款的损害行为发生地，对发生损害的全部范围行使管辖权。其他欧盟成员国在满足欧洲法院提出的"指向"或"可登入性"标准时，也可以根据《布鲁塞尔第一条例》第五条第三款的损害结果发生地，对当地发生的损害行使管辖权。

当著作权人选择在实施了直接侵权行为的行为人所在地单独起诉位于第三国的网站经营者时，可以认为网站运营商的帮助侵权行为在法院地造成了损害结果，该国法院可以损害结果发生地作为基础，依照《布鲁塞尔第一条例》第五条第三款行使管辖权。同时，法院也可以根据《布鲁塞尔第一条例》第三十一条的规定，给予临时禁令救济。同时需要注意的是，对于可能授予的临时禁令救济，应当适用法院地法的程序性法律。因此这也带来了当事人选择法院的可能性。[③] 在网站运营商在另一成员国有分支机构时，根据《布鲁塞尔第一条例》第 5 条第 5 款，该分支机构所在地的法院也有管辖权。

（二）美国

需要考虑的是，在假设的案情下，如果在美国境内有网络用户访问或进一步传播了该视频，或美国的视频网站对该视频进行了储存或传播，可否起诉美国境内的网络用户或视频网站经营者。由于网络用户个人对作品的使用行为往往属于著作权限制的范畴，而且在实践中，权利人更倾向于起诉易于确定且更具有赔偿能力的视频网站，因而下文主要讨论在美国起诉法国视频网站或美国视频网站经营者的情况下，美国法院可能享有的管辖权。

---

① Thum：Internationalprivatrechtliche Aspekte der Verwertung urheberrechtlich geschützte Werke im Internet-Zugleich Bericht über eine WIPO-Expertensitzung in Genf，GRUR Int 2001，9，25.

② Thum：Internationalprivatrechtliche Aspekte der Verwertung urheberrechtlich geschützte Werke im Internet-Zugleich Bericht über eine WIPO-Expertensitzung in Genf，GRUR Int 2001，9，26.

③ Savola：The Ultimate Copyright Shopping Opportunity-Jurisdiction and Choice of Law in Website Blocking Injunctions，IIC 2014，287，311.

　　首先，在起诉美国视频网站的情况下，美国法院对人管辖权和标的管辖权的条件都得到了满足。美国联邦法院可以对发生在全世界范围内的损害行使普遍管辖权，即其管辖权不仅涵盖该视频网站向美国公民的传播行为，还包括从美国向世界各地的传播行为。①

　　与之相反，对于法国视频网站而言，如果美国用户从美国可以访问该网站，是否能够满足长臂管辖权的要求？为讨论的需要，假设本案原告在美国也具有居住地，以满足标的管辖权下当事人国籍不同的要求。

　　根据 International Shoe 案所确立的正当程序条件下最低联系要求，如果应用"有意利用"标准来看，对于法国网站从法国将侵权录像储存在其服务器上的行为，可以类比为将侵权产品投入商品流通的行为，网站所有者通过这一投放行为意图利用目的市场。该投放行为本身能否证成该网站有意从美国市场中获益，各法院则存在不同的判决结果。② 对于网上著作权侵权案件而言，如果美国的网络用户在美国可以访问储存有侵权录像的外国网站，是否该可访问性本身即可以支持美国法院管辖权的行使？还是需要实际发生了访问行为？该可访问性本身是否可以表明外国网站经营者企图利用美国市场获益，从而满足"有意利用"或"有意指向"标准？这些问题表明，在网上发生的著作权涉外案件中，传统的判断标准已经不足了。

　　在 Zippo 案③中，法院提出了确定最低联系的新标准，即"滑动标尺"标准，对"积极"网站和"消极"网站做出区分。这典型体现了美国法律的行为指向性偏向，即与消极的行为相比，对积极的行为施加更多的法律义务。④ 在这一区分下，"积极"的网站指的是明知且重复地从事在网站与法院地之间计算机文件传输的网站，这一重复的数据传输构成了最低联系，因此可以据此行使管辖权。"消极"的网站指的则是仅仅公布信息以供在网上浏览的网站，不构成最低联系。⑤ 该案中，被告的网站提供网络信息服务。网络用户通过在线申请，并通过填写电话号码或通过网站的交互式服务交费。在付费之后，用户就可以浏览或下载储存在被告网站上的侵权新闻材料。该案法

---

① Jane C. Ginsburg, "Copyright Without Borders? Choice of Forum and Choice of Law for Copyright Infringement in Cyberspace", 15 Cardozo Arts &Ent. L. J. 153 1997, p. 157.

② 如在 Bensusan Restaurant Corp. v. King（937 F. Supp. 295, 301（S. D. N. Y. 1996））案中，法院判决该投放行为本身不能满足有意利用标准。而在 Inset Sys., Inc. v. Instruction Set, Inc.（937 F. Supp. 161）案中，法院则作出了相反的判决。见 Jane C. Ginsburg, "Copyright Without Borders? Choice of Forum and Choice of Law for Copyright Infringement in Cyberspace", 15 Cardozo Arts &Ent. L. J. 153 1997, p. 159.

③ Zippo Mfg. Co., 952 F. Supp. at 1124.

④ Richard K. Greenstein, "The Action Bias in American Law: Internet Jurisdiction and the Triumph of *Zippo Dot Com*", *Temple Law Review*, Vol. 80, 2007, p. 32.

⑤ Jeffrey R. Armstrong, "Guaranteed Jurisdiction: The Emerging Role of FED. R. Civ. P. 4（k）（2）in the Acquisition of Personal Jurisdiction of Foreign Nationals in Internet Intellectual Property Disputes", *5 MINN. INTELL. PROP. REV.* 63（2003）, p. 67.

院指出，被告对法院地的居民进行交互式的信息传输的行为是有意做出的，因此被告的网站是"积极"的，其通过该网站开展商业活动的行为满足对人管辖权的最低联系要求。① 与之相反，在 Cybersell, Inc. 案②中，双方当事人为分别设立于两个州的公司，且两个公司的名称相同。被告的网站仅仅储存了关于其公司的信息，并邀请用户通过邮件获取更多信息。法院裁决该网站的交互性程度并不足以支持对人管辖权的行使。

这一通过网站的交互性来判断被告的商业活动是否与法院地存在最低联系的进路在 Robbins v. Yutopian Enterprises, Inc. 案③中进一步得到了细化。该案中，被告的网站不仅进行了积极的广告活动，还直接通过网站接受订单。但由于该网站与法院地居民之间的订单数额有限，法院裁决该联系并不足以支持管辖权的行使。到此为止，长臂管辖权仍然停留在传统宪法正当程序框架内的最低联系要求，并没有做出过分的扩张。尽管随后出现的联邦民事诉讼规则第 4（k）（2）条走上了另一条发展道路，与 Robbins 案的精神背道而驰，但值得注意的是，从 Robbins 案开始，法院不再仅注意网站自身的交互性程度，而是网站与法院地州目的用户之间的联系程度，这为之后在联邦民事诉讼规则第 4（k）（2）条下的扩张性进路，即通过网站与全联邦境内的用户之间的联系来确定管辖权，埋下了伏笔。④

在联邦民事诉讼规则第 4（k）（4）条制定之后，美国法院的判例法又进一步对该条进行了扩张解释。在 Graduate Mgmt. Admission Council v. Raju 案⑤中，被告是一名印度公民，通过其网站销售违反美国著作权法和商标法的 GMAT 考试准备材料。在该案中，法院对 Zippo 案中提出的三步分析法进行了实质性的修改，以适用联邦民事诉讼规则第 4（k）（4）条为目的，不再仅仅考虑法院地所在的州，而是整个美国。因此需要满足的条件为（i）被告的电子商务活动指向美国；（ii）该指向行为的目的明显在于从事与美国相关的商务活动或其他活动；（iii）该活动可能构成美国法院对人管辖权的潜在诉因。⑥

因此，在 Graduate Mgmt 案之后，美国原告向外国被告提起诉讼就多了一种选择方案。首先，按照 Zippo 案下的进路，原告需要证明被告与某一个州存在最低联系，以使得该州的法院可以行使对人管辖权。作为替代方案，在原告与任何一个州的联系都不足的情况下，原告还可以证明被告与整个美国的联系累计后满足最低联系的要求，从

---

① Zippo Mfg. Co., 952 F. Supp. at 1126.

② Cybersell, 130 F. 3d at 419 – 20.

③ Robbins v. Yutopian Enterprises, Inc., 202 F. Supp. 2d 426 (D. Md. 2002).

④ Jeffrey R. Armstrong, "Guaranteed Jurisdiction: The Emerging Role of FED. R. Civ. P. 4 (k) (2) in the Acquisition of Personal Jurisdiction of Foreign Nationals in Internet Intellectual Property Disputes", *5 MINN. INTELL. PROP. REV.* 63 (2003), p. 69.

⑤ Graduate Mgmt. Admission Council v. Raju, 241 F. Supp. 2d 589 (E. D. Va. 2003).

⑥ Graduate Mgmt. Admission Council v. Raju, 241 F. Supp. 2d 589 (E. D. Va. 2003), at 597.

而可以依据联邦民事诉讼规则第 4（k）（4）条行使对人管辖权。从此，联邦民事诉讼规则第 4（k）（4）条就成为了在州法院的长臂管辖权之外，保证原告可以针对外国被告提起诉讼的一个有效手段。① 对于上面提出的问题而言，如果需要实际访问发生，那么很有可能没有任何一州的访问数量可以满足最低联系标准，但根据联邦民事诉讼规则第 4（k）（4）条，还可以依据与美国整体的联系总和来行使管辖权。侵权行为发生在美国之外也并不影响这一管辖权的行使，只要有证据表明该行为指向美国的网络用户，侵权后果在美国发生且满足与美国整体的最低联系要求，美国法院即可行使管辖权。②

尽管没有像欧洲 CLIP 原则那样专门规定网络情况下的管辖权规则，但是 美国 ALI 原则仍然针对网上著作权侵权行为的特点规定了一些限定措施，比如要求损害地国家的管辖权确立要存在"指向"行为，即在侵权活动不发生在法院地，而被控侵权人的行为指向法院地国的情况下，法院只能对该国境内发生的损害后果行使管辖权。③ 美国法学会对 ALI 原则第 204 条第二款和第 3 款中所提出的"指向"标准在评论中作出了进一步的说明。④ 该"指向"（directed to）概念比"目标"（targeted）概念要宽松，但也在一定程度上以行为人的主观目的作为判断要素。这一主观目的的判断是客观的，需从被告的行为进行推断，即被告是否试图从法院地的行为中获益。这既包括商业性的活动，也包括非商业性的活动，如免费发放侵权商品等。

对于假设的案情而言，首先要考虑是否满足某一个州法院的长臂管辖权的条件。以纽约州为例，当位于美国境内的网络用户访问法国网站上的侵权录像或进行下载时，就已经发生了著作权法上的复制行为，因而满足了纽约州长臂管辖权的第一种情形，即侵权行为发生在本州境内。但此时从事下载行为的是网络用户，法国网站只进行了帮助侵权。同时，也可以认为被告的行为直接构成了在该州境内的发行或传播，因此直接给予了纽约州法院以管辖权，或至少在该州造成了侵权后果，在同时满足其它条件的情况下，即该网站运营商预见到在美国会发生下载，并从国外的交易中获得实质性收入时，纽约州法院也具有管辖权。即使与纽约州的联系本身不满足最低联系的要求，但根据联邦民事诉讼规则第 4（k）（4）条，还存在依据与美国整体的联系总和来行使管辖权的可能性。

---

① Jeffrey R. Armstrong, "Guaranteed Jurisdiction: The Emerging Role of FED. R. Civ. P. 4（k）（2）in the Acquisition of Personal Jurisdiction of Foreign Nationals in Internet Intellectual Property Disputes", 5 MINN. INTELL. PROP. REV. 63（2003），pp. 80 – 81.

② Aerogroup Int'l Inc. v. Marlboro Footworks, Ltd.，No. 96 CIV. 2717（DLC），1996 U. S. Dist. LEXIS 19051，＊41（S. D. N. Y. Dec. 24, 1996）. Jane C. Ginsburg, "Copyright Without Borders? Choice of Forum and Choice of Law for Copyright Infringement in Cyberspace", 15 Cardozo Arts &Ent. L. J. 153 1997, p. 161.

③ ALI Principles, 204（2）.

④ ALI Principles 204 Comments. c）.

二、网上著作权侵权案件的法律适用

（一）著作权网络侵权案件法律适用的一般理论

著作权网络侵权案件中，侵权结果瞬间传播到世界各地。在传统的被请求保护地法原则下，需要分别适用每一个被请求保护地的法律，使得此类普遍侵权案件的法律适用十分繁杂，学界观点也见仁见智，比较混乱。总起来看，国际社会关于著作权网络侵权案件的法律适用，主要存在下列几种理论观点。

1. 来源国法

网络环境似乎为普遍性原则的复兴提供了土壤。在普遍性原则下，如果对著作权的全部问题都可以适用其来源国法，被请求保护地法下法律适用的困难就不复存在。因此有学者认为，在网络空间中，一国的知识产权就是全世界的知识产权。[①]

且不论普遍性原则已经与著作权国际条约所确定的被请求保护地法原则冲突，在作品首次在网上发表的情况下，作品来源国的确定在实践中也难以操作。如果从纯技术角度将此时作品的来源国解释为是服务器所有地，这已经背离了来源国主义初始的内涵，即作者通过其作品建立起与某个国家的文化联系，该国是这一作品借以产生的文化来源。从作品在网上发表的现实效果来看，作者首次在网上发表，实际上是同时在全世界发表，而非在某一个国家。[②] 在这种情况下，该作品并没有伯尔尼公约第五条第四款意义上的"来源国"，[③] 适用来源国法也就无从谈起。

此外，传统来源国法进路的一个论据是，作者选择在哪个国家首先发表其作品，这一行为表明了其通过其作品与该国文化建立联系的意愿。由此，外国作者通过在一国发表其作品，将自己"同化"为该国的作者。这也正是外国人法律地位问题下国民待遇原则的基础。然而，在因特网上，作品的发表面向全世界，而非面向某一个特定国家的受众，因此上述对来源国法的传统证成无法再发挥作用。[④]

2. 利益衡量方法

Dinwoodie 教授提出，内国法院应当将涉外著作权侵权案件当作纯粹的国内案件或

---

①　肖永平：《肖永平论冲突法》，武汉大学出版社 2002 年，第 414 页。

②　André Lucas, La loi applicable à la violation du droit d'auteurdansl'environnementnumérique, e. Bulletin du droit d'auteur, octobre- décembre 2005, n° 36, http：//portal. unesco. org/culture/fr/files/29336/11338011821lucas＿ fr. pdf/lucas＿ fr. pdf (10/9/2015)，认为将作品上载到网站并不满足伯尔尼公约第三条第三款对"发表"的定义。

③　Thum：Internationalprivatrechtliche Aspekte der Verwertung urheberrechtlich geschützte Werke im Internet-Zugleich Bericht über eine WIPO-Expertensitzung in Genf, GRUR Int 2001, 9, 12.

④　André Lucas, La loi applicable à la violation du droit d'auteur dans l'environnement numérique, e. Bulletin du droit d'auteur, octobre-décembre 2005, n° 39, http：//portal. unesco. org/culture/fr/files/29336/11338011821lucas＿ fr. pdf/lucas＿ fr. pdf (10/9/2015) .

州际案件来处理，通过当事人之间的利益衡量，并考虑对他国法律体系的冲击，从而选择适用美国法或外国法律。① 这一方法的好处是由法院而不是立法机关来发展新的著作权法规则。即使短期内会有法律适用确定性的损失，② 但长期来看，这一损失会被新的国际性规则带来的好处所弥补。③

但这一提议所忽视的是，通过当事人之间的利益衡量来选择适用的法律，这要求法院对事实问题作出个案判断。在美国的判例法体系下，法院很可能因为案件事实的不同而对先例采取不同的态度，最终无法达成发展统一国际规则的初衷。④ 更重要的是，该方法否认了纯粹的国内著作权案件与涉外著作权案件之间的区别，由内国法院制定全球规则，这从根本上违反了知识产权保护的地域性原则。

3. 最密切联系地法

最密切联系地法出于其自身灵活的特性，似乎可以在涉外著作权侵权案件中取代被请求保护地法，作为网络环境下新的法律适用规则。出于美国法对这一法律选择方法的青睐，ALI 原则提出，在互联网普遍侵权的情况下，侵权行为的认定涉及到多个国家的法律，法院可以选择适用与争议有最密切联系的法律。对于最密切联系的判断需要考虑到当事人住所地、当事人法律关系中心所在地、当事人活动和投资的范围以及当事人的主要市场等。同时，这一最密切联系地的法律可以适用于知识产权的存在、效力、有效期、特性、侵权判定和救济措施等全部内容。但当该法与适用于案件整体的法律存在差异时，法院也可以限制该法的适用范围。⑤

CLIP 原则也主张在普遍侵权下适用最密切联系地法，但其进路更为完善。首先，涉外知识产权侵权纠纷法律适用的基本原则仍然为被请求保护地法。⑥ 其次，被请求保护地法的适用并不是无条件的，而是要满足一定的侵权门槛（de minimis rule），即被告在被请求保护国从事了或要进一步从事侵权活动，或者被诉侵权行为在被请求保护国具有实质性影响，或直接指向该国。⑦ 这一侵权门槛的要求适用于 Lagardère 案⑧类型的案件，即侵权活动虽然涉及到多国，但主要集中在某个或某些国家，其他国家境内侵权活动的影响并不显著，因而可

---

① Graeme B. Dinwoodie, "A New Copyright Order: Why National Courts Should Create Global Norms", 149 U. PA. L. REV. 469 2000, pp. 561–569.

② Graeme B. Dinwoodie, "A New Copyright Order: Why National Courts Should Create Global Norms", 149 U. PA. L. REV. 469 2000, pp. 577.

③ Graeme B. Dinwoodie, "A New Copyright Order: Why National Courts Should Create Global Norms", 149 U. PA. L. REV. 469 2000, pp. 571–73.

④ Ted Solley, "The Problem and the Solution: Using the Internet to Resolve Internet Copyright Disputes", Georgia State University Law Review, Vol. 24, Iss. 3 (Spring 2008), p. 833.

⑤ ALI Principles, §321.

⑥ CLIP Principles, Art. 3: 601.

⑦ CLIP Principles, Art. 3: 602.

⑧ C–192/04-Lagardère Active Broadcast.

以过滤掉这些并无真正侵权影响的国家的法律适用。① 在此基础上，对于互联网环境下的普遍侵权适用最密切联系地法，该最密切联系地的判断要考虑到所有相关的因素，尤其是侵权人的惯常居住地、主要营业场所、主要侵权地和主要损害发生地。由此便只需要适用一个国家的法律，避免了传统被请求保护地法进路下马赛克式的法律适用。对于该最密切联系地法的适用范围，CLIP 原则指出，该法律也适用于侵权案件所附带涉及的其他问题，如权利的存在，期限，限制和范围。该最密切联系地的判断则要考虑一系列因素，如被控侵权人的惯常居住地和主要营业地，实质侵权行为实施地和侵权结果发生地等。

该方法带来的风险在于可能会过分扩大某一个国家著作权法的禁止效力。如被控侵权人的行为仅在当地造成侵权影响，而在所波及到的其他国家不构成侵权时，对案件所涉的全部国家适用最密切联系法并授予禁令，在事实上过分扩张了最密切联系地法的效力。对此，CLIP 原则第 4：102（3）条从判决的承认和执行角度进行了限制，判决的承认国必须对禁令的范围进行解释，并考虑是否案件的相关事实是否发生了变化。② 同时，对于案件的实质方面而言，如果该密切联系地法与某一个作为被请求保护地的国家的法律在适用时会得出不同的结果，法院应同时适用这两套不同的法律规则。如果该重叠适用会得出不一致的结果，法院则应在给予法律救济时对两者之间的不同进行考虑。③ 例如，M 在其网站上传了 19 世纪作曲家的音乐。依据一般的著作权保护期限，所有作曲家的去世时间都已经超过了 70 年，因此其作品进入了公有领域。唯一的例外是墨西哥，因为在墨西哥的著作权法下，作品的保护期限为作者身后一百年。因此，尽管根据最密切联系法，法院应当会得出不侵权的判定结果，但同时应当对墨西哥法律下的不同法律适用结果予以考虑。由于两者的适用结果不同，法院在授予禁令救济时需要考虑禁止墨西哥境内对该网站的访问权限的可行性。如果不可行，双方可能以对墨西哥境内的作品使用进行合理补偿作为折衷方案。④

但该单一法律适用方法所忽视的是，该适用方法必须以不同被请求保护地的著作权实体法在较大程度上统一或近似为前提。否则将一国的法律，即使其与案件存在最

---

① James J. Fawcett, Paul Torremans, *Intellectual Property and Private International Law*, Oxford University Press, Oxford 2nd edition 2011, 15.48.

② European Max Planck Group on Conflict of Laws in Intellectual Property (CLIP), Conflict of laws in intellectual property：*the CLIP principles and commentary*, Oxford University Press, Oxford 1st edition 2013, Art. 3：603. C04.

③ CLIP Principles Art. 3：603：Notwithstanding the law applicable pursuant to paragraphs 1 and 2, any party may prove that the rules applying in a State or States covered by the dispute differ from the law applicable to the dispute in aspects which are essential for the decision. The court shall apply the different national laws unless this leads to inconsistent results, in which case the differences shall be taken into account in fashioning the remedy. In：European Max Planck Group on Conflict of Laws in Intellectual Property (CLIP), Conflict of laws in intellectual property：the CLIP principles and commentary, Oxford University Press, Oxford 1st edition 2013, Art. 3：603. C16.

④ European Max Planck Group on Conflict of Laws in Intellectual Property (CLIP), Conflict of laws in intellectual property：the CLIP principles and commentary, Oxford University Press, Oxford 1st edition 2013, Art. 3：603. C17, Illustration 8.

紧密联系，适用于他国境内的侵权行为，实际上承认了该国著作权法的域外效力，违背了著作权的地域性特征。

4. 小结

如 Easterbrook 法官指出的，正如对于马的销售、侵权、许可等问题不需要创立新的"马法"一样，网络知识产权侵权案件中，最重要的是对现有规则进行灵活的解释适用，而非创立一套所谓的网络法律规则。[①]

综合来看，美国 ALI 原则和欧洲 CLIP 原则所提出的最密切联系地法适用方法在著作权网络侵权案件中有可借鉴之处。首先，尽管在普遍侵权的情况下，侵权结果会发生在世界各地，但出于诉讼成本和实际权利救济的需要，权利人并不会要求在每一个国家都取得救济，而是会要求在其主要开展市场活动的国家，即其预期市场收益受到损害的国家取得损害赔偿。CLIP 原则和 ALI 原则将当事人主要市场作为相关因素，正是出于这一考虑。CLIP 原则中侵权门槛的要求也将不存在实际保护需要的国家从诉讼范围剔除了出去。同时，主要侵权地作为需要纳入衡量范围的因素，实际上已将最后适用的最密切联系地法限制在了侵权行为地，与被请求保护地在事实上重合。因此，这一最密切联系地法实际上是被请求保护地法对网络环境作出有限调整的形式。被请求保护地法仍然可以作为著作权网络侵权案件的法律适用规则。

对于假设的案件而言，当该录像在法国上传至视频网站后，根据《罗马第二条例》第八条的规定，应适用被请求保护地法。法院可以依据 CLIP 原则中的侵权门槛要求过滤掉不存在保护需要的国家，然后对案件的相关事实因素加以衡量，判断当事人所主张的请求保护地的法律是否与该案存在最密切联系。在所有被请求保护地的著作权立法体系和保护水平都与这一最密切联系地法相近的情况下，可以将这一最密切联系地法适用于侵权救济措施，但应当注意是否会与该案整体的判断发生冲突。

（二）欧盟网上著作权侵权案件的法律适用

1. 被请求保护地法在网络环境下的定位

在坚持将被请求保护地作为确定著作权网络侵权案件准据法的连结点后，需要考虑的是，被请求保护地法在网络环境下应当如何理解？如前所述，在著作权侵权案件中，被请求保护地实际上是侵权行为地。因此，需要对侵权行为实施地进行定位。

首先，根据被请求保护地法的基本原理，被诉侵权行为直接在 A 国实施，因此 A 国法是被请求保护地法，需根据 A 国法判断权利人的知识产权是否在 A 国受到了侵害。

其次，《布鲁塞尔第一条例》第五条第三款下对于侵权地的扩大解释可以类推适用

---

① William Patry, "*Choice of Law and International Copyright*", *The American Journal of Comparative Law*, 2000, (3), p. 451.

于法律选择问题。① 因此侵权地法指的既可能是非法上载地的法律，也可能是非法下载地的法律。这样，在非法上载地的法律对著作权人的保护力度不足的情况下，还可以适用非法下载地的法律，更好地保护著作权人的利益。

最后，在知识产权网络侵权案件中，由于行为人可以人为操纵行为的地点，在 A 国境内实施侵权行为，而其真正的目的受众可能在 B 国领域内，因此实际仅在 B 国对权利人的经济利益产生了影响。如在德国的 Hotel Maritime 案中，被诉侵犯德国商标权人权利的网站位于丹麦，但其使用的语言为德语，实际直接指向的是德国网络用户。那么此时哪一国家是被请求保护地，应当如何适用法律呢？

如果被诉侵权行为在 B 国仅对权利人的经济利益产生了影响，B 国是纯粹的经济影响发生地，与传统意义下知识产权侵权的侵害结果发生地并不完全等同，那么 B 国法是否可以作为被请求保护地法适用？

从卫星广播发展而来的 Bogsch 理论可以对知识产权网络侵权案件提供借鉴。在 Bogsch 理论下，发射国和接收国的著作权法应当同时适用，其依据在于伯尔尼公约第十一条之二，即发射和接受都是卫星广播权的组成部分。② 欧盟法院在网络环境下的知识产权侵权案件中实际采纳了这一进路。在 Football Dataco 案③中，被告通过位于欧盟 A 成员国的网络服务器，应位于 B 成员国的第三人的要求，将事先下载的受数据库保护指令保护的数据发送给该第三人。在认定该发送行为是数据库保护指令所禁止的对数据的重新利用行为后，欧共体法院指出，该发送行为可以认为发生在 B 成员国。德国联邦法院在 Hotel Maritime 案中也采纳了这一标准，要求与经济影响发生地存在足够充分的经济联系。

因此，在实际侵权行为与经济影响发生地存在足够充分的经济联系时，如该侵权行为直接指向经济影响发生地的受众，可以认为该行为也发生在经济影响发生地，平行适用经济影响发生地的法律。经济影响发生地的法律也是被请求保护地法。

在网站经营者的行为构成帮助侵权的情况下，对于知识产权帮助侵权责任问题，各国的实体知识产权法往往存在不同的认识，从而影响到其法律选择适用。如在美国法下，对知识产权的帮助侵权责任适用一般侵权法规则，因此不再适用被请求保护地法，而应适用侵权地法；而英国法则认为帮助侵权是一种单独的知识产权侵权责任，因此应当适用与主要侵权行为相同的法律。而由于主要侵权行为是网络用户的下载或

① 法国最高法院在其判例中已经采取了这一类推解释的进路。（Cass. 1re civ., 14 janv. 1997）Henri-Jacques Lucas, Fasc. 1910 : Propriété Littéraire et Artistique-Droit international-Droit commun, JurisClasseur（最后更新 16/12/2015）.

② James J. Fawcett, *Paul Torremans*, *Intellectual Property and Private International Law*, Oxford University Press, Oxford 2nd edition 2011, 13.59.

③ C－173/11-Football Dataco and Others.

其他使用行为，且分布在世界各国，应当分别适用各国的法律。①

因此，在欧盟内部，网络服务提供商的侵权责任问题需要根据各欧盟成员国国内法进行判断，欧盟电子商务指令②第八条第 3 款提供了各成员国国内法协调的基础。在判断是否可以对网络服务提供商作出行为禁令的裁决时，并不以网络服务提供商的直接侵权责任或帮助侵权责任的成立为前提。视频网站的经营者还可以援引电子商务指令第十四条的"通知—删除"程序来免责。对于针对网络服务提供商所可能采取的法律救济中，要求其在最终用户层面终止网络连接服务的提供可能是最有效的手段。③

2. 被请求保护地法域外效力的限制

网上普遍侵权的情境下，适用被请求保护地法应当注意限制其域外效力的扩张。

首先需要注意的是，法院对不同法域内的停止侵害请求权同时作出判决，并不必然意味着内国法律域外效力的扩张。如在美国的 Playmen 案中，意大利杂志 Playmen 在意大利将 Playmen 注册为商标，并在此商标下运营其网站。Playboy 公司对此在美国提起停止侵权之诉。美国纽约南区地方法院判决 Playmen 必须采取下列行为之一以停止侵害：或者保证其网站在美国不再可以访问，或者将意大利的网站完全关闭。由于第二种停止侵权的行为义务在意大利，该判决似乎赋予了美国法以域外效力，但实际上，Playboy 在欧盟境内对其商标也享有所有权。因此在其网站同时在美国和欧盟境内都可以访问的情况下，Playmen 不仅侵犯了 Playboy 作为商标权人在美国享有的商标权，也侵犯了其在欧盟境内享有的商标权，美国法院作出的停止侵权判决实际上是针对发生在这两个不同法域内的不同侵权事实，而并没有将美国法的效力扩张到域外。④

而在上述 Bogsch 理论下，经济影响发生地的法律将发生在外国的著作权使用行为涵摄在该法律下的侵权行为，从而在一定程度上获得了域外效力。此时应当注意其适用的限度，经济影响发生地的法院应当仅对当地的损害赔偿行使管辖权，⑤ 依据经济影响发生地的法律提出的损害赔偿和停止侵权请求权也限于该国领域。⑥

---

① Savola: The Ultimate Copyright Shopping Opportunity-Jurisdiction and Choice of Law in Website Blocking Injunctions, IIC 2014, 287, 303.

② 2000 年 6 月 8 日欧洲议会及欧盟理事会关于共同体内部市场的信息社会服务，尤其是电子商务的若干法律方面的第 2000/31/EC 号指令。

③ Savola: The Ultimate Copyright Shopping Opportunity-Jurisdiction and Choice of Law in Website Blocking Injunctions, IIC 2014, 287, 313.

④ Geller: Internationales Immaterialgüterrecht, Kollisionsrecht und gerichtliche Sanktionen im Internet, GRUR Int 2000, 659, 664 – 665.

⑤ Matthias Pierson, Recht des geistigen Eigentums, Verlag Nomos-Verlagsges. , Baden-Baden 3 Aufl. 2014, S. 430.

⑥ Jürgen Säcker/Rixecker, Münchener Kommentar zum Bürgerlichen Gesetzbuch: Drexl, Band 11, Internationales Immaterialgüterrecht, Verlag C. H. Beck, München 6 Aufl. 2015, Rn. 301, 302。有学者认为，在网络服务提供商无法从技术上限制侵权作品下载的地理范围时，应当对侵权的全部范围适用最严厉的法律。（Schack: Internationale Urheber-, Marken- und Wettbewerbsrechtsverletzungen im Internet - Internationales Privatrecht, MMR 2000, 59, 65.）但这一观点大大超出了被请求保护地法基本原则的限度。

综上，在假设的案件情况下，在定位侵权行为地以适用另一欧盟成员国的法律作为被请求保护地法时，如果在该国仅仅存在对权利人的经济影响，需要考虑与该国的经济联系是否足够充分。如果在另一欧盟成员国仅仅存在对该视频网站的访问可能性，没有发生实际的访问或下载行为，该国的法律则不能平行适用。在平行适用该成员国的法律时，需注意不能过分扩张该国法律的域外效力。同时，视频网站经营者被单独起诉时，存在援引电子商务指令进行免责的可能性。

（三）美国网上著作权侵权案件的法律适用

如果侵权材料是储存在美国境内的网站上，对于所有发生在美国境内经用户访问而引起的侵权复制行为，自然应当适用美国法。但如果用户的访问行为发生在美国境外，从而侵权复制行为发生在美国境外时，应当如何适用法律呢？

尽管从法理上看，在网上著作权侵权案件中还应当以适用被请求保护地法作为原则。但从目前美国法院的司法实践来看，依据第二巡回上诉法院的"根复制"进路，对于所有访问引起的侵权复制行为都应当适用美国法。而依据第九巡回上诉法院的进路，对于在美国境内发生的侵权复制行为应当适用美国法，而在美国境外发生的侵权复制行为则应适用接收国的法律。

同时，在单独起诉美国网站经营者的情况下，网站经营者在满足一定条件下，可以援引美国数字千年版权法（DMCA）进行免责。首先，任何一个企业援引免责都必须满足两个条件：视频网站必须首先制定使用规则，在用户重复侵权的情况下，将取消该用户的权限；同时视频网站提供的服务必须满足一定的技术标准，能够过滤侵权内容。[①] 其次，数字千年版权法也提供了"通知—删除"程序下的免责可能性。如果网络服务提供商并不知晓用户侵权或相关事实情况，该侵权事实并不明显可见，并且该网络服务提供商在接到侵权通知后立刻删除了侵权内容，其对于用户储存在服务器上的内容不负侵权责任。同时需要满足的条件是，该网络服务提供商不能从侵权事实中获得了经济利益，对该侵权也没有法律上或事实上控制的可能性。[②]

因此，对于假设的案情而言，采取第二巡回上诉法院或第九巡回上诉法院的进路会得出不同的法律适用结果，但该视频网站有可能可以援引数字千年版权法的规定进行免责。

【主要法条】

《中华人民共和国涉外民事关系法律诉讼法》

第四十八条　知识产权的归属和内容，适用被请求保护地法律。

第五十条　知识产权的侵权责任，适用被请求保护地法律，当事人也可以在侵权

---

① 17 USC § 512 (i) .

② 17 USC § 512 (c) .

行为发生后协议选择适用法院地法律。

欧盟《关于民商事案件管辖权及判决承认与执行的布鲁塞尔条例》① 第二十二条下列诉讼由下列成员国法院专属管辖，无论当事人住所位于何处：

……

（三）以确认公共登记效力为标的的诉讼，保管登记簿的成员国法院；

（四）有关专利、商标、外观设计或必须备案或注册的其他类似权利的注册或效力的诉讼，备案或注册地，备案或注册申请地，或者，按照共同体法律或国际公约视为已经备案或注册的成员国法院。在不影响欧洲专利办公室（European Patent Office）依据 1973 年 10 月 5 日慕尼黑《欧洲专利公约》享有的管辖权的前提下，每一成员国法院对涉及任何欧洲专利在该成员国的注册或者有效性的诉讼，享有专属管辖权。

---

① Regulation （EC） No 44/2001 of 22 December 2000 on jurisdiction and the recognition and enforcement of judgments in civil and commercial matters.

第十八章 知识产权法律冲突：被请求保护地[*]

核心知识点

依据《中华人民共和国涉外民事关系法律适用法》和《最高人民法院关于适用〈中华人民共和国涉外民事关系法律适用法〉若干问题的解释（一）》的规定，涉外知识产权侵权纠纷的当事人可以协议选择知识产权侵权责任的准据法，但仅限于协议选择受理案件的法院地法律，而且该法律选择原则上必须采取明示方式。涉外知识产权侵权纠纷当事人如果在庭审中均援引中华人民共和国法律提出请求和进行答辩，人民法院可以认定当事人对知识产权侵权责任协议选择了中华人民共和国法律。知识产权的归属和内容应当适用被请求保护地法律，当事人无权协议选择支配知识产权归属和内容的法律。

第一节　典型案例介绍

【项维仁诉彭立冲《醉荷》作品著作权侵权纠纷】

一　基本案情

2007 年 1 月，福建美术出版社出版发行了项维仁创作的工笔人物画册《彩炫笔歌——项维仁工笔人物画》。2007 年 6 月，该画册第二次印刷。在该画册第 77 页收录

---

* 本章作者：南开大学法学院博士研究生金松。

有项维仁的美术作品《醉荷》。在该美术作品右侧中间部位有题款的文字表述"醉荷丙戌维仁书于青岛"以及红色的引首章"宁神"、人名章"项氏维仁"，在左下角有红色的压角章"驰神印思"。2014 年 10 月 1 日，人民网发布了题为《心似莲花·胸怀天下"鬼才田七"欧洲巡回展莫斯科拉开帷幕》的文章，该文章介绍了彭立冲在莫斯科举办画展的情况，其中展出有一幅美术作品《荷中仙》。11 月 17 日，人民网又发布了题为《心似莲花·胸怀天下柏林中国文化艺术展倒计时 100 天》的文章，该文章介绍说"绢画《荷中仙》等作品也将亮相柏林"，且文章前面附有该作品，并标注"绢画作品《荷中仙》作者：田七"。经比对，《荷中仙》除画幅上部有红色文字外，整个画面的构图、造型、色彩、线条等与《醉荷》完全一致。原告项维仁认为，彭立冲擅自复制《醉荷》，并将复制件展览，侵犯了其对《醉荷》享有的复制权、修改权、保护作品完整权、展览权、信息网络传播权和署名权，遂将彭立冲诉至北京市朝阳区人民法院，请求法院判令彭立冲公开刊登声明，赔礼道歉，赔偿经济损失 43 万元、精神损害抚慰金 5 万元，销毁侵权复制品《荷中仙》。

二　法院判决

（一）一审法院判决①

项维仁是涉案美术作品《醉荷》的作者，对该美术作品享有著作权。《醉荷》发表于 2007 年 1 月，彭立冲自认《荷中仙》形成于 2008 年，故在《荷中仙》产生时，彭立冲具有接触《醉荷》的客观条件和可能性。将彭立冲的临摹品《荷中仙》与项维仁的美术作品《醉荷》相比，两者在画面内容、人物造型、荷叶及花瓣形状、元素布局、构图、线条、色调等美术作品的实质性要素方面均一致，不同之处仅在于材质不同、尺寸大小不同、人物眼神有稍许不同、色彩深浅略有差异，而材质与尺寸的不同在两者相同或实质性近似的判断中无实际意义，两者人物眼神及颜色深浅的些许不同过于细微，并无显著的视觉差异。因此彭立冲在《荷中仙》中并未表现出源自于其本人的带有其个性的劳动成果，而仅仅是在不同的材质上以不同的尺寸再现了项维仁的美术作品《醉荷》，故《荷中仙》实为《醉荷》的复制品，彭立冲涉案临摹行为属于对《醉荷》的复制。

彭立冲以临摹手段复制项维仁的涉案美术作品《醉荷》后，将该复制品公开用于展览，且未标明临摹自《醉荷》，也未指明项维仁的姓名，却直接在复制品《荷中仙》上标上自己的笔名及名章，该行为不属于合理使用，且会使人误以为《荷中仙》为彭立冲自己独立创作的作品，会严重影响项维仁对自己作品《醉荷》的正常使用，损害了项维仁的合法利益。彭立冲的上述行为侵害了项维仁对《醉荷》享有的署名权、复

---

① 北京市朝阳区人民法院（2015）朝民（知）初字第 9141 号民事判决书。

制权、展览权。中国画以"诗书画印，相得益彰"为主要特点，因此画中的题款、印章具有补画之空、营造绘画意境、阐发绘画主题、拦边封角、调整稳定画面等的作用，因此题款、印章与画面内容往往紧密结合，成为一幅美术作品不可或缺的组成部分。彭立冲在临摹品《荷中仙》中将《醉荷》中的题款和印章删除，在不同的位置又加盖上了不同的印章，在画面上方书写了佛经《心经》，且对画面颜色深浅做了处理，侵害了项维仁对《醉荷》享有的修改权。彭立冲上述书写佛经《心经》的行为未达到歪曲、篡改美术作品《醉荷》的程度，不构成对项维仁保护作品完整权的侵害。因上述在人民网上的报道不是彭立冲所为，故彭立冲未侵害项维仁的信息网络传播权。

综上，彭立冲涉案行为侵害了项维仁对美术作品《醉荷》享有的署名权、修改权、复制权、展览权，应当为此承担销毁侵权复制品、公开赔礼道歉、赔偿经济损失的法律责任。对于赔偿经济损失的具体数额，综合考虑到项维仁涉案作品的独创性程度、彭立冲涉案侵权行为的性质和情节、彭立冲主观过错程度等因素，酌情予以确定。项维仁未举证证明其因涉案侵权行为遭受了严重的精神伤害，且公开赔礼道歉也能够在一定程度上起到抚慰精神伤害的作用，故对项维仁要求彭立冲赔偿精神损害抚慰金的诉讼请求不予支持。基于上述分析，一审法院判决彭立冲承担销毁侵权复制品、公开赔礼道歉、赔偿项维仁经济损失十万元的责任。

彭立冲不服一审判决，上诉至北京知识产权法院，请求撤销一审判决，改判驳回项维仁的诉讼请求。

（二）二审法院判决①

本案产生的侵权民事关系的法律事实发生在俄罗斯莫斯科、德国柏林，属于涉外民事案件。项维仁在一审中虽然没有明确列明其法律适用的选择，但其起诉状所列理由完全系从《中华人民共和国著作权法》的规定出发、在一审法庭辩论时明确依据《中华人民共和国著作权法》第二十二条的规定，彭立冲亦是依据《中华人民共和国著作权法》对其行为进行了辩论，即双方当事人均引用了《中华人民共和国著作权法》。因此，可以认定双方当事人已经就本案应适用的法律做出了选择，本案应适用《中华人民共和国著作权法》。

项维仁涉案的美术作品《醉荷》公开发表于 2007 年 1 月，应当认定彭立冲具有接触《醉荷》的客观条件和可能性。将《荷中仙》与《醉荷》相比，两者在画面内容、人物造型、荷叶及花瓣形状、元素布局、构图、线条、色调等方面均一致，前者附着在绢材质上而后者附着在纸材质上，前者尺寸大后者尺寸小，据此可以认定前者临摹自后者。相对于画面内容、人物造型、荷叶及花瓣形状、元素布局、构图、线条、色调等内容，两作品的区别均非常细微，且均为中国传统绘画中惯常出现的区别，凭借

---

① 北京知识产权法院（2015）京知民终字第 1814 号民事判决书。

该细微区别无法否定《荷中仙》与《醉荷》整体上高度近似的事实。著作权法第十条第一款第五项规定的复制包括法条列举之外的能将作品制作成一份或者多份的其他方式，临摹并没有被排除出复制的范围。复制权所控制的复制是指单纯再现了原作品或者保留了原作品的基本表达，同时又没有增加源自"复制者"的独创性劳动从而形成新的作品的行为，只要符合上述两个条件，即构成复制权所控制的复制。某一种临摹是属于复制还是其他行为，应该根据其是否增加了独创性的表达还是单纯再现了原作品或者保留了原作品的基本表达来判断。《荷中仙》与项维仁的《醉荷》相比，两者在画面内容、人物造型、荷叶及花瓣形状、元素布局、构图、线条、色调等美术作品的实质性要素方面均一致，不同之处仅在于尺寸大小不同、人物眼神有稍许不同、色彩深浅略有差异，而尺寸的不同并不影响两者构成相同或实质性相同，两者人物眼神及颜色深浅的些许不同过于细微，且为中国传统绘画中惯常出现的区别，因此彭立冲的《荷中仙》并未体现出其本人具有独创性的智力创作，而仅仅是再现了项维仁的美术作品《醉荷》的表达，故《荷中仙》实为《醉荷》的复制品，彭立冲涉案的临摹行为属于对《醉荷》的复制。

彭立冲在以临摹的手段复制项维仁的涉案美术作品《醉荷》后，将该复制品用于公开展览，该行为未经项维仁的许可，同时亦未标明临摹自《醉荷》及指明项维仁的姓名，侵害了项维仁的署名权、复制权、展览权、修改权和保护作品完整权，彭立冲应对其上述侵权行为承担停止侵权、公开赔礼道歉、赔偿经济损失的法律责任。对于赔偿经济损失的具体数额，一审法院综合考虑项维仁涉案作品的独创性程度、彭立冲涉案侵权行为的性质和情节、主观过错程度等因素，酌情确定彭立冲赔偿项维仁经济损失十万元并无不当，法院予以支持。综上，北京知识产权法院终审判决驳回彭立冲上诉请求，维持原判，判决彭立冲销毁侵权复制品、公开赔礼道歉、赔偿项维仁经济损失十万元。

第二节　案例分析

本案一审法院判决的说理部分没有对该案的涉外属性进行任何说明，而是直接适用我国《著作权法》认定被告侵犯了原告的著作权。二审法院虽然维持了一审判决，但是对该案适用我国《著作权法》进行了说理，基于本案的侵权事实发生在俄罗斯莫斯科和德国柏林，认定该案属于涉外民事案件。二审法院认为，当事人在一审中虽然没有明确选择其法律适用的选择，但原告项维仁在起诉状以及诉讼中引用的法律依据均是我国《著作权法》，被告彭立冲也是根据我国《著作权法》进行的答辩。根据最高人民法院《关于适用〈中华人民共和国涉外民事关系法律适用法〉若干问题的解释

（一）》第八条的规定，各方当事人援引相同国家的法律且未提出法律适用异议的，人民法院可以认定当事人已经就涉外民事关系适用的法律做出了选择。因此，可以认定双方当事人已经就本案应适用我国《著作权法》进行了选择。在此基础上，二审法院的判决详细论述了涉案被诉美术作品是否构成对原作者美术作品的临摹，并明确阐述了涉案临摹行为属于著作权法上的复制行为，擅自展览临摹件且未署原作者姓名的行为构成侵害原作者的著作权。

在涉外民商事案件的审判中，法律适用是核心问题，没有正确地适用法律，就不会有正确的实体审理结果。知识产权法律冲突的客观存在已成为学界的广泛共识，既然如此，法院就不应该无视知识产权法律冲突。只有在判决书中对法律适用问题进行充分的说理论证，才能保证实体判决适用法律的正确，而我国很多法院在审理涉外知识产权案件中往往忽略了案件的涉外属性，无视知识产权法律冲突，直接适用我国知识产权实体法进行判决。人民法院得出适用准据法的结论需要经过识别当事人的诉由和案件性质、清晰指明适用于案件的冲突规范、透析案件的事实要素以及得出法律适用结论四个步骤。但实践中，以解决争议为目的的裁判文书缺乏对适用法律的充分说明，裁判文书说理不充分。在本案中，二审法院首先明确了本案的涉外属性，在这方面较一审判决是具有进步意义的。但是二审法院的判决，仍有有待商榷之处。

我国《涉外民事关系法律适用法》第七章规定了涉外知识产权纠纷的法律适用。总体而言，该法对知识产权的法律适用采取了"分割论"的做法，即不同知识产权法律关系适用不同准据法，彻底摒弃了知识产权准据法选择的单边主义。[①] 按照《涉外民事关系法律适用法》第四十八的规定："知识产权的归属和内容，适用被请求保护地法律"，这并未给当事人意思自治选择留有空间。对权利内容和权利归属进行明确是知识产权侵权认定的前提。具体到本案，就是原告项维仁作为著作权人，其著作权的具体权利内容包括哪些？这是判断被告行为具体侵犯原告哪些著作权的前提。

本案中，二审法院直接从原被告的行为推定出所有的知识产权事项均按照当事人的意思自治适用法院地法，是对《涉外民事关系法律适用法》"分割论"的无视。这种无视"分割论"的现象，在我国涉外知识产权案件的审理中大量存在。比如，在年年红国际食品有限公司与德国舒乐达公司、厦门国贸实业有限公司侵害商标权纠纷案[②]以及株式会社倍乐与广东泰茂食品有限公司等侵害作品复制权、发行权、信息网络传

---

① 何艳：《知识产权国际私法保护规则的新发展——〈知识产权：跨国纠纷管辖权、法律选择和判决原则〉述评及启示》，载《法商研究》2009 年第 1 期，第 116 页。

② 福建省高级人民法院（2012）闽民终字第 378 号民事判决书；福建省厦门市中级人民法院（2011）厦民初字第 158 号民事判决书。

播权纠纷案①中，法院均未就案件的涉外属性进行任何说明，更没有适用《涉外民事关系法律适用法》，而是直接适用了我国的《商标法》和《著作权法》。在《涉外民事关系法律适用法》实施七年有余之际，扭转我国涉外知识产权审判实践中无视"分割论"而向"法院地法"逃逸的现象，是进一步完善中国知识产权保护环境进而实现创新驱动发展的必然要求。

第三节　拓展思考

【被请求保护地的认定】

从起源上讲，"被请求保护地"源于《伯尔尼公约》第5条第2款的规定，② 该条的用语是 "the laws of the country where protection is claimed"。国际上的主流观点认为，这里的 "where" 与 "for which" 同义③，即依照该国法律主张权利保护的国家的法律。④ 从比较法的角度讲，《瑞士国际私法法典》第110条规定："知识产权适用被请求保护国法律。"在德语中，该条款的意思非常清楚，指知识产权的产生、变更、消灭及保护均适用保护请求所依据的国家的法律。⑤《罗马第二条例》第8条第1款规定，侵犯知识产权产生的非合同之债，适用被请求保护的国家的法律。英国司法部在对《罗马第二条例》发布的指南中指出，被请求保护的国家是指请求人寻求获得保护所依据的实体法所属的国家。⑥

理论上，学界对"被请求保护地"的认定存在不同认识。有观点认为，这里的"保护地"不是诉讼法意义上的"法院地"，而是知识产权被请求保护地或者知识产权主张地，"保护地"可以是知识产权申请国、授予国，也可以是知识产权使用行为地或者侵权行为地。具体应当由法院参考当事人的主张进行个案确认。⑦ 被请求保护地可能

---

① 上海市第一中级人民法院（2012）沪一中民五（知）初字第132号民事判决书；上海市高级人民法院（2013）沪高民三（知）终字第81号民事判决书。

② 原文表述为："Consequently, apart from the provisions of this Convention, the extent of protection, as well as the means of redress afforded to the author to protect his rights, shall be governed exclusively by the laws of the country where protection is claimed"，即"因此，除本公约条款外，保护的程度以及为保护作者权利而向其提供的补救方法完全由被要求给以保护的国家的法律规定"。

③ E. Ulmer, Intellectual Property and Private International Law, Study conducted at the request of the Commission of the European Communities, Studies Collections, Cultural Sector Series No. 3, Office for Official Publications of the European Communities, 1980, No. 17.

④ 陈立风：《版权法律冲突中"保护国原则之适用"》，载《法学》2012年第4期，第54页。

⑤ 秦瑞亭：《国际私法》，南开大学出版社2014年版，第289页。

⑥ The Ministry of Justice of UK: Guidance onthe Commencement of European Community Regulations 864/2007 on the Law Applicable to Non - Contractual Obligations (ROME II), 22 January 2009, p. 9.

⑦ 王承志：《论涉外知识产权审判中的法律适用问题》，载《法学评论》2012年第1期，第139页。

是侵权行为实施地，也可能是侵权行为损害结果地。当被侵害人依据属人管辖权在与被告相关的法域起诉时，被告的国籍国、住所地国或者惯常居所地等虽然既不是侵权行为的实施地，也不是侵权行为的结果地，但也可能会成为知识产权的被请求保护地。因此，被请求保护地是一个较为宽泛而灵活的连结点。[①] 被请求保护国经常既是原始国，又是侵权行为地，同时也是法院地，但是这四者是彼此独立的，不能发生混淆。区别在于，侵权行为地与原始国都是静态连结点，而被请求保护国与法院地都是动态连结点。被请求保护国是指权利人认为其知识产权应当受到保护的国家，而法院地可能是被请求保护国，也可能不是。[②] 还有观点认为，"被请求保护地"针对著作权和专利、商标权案件分别认定，涉外著作权案件中，是指"权利要求地"或"权利主张地"，而在专利权、商标权案件中，则是指"权利登记地"。[③] "被请求保护地"是指被请求保护的权利地。知识产权中既包括自动产生的权利，又包括登记或注册产生的权利。对于像著作权和邻接权这样自动产生的权利，被请求保护地法是该被请求保护的权利地法；对于像专利权和商标权这样非自动产生的权利，被请求保护地法则是该权利的注册地或登记地法。[④]

本文认为，从立法的角度，无论是依据作为"被请求保护地"起源的《伯尔尼公约》第 5 条第 2 款，还是依据前文所述的《瑞士国际私法法典》以及《罗马第二条例》，均能得出结论："被请求保护地"是指依照该国法律主张权利保护的国家的法律。在明确这一结论的情况下，本文认同理论界学者提出的"被请求保护地是一个较为宽泛而灵活的连结点，应在个案中对被请求保护地进行认定"的主张。既然如此，被请求保护地可能在实践中存在多个，在这种情况下，笔者认为，在我国现行《涉外民事关系法律适用法》框架下，整体上应对被请求保护地分两种情况进行理解：其一，在被请求保护地作为知识产权归属和内容的连结点的情况下，应理解为权利来源地。知识产权的公共政策属性在学界已达成共识，对何种知识赋予私人财产权属性，采取何种标准保护知识产权，是国家根据现实发展情况和未来发展需要作出的公共政策选择。[⑤] 知识产权的权利归属规则以及不同知识产权的权能设置体现了不同国家的公共政策价值取向。基于此，将作为知识产权归属和内容连结点的被请求保护地界定为知识产权的权利来源地，符合知识产权的公共政策属性。其二，在被请求保护地作为知识

---

① 韩德培：《国际私法》，高等教育出版社、北京大学出版社 2014 年版，第 317—318 页。

② 齐爱民、何培育：《涉外知识产权纠纷的法律适用——兼评〈涉外民事关系法律适用法〉相关规定》，《知识产权》2011 年第 2 期，第 122 页。

③ 陈锦川：《涉外知识产权民事法律关系的调整及法律适用——下篇：法律适用篇》，《电子知识产权》2005 年第 3 期，第 38 页。

④ 吴文灵、朱理：《涉外知识产权关系的法律适用——以涉外民事关系法律适用法第七章为中心》，《人民司法》2012 年第 9 期，第 58 页。

⑤ 吴汉东：《知识产权的多元属性及研究范式》，《中国社会科学》2011 年第 5 期。

产权侵权责任连结点的情况下，应理解为与案件有最密切联系的侵权行为地。首先，最终确定的被请求保护地如果不是与案件有最密切联系，会给法院审理案件增加很大的负担。其次，损害赔偿问题是知识产权侵权纠纷解决的核心，而权利人在知识产权侵权纠纷中所受到的损失实际上在侵权行为地体现的最为集中。例如，在侵权行为实施地或侵权结果发生地，买受人因购买到假冒商标的商品或者盗版的书籍等所遭受到的损失，以及知识产权人在此过程中受到的损害，都集中体现在侵权行为地。因此，将侵权行为地作为准据法，以此为标准去计算损害赔偿具有合理性。最后，当以侵权行为地为标准界定被请求保护地时，如果存在两个或两个以上的选择，则选取与案件有最密切联系的侵权行为地作为被请求保护地，以方便法院审理案件。因此，司法实践中我国法院在审理涉外知识产权侵权案件时直接将"被请求保护地"认定为"法院地"抑或"权利授权地"，是对"被请求保护地"的误读。

【主要法条】

《中华人民共和国涉外民事关系法律适用法》第三条　当事人依照法律规定可以明示选择涉外民事关系适用的法律。

《最高人民法院关于适用〈中华人民共和国涉外民事关系法律适用法〉若干问题的解释（一）》第八条　当事人在一审法庭辩论终结前协议选择或者变更选择适用的法律的，人民法院应予准许。

各方当事人援引相同国家的法律且未提出法律适用异议的，人民法院可以认定当事人已经就涉外民事关系适用的法律做出了选择

《瑞士国际私法法典》第110条　知识产权适用被请求保护国法律。

《韩国国际私法》第24条　知识产权的保护，适用该权利遭受侵害的地方的法律

《欧洲议会和欧盟理事会关于非合同债权关系准据法的第864/2007号条例》① 第8条

侵犯知识产权产生的非合同之债，适用被请求保护的国家的法律。

侵害共同体统一的知识产权产生的非合同之债，其中涉及的不属于共同体法律规定的问题，适用侵害行为实施地国家的法律。

本条规定的准据法不允许当事人通过条例第14条规定的法律选择协议排除。

---

① 简称《罗马第二条例》，2009年1月11日生效。

第十九章 婚姻冲突法*

核心知识点

　　涉外民事争议可能同时涉及夫妻之间的财产关系和夫妻一方当事人与第三人之间的财产关系或者合同关系，在这种情况下，法院应依据我国《法律适用法》第8条，根据案件事实构成和当事人之间的争议焦点，通过识别确定案件的主要问题、先决问题和部分问题，然后依据我国《法律适用法》和《法律适用法司法解释（一）》第12条、第13条的规定分别确定前述不同法律关系的准据法。《中华人民共和国婚姻法》和《中华人民共和国民法典》都在婚姻家庭领域规定了弱者保护原则，在我国婚姻冲突法领域引入弱者保护原则，有利于使我国法律体系更加严谨、完善和更大程度上实现公平正义。我国目前的诉讼费用制度没有区分国内案件和涉外案件，导致涉外案件中的外国法/域外法查明费用承担问题无法可依。在法院承担查明外国法/域外法的责任时，是否需补缴一定的案件受理费，值得我国最高法院和立法机关认真考虑。

第一节　典型案例介绍

【上海市普陀区人民法院（2013）普民一（民）初字第 2909 号案件】①
本案原告刘某与第三人傅某均系香港居民，于 1998 年 2 月在香港登记结婚。2010

---

　*　本章作者：上海市第三中级人民法院法官助理李想

　①　上海市普陀区人民法院（2013）普民一（民）初字第 2909 号民事裁定书。

年左右，第三人傅某于上海工作期间与本案被告中国内地居民胡某相识，后发展为情人关系。2011 年 6 月，被告胡某与案外人梁某（售房方）签订房屋买卖合同，购入位于上海市区的一处房产。房屋买卖合同签订前后，第三人傅某陆续向被告胡某交付人民币 322 万元，向案外人售房方梁某的账户交付人民币 120 万元。2011 年 8 月，被告胡某为本案所涉房屋办理产权过户手续，将产权登记在自己名下。2011 年底，被告胡某与第三人傅某结束情人关系。现原告以第三人未经原告同意擅自处分夫妻共同财产为由诉至法院，要求确认第三人赠与被告用于购买、装潢房屋等钱款的行为无效，并要求被告返还人民币 442 万元。本案争议焦点为夫妻财产关系的准据法是我国内地法律还是我国香港法律？系争款项是否属于夫妻共同财产？第三人的赠与行为是否有效？

原告诉称：一、关于系争款项性质问题，应适用我国内地法律规定予以确认。根据我国内地《婚姻法》的规定，系争 442 万元应认定为原告与第三人的夫妻共同财产；二、关于赠与行为的法律适用问题，原告未做出明确表示，但原告认为在夫妻关系存续期间，第三人未经原告同意擅自将该笔钱款赠与被告的行为无效。

被告辩称：一、认可第三人于 2011 年间陆续赠与被告钱款共计 322 万元，且均已交付，但第三人向案外人梁某交付的 120 万元与被告无关；二、关于系争钱款性质问题，被告认为应根据最密切联系地原则确定，因原告及第三人的婚姻缔结地、住所地均在香港，故本案应适用香港法律作为准据法确定夫妻财产关系，根据香港《已婚者地位条例》的规定，原告与第三人之间为夫妻分别财产制，故系争钱款应认定为第三人的个人财产；三、关于赠与行为的法律适用问题，被告未做答辩，但被告认为第三人明确表示将个人财产赠与被告，且履行交付义务，赠与合法有效，故被告不同意原告诉请。

第三人述称，本案非涉外案件，而是涉港案件，不涉及准据法适用问题。根据我国大陆内地《婚姻法》的规定，第三人的赠与行为发生在夫妻关系存续期间，系争钱款应认定为原告与第三人的夫妻共同财产。第三人未经原告允许擅自赠与被告钱款的行为无效，被告应予以返还。

受案法院认为：根据《涉外民事关系法律适用法》第二十四条之规定，夫妻财产关系，当事人可以协议选择适用一方当事人经常居所地法律、国籍国法律或者主要财产所在地法律，当事人没有选择的，适用共同经常居所地法律；没有共同经常居所地的，适用共同国籍国法律。涉港婚姻财产关系纠纷应参照适用该规定。本案原告与第三人均系我国香港居民，又在香港登记结婚，根据上述规定，应当适用我国香港地区的法律。根据香港有关法律，香港夫妻无特别约定，夫妻实行分别财产制。在原告主张涉案款项系夫妻共同财产但举证不能的情况下，应认定夫妻生活在香港法规定的分别财产制下，系争款项属第三人个人财产。现原告以系争款项为夫妻共同财产为由，要求被告返还，原告并非本案的适格主体。故裁定驳回原告的起诉。①

第二节　案例评析

一　主要问题的识别

识别的重要意义在于通过梳理涉案当事人间的法律关系，对事实构成进行定性与分类，为冲突规范的选择适用做准备。根据案情可知，本案原、被告之间既无婚姻关系，亦无赠与合同关系，现原告以第三人未经原告同意擅自处分夫妻共同财产为由诉至法院，要求确认被告与第三人之间的赠与行为无效，并要求被告返还人民币442万元。

一般情况下，权利人的物权受侵害时，会产生物权请求权与债权请求权的竞合问题，权利人可选择主张物权请求权，即以对所涉财产享有所有权为由提起物权诉讼；也可选择主张债权请求权，即以被告行为侵害己方财产权利为由提起侵权损害赔偿之诉。本案所涉财产为货币，作为民法上一种特殊的物，货币所有权也具有特殊性。一般的物，所有与占有可以分别成立，而货币却不然。一般情况下，当货币的占有发生转移时，其所有权一并发生转移。亦即，货币的占有者与所有者正常情况下为同一主体。货币所有权的特殊性，在其物权效力方面也是有所反映的，这主要体现在货币所有权一般不具有物权请求权效力。作为一个具有高度替代性的种类物，当货币的所有权丧失后，原所有人不能行使返还原物的物权请求权，也不享有追及权，而只有请求返还等额货币的权利，即损害赔偿请求权。因此，本案的主要问题识别为侵权纠纷更为妥当。司法实践中竞合问题常有发生，但法院并非每次都花以笔墨在裁判文书中予以阐释。本案法院以原告主体不适格为由裁定驳回起诉，法院裁判文书在"本院认为"部分着重论述了裁定理由，② 但对于识别问题并未论及，这是其不足之处。

二　主要问题准据法的选择

本案第三人在庭审中辩称本案非涉外案件，而是涉港案件，不涉及准据法适用问

---

① 案例来源于上海市普陀区人民法院（2013）普民一（民）初字第2909号民事裁定书。
② 详见上海市普陀区人民法院（2013）普民一（民）初字第2909号民事裁定书："本院认为，根据《中华人民共和国涉外民事关系法律适用法》第二十四条之规定，夫妻财产关系，当事人可以协议选择适用一方当事人经常居所地法律、国籍国法律或者主要财产所在地法律。当事人没有选择的，适用共同经常居所地法律；没有共同经常居所地的，适用共同国籍国法律。本案原告与第三人均系香港居民，又在香港登记结婚，根据上述规定，应当适用香港法律。根据香港有关法律，香港夫妻无特别约定，夫妻实行财产分别制。在原告所称涉案款项系夫妻共同财产没有证据的情况下，应认定夫妻实行分别财产制，即系争款项属第三人个人财产。现原告以系争款项为夫妻共同财产为由，要求被告返还，原告并非本案的适格主体。"

题。该观点属于对事实和法律的认知错误。目前我国存在内地（大陆）香港、澳门、台湾四个法域，由于四个法域均享有独立的立法权和司法终审权，且四地法律规定多有不同，因此区际法律冲突在我国现实存在，准据法的选择适用问题也不可避免。根据《法律适用法司法解释（一）》第十九条规定，涉及香港特别行政区、澳门特别行政区的民事关系的法律适用问题，参照适用该司法解释。鉴于此，本案应援引法院地的冲突规范指引的法律作为主要问题准据法。

本案属于一般涉港侵权纠纷，应当适用《中华人民共和国法律适用法》第四十四条，侵权责任，适用侵权行为地法律，但当事人有共同经常居所地的，适用共同经常居所地法律。侵权行为发生后，当事人协议选择适用法律的，按照其协议。本案原、被告没有共同经常居所地，也未在事后协议选择适用法律，因此应适用侵权行为地法律。根据《最高人民法院关于贯彻执行〈中华人民共和国民法通则〉若干问题的意见（试行）》第一百八十七条，侵权行为地的法律包括侵权行为实施地法律和侵权结果发生地法律。如果两者不一致时，人民法院可以选择适用。本案中赠与款项的交付地即上海可以认定为侵权行为实施地，而侵权结果发生地可以认定为物之所在地即上海，也可认定为原所有人住所地即香港，因此人民法院可以选择适用我国内地法律或香港法律作为侵权行为的准据法。至于选择标准，立法并未做出明确规定。在两个连结点效力平行的情况下，笔者认为"最密切联系原则"与"有利于受害人原则"均可作为考量标准。最密切联系原则已成为指导国际私法立法和司法实践的一个基本原则，且在各国现行国际私法中得到广泛认可和接受。我国《法律适用法》也将最密切联系原则引入总则部分的第二条，可见这一原则对于任何领域的法律选择均有指导性的意义，因此在行为实施地与结果发生地中选择与案件及当事人权益具有最密切联系地之法律作为准据法不失为一个稳妥的选择。从另外一个角度考虑，在侵权行为人既明确知晓自己行为的实施地，又可以预见到结果发生地的情况下，以有利于受害人一方的法律作为侵权准据法没有给任何一方当事人造成不合理的困难，因此在冲突法上也是合理的。具体到本案而言，无论是以何原则作为标准，都应将上海认定为侵权行为地，故而应援引我国内地法律作为主要问题即侵权损害赔偿问题的准据法。

三　案件涉及的部分问题和先决问题

涉外民商事案件往往涉及多个法律关系，除了案件的主要问题以外，有可能存在其他独立于主要问题的特殊问题，即部分问题与先决问题。在各国立法中，此二者一般均有与之对应的冲突规范予以适用，然而先决问题与部分问题之间的界限划分往往并不是泾渭分明。所谓先决问题，顾名思义即该问题的解决是主要问题解决的先决条件。受英国关于先决问题的国际私法理论影响，我国多数学者认为构成国际私法上的先决问题，须同时具备下述三个要件：主要问题依法院地国冲突规范必须以外国法为准据法；先决问题能够作为一个单独的问题向法院提出，并且有自己的冲突规范可供援引；在确定先决问题准据法时，适用法院地国的冲突规范和适用主要问题准据法所属国的冲突规范会导致不同国家实体法的适用，并最终导致不同的判决结果。① 本案中除了主要问题以外，还涉及夫妻财产关系及赠与合同效力两大重要问题。比照上述标准，不难认定两问题的性质。鉴于本案中主要问题准据法为法院地法律即我国内地法律，因此本案中显然不存在先决问题，上述两问题均为部分问题。

在厘清问题性质之后，我们需要探讨的无疑为两问题的准据法适用。鉴于本案不涉及先决问题，现单就部分问题予以阐述。部分问题是从主要问题准据法适用范围内分离出来的，需要由法院适用特殊冲突规范专门为之确定准据法的主要问题的一部分，这一概念本身便说明了法院对于部分问题均适用法院地的冲突规范确定准据法，司法实践中各国也的确如是操作。本案法院地在上海，因此应适用我国内地的冲突规范。我国《民法通则》与《法律适用法》中并没有对部分问题的准据法选择问题做出明确规定，但《法律适用法司法解释（一）》填补了这一法律空白。该司法解释第十二条与第十三条分别对先决问题与部分问题的法律适用做出了规定。第十三条规定："案件涉及两个或者两个以上的涉外民事关系时，人民法院应该分别确定应当适用的法律。"因此，我们应分别适用有关夫妻财产关系及合同的冲突规范为涉案夫妻财产关系和赠与合同确定应当适用的准据法。

根据《法律适用法》第二十四条"夫妻财产关系，当事人可以协议选择适用一方当事人经常居所地法律、国籍国法律或者主要财产所在地法律。当事人没有选择的，适用共同经常居所地法律；没有共同经常居所地的，适用共同国籍国法律。"本案当事人并未选择准据法，且原告与第三人均系香港居民，因此应适用香港法律作为夫妻财产关系的准据法。根据香港《已婚者地位条例》的规定，夫妻结婚后各自享有独立的财产权利，并承担独立的财产义务。针对历史上对于女性财产权的否认，该法明确规定于 1936 年 3 月 20 日以后结婚的女性，在结婚时已拥有或正拥有的财产、或于婚后取得的财产，均归该女性所有，并可予以处置。可见，香港法定的夫妻财产制度即分别财产制。本案中，在原告与第三人未举证证明双方存有约定财产制的情况下，理应以法定的分别财产制认定夫妻财产。因此，本案所涉的系争款项应认定为第三人的个人财产。

关于赠与合同效力问题，应当适用《法律适用法》第四十一条的规定"当事人可以协议选择合同适用的法律。当事人没有选择的，适用履行义务最能体现该合同特征的一方当事人经常居所地法律或者其他与该合同有最密切联系的法律。"本案系争款项的赠与人系第三人，受赠人系被告。通过当事人的诉辩意见可知，虽然各方都对于赠

---

① 秦瑞亭：《国际私法》（第二版），南开大学出版社 2014 年版，第 140—141 页。

与合同的效力问题进行了阐述，但并未提及准据法的选择问题，因此可认定当事人并未协议选择赠与合同应适用的法律，因此法院应依职权确定该合同的准据法。《法律适用法》第四十一条是一条选择性冲突规范，提供了两个平行的连结点供以选择，即履行义务最能体现该合同特征一方当事人经常居所地和其他与该合同有最密切联系地。赠与合同中履行义务最能体现合同特征的显然是赠与人，而非受赠人。《法律适用法司法解释（一）》第十五条规定"自然人在涉外民事关系产生或者变更、终止时已经连续居住一年以上且作为其生活中心的地方，人民法院可以认定为涉外民事关系法律适用法规定的自然人的经常居所地，但就医、劳务派遣、公务等情形除外。"本案第三人的住所地位于香港，但鉴于其经常往返于上海、香港两地之间，且在两地均未连续居住一年以上，故第三人无经常居所地，那么法院只能选择与该合同有最密切联系地的法律作为准据法。本案第三人常年往返于上海与香港之间，应视为其知晓两地的法律规定，无论按照何地法律规定，第三人对自己作出行为的法律后果均可预期。本案赠与合同订立时，赠与人及受赠人均在上海，而受赠人只能根据自己的认知能力按照我国内地的法律规定预计自己行为所造成的法律后果，因此本案适用我国内地法律作为赠与合同的准据法更为合适。

无论根据我国《合同法》第十一章，还是根据我国《民法典》第三编第十一章，本案赠与合同双方均为完全民事行为能力人，根据诉辩双方的意见可知第三人将钱款赠与被告的意思表示真实，且该交付行为业已完成，被告已经取得赠与钱款的所有权。而且，原告并非系争款项的原共有权利人，因此原告不是向被告主张返还或赔偿的适格主体。

四 公共秩序保留问题

《民法通则》第一百五十条规定"依照本章规定适用外国法律或者国际惯例的，不得违背中华人民共和国的社会公共利益。"《法律适用法》第五条规定"外国法律的适用将损害中华人民共和国社会公共利益的，适用中华人民共和国法律。"另外，我国《民事诉讼法》《海商法》中也存在类似规定。由此可见，我国现行立法虽然未明确规定公共秩序的具体含义，但通过多个法律条文构建了公共秩序保留制度。根据我国司法实践和学界主流观点，我国国际私法中的公共秩序主要包括：我国承担的国际条约义务或国际社会公认的公平正义原则的观念；我国宪法的基本原则、基本制度、基本精神和我国宪法保障的基本人权；我国法律的基本原则、基本精神；我国的国家主权和安全。[①] 基于前文分析，本案夫妻财产关系的准据法为我国香港地区法律，根据香港法律规定本案系争款项系属于第三人的个人财产。因此需要考虑的问题是对本案夫妻

---

① 秦瑞亭：《国际私法》（第二版），南开大学出版社 2014 年版，第150—151 页。

财产关系适用香港法律的前述结果是否会违背中国内地的社会公共利益?

根据《中华人民共和国婚姻法》第十七、十八、十九条的规定，夫妻可以就婚姻关系存续期间所得的财产约定各自所有或者部分各自所有、部分共同所有。没有约定或约定不明确的，认定为适用夫妻共同财产制。① 因此，根据我国《婚姻法》，本案中的系争款项应认定为原告与第三人的夫妻共同财产，这就可能导致与适用香港法截然相反的裁判结果。那么，本案是否应适用公共秩序保留原则将香港关于夫妻财产关系的法律排除适用呢? 显然不能。因为两地法律对于夫妻财产关系相关规定的差异仅仅在于夫妻无约定或约定不明时，我国香港认定为夫妻分别财产制，而内地认定为夫妻共同财产制。夫妻共同财产制只是我国认可的夫妻财产制度中的一种，而非我国婚姻法的基本原则、基本精神。况且，《中华人民共和国婚姻法》亦明确允许夫妻双方约定婚姻关系存续期间各方所得的财产归各自所有，这就说明夫妻分别财产制所导致的法律后果并不违背我国民法上的公序良俗原则。因此本案夫妻财产关系适用我国香港法并不会违背内地的社会公共利益，香港法律也不会因公共秩序保留原则而在本案中被排除适用。

五　域外法查明问题

域外法查明是国际私法的重要制度之一。由于本案涉及香港法的适用，那么香港法查明问题就不可回避，但裁定书中并没有阐明本案所涉香港法的查明途径，故我们在此就一般涉外案件中的此类问题进行讨论。1987 年最高人民法院《关于适用涉外经济合同法若干问题的解答》(已失效)第二部分第十一项是我国最早涉及外国法查明问题的法律规范，此后颁布的《最高人民法院关于贯彻执行〈中华人民共和国民法通则〉若干问题的意见(试行)》(下称《民通意见》)第一百九十三条、《关于审理涉外民事或商事合同纠纷案件法律适用若干问题的规定》(已失效)第九条也均就外国法查明途径、义务承担问题做出规定。2010 年《涉外民事关系法律适用法》颁布，该法第十条第一款规定:"涉外民事关系适用的外国法律，由人民法院、仲裁机构或者行政机关查明。当事人选择适用外国法律的，应当提供该国法律。" 相较于先前的规定而言，《法律适用法》位阶最高，因此应优先适用。根据我国司法实践和学界主流观点，前述关于外国法查明的规定都既适用于外国法律的查明，也适用于我国香港和澳门地区法律的查明。

根据《法律适用法》的规定，外国法、域外法查明义务被分为两部分:对于当事人选择适用的外国法、域外法，查明义务由当事人负担，一旦不能在法院指定的合理期限内提供，应承担查明不能的法律后果;对于当事人未选择，法院依职权根据冲突

① 《中华人民共和国民法典》第 1062 条至 1065 条中有类似的规定。

规范确定援引的外国法、域外法，查明义务则由法院负担。此外，《法律适用法司法解释（一）》第十七条就外国法无法查明的情形做出规定，其中第一款载明"人民法院通过由当事人提供、已对中华人民共和国生效的国际条约规定的途径、中外法律专家提供等合理途径仍不能获得外国法律的，可以认定为不能查明外国法律"。可见，在法院承担查明义务时，只有尝试了多种合理途径仍然无法查明外国法、域外法时才能认定无法查明，这无疑有利于限制法院恣意认定案件应当适用的外国法、域外法不能查明而致外国法、域外法不能被有效适用。就查明途径而言，《法律适用法》及相关司法解释并未予以明确。因此《民通意见》中列明的五种查明途径仍可继续适用，即当事人提供、由与我国订立司法协定的缔约对方的中央机关提供、由我国驻该国使领馆提供、由该国驻我国使领馆提供、由中外法律专家提供。司法实践中，出于成本、效率等多方面的考虑，采用中外法律专家查明途径的案例较多。我们认为外国法/域外法的查明应秉承实用主义原则，对于法律专家的认定应做宽泛理解，该领域的资深学者、律师均可在列。虽然说法官经过严格的法律训练，对本国法律规定熟捻于心，但一般情况下内国法官对外国法并不熟悉、甚至相当陌生。因此，相较于权威渊源的法律文本而言，通过法律专家出具的专家意见或能更好的理解抽象的外国法条文或判例。另外需要注意的是，查明外国法、域外法或会产生相应费用，然我国立法尚未对此作出规定。由当事人选择法律时，双方当事人均负有查明义务，因此查明费用可由查明一方当事人预付，最终由各方当事人予以均担。当事人未选择法律的情况下，理应依法根据冲突规范确定准据法，此时法律查明义务在法院。考虑到法院已经收取案件受理费，相应的费用由法院自行负担较妥。然一般涉外案件的受理费用与非涉外案件并无二异，而涉外案件则或会产生外国法查明费用，因此在法院承担查明责任时，是否需补缴一定的案件受理费，值得我国最高法院和立法机关认真考虑。

第三节　拓展思考

《涉外民事关系法律适用法》第二十四条规定：夫妻财产关系，当事人可以协议选择适用一方当事人经常居所地法律、国籍国法律或者主要财产所在地法律。当事人没有选择的，适用共同经常居所地法律；没有共同经常居所地的，适用共同国籍国法律。

该条冲突规范将意思自治原则、属人法原则及物之所在地原则充分融合，在填补立法空白的同时具有一定的突破性意义。首先，赋予当事人进行法律选择的权利，意思自治原则在婚姻领域的适用不仅体现了契约自由，更彰显了婚姻自由的要义；其次，该条冲突规范中连结点的设立充分考虑了夫妻财产关系领域乃至整个冲突法理论中普遍认可的属人法原则，且摈弃主观意定性较强的"住所地"，选择更加顺应国际私法发展趋势且更易考量的"经常居所地"作为连结点之一；最后，将"主要财产所在地"纳入法律选择范围，体现了夫妻财产关系的契约、财产属性，有利于我国法院判决在财产所在地国家的承认与执行。但必须指出，虽然该条款具有前述多项优点，其不足之处亦不容忽视。

一　法律选择效力的相关规定亟待完善

意思自治原则最早被应用于合同冲突法领域。鉴于约定婚姻财产制度在各国被广泛确立，在婚姻冲突法领域引入契约关系的法律冲突规则即当事人意思自治原则在愈来愈多国家获得立法认可。《法律适用法》第二十四条顺应国际私法发展趋势，在夫妻财产关系的法律适用中引入了意思自治原则，规定当事人可从一方当事人经常居所地法律、国籍国法律或者主要财产所在地法律中协议选择其中之一作为夫妻财产关系的准据法。但对于法律选择协议的形式要件、实质要件、法律选择协议本身的准据法等问题均未作说明，这种立法模糊和漏洞极易导致司法实践中的混乱。

一方面，这容易导致本应通过法律选择解决的准据法选择问题，却因法律选择协议本身的效力问题被搁置，且在夫妻财产关系以外产生新的法律冲突。另一方面，该条款并未将第三人的权益保护纳入考量范围。现代社会人与人之间的交易范围广、频率高，夫妻财产关系的变动很可能影响到第三方的权益，进而影响交易秩序的安全与稳定。试想，本章所涉案例中，若原告与第三人约定以我国内地的适用法律作为夫妻财产关系准据法，且该法律选择被法院认可，那么鉴于内地的法定夫妻财产制为共同财产制，系争款项就将作为原告与第三人的夫妻共同财产处理，裁判结果或将完全不同。因此，关于夫妻双方协议选择婚姻财产关系准据法的问题，建议我国将来立法对以下几方面的问题作出明确规定，避免法律适用的不确定。

第一，法律选择协议的形式有书面、口头和公证等形式，法律选择的方式有明示与默示两种。默示选择注重对当事人真实意思的推定，但事实上当事人的主观意愿很难被准确认定，认可默示选择势必加剧法律适用的不确定性。因此，建议立法规定《法律适用法》第二十四条中的法律选择需采用明示方式并以书面形式作出，由夫妻双方签字盖章并注明协议日期。

第二，法律选择协议的实质要件以普通合同的有效要件作为参考，即协议签订时行为人需具有相应行为能力、意思表示真实、协议内容不违反法律或社会公共利益。另外，当夫妻财产关系受特定法律所支配时，该法律也同时具有了调整夫妻与第三人之间财产关系的对外效力，而实践中的确存在第三人对夫妻双方指定的法律不知情或者不便适用的情况，因此我们必须考虑第三人的权益保护问题。我国《民法典》第一千零六十五条规定："男女双方可以约定婚姻关系存续期间所得的财产以及婚前财产归各自所有、共同所有或者部分各自所有、部分共同所有。约定应当采用书面形式。没有约定或者约定不明确的，适用本法第一千零六十二条、第一千零六十三条的规定。夫妻对婚姻关系存续期间所得的财产以及婚前财产的约定，对双方具有法律约束力。夫妻对婚姻关系存续期间所得的财产约定归各自所有，夫或者妻一方对外所负的债务，相对人知道该约定的，以夫或者妻一方的个人财产清偿。"该条款在认可夫妻约定财产关系的同时规定只有当第三人知晓这一夫妻约定时，这一约定才在与第三人的法律关系中具有法律效力，该立法取向也可适用于婚姻财产关系的法律选择中。即只有当第三人知道或者应当知道夫妻双方指定的法律时，这一法律才可以被适用，同时在夫妻与第三人的交易发生期间，夫妻财产关系准据法的改变应当以明示的方式通知第三人并得到其同意，否则这种变更将不得对抗第三人。[①] 就本案所涉案例而言，如果原告与第三人之间就夫妻财产关系签订法律选择协议，选择对己方有利的我国内地法律作为准据法，但该协议签订于被告获得赠与款项之后，或者被告并不知晓该法律选择协议的存在，则笔者认为该法律选择协议不应在本案中予以适用。

第三，法律选择协议的准据法。法院必须先明确以何法律作为准据法，才能据此判断当事人作出的法律选择协议是否有效。夫妻双方通过合意决定以所选择的法律为依据调整婚姻存续期间的财产关系及附随的权利、义务，就可以认为当事人愿意受所选择法律的约束。以当事人选择的法律作为法律选择协议本身的准据法，合同效力和合同设立的权利义务可以得到一致的约束，客观上能减少当事人遵守不同法律的困难，也有利于实现当事人对法律选择结果的心理预期。

二 在夫妻财产关系法律适用中引入弱者保护原则

夫妻财产关系区别于一般财产关系的关键就在于其产生于并在一定程度上依附于婚姻缔结所带来的人身关系。不可否认的是，相较于人身属性而言，夫妻财产关系的财产属性、契约属性更强，婚姻关系中的任何一方都有权创造并拥有属于自己的财产，且有权选择调整其婚姻财产关系的法律，故而，法律以明文规定的形式对此给予了充分的尊重与认可。然而，在夫妻双方对于调整相互之间财产关系的法律未做选择时，我们是否应引入一个原则用以指导法官对客观连结点的选择呢？

夫妻因婚姻的缔结而创设了一个家庭，而家庭的维系必然伴随着成员的合作与分工。而在现实生活中，这种分工模式往往导致其中一方以大部分精力投身于社会生活获取更多的经济收益，而另一位则更多着力于家务而在经济收益的获取上分身乏术，进而导致自身经济地位的降低。在多重社会因素的影响下，夫妻往往由于性别、能力的差异、经济收入的高低而在实际生活中受到不平等的对待。因此，我们必须考虑到这种社会现实，予以弱势当事人适当的保护和照顾。这不仅可以为当事人的权益提供

---

① 王瑞珺：《我国涉外夫妻财产关系法律适用问题研究》，广西师范大学 2014 年硕士学位论文。

保障，更重要的是可以最大限度地维护社会实质公平，从而促进社会生活的良性运转。

弱者保护原则是现代国际私法理论在价值上追求实质正义的结果，该原则已被明文规定在我国《法律适用法》的相关条文之中，其适用范围已涉及父母子女关系、扶养、监护等领域，但夫妻财产关系尚未被涵盖。我国《婚姻法》总则中明确规定要保护妇女、儿童和老人的合法权益，在离婚时的财产分割问题上，亦明确在协议不成的情况下，由法院以照顾子女和女方的权益为原则做出裁判。《中华人民共和国民法典》第一千零四十一条明确规定婚姻家庭关系应当遵循保护妇女、未成年人、老年人、残疾人的合法权益的原则。这些条款都是立法者基于保护弱者的考量而制定，因此在涉外夫妻财产关系中引入弱者保护原则不仅有利于保障我国法律体系中立法精神和倾向的连贯性，而且也有利于实现个案裁判中法律适用的统一。鉴于此，建议在涉外夫妻财产关系冲突法中引入弱者保护原则，在当事人没有进行法律选择的情况下，适用一方当事人经常居所地法律、国籍国法律或者主要财产所在地法律中最有利于保护弱者权益的法律，确保裁判结果的实质公平。

【主要法条】

《中华人民共和国涉外民事关系法律适用法》第二十四条　夫妻财产关系，当事人可以协议选择适用一方当事人经常居所地法律、国籍国法律或者主要财产所在地法律。当事人没有选择的，适用共同经常居所地法律；没有共同经常居所地的，适用共同国籍国法律。

第二十章　继承冲突法[*]

核心知识点

我国内地和香港实行不同的法律制度，但是两地拥有共同国籍、共同主权、共同民族和共同文化传统。这些共同因素决定了两地法院在审理区际私法案件时，对于相互之间法律内容和形式上的差异，相较于外国法律，必须给予更大程度的宽容；在适用公共秩序保留制度排除对方法律时，必须更加慎重。法院在适用继承准据法分配遗产之前，应当先依据《涉外民事关系法律适用法》第二十四条确定夫妻财产关系的准据法，并按照夫妻财产关系准据法认定和分割婚姻财产。在存在两个以上婚姻当事人的情况下，法院应依据案件事实准确认定涉案的每一个婚姻关系，并按照第二十四条为每一个婚姻关系确定夫妻财产关系的准据法。

第一节　典型案例介绍

【沪港千万港元遗产继承纠纷①】

范男 1918 年出生于浙江宁波，幼时跟师傅学得一手裁缝手艺，1942 年奉父母之命

---

* 本章作者：南开大学法学院秦瑞亭。

① 上海市第一中级人民法院（1999）沪一中民初字第 393 号民事判决书；上海市高级人民法院（2001）沪高民终字第 2 号民事判决书。考虑到继承纠纷具有一定的隐私性，本章未采用当事人的真实姓名。需要了解案件当事人真实姓名者，可参阅张海棠主编《上海法院 30 年经典案例 1978—2008》（中卷），上海人民出版社 2009 年版，第 925—932 页。

与同乡女子凌沪女结为夫妻，后来移居上海。解放后夫妻俩都进了国营企业工作，生活稳定。

1962 年，范男居住在香港的伯伯猝然去世，遗留了少许财产。范男借口继承遗产，经申请获准后，只身来到香港。范男在香港先是靠着自己的一台缝纫机谋生，而后日积月累，拥有了一家有数千平米厂房和数百名工人的制衣公司。

1971 年 5 月，范男和香港离异女子郑港女按照港地传统习俗正式结为夫妻，这其中包括"三书六礼"，大办酒席宴请亲友，向长辈敬茶等。郑港女与前夫生有二子一女，分别是范大子、范二子和郑小女。

1978 年后，范男返沪与凌沪女团聚，在上海市区购置了一套房子，往返上海和香港两地居住，但在上海持续居住时间从未超过一年。1998 年 9 月 14 日，范男与老妻凌沪女在上海家中因煤气中毒而双双猝然身亡。

范男名下有香港恒生银行上海分行的近千万港元存款和位于上海市区的房屋一套。范男虽然先后和凌沪女与郑港女结婚，但没有生育任何子女。范男有一弟一妹，分别是范弟和范妹。凌沪女有两个兄长和一个侄子，分别是凌大哥、凌二哥和凌小侄，凌沪女生前因一人居住，生活长期由凌小侄照顾。范弟、范妹、凌大哥、凌二哥和凌小侄五人认为，被继承人范男和郑港女在香港缔结的婚姻违背我国一夫一妻制，因而无效，因此范男名下近千万港元存款和位于上海市区的房屋均应当由该原告五人继承，郑港女及其在香港的子女没有继承权。郑港女及其在香港的子女范大子、范二子和郑小女则认为，范男与郑港女在香港缔结的婚姻依据香港法律合法有效，因此郑港女作为合法配偶是被继承人范男的第一顺序继承人，在第一顺序继承人存在的情况下，第二顺序继承人不参加继承，因此范弟和范妹作为范男的第二顺序继承人无权参加继承，凌大哥和凌二哥和凌小侄仅有权继承凌沪女个人的遗产。双方无法就遗产继承问题达成协议，诉至上海市第一中级人民法院。

上海第一中级人民法院认为，范男和凌沪女 1942 年在浙江宁波结婚，1949 年之后的户籍登记资料显示双方系夫妻关系，故对范男和凌沪女的婚姻关系予以确认。范男和郑港女 1971 年在香港按照当时的中国传统习俗缔结婚姻，由于按照《香港基本法》第一百六十条和《香港基本法》附件，《中华人民共和国婚姻法》不在香港实施，因此范男和郑港女在香港缔结的婚姻的效力，应当适用香港法律。依据香港《修订婚姻制度条例》，凡港地居民在 1971 年 10 月前按照大清《民律草案〈亲属〉》缔结的旧式华人习俗婚姻，男子纳妾及兼祧再娶，皆为合法婚姻，其权利义务受香港法律保护。故按照香港《修订婚姻制度条例》，范男和郑港女在香港缔结的婚姻合法有效，郑港女作为范男的合法配偶属于第一顺序继承人，有权继承范男的遗产。范弟和范妹作为范男的兄弟姐妹属于第二顺序继承人，在第一顺序继承人存在的情况下，无权参加继承。由于范男和凌沪女同时死亡，相互之间不发生继承，凌大哥和凌二哥作为凌沪女的第二顺序继承人，只能继承凌沪女个人的遗产。凌小侄多年照顾凌沪女的生活，属于依法可分得遗产的人。

综上，上海第一中级人民法院一审判决：被继承人范男名下香港恒生银行上海分行的近千万港元存款和位于上海市区的房屋一套属于范男、凌沪女和郑港女的夫妻共同财产，其中三分之一属于范男的遗产，三分之一属于凌沪女的遗产，另外三分之一属于郑港女所有。范男的遗产由郑港女继承，加上郑港女自己所有的三分之一，郑港女共分得涉案财产的三分之二。郑港女在诉讼过程中死亡，该三分之二的财产由其子女范大子、范二子和范小女共同继承。范弟和范妹作为范男的第二顺序继承人，不参加继承。

范男的弟妹范弟和范妹以及凌沪女的两个哥哥、一个侄子均不服一审判决，五人向上海高级人民法院提起上诉。

上海高院二审认为，范男和凌沪女结婚后又在香港和郑港女按照香港法律结婚，依据我国《民法通则》第一百四十七条，范男和郑港女之间婚姻的效力应适用香港法律，依据香港法律，该婚姻合法有效。但依据《民法通则》第一百五十条，适用外国法律和域外法律均不得违背我国社会公共利益。本案适用香港法律的结果违背了我国《婚姻法》规定的一夫一妻制，因此依据《民法通则》第一百五十条规定的公共秩序保留原则，本案应排除香港法律的适用，适用我国《婚姻法》作为涉案婚姻效力的准据法。依据我国《婚姻法》，范男和凌沪女系合法婚姻关系，范男和郑港女之间的婚姻违背了我国一夫一妻制的原则，因而无效。因此被继承人范男名下香港恒生银行上海分行的近千万港元存款和位于上海市区的房屋一套应认定为范男和凌沪女的夫妻共同财产，其中二分之一属于范男的遗产，另外二分之一属于凌沪女的遗产。

关于遗产继承的准据法问题，依据我国《民法通则》第一百四十九条，遗产的法定继承，动产适用被继承人死亡时住所地法律，不动产适用不动产所在地法律。涉案遗产既有动产又有不动产。被继承人范男系香港居民，住所在香港；凌沪女系我国上海居民，住所在上海。因此涉案遗产中的动产须同时适用我国内地继承法和香港继承法，由此发生冲突。考虑到本案两个被继承人死亡事实发生在上海，涉案遗产所在地位于上海，被继承人凌沪女住所在位于上海，继承纠纷在上海发生，也在上海提起诉讼，法院判决也需要在上海强制执行，而且涉案遗产中的不动产也位于上海，因此二审法院认定涉案继承关系与上海存在最密切联系，对涉案动产和不动产的继承问题统一适用我国内地法律作为继承准据法。

上海高院终审判决：依据最高人民法院《关于贯彻执行〈中华人民共和国继承法〉若干问题的意见》，范男和凌沪女同时死亡，彼此不发生继承。涉案财产的二分之一属于凌沪女的遗产，由凌大哥、凌二哥和凌小侄继承，凌大哥、凌二哥和凌小侄共同协议约定由凌小侄继承遗产的60%，凌大哥和凌二哥均继承遗产的20%，该约定系当事人真实的意思表示，法院承认其效力。涉案财产的另外二分之一属于范男的遗产，考虑到该遗产系范男和郑港女共同生活期间创造，由郑港女分得该遗产的三分之二，剩余三分之一由范弟和范妹各半继承。郑港女死后，其应得份额由其子女范大子、范二子和郑小女共同继承。

第二节 案例评析

本案由于具有涉港因素、标的额较大和两审法院判决理由和判决结果都不相同等原因，在我国新世纪初引起了众多媒体报道和学界热烈讨论，后来作为经典案例被收录进《上海法院 30 年经典案例 1978—2008》。[①] 作为一起经典国际私法案例[②]，本案在管辖权、实体法和冲突法方面都有许多有分析价值的法律问题，本章重点分析其中的冲突法问题。

一 婚姻效力的准据法

本案被继承人范男 1942 年在浙江宁波和凌沪女结婚，1962 年只身去香港谋生，1971 年又在香港和郑港女按照当地传统习俗结婚，由此产生的重要法律问题是涉案婚姻应当适用我国内地法律还是香港法律？涉案婚姻是否有效？

一审法院没有进行任何说理，也没有援引任何冲突规范，直接适用了我国内地法律认定范男和凌沪女之间婚姻合法有效；以根据《香港基本法》我国《婚姻法》不在香港实施为理由，认定范男和郑港女之间婚姻应适用香港《修改婚姻制度条例》，进而依据该条例认定该婚姻亦合法有效。

上海高院二审对于一审法院认定范男和凌沪女之间婚姻合法有效的结果予以确认。对于范男在香港和郑港女缔结的婚姻，二审法院认为由于我国《民法通则》第一百四十七条规定结婚适用婚姻缔结地法律，故范男和郑港女之间婚姻的效力应适用香港法律。依据香港《修改婚姻制度条例》，该婚姻属于 1971 年之前缔结的旧式婚姻，该旧式婚姻的缔结符合当时中国传统习俗，合法有效。但依据《民法通则》第一百五十条，适用外国法律和域外法律均不得违背我国社会公共利益。本案适用香港法律的结果违背了我国《婚姻法》规定的一夫一妻制，因此依据《民法通则》第一百五十条规定的公共秩序保留原则，本案应排除香港法律的适用，适用我国《婚姻法》作为涉案婚姻效力的准据法。依据我国《婚姻法》，范男和凌沪女系合法婚姻关系，范男和郑港女之

---

① 张海棠：《上海法院 30 年经典案例 1978—2008》（中卷），上海人民出版社 2009 年版，第 925—932 页。

② 严格来讲本案属于区际私法案例，但由于区际私法无论在立法和司法实践中都属于我国国际私法的一部分，因此本案也可以说是一起经典国际私法案例。

间的婚姻违背了我国一夫一妻制的原则，因而无效。

对比一审法院判决书和二审法院判决书对于涉案婚姻准据法及其效力的认定，除了对于范男和郑港女的婚姻效力的认定结果不同之外，我们还可以发现二者的另外一个不同之处：二审法院不仅援引了《民法通则》中的冲突规范，而且比较详细地阐述了排除香港法律和最后适用我国《婚姻法》的理由；一审法院既没有援引冲突规范，也没有阐述清楚适用香港法律作为婚姻准据法的理由。因此我们可以得出结论，二审法院更加注重判决书的说理论证，尤其在婚姻效力准据法的确定方面，二审法院判决书的说理论证的详细程度很明显超过了一审法院判决书。但我们是否据此就可以得出结论：二审法院判决书比一审法院判决书质量更高、更加公平？笔者认为答案是否定的，具体原因下文论述。

二 适用公共秩序保留制度排除香港法的问题

在范男和郑港女之间婚姻效力的准据法问题上，一审法院和二审法院都认为在香港缔结的婚姻应当适用香港法律，并且都认为应当适用香港《修订婚姻制度条例》。但一审法院最后适用了香港《修订婚姻制度条例》认定范男和郑港女之间婚姻合法有效；二审法院却认为，由于香港《修订婚姻制度条例》认可 1971 年之前在香港按照中国传统习俗缔结的一夫一妻一妾的婚姻合法有效，而认可一夫一妻一妾的婚姻会违背我国《婚姻法》规定的一夫一妻制，因此二审法院适用我国《民法通则》第一百五十条规定的公共秩序保留原则排除了我国香港法律的适用，最后适用我国《婚姻法》认定范男和郑港女之间婚姻无效。由此产生了一个重要的冲突法问题：我国内地法院适用我国香港法律认定范男和郑港女之间婚姻合法有效，是否违背我国《民法通则》第一百五十条规定的公共秩序？

本书认为，上述问题的答案是否定的，理由如下。

首先，《民法通则》第一百五十条规定的公共秩序是国际私法中的公共秩序，不同于我国民法中的公序良俗，更不同于我国《合同法》中的强制性规定。国际私法中的公共秩序是一个国家法律体系的底线，维护的是一国人民长期历史过程中形成的根深蒂固的公平正义观念。我国内地和香港虽然实施不同的法律制度，两地的法律体系具有许多方面的不同，但我国内地和香港同属于一个国家，即中华人民共和国；香港华人和内地人民都属于中华民族，有着共同的祖先，在很多方面也有着相同或者相似的公平正义观念；两地人民都希望中华民族伟大复兴并努力为之奋斗。这诸多方面的共同因素决定了我国内地法院在适用《民法通则》第一百五十条中的公共秩序保留制度时，决不能将香港法律和外国法律同等对待，相较于运用公共秩序保留制度排除外国法律，我国内地法院在适用《民法通则》第一百五十条排除香港法律时，必须持更加慎重的态度。一国因素决定了内地法院和香港法院对于对方法律和自身法律的不同，必须比对待外国法律更加宽容。

其次，二审法院仅仅因为香港《修改婚姻制度条例》认可 1971 年 10 月之前在香港按照中国传统习俗缔结的一夫一妻一妾的旧式婚姻，便得出适用香港《修改婚姻制度条例》违背了我国社会公共利益的结论，缺乏充分说理和论证，是对《民法通则》第 150 条的教条化适用，也是对公共秩序保留制度的误解：一方面，1971 年之前在香港按照中国传统习俗合法缔结的婚姻并非一夫多妻制婚姻，而是一夫一妻一妾的婚姻，本案中范男和郑港女在香港结婚时，双方当事人都清楚并同意郑港女的妾的身份，范男并没有隐瞒在上海有妻子的事实，因此本案中范男和郑港女在香港缔结的婚姻对一夫一妻制的危害性比一夫多妻婚姻要小得多；另一方面，香港《修改婚姻制度条例》和我国内地《婚姻法》都实行一夫一妻制，导致本案一夫一妻一妾的婚姻合法有效的并非香港《修改婚姻制度条例》，而是香港《修改婚姻制度条例》规定的时际私法规则，即 1971 年 10 月之前在香港缔结的一夫一妻一妾的旧式婚姻的效力，适用当时的中国传统习俗，即大清民律草案中的相关规定。换言之，是法不溯及既往原则导致了本案中一夫一妻一妾婚姻的合法有效。而法不溯及既往原则不仅不违背我国的公共秩序，相反却是我国《民法通则》明文规定的基本原则。

最后，本案中无论适用我国《婚姻法》认定范男和郑港女在香港缔结的婚姻无效，还是适用我国香港法律认定该婚姻合法有效，涉及的都仅仅是本案当事人的私人利益，不涉及我国任何的社会公共利益。一审法院判决和二审法院判决结果的不同就明显说明了这一点：一审法院判决适用香港法律认定范男和郑港女的婚姻合法有效，进而认定涉案财产是范男、凌沪女和郑港女三人的婚姻共同财产，判决结果是郑港女基于婚姻财产关系分得三分之一，再继承范男所得的三分之一，共分得涉案财产的三分之二；二审法院判决适用我国内地《婚姻法》认定范男和郑港女的婚姻无效，进而认定涉案财产是范男和凌沪女的婚姻共同财产，判决结果是郑港女无权基于婚姻财产关系分得财产，但可基于其和范男共同生活的事实分得范男遗产的三分之二，即所有涉案财产的三分之一。因此两审法院判决结果的主要区别是：适用香港法律，郑港女可分得涉案财产的三分之二；适用我国内地法律，郑港女可分得涉案财产的三分之一。如果郑港女分得三分之二，上诉人即分得三分之一；如果郑港女分得三分之一，上诉人即分得三分之二。认为郑港女分得三分之二即违背我国社会公共利益，分得三分之一即符合我国社会公共利益，不仅武断，甚至可以说是荒谬的。

综上，本案中适用香港法律认定范男和郑港女之间婚姻的效力，不会对我国社会公共利益造成任何损害，上海高院不应适用公共秩序保留制度排除香港法律的适用。一审法院上海第一中级人民法院适用香港法律认定范男和郑港女之间婚姻的效力，虽然说理不充分，但判决结果正确，值得肯定。

第三节　拓展思考

【涉案婚姻财产关系的准据法】

本案一审法院和二审法院都忽视了一个重要冲突法问题：法院应如何认定涉案婚姻财产关系的准据法？

一审法院判决认为，范男和凌沪女、郑港女之间的婚姻均合法有效，因此涉案财产应认定为范男和凌沪女、郑港女三人的婚姻共同财产，每人各得三分之一。二审法院判决认为，范男和凌沪女之间婚姻有效，但其与郑港女之间的婚姻无效，因此涉案财产应认定为范男和凌沪女二人的婚姻共同财产，每人各得二分之一。两审法院判决书均按照我国《婚姻法》规定的夫妻共同财产制对涉案财产的归属进行了认定，但均忽视了一个重要问题：涉案财产均在被继承人范男的名下，存款账户所有人是范男，房屋登记所有权人是范男，范男是香港居民，住所和经常居所均在香港，其与郑港女在香港结婚，生活在香港，涉案财产主要系范男通过在香港的工作和劳动取得，因此涉案财产的取得和所有权人都与香港存在最密切联系，为什么适用我国内地《婚姻法》对涉案财产是属于夫妻二人共有还是属于一夫一妻一妾三人共有的问题进行认定？

因为涉案财产系范男在婚姻关系存续期间取得的财产，因此上述问题实质是涉案婚姻财产关系准据法的确定问题。考虑到我国《民法通则》第八章和《最高人民法院关于贯彻执行〈中华人民共和国民法通则〉若干问题的意见（试行）》对夫妻财产关系准据法的确定问题均没有规定，[①] 两审法院都适用了法院地法即我国内地婚姻法作为涉案婚姻财产关系的准据法，我们对法院的做法可以理解。但如果我们基于我国目前现行的国际私法重新审视这起当时成为媒体关注焦点的沪港千万遗产继承案件，我们会发现，该案涉及的国际私法问题的复杂程度实际上远远超出了法院判决书的分析和认定情况。

《涉外民事关系法律适用法》第二十四条规定，夫妻财产关系，当事人可以协议选择适用一方当事人经常居所地法律、国籍国法律或者主要财产所在地法律。当事人没有选择的，适用共同经常居所地法律；没有共同经常居所地的，适用共同国籍国法律。

如果我们依据上述条款分析和确定本案中涉案夫妻财产关系的准据法，首先遇到的一个问题是如何确定涉案夫妻财产关系的当事人？如果认定范男和郑港女之间的婚姻关系无效，那么涉案夫妻财产关系的当事人毫无疑问是范男和凌沪女。但是如上文

---

① 《最高人民法院关于贯彻执行〈中华人民共和国民法通则〉若干问题的意见（试行）》第188条适用于涉外离婚以及离婚引起的财产分割问题，对继承案件中的婚姻财产关系问题亦没有规定。

分析，本案不应适用公共秩序保留制度排除香港法律的适用，范男和郑港女在香港缔结的婚姻效力应当适用香港法律，而依据香港法律，该婚姻合法有效，当事人婚姻权利义务受法律保护。范男和凌沪女之间的婚姻效力显然应适用我国内地法律，依据我国内地法律，该婚姻亦合法有效。由此产生了涉案夫妻财产关系当事人的确定问题。而该问题的回答，又取决于我们如何计算范男和凌沪女、郑港女之间婚姻关系的数量。如果我们将范男和凌沪女、郑港女之间婚姻关系认定为两个婚姻，则我们需要对于该两个婚姻关系分别按照第二十四条的规定确定夫妻财产关系的准据法。范男和凌沪女之间的婚姻在内地缔结，结婚时两人在浙江有共同住所地和经常居所地，因此可以认定范男和凌沪女之间夫妻财产关系准据法是其结婚时共同经常居所地法律，即我国内地法律。范男和郑港女之间婚姻在香港缔结，从结婚时一直到诉讼时，两人都是香港居民，住所和经常居所都在香港，因此应当认定范男和郑港女之间夫妻财产关系的准据法是我国香港法律。但是在本案中，将范男和凌沪女、郑港女之间婚姻关系认定为两个婚姻，首先不符合当事人自己的真实意愿。因为范男和凌沪女、郑港女三方当事人都认为他们缔结的是同一个婚姻，其中丈夫是范男，妻子是凌沪女，妾是郑港女，并且三方当事人都对自己的前述身份没有异议，因此该婚姻是一个允许纳妾的婚姻，并非两个婚姻。

其次，香港《修改婚姻制度条例》之所以允许和认可范男和郑港女缔结的婚姻，主要是因为这种纳妾行为符合中国传统习俗，而且在 1971 年之前香港的华人社会中非常普遍。考察中国传统习俗，纳妾制度有上千年的历史，但是，在中国历史上，无论是官方法令，还是民间习俗，都从未将丈夫和妾的关系视为独立婚姻，而是将丈夫和妻子以及妾三者视为同一个婚姻关系的当事人。

最后，本案中如果将范男和凌沪女、郑港女之间关系视为两个婚姻关系，将导致夫妻财产的认定和分割非常困难，甚至不具有可行性。根据法院认定的事实，涉案财产主要是范男在香港生活期间取得，购买位于上海市区的房屋的购房款，也是范男在香港生活期间的劳动所得。而范男取得前述财产之时，和凌沪女、郑港女均存在合法婚姻关系，因此应当认定涉案财产既属于范男和凌沪女之间的夫妻财产，又属于范男和郑港女之间的夫妻财产。因此在这种情况下，进行夫妻财产分割基本上不具有可行性。

综上，笔者认为，本案中范男和凌沪女、郑港女之间关系属于一个婚姻关系，三人是该同一个婚姻关系的当事人。关于该婚姻财产关系的准据法问题，依据《涉外民事关系法律适用法》第二十四条，三方当事人可以协议选择我国内地法律或者香港法律。本案中当事人没有选择法律，应首先适用三方当事人共同经常居所地法律；由于三方当事人没有共同经常居所地，因此应适用三方当事人共同国籍国法律。三方当事人都具有中华人民共和国国籍，因此应当适用中华人民共和国法律。但是，中华人民共和国法律既包括我国内地婚姻法，也包括香港婚姻法，因此，确定了应当适用中华人民共和国法律之后，仍然无法解决本案中夫妻财产关系的法律冲突。这种情况下，依据《涉外民事关系法律适用法》第二条或者参照适用该法第六条，应当适用与该婚姻关系联系最密切的法律作为夫妻财产关系的准据法。涉案婚姻有三方当事人，其中两方当事人都是香港人，生活在香港，住所和经常居所都在香港，涉案财产主要系范男在香港工作期间取得，范男系香港居民。综合这些因素，应当认定香港法律与涉案婚姻财产关系存在最密切联系，因此审案法院应当适用我国香港法律来认定涉案财产的归属，并在此基础上按照香港婚姻法进行夫妻财产分割。

【主要法条】

1950 年《中华人民共和国婚姻法》①

第一条　废除包办强迫、男尊女卑、漠视子女利益的封建主义婚姻制度。实行男女婚姻自由、一夫一妻、男女权利平等、保护妇女和子女合法权益的新民主主义婚姻制度。

第二条　禁止重婚、纳妾。禁止童养媳。禁止干涉寡妇婚姻自由。禁止任何人藉婚姻关系问题索取财物。

第三条　结婚须男女双方本人完全自愿，不许任何一方对他方加以强迫或任何第三者加以干涉。

第四条　男二十岁，女十八岁，始得结婚。

第十条　夫妻双方对于家庭财产有平等的所有权与处理权。

《中华人民共和国涉外民事关系法律适用法》第二十一条　结婚条件，适用当事人共同经常居所地法律；没有共同经常居所地的，适用共同国籍国法律；没有共同国籍，在一方当事人经常居所地或者国籍国缔结婚姻的，适用婚姻缔结地法律。

第二十二条　结婚手续，符合婚姻缔结地法律、一方当事人经常居所地法律或者国籍国法律的，均为有效。

第二十四条　夫妻财产关系，当事人可以协议选择适用一方当事人经常居所地法律、国籍国法律或者主要财产所在地法律。当事人没有选择的，适用共同经常居所地法律；没有共同经常居所地的，适用共同国籍国法律。

第三十一条　法定继承，适用被继承人死亡时经常居所地法律，但不动产法定继承，适用不动产所在地法律。

2012 年《欧洲议会和欧盟理事会关于继承事项的管辖权、准据法、判决承认与执行和公文书的接受与执行以及创建欧洲继承证书的 2012 年第 650 号条例》

第 21 条第 1 款　继承适用被继承人死亡时经常居所地国家的法律，本条例另有规

---

① 1950 年 4 月 13 日中央人民政府委员会第七次会议通过，1950 年 5 月 1 日颁行。

定的除外。

第 2 款　如果案件整体情况表明，被继承人死亡时与第 1 款规定的法律之外的另一国家法律明显存在更为密切的联系，则继承适用该另一国家的法律。

第 22 条第 1 款　被继承人可以选择其死亡时或者选择法律之时所属国家的法律作为其遗产继承问题的准据法。

拥有多个国籍的自然人，可以选择其死亡时或者选择法律之时所属国籍国的法律。

第 2 款　法律选择可以通过在死亡处分中明示声明的方式，也可以通过死亡处分的整体条款予以体现。

第 3 款　法律选择的实质有效性适用被选择的法律。

第 4 款　变更或者撤销死亡处分应当具备的形式要件，同样适用于法律选择的变更或者撤销。

第二十一章　涉外仲裁裁决的承认与执行[*]

核心知识点

　　我国法院在承认和执行仲裁裁决时，应着重量当事人之间是否存在有效的仲裁协议、仲裁庭是否具有管辖权、仲裁程序是否符合法律规定、仲裁裁决是否具有确定的国籍等问题。境外仲裁机构在中国境内做出，又在中国申请承认和执行的仲裁裁决，法院在将其认定为非内国仲裁裁决时，应结合《承认和执行外国仲裁裁决公约》的规定进行推理分析。针对当前我国仲裁仍然采用仲裁机构标准，与国际上通行的仲裁地标准尚未完全衔接的立法状况，法院在承认和执行涉外仲裁裁决时，除准确理解和执行我国仲裁法相关规定以外，还要履行我国加入的《承认和执行外国仲裁裁决公约》的国际法义务，并尽量从维护当事人合法权益的立场出发做出合理合法的裁定。

第一节　典型案例介绍

【瑞士德高钢铁公司申请承认和执行国际商会仲裁院仲裁裁决案】

　　2003 年 1 月 23 日，瑞士德高钢铁公司（DUFERCO S. A.）与宁波工艺品进出口有限公司（以下简称宁波工艺品公司）在中国宁波签订了一份冷压钢买卖合同，合同为中英文对照，对单价、装运期限、付款条件、违约责任等均做了约定，并约定发生争

---

　　* 本章作者：天津外国语大学纪委办公室王蒙蒙。

议后提交仲裁解决。合同中的仲裁条款，中文表述为："一切因执行本合同或与本合同有关的争执，应提交设在中国北京的国际商会仲裁委员会，按照《联合国国际货物销售公约》进行仲裁"；英文表述为"……the case in dispute shall then be submitted to The Arbitration of the International Chamber of Commerce in China, in accordance with the United Nations Convention on the International Sale of Goods." 发生纠纷后，德高钢铁公司于2005年9月12日将争议提交位于法国巴黎的国际商会仲裁院，仲裁院根据《国际商会仲裁规则》确定北京为仲裁地，并任命一名新加坡籍的仲裁员组成独任仲裁庭审理本案。仲裁庭向双方当事人送达了审理范围书和临时时间表，双方当事人均未提出开庭审理的请求，仲裁庭按照仲裁规则进行了书面审理。宁波工艺品公司未对管辖权提出任何异议，也未提交任何答辩文件。2007年9月21日，仲裁院按照《联合国国际货物销售合同公约》，在北京做出14006/MS/JB/JEM号仲裁裁决，裁定宁波工艺品公司违反公约规定的义务，判令其向德高钢铁公司支付违约赔偿金、利息共计234 568.23美元。[①]

　　2007年12月4日，德高钢铁公司向宁波中院申请承认和执行该仲裁裁决，宁波中院于2008年2月27日受理该案。被申请人宁波工艺品公司答辩称："国际商会在中国境内仲裁违反了中国法律，涉案仲裁条款的本意为提交中国国际经济贸易仲裁委员会仲裁。被申请人在仲裁过程中没有被给予指定仲裁员或者进行仲裁程序的适当通知，被剥夺了应辩机会，要求驳回申请人请求承认和执行外国仲裁裁决的申请"。法院认为："我国为《1958年纽约公约》缔约国，在符合公约和我国相关法律的情况下，应当承认和执行外国仲裁裁决。关于本案涉及的仲裁协议效力问题，因为仲裁庭按照仲裁规则的规定通过邮寄及传真方式向宁波市工艺品公司送达了《受理范围书》和《临时时间表》，也有证据表明宁波市工艺品公司收到了上述文书，宁波市工艺品公司未在有效期限内对仲裁协议的效力提出异议，且国际商会仲裁院已经在仲裁裁决中作出仲裁条款有效的认定，根据《最高人民法院关于适用〈中华人民共和国仲裁法〉若干问题的解释》第十三条，宁波工艺品公司关于仲裁协议无效的主张不能成立"。[②]

　　对于本案是否适用《纽约公约》的问题，宁波中院认为："《1958年纽约公约》第1条第1款规定的适用范围包括两种情况：'一是仲裁裁决，因自然人或法人之争议而产生且在申请承认及执行地所在国以外国家领土内做成者，其承认和执行适用公约'；另一种情形是'仲裁裁决经申请承认及执行地所在国认为非内国裁决者，亦适用之'。这里所指的'非内国裁决'是相对'申请承认及执行地所在国而言'的，本案并非我国国内裁决，故应当适用《1958年纽约公约》，且不存在拒绝承认与执行所涉仲裁裁

①　赵秀文：《从宁波工艺品公司案看我国法院对涉外仲裁协议的监督》，《时代法学》2010年第5期。
②　中华人民共和国浙江省宁波市中级人民法院民事裁定书（2008）甬仲监字第4号。

决的理由"。2009 年 4 月 22 日，宁波中院依据《民事诉讼法》第二百六十七条、一百四十条第一款的规定，裁定承认和执行国际商会仲裁院于 2007 年 9 月 21 日在北京做出的 14006/MS/JB/JEM 号仲裁裁决。[①]

第二节　案例评析

仲裁协议的效力、仲裁庭的管辖权、仲裁裁决的国籍以及仲裁程序是承认和执行涉外仲裁裁决或者外国仲裁裁决必须要解决的问题，也是本章重点分析的问题。

一　仲裁协议的效力和仲裁庭的管辖权

我国《涉外民事关系法律适用法》第十八条规定，当事人可以协议选择仲裁协议适用的法律。当事人没有选择的，适用仲裁机构所在地法律或者仲裁地法律。根据 2006 年《最高人民法院关于适用〈中华人民共和国仲裁法〉若干问题的解释》（简称《仲裁法解释》）第十六条："对涉外仲裁协议的效力审查，适用当事人约定的法律；当事人没有约定适用的法律但约定了仲裁地的，适用仲裁地法律；没有约定适用的法律也没有约定仲裁地或者仲裁地约定不明的，适用法院地法律"。当事人在合同中并未约定仲裁协议适用的法律，但在中英文表述中约定中国为仲裁地，所以应该适用仲裁地法律即中国法来认定仲裁协议的效力。

根据《中华人民共和国仲裁法》第十六条："仲裁协议应当具有下列内容：（一）请求仲裁的意思表示；（二）仲裁事项；（三）选定的仲裁委员会。"仲裁协议对仲裁事项和仲裁委员会约定不明确的，当事人可以协议补充；达不成补充协议的，仲裁协议无效。从本案所涉仲裁条款的中文表述来看，双方约定将争议提交"设在中国北京的国际商会仲裁委员会"，因为中国国际经济贸易仲裁委员会是中国国际商会的下属仲裁委员会，而且在其 2005 年仲裁规则第 2 条第二款规定，中国国际经济贸易仲裁委员会同时使用"中国国际商会仲裁院"的名称，被申请人称之为"设在中国北京的国际商会仲裁委员会"虽说不甚准确，但也没有错。此外，位于法国巴黎的国际商会仲裁院不是设在中国北京的，在北京也没有分支机构或者办事处，因而被申请人在答辩中声称仲裁条款的"本意是提交中国国际经济贸易仲裁委员会仲裁"，我们认为有一定道理。但是，从仲裁条款的英文表述来看，"The Arbitration of the International Chamber of Commerce in China"，英文名称与位于法国巴黎的国际商会仲裁院完全一致，而且用的是介词"in"而不是"of"，更强调了仲裁地的方位而不是隶属关系，其含义更倾向于

[①]　中华人民共和国浙江省宁波市中级人民法院民事裁定书（2008）甬仲监字第 4 号。

"提交国际商会仲裁院在中国仲裁"而不是"提交中国的国际商会仲裁院".[①] 由此看来，本案仲裁条款在中英文表述上是有差别的，至少是模糊的。

基于上述分析，涉案仲裁条款约定的仲裁机构是不确定的。我国《仲裁法》第二十条规定："当事人对仲裁协议的效力有异议的，可以请求仲裁委员会做出决定或请求人民法院做出裁定。一方请求仲裁委员会做出决定，另一方请求人民法院做出裁定的，由人民法院裁定。当事人对仲裁协议的效力有异议，应当在仲裁庭首次开庭前提出。"因此被申请人完全可以向法院起诉请求确认仲裁协议的效力。《仲裁法解释》第十二条规定："……申请确认涉外仲裁协议效力的案件，由仲裁协议约定的仲裁机构所在地、仲裁协议签订地、申请人或被申请人住所地的中级人民法院管辖"。可以说，有多家法院为被申请人敞开着大门，然而遗憾的是，宁波工艺品公司在仲裁开庭前未向任何上述法院提出异议，丧失了运用中国仲裁法维护其合法权益的机会。而且，宁波工艺品公司也未能根据《国际商会仲裁院仲裁规则》维护自己的合法权益。该仲裁规则第六条第二款规定："如果被申请人未按照第五条的规定提交答辩，或者对仲裁协议的存在、效力或范围提出异议，在不影响其实体主张及其应否采纳的情况下，仲裁院如依表面证据即可认定，可能存在按照国际商会仲裁规则进行仲裁的协议，则可以决定仲裁程序继续进行。在此种情况下，仲裁庭的管辖权由仲裁庭自行决定。"被申请人未提交任何答辩，也未对仲裁协议的存在、效力提出异议，为仲裁庭认定其自身享有仲裁管辖权提供了合法理由，被申请人再次丧失一次机会。

2009 年 4 月，宁波工艺品公司的代理律师在接受记者采访时还表示，"……在宁波工艺品进出口公司不认可国际商会管辖而缺席的情况下裁决宁波工艺品公司向德高钢铁公司支付 234，568.23 美元".[②] 我们不禁要问，宁波工艺品公司缺席仲裁是因为不认可国际商会的管辖权？还是因为对国际商事仲裁的法律规则一无所知？我国法律以及国际商会仲裁院仲裁规则明明赋予了其权利并提供了相应的途径对仲裁协议效力和仲裁院的管辖权提出异议，宁波工艺品公司却采用这种消极不作为的方式来表示其异议，自然不能达到其表示异议的目的。由此看来，宁波工艺品公司代理律师所声称的"不认可国际商会管辖而缺席"在抗辩国际商会仲裁院的管辖权时是何等的苍白和无力。

综上所述，本案中德高钢铁公司与宁波工艺品公司在合同中约定的仲裁条款有效，国际商会仲裁院享有对本案的管辖权。

二　国际商会仲裁院能否在中国仲裁

宁波中院对本案审理期间，被申请人答辩称国际商会在中国境内仲裁违反中国法

---

① 张斯渊：《非内国仲裁裁决在我国承认与执行的实证分析》，山西大学硕士学位论文。
② 王婧：《外国仲裁机构或将撕开中国仲裁市场一角》，《法治周末》2009 年 6 月 25 日。

律，请求驳回申请人的申请。国际商会仲裁院能否在中国境内进行仲裁？是否违反了中国法律？这实际上是要解决外国仲裁机构能否在中国境内仲裁的问题。上文分析德高钢铁公司与宁波工艺品公司仲裁协议有效，实际上是在承认外国仲裁机构在中国境内仲裁合法的基础上得出的结论，如果境外仲裁机构不能在中国仲裁，相应的仲裁协议必然无效。那么外国仲裁机构到底能不能在中国境内仲裁呢？最高人民法院以批复的形式给出了明确的答案。

2013 年 3 月，最高人民法院《关于申请人安徽省龙利得包装印刷有限公司与被申请人 BP Agnati S. R. L. 申请确认仲裁协议效力案的复函》①，认为双方当事人选择国际商会仲裁院仲裁，管辖地为上海的仲裁协议有效。该案的仲裁条款为："任何因本合同引起的或与其有关的争议应被提交国际商会仲裁院，并根据国际商会仲裁院仲裁规则由按照该等规则所指定的一位或多位仲裁员予以最终仲裁。管辖地应为中国上海，仲裁应以英语进行。"这一批复意味着最高人民法院承认国际商会仲裁院等境外仲裁机构以中国为仲裁地在中国境内仲裁的合法性和有效性。最高人民法院的复函与我国法律规定和当前国际上通行的做法也是相一致的。

首先，从仲裁机构的选择来看，双方当事人将其争议提交国际商会仲裁委员会不违反法律规定。根据 2012 年《中华人民共和国民事诉讼法》第二百七十一条规定："涉外经济贸易、运输和海事中发生的纠纷，当事人在合同中订有仲裁条款或者事后达成书面仲裁协议，提交中华人民共和国涉外仲裁机构或者其他仲裁机构仲裁的，当事人不得向人民法院起诉。"至于其他仲裁机构，当事人是选择国内仲裁机构还是外国仲裁机构，法律并没有做出明确的要求或者禁止，当事人可以根据实际需要选择方便的仲裁机构。根据我国《仲裁法》第十条的规定，仲裁委员会的设立应当经省、自治区、直辖市的司法行政部门登记，从而在形式上否定了外国仲裁机构的合法性。《仲裁法》第十六条规定仲裁协议必须写明"选定的仲裁委员会"，否则仲裁协议无效。然而，事实上，《仲裁法》第十条规定的仲裁委员会的设立条件是针对我国国内和涉外仲裁委员会的，对外国仲裁机构我们自然不能要求其符合此条件，因此这不意味着当事人只能选择符合此条件的仲裁委员会。外国仲裁机构的设立条件和组织机构不可能完全符合我国法律，我们显然也没有理由要求外国仲裁机构必须按照我国法律设立。因此我们不能因为外国仲裁机构没有按照我国法律设立而否定其在中国仲裁的合法性。对《仲裁法》第十六条所说的"仲裁委员会"，我们不能教条固执地认为仲裁机构必须冠以这五个字才符合法律规定，而是应将其理解为与"临时仲裁"相对的仲裁机构。此外，随着国际商事仲裁活动的发展，越来越多的企业选择将国际商事纠纷提交国际商会仲裁院仲裁。国际商会仲裁院主席罗伯特·布里纳（Robert Briner）也曾透露，有不少仲

---

① 最高人民法院〔2013〕民四他字第 13 号。

裁协议选择由国际商会仲裁，同时明确约定仲裁地在北京，当事人一方为中国企业，另一方为外国企业。① 因此应当认为，上述最高人民法院的批复与当前国际社会仲裁形势的发展需求是相符的。

其次，将仲裁地设在我国境内也是不存在问题的。外国仲裁机构在中国仲裁，既可以通过在中国设立类似于机构或者办事处的形式，也可以按照仲裁机构仲裁规则的规定将仲裁地点设在中国，而后者是当前国际商事仲裁实践中的普遍做法。《国际商会仲裁院仲裁规则》第十四条规定："（1）除非当事人之间另有约定，仲裁地点由仲裁院决定；（2）除非当事人之间另有约定，仲裁庭商当事人后，可以决定在它认为适当的任何地点开庭和会面；（3）仲裁庭可以在它认为适当的任何地点进行合议。"除国际商会仲裁院仲裁规则以外，伦敦国际仲裁院仲裁规则第十六条，瑞典斯德哥尔摩商会仲裁院仲裁规则第二十条等知名仲裁机构的仲裁规则也有类似规定。这与仲裁这一争议解决方式的性质是紧密相关的，因为仲裁本身就是以当事人之间的共同约定为前提，在不违背相关国家强制性法律规定的前提下对仲裁机构、仲裁程序、仲裁使用的语言、仲裁地点、仲裁庭组成人员进行约定，在此基础上解决其纠纷的途径。所以，双方当事人在约定将其争议提交外国仲裁机构的情况下，该仲裁机构可以采用当事人约定的地点或者自行决定仲裁地点。结合德高钢铁和宁波工艺品公司仲裁案来看，国际商会仲裁院在中国北京仲裁并无不当。

综上所述，国际商会仲裁院在中国仲裁并不违反我国法律规定。宁波工艺品公司在宁波中院审理期间答辩中所声称的"国际商会仲裁院在中国境内仲裁违反中国法律"是不成立的。

三　涉外仲裁裁决的国籍

既然国际商会仲裁院对本案具有管辖权，在中国仲裁不存在法律或事实障碍，仲裁协议有效，那关键问题就是其做出的仲裁裁决能否得到承认和执行的问题上了。判断涉外仲裁裁决能否得到承认和执行的前提是确定仲裁裁决的国籍。

（一）我国认定仲裁裁决国籍的现状

一般说来，实践中的涉外仲裁裁决主要包括三种情形，外国仲裁机构在中国做出的仲裁裁决、中国仲裁机构在外国做出的仲裁裁决和外国仲裁机构在外国做出的仲裁裁决。②

---

① 杨挽涛：《无国籍的仲裁裁决——外国仲裁机构在中国内地仲裁之困境分析》，http：//www. lawtime. cn/ info/ guojizhongcai/ guojizhongcai-lunwen/20100428564. html. ，2019 年 8 月 31 日访问。

② 关于涉外仲裁裁决的含义，我国理论和司法实践都比较混乱。按照我国民事诉讼法的规定，涉外仲裁裁决仅仅指我国涉外仲裁机构作出的仲裁裁决。本章采取广义的观点，即仲裁机构、仲裁地点和仲裁程序准据法中至少有一项因素涉外的仲裁裁决。

外国仲裁机构在我国做出的仲裁裁决，一般是一方、双方甚至是多方当事人具有外国国籍，如果该仲裁裁决在中国被申请承认和执行，中国法院在识别仲裁裁决的国籍时有三种选择：一是识别为中国仲裁裁决，具有中国国籍；二是识别为外国仲裁裁决，具有外国国籍；三是识别为该仲裁裁决不具有中国国籍，即非内国仲裁裁决。那么，中国法院有可能将外国仲裁机构在我国做出的仲裁裁决识别为国内仲裁裁决么？我们认为不可能。因为根据中国法律，具有中国国籍的仲裁裁决有两种，一是中国仲裁机构做出的仲裁裁决，二是由中国涉外仲裁机构做出的涉外仲裁裁决，显然外国仲裁机构在我国做出的仲裁裁决不属于其中任何一种。但识别为外国仲裁裁决也存在问题，因为外国仲裁裁决是外国仲裁机构在外国做出的仲裁裁决。因此结论应当是，凡是外国仲裁机构在我国做出的仲裁裁决都是非内国仲裁裁决。

中国仲裁机构在外国做出的仲裁裁决，如果在我国申请承认和执行，则会呈现出一种矛盾的状态。根据我国《仲裁法》和《民事诉讼法》等相关法律的规定，我国在认定仲裁裁决国籍时采用仲裁机构标准，以仲裁机构的国籍来认定仲裁裁决的国籍。因此，我国涉外仲裁机构做出的仲裁裁决，包括在外国做出的仲裁裁决，会被我国法院识别为中国仲裁裁决，根据我国法律予以承认和执行。然而，根据目前国际上通行的仲裁地标准，中国仲裁机构在外国做出的仲裁裁决应当被识别为具有仲裁地所在国的国籍，如果仲裁地在外国则为外国仲裁裁决。仲裁裁决具有一国国籍，就意味着该国对仲裁裁决具有撤销、不予承认和执行等权力。因此，对于中国仲裁机构在外国做出的仲裁裁决，如果该外国以仲裁裁决具有其国籍为由而对仲裁裁决行使撤销权，而我国也以该仲裁裁决具有中国国籍为由对其行使权力，则我国和该外国的法院势必会在对该仲裁裁决的承认和执行上产生冲突。对这种冲突，虽然我国国内不少专家学者和业内人士一直在积极主张我国仲裁法进行相应的改革，将仲裁机构标准转变为仲裁地标准，但就目前来说，仍然没有有效的解决对策。

外国仲裁机构在外国做出的仲裁裁决，由于不涉及到我国仲裁机构，也不涉及到以中国为仲裁地，相关国家可以根据国际上通用的仲裁地标准或者是本国有关法律规定识别仲裁裁决具有哪个国家的国籍。但从我国的角度来说，该仲裁裁决属于外国仲裁裁决是确定的。

（二）"非内国仲裁裁决"

非内国仲裁裁决因为涉及的内容比较多，领域比较广，争议比较大，而且从根本上决定了本案审理结果的正确与否，我们将其单独进行讨论。

《承认和执行外国仲裁裁决公约》第一条第一款规定："仲裁裁决，因自然人或法人间之争议而产生且在声请承认及执行地所在国以外之国家领土内作成者，其承认及执行适用本公约。本公约对于仲裁裁决经声请承认及执行地所在国认为非内国裁决者，亦适用之。"该条款确定了《承认和执行外国仲裁裁决公约》的适用范围。可以看出，后一句是对前一句的补充，也就是说，仲裁裁决的做成与仲裁裁决的承认和执行在不同国家领土范围内的，适应前一句；仲裁裁决的做成与仲裁裁决的承认和执行在相同国家领土范围内的，适用后一句。对于后一句，即"本公约对于仲裁裁决经声请承认及执行地所在国认为非内国裁决者，亦适用之"，我们可以从相反的情形进行对比理解：如果被申请承认和执行地国家认为是本国裁决的，自然适用本国法律承认和执行，不适用《承认和执行外国仲裁裁决公约》；如果被申请承认和执行地不认为是本国裁决的，适用《承认和执行外国仲裁裁决公约》。《承认和执行外国仲裁裁决公约》采用的是仲裁地标准，公约第一条第一款第一句恰是对这一标准最恰当的体现，而第二句即非内国仲裁裁决是对仲裁地标准的补充，旨在扩大《承认和执行外国仲裁裁决公约》的适用范围①，而且没有限定在缔约国内还是在非缔约国做出。然而，《承认和执行外国仲裁裁决公约》第一条第三款规定："任何缔约国在签署、批准或者加入本公约或者根据第十条通知扩延的时候，可以在互惠的基础上声明，本国只对另一缔约国领土内所做成的仲裁裁决的承认和执行，适用本公约。它也可以声明，本国只对根据本国法律属于商事的法律关系，不论是不是合同关系，所引起的争执适用本公约。"1986 年 12 月 2 日全国人大常委会《关于我国加入〈承认及执行外国仲裁裁决公约〉的决定》声明："中华人民共和国只在互惠的基础上对在另一缔约国领土内作出仲裁裁决的承认和执行适用该公约。"最高人民法院关于执行该公约的通知中也重申了该保留声明。不少专家学者和业内人士认为，公约第一条第三款是对第一款适用范围的缩小，"在另一缔约国内所做成的仲裁裁决"不包括在本国所做成的仲裁裁决，因而凡是涉及到在本国做出又在本国申请承认和执行的仲裁裁决，不适用《承认和执行外国仲裁裁决公约》，我国的保留声明也是出于这样的目的。如此说来，我国排除了公约第一条第一款后一句，即非内国仲裁裁决在我国的承认和执行。

　　然而，如果我们再深一步思考，"互惠"二字该如何理解呢？互惠，互利、互相方便的意思，是有一定的范围基础的。那我们不禁要问，这个范围是什么呢？"任何缔约国在签署、批准或者加入本公约或者根据第十条通知扩延的时候，可以在互惠的基础上声明，本国只对另一缔约国领土内所做成的仲裁裁决的承认和执行，适用本公约"。从这一条文的含义来看，我理解的这个范围是"缔约国"。公约第一条第一款中并未出现"缔约国"的字眼，而在第三款却突然出现"缔约国"的字眼，我认为，此处的"另一缔约国"侧重在"缔约国"而非"另一"。也就是说，"另一缔约国"是相对于"非缔约国"而言的，"本国"作为《承认和执行外国仲裁裁决公约》的缔约国，即使是仲裁裁决的做出与承认和执行都发生在"本国"领土范围内，也不被排除适用范围。

---

① 潘钟芬：《论〈纽约公约〉项下非内国裁决的承认和执行——以宁波工艺品公司案为视角》，2012 年华东政法大学硕士学位论文。

这也与《承认和执行外国仲裁裁决公约》制定的初衷，即方便缔约国和缔约国相互之间商事活动高效顺畅的解决，保护缔约国的合法权益，是相一致的。如果仲裁裁决的做出以及承认和执行都发生在同一缔约国内，且存在《承认和执行外国仲裁裁决公约》所规定的情形，该缔约国完全可以适用《承认和执行外国仲裁裁决公约》对仲裁裁决予以承认和执行。偏执地认为《承认和执行外国仲裁裁决公约》仅适用于仲裁裁决的做出与承认和执行发生在不同缔约国的情形，是对《承认和执行外国仲裁裁决公约》的狭义理解，缩小了《承认和执行外国仲裁裁决公约》的适用范围，是不全面的。同样的道理也适用于我国《关于我国加入〈承认及执行外国仲裁裁决公约〉的决定》的声明："中华人民共和国只在互惠的基础上对在另一缔约国领土内作出仲裁裁决的承认和执行适用该公约。"笔者认为，该声明排除的是在非缔约国作出的仲裁裁决，并没有排除在缔约国境内作出的非内国裁决。笔者这种理解与"互惠"二字是相符的，从公约的宗旨和目的来分析也是行得通的。

公约制定的本意是想在国际范围内为外国仲裁裁决的承认和执行提供一套可供参考的统一准则，凡是涉及到外国仲裁裁决的承认和执行，均可以适用本公约。而缔约国，无论对方是缔约国还是非缔约国，对一切外国仲裁裁决都应该按照公约规定予以承认和执行。然而，不少国家在公约制定过程中提出了相反的意见，他们不希望将公约适用范围扩大到非缔约国。① 为了保留公约制定的初衷，也尊重部分国家存在的顾虑，公约就在第一条第三款做出了折中的规定，即在互惠的基础上只对另一缔约国适用，也就是缔约国可以采用保留条款的方式排除公约对非缔约国的适用。我国作为公约缔约国，非内国仲裁裁决是在我国境内作出的仲裁裁决，显然不属于非缔约国的裁决，因此不应被"互惠保留条款"排除在外。美国司法实践中对于非内国裁决的承认和执行即适用《纽约公约》。② 而且，如果不对公约做扩大解释，外国仲裁机构在我国做出的仲裁裁决将在我国找不到承认和执行的依据③，无疑会大大降低外国仲裁机构在中国进行仲裁的积极性，从长远来看也不利于维护中国企业的合法权益，不利于中国的对外开放。因此从我国改革开发实际需要出发，我国也应该承认非内国仲裁裁决的合法性，并按照《承认和执行外国仲裁裁决公约》予以承认和执行。

按照《承认和执行外国仲裁裁决公约》的规定，在一个国家请求承认和执行这个国家不认为是本国裁决的仲裁裁决时，也适用该公约。也就是说，非内国仲裁裁决应

---

① 潘钟芬：《论〈纽约公约〉项下非内国裁决的承认和执行——以宁波工艺品公司案为视角》，2012 年华东政法大学硕士学位论文。

② 潘钟芬：《论〈纽约公约〉项下非内国裁决的承认和执行——以宁波工艺品公司案为视角》，2012 年华东政法大学硕士学位论文。

③ 潘钟芬：《论〈纽约公约〉项下非内国裁决的承认和执行——以宁波工艺品公司案为视角》，2012 年华东政法大学硕士学位论文。

包括三个条件：一是相对于请求承认和执行国；二是在被请求承认和执行地国做出；三是根据被请求承认和执行地国法律不是本国裁决。[①] 其中，被请求承认和执行地国对第三个条件是有自由裁量权的，该裁决到底是根据什么样的法律或标准被认为不是本国裁决，要受到被申请承认和执行地国家法院主观判断的影响。根据我国法律，具有我国国籍的仲裁裁决包括我国仲裁机构作出的国内仲裁裁决和涉外仲裁裁决。国内仲裁裁决是指国内仲裁机构在我国境内做出的仲裁裁决，国际商会仲裁院仲裁庭做出的仲裁裁决不是国内仲裁裁决。而根据《仲裁法》第七十一条、《民事诉讼法》第二百五十八条和我国司法实践，涉外仲裁裁决是指我国仲裁机构作出的具有涉外因素的仲裁裁决。显然德高钢铁公司与宁波工艺品公司的仲裁裁决均不属于这两类，因此不具有我国国籍。而且，该裁决是由外国仲裁机构做出的，申请承认及执行方所在国为瑞士，被申请承认及执行地也是仲裁裁决作出地为中国，满足非内国仲裁裁决的构成要素，因此应当被识别为非内国仲裁裁决。

四　宁波中院审理过程中存在的问题

宁波中院将宁波工艺品公司案中的仲裁裁决识别为非内国仲裁裁决，我认为是合理的，但其在审理过程中对国际商会仲裁院的管辖权、仲裁庭的组成和仲裁员的任命等事实认定和仲裁程序是否合法的裁定，以及裁判逻辑、法律适用和法律解释等方面的分析，仍然存在值得商榷之处。

（一）事实认定

当事人约定将其争议提交国际商会仲裁院，就意味着双方同意采用国际商会仲裁院仲裁规则进行仲裁，采用该规则规定的仲裁程序。根据国际商会仲裁院仲裁规则第八条第二款"当事人没有约定仲裁员人数的，仲裁院将指定一名独任仲裁员审理案件……"，以及第九条的规定："仲裁院在确认或委任仲裁员时，应考虑各位仲裁员的国籍、住址、与当事人或其他仲裁员国籍国相同的其它关系以及该仲裁员适用本规则进行仲裁的时间和能力……"，可以看出，在仲裁双方分别具有瑞士和中国国籍的情况下，仲裁院指定一名新加坡籍仲裁员符合仲裁规则。然而，宁波中院在进行事实认定时却未对此问题进行认定，未能完整呈现仲裁程序，令人感到遗憾。

此外，宁波中院在裁定书中声称"仲裁庭按照仲裁规则的规定通过邮寄及传真方式向宁波市工艺品公司送达了《受理范围书》和《临时时间表》，也有证据表明宁波工艺品公司收到了上述文件"，但宁波中院却未在事实认定时将相关证据予以认定，包括相关的仲裁程序文件、送达当事人的邮件及传真等关键性证据，使得结论的得出缺

[①] 潘钟芬：《论〈纽约公约〉项下非内国裁决的承认和执行——以宁波工艺品公司案为视角》，2012 年华东政法大学硕士学位论文。

乏依据。①

（二）裁判逻辑、法律适用和法律解释问题

审理涉外民商事案件，法院需要在查明案件事实的基础上找到适用的法律，对相关法律规范进行解释，然后适用于案件并做出裁判②，要环环相扣，水到渠成。然而，从案件事实查明开始，就不断暴露出了宁波中院对本案审理过程的不完善。宁波中院在判决中陈述了案件查明的事实，包括当事人订立合同、仲裁条款的中英文表述、仲裁裁决内容，但对仲裁庭的组成、送达、审理等仲裁程序性事项的查明情况只字未提，却武断地做出"仲裁庭通过邮寄及传真方式向宁波工艺品公司送达了《受理范围书》和《临时时间表》，有证据表明宁波工艺品公司已经收到"的判决，是什么样的"证据"呢？"证据"何在呢？法院并未说明。这将直接影响被申请人所提出的"没有给予指定仲裁员或进行仲裁程序的适当通知，被剥夺了应辩机会"抗辩是否成立，影响了宁波中院判决的信服力。宁波中院在判决开始直书"我国为《1958 年纽约公约》缔约国，在符合公约和我国相关法律规定的情况下，应承认和执行外国仲裁裁决"，转而在法院判决第二部分，单独对本案适用《承认和执行外国仲裁裁决公约》的原因进行了解释，给人一种从结果找原因的本末倒置的感觉，缺乏通过逻辑推理找法用法的过程，一定程度上削弱了判决结果的说服力。

（三）裁判结果

法院裁定书作为具有国家强制执行力的裁判文书，应论证充分、有理有据。然而，事实是，宁波中院对本案仲裁协议效力和是否适用《承认和执行外国仲裁裁决公约》的问题做出了裁定，但对被申请人主张的"国际商会在中国境内仲裁违反了中国法律"并未给出明确的回应。在国际商会仲裁院在中国仲裁是否违反法律这一问题没有给出解答的情况下空谈仲裁协议是否有效，尽管其最终结论是正确的，但可靠性和说服力却不够强。

此外，对于被申请人在抗辩中所说的"没有给予指定仲裁员或进行仲裁程序的适当通知，被剥夺了应辩机会"，宁波中院也未做出回应。根据我国《仲裁法》第五十八条："当事人提出证据证明裁决有下列情形之一的，可以向仲裁委员会所在地的中级人民法院申请撤销仲裁裁决：……（三）仲裁庭组成或仲裁程序违反法定程序的……"，可见，宁波中院对该问题的裁定直接影响着仲裁裁决能否得到承认和执行。因此，即使被申请人的抗辩请求不成立，宁波中院也应该根据事实和法律规定做出说理充分的不予支持的裁决，使当事人"胜败皆服"。

---

① 宋连斌，王珺：《国际商会在中国内地仲裁：准入、裁决国籍及执行——由宁波中院的一份裁定谈起》，《西北大学学报》（哲学社会科学版），2011 年第 3 期。

② 宋连斌，王珺：《国际商会在中国内地仲裁：准入、裁决国籍及执行——由宁波中院的一份裁定谈起》，《西北大学学报》（哲学社会科学版），2011 年第 3 期。

第三节 拓展思考

一 外国仲裁机构在中国境内仲裁问题

宁波中院对德高钢铁和宁波工艺品公司案做出的裁定作为我国承认和执行外国仲裁机构在中国境内做出的仲裁裁决的先例，一时引起了广泛的关注。不少业内人士甚至猜测是否中国司法高层欲对相关问题做出调整。[①] 根据最高人民法院《关于人民法院处理与涉外仲裁及外国仲裁事项有关问题的通知》（法发〔1995〕18 号）的规定，下级法院对涉外或国外仲裁裁决裁定不予执行前，必须报请本辖区所属高级人民法院审查，如果高级人民法院同意不予执行，应将其审查意见报请最高人民法院批准。也就是说，只有下级法院裁定对该仲裁裁决不予执行时才需要上报，如果下级法院直接裁定予以执行，那就不需要层层上报了。本案中，宁波中院直接做出了承认执行该仲裁裁决的裁定，并没有上报到高级人民法院，更没有上报到最高人民法院，也就是说上级法院并没有对该裁定做出审查或提出意见，本案的裁定结论未反映出高层的意向。而且，宁波中院裁定做出后，就有记者就此问题询问过最高人民法院审理此类案件的法官，得到的答复是最高人民法院并未有关于此类问题的最新动态，宁波个案并不代表中国立法及最高司法机构对此类裁决的态度。[②]

最高人民法院关于申请人安徽省龙利得包装印刷有限公司与被申请人 BP Agnati S. R. L 申请确认仲裁协议效力的复函，首次承认境外仲裁机构在华仲裁，可以说是从官方的角度给出了明确的态度，为未来当事人选择将仲裁事项提交外国仲裁机构在中国仲裁吃了定心丸，为外国仲裁机构在我国仲裁扫清了法律障碍。然而，实践中仍有大量的后续问题有待解决。

一是对于境外仲裁机构在中国境内做出的仲裁裁决，应当如何识别其国籍，是"内国仲裁裁决"？"外国仲裁裁决"？还是"非内国仲裁裁决"？如果像宁波中院一样将宁波工艺品公司案中的仲裁裁决识别为非内国仲裁裁决，实际上并没有解决其国籍问题，而且还涉及到其能否在中国得到承认和执行的问题。如果对其予以承认和执行，尤其是当前中国仲裁机构标准与国际上通行的仲裁地标准不一致的情况下，是适用《承认和执行外国仲裁裁决公约》还是适用我国《民事诉讼法》和《仲裁法》？此外，识别为"非内国仲裁裁决"就意味着我国法院放弃对其行使司法监督权，不能对其进行撤销审查，也无权管辖其撤销之诉；而仲裁机构所在地法院也会因为仲裁地在中国

---

① 王婧：《外国仲裁机构或将撕开中国仲裁市场一角》，《法治周末》2009 年 6 月 25 日。
② 王婧：《外国仲裁机构或将撕开中国仲裁市场一角》，《法治周末》2009 年 6 月 25 日。

而无权管辖，一旦仲裁裁决存在程序性错误，当事人就不能采取撤销之诉来保护自己的合法权益，只剩下请求法院不予承认和执行这一条救济途径了，这对维护我国的司法秩序也是一个挑战。①

二是境外仲裁机构在我国境内仲裁，将如何与我国法律和司法制度进行衔接？我国目前对这一问题仍缺乏相应的制度设计，突出表现在我国现行立法采纳的仲裁机构标准和国际社会通行的仲裁地标准之间的冲突上。根据中国仲裁法的规定，仲裁过程中当事人申请财产保全的，申请人只能向仲裁委员会提出申请，由仲裁委员会按照民事诉讼法的相关规定提交人民法院，申请人不能够直接向法院提出申请。如果此时仲裁机构为境外仲裁机构，该境外仲裁机构能否进行转递？应采用什么样的程序？另外，境外仲裁机构在中国进行仲裁时应在什么范围内、什么程度上遵守我国法律，在与中国强制性规定、公共政策、社会公共利益等发生冲突时应如何解决……所有这些问题，都有待权威机构做出进一步的解答。

对当事人来说，仲裁裁决没有明确的国籍，就意味着仲裁裁决的承认和执行仍然得不到有效的保障，风险依然存在，当事人在选择外国仲裁机构在中国仲裁的时候难免会有一些顾虑，这对吸引外国仲裁机构来华仲裁是不利的，也不利于我国仲裁法律体系的完善。

最高人民法院的批复毕竟针对的只是个案，不能解决当前境外仲裁机构在中国仲裁所面临的所有问题。因而，我们认为，针对上述问题，我国立法机构和最高司法机关有必要给出明确的解决方案。

二 仲裁裁决国籍的认定标准

本案提出的另一个值得思考的问题是，在仲裁裁决国籍的认定方面，既然我国是采用仲裁机构标准，以仲裁机构所在地的国籍作为仲裁裁决的国籍，为什么德高钢铁公司与宁波工艺品公司案的仲裁裁决没有以国际商会仲裁院的所在地即法国作为其国籍，而是被我国法院识别为非内国仲裁裁决？我认为这是我国在由仲裁机构标准向仲裁地标准逐步过渡的一个征兆，具有积极意义。众所周知，《承认和执行外国仲裁裁决公约》是以仲裁地标准来识别仲裁裁决的国籍，也就是说，按照公约，德高钢铁公司与宁波工艺品公司的仲裁裁决应该被识别为我国仲裁裁决；然而，偏偏我国采用仲裁机构标准，按照法律规定应识别为法国仲裁裁决。这样，该仲裁裁决正好符合了公约第一条第一款后半句的规定，以中国为仲裁地做出的仲裁裁决，在中国申请承认和执行，而中国又不认为是中国仲裁裁决，中国法院便创造性地裁定，涉案仲裁裁决既不

---

① 《国际商会仲裁院在中国仲裁效力几何》，《法制日报周末》2009 年 7 月 9 日，转引自 http://blog. sina. cn/s/ blog_ 3fac2db10100e1k8. html，2019 年 8 月 1 日访问。

是法国仲裁裁决也不是我国仲裁裁决，而属于非内国仲裁裁决，按照《承认和执行外国仲裁裁决公约》予以承认和执行。

从我国认定仲裁裁决国籍的司法实践来看，2003 年成都华龙汽车公司案，成都市中级人民法院将国际商会仲裁院在洛杉矶做出的裁决依仲裁机构标准认定为法国裁决，适用《承认和执行外国仲裁裁决公约》予以承认和执行。[1] 2003 年德国旭普林公司案中，无锡市中级人民法院将国际商会仲裁院在上海做出的裁定认为是外国裁决，也采用了仲裁机构标准。[2] 2004 年，最高院在对山西天利实业有限公司案的复函中表示应采用仲裁机构标准，将国际商会仲裁院在香港做出的仲裁裁决认定为法国裁决，依《承认和执行外国仲裁裁决公约》予以承认和执行。[3] 然而，2006 年最高院对邦基农贸新加坡私人有限公司案的复函则表现出了明显不同的态度，"国际油、油籽和油脂协会仲裁员在英国伦敦做出的裁决为英国裁决，适用《承认和执行外国仲裁裁决公约》决定裁决的承认和执行"，"英国伦敦"这一仲裁地取代"仲裁机构"在复函中受到强调。[4] 2009 年 12 月 30 日最高人民法院发布的《关于香港仲裁裁决在内地执行的有关问题的通知》指出，当事人向人民法院申请执行国际商会仲裁院在香港做出的仲裁裁决，人民法院应按照《关于内地与香港特别行政区相互执行仲裁裁决的安排》进行审查，表明最高人民法院认为国际商会仲裁院在香港做出的仲裁裁决为香港裁决而非法国裁决，实质上采用的是仲裁地标准，[5] 可以说这是我国仲裁法由仲裁机构标准向仲裁地标准转变的重要里程碑。

《中国（上海）自由贸易试验区临港新片区总体方案》[6] 允许境外知名仲裁及争议解决机构经上海市人民政府司法行政部门登记并报国务院司法行政部门备案，在新片区内设立业务机构，就国际商事、海事、投资等领域发生的民商事争议开展仲裁业务，依法支持和保障中外当事人在仲裁前和仲裁中的财产保全、证据保全、行为保全等临时措施的申请和执行。随着中国（上海）自由贸易试验区临港新片区的建设和发展，可以预见，外国仲裁机构在我国作出的仲裁裁决将会与日俱增。基于上文分析笔者认为，在我国当前整体法律体系还不能完全接纳仲裁地标准的情况下，将外国仲裁机构在我国境内做出的仲裁裁决识别为非内国仲裁裁决，按照《纽约公约》予以承认和执

---

[1]　四川省成都市中级人民法院（2002）成民初字第 531 号裁定书。

[2]　江苏省无锡市中级人民法院（2004）锡民三仲字第 1 号裁定书。

[3]　最高人民法院《关于不予执行国际商会仲裁院 10334/AMW/BWD/TE 最终裁决一案的请示的复函》，〔2004〕民四他字第 6 号。

[4]　最高人民法院《关于邦基农贸新加坡私人有限公司申请承认和执行英国仲裁裁决一案的请示的复函》，〔2006〕民四他字第 41 号。

[5]　潘钟芬：《论〈纽约公约〉项下非内国裁决的承认和执行——以宁波工艺品公司案为视角》，2012 年华东政法大学硕士学位论文。

[6]　《国务院关于印发中国（上海）自由贸易试验区临港新片区总体方案的通知》国发〔2019〕15 号。

行，不失为一种比较明智的选择。

【主要法条】

《中华人民共和国涉外民事关系法律适用法》第十八条 当事人可以协议选择仲裁协议适用的法律。当事人没有选择的，适用仲裁机构所在地法律或者仲裁地法律。

《最高人民法院关于审理仲裁司法审查案件若干问题的规定》①

第十二条 仲裁协议或者仲裁裁决具有《最高人民法院关于适用〈中华人民共和国涉外民事关系法律适用法〉若干问题的解释（一）》第一条规定情形的，为涉外仲裁协议或者涉外仲裁裁决。

第十三条 当事人协议选择确认涉外仲裁协议效力适用的法律，应当作出明确的意思表示，仅约定合同适用的法律，不能作为确认合同中仲裁条款效力适用的法律。

第十四条 人民法院根据《中华人民共和国涉外民事关系法律适用法》第十八条的规定，确定确认涉外仲裁协议效力适用的法律时，当事人没有选择适用的法律，适用仲裁机构所在地的法律与适用仲裁地的法律将对仲裁协议的效力作出不同认定的，人民法院应当适用确认仲裁协议有效的法律。

第十五条 仲裁协议未约定仲裁机构和仲裁地，但根据仲裁协议约定适用的仲裁规则可以确定仲裁机构或者仲裁地的，应当认定其为《中华人民共和国涉外民事关系法律适用法》第十八条中规定的仲裁机构或者仲裁地。

第十六条 人民法院适用《承认及执行外国仲裁裁决公约》审查当事人申请承认和执行外国仲裁裁决案件时，被申请人以仲裁协议无效为由提出抗辩的，人民法院应当依照该公约第五条第一款（甲）项的规定，确定确认仲裁协议效力应当适用的法律。

---

① 法释〔2017〕22 号，2017 年 12 月 4 日由最高人民法院审判委员会第 1728 次会议通过，自 2018 年 1 月 1 日起施行。

第二十二章　涉外民事诉讼中的禁诉令[*]

核心知识点

美国法院禁诉令的本质是对申请人而非对外国法院作出的限制，因此只有当涉及违约等体现当事人意思自治原则的诉讼时，美国法院才能够根据一项合同中当事人所约定的限制性条款，如"法律选择条款""FRAND 许可承诺"等内容，禁止当事人在国外的诉讼或在国外诉讼未决期间执行国外法院的禁令。内国法院受理的标准必要专利案件中，如果涉及外国专利诉讼以及反垄断诉讼，并且当事人未曾作出限制性承诺，内国法院应当考虑到专利法与反垄断法的地域性特征，基于礼让原则尊重外国法院的管辖权。

第一节　典型案例介绍

禁诉令或称反诉禁令，是指在出现不公平情形时，法院发布的一种限制受其管辖的一方当事人在外国法院进行诉讼的命令，禁诉令针对的是申请人而不是外国法院。禁诉令根源于英国，是英美法系以及少数大陆法系国家用以对抗挑选法院和平行诉讼的一种历史悠久的措施。历史上该措施用以解决王室法院和教会法院之间的管辖权冲突，通过王室法院发布禁诉令状，限定教会法院的管辖权范围，抑制其管辖权的扩张。后来，衡平法院应用这种方式，在特定情形下阻止当事人在普通法法院提起诉讼。英

＊ 本章作者：南开大学法学院博士研究生任天一。

美法系的英国、美国、加拿大、澳大利亚、我国香港地区以及大陆法系的德国和法国常用禁诉令来对抗当事人挑选法院以及发起平行诉讼。①

标准必要专利许可纠纷的全球性特点引发了平行诉讼问题，许可人与被许可人为了博取最大的商业利益往往选择在不同司法法域内就相似问题提起诉讼。由于某一法院内的诉讼或某项判决可能直接导致当事人在另一法域内的诉讼变得无意义或相互冲突，一方当事人往往会请求法院发布禁诉令或反禁令。禁诉令是请求法院禁止另一方当事人在另一法域内的诉讼，反禁令则是请求法院要求另一方当事人在诉讼未决期间停止执行另一法域法院发布的禁令。

通讯领域近年来最有代表性的反禁令是美国联邦西区法院 2012 年在微软诉摩托罗拉案中由 James L. Robart 法官发出的。针对摩托罗拉在德国诉微软案件中获得的禁令救济，Robart 法官发布禁令要求摩托罗拉在联邦西区法院案件未决之前不得执行德国法院赋予的禁令救济。近期的判例有 2018 年华为诉三星案，美国加州地区法院法官 William Orrick 裁定禁止华为在法官作出违约裁决前执行深圳中院判决的对三星的禁令。涉及禁诉令的案件，最有代表性的是 2017 年美国加州地区法院的苹果公司诉高通公司案，本文将通过对该案的解读分析美国法院发布涉及标准必要专利纠纷的禁诉令的标准。

苹果公司向美国加州地区法院提起诉讼之前，已于 2017 年 1 月至 4 月间在英国、日本、中国以及我国台湾等地对高通公司及其子公司提起了 11 项诉讼，这些诉讼涉及反垄断诉讼与专利诉讼。② 在美国加州地区法院，苹果公司对高通公司提起的诉讼包括违约诉讼、专利权利耗尽诉讼与反垄断诉讼。关于违约诉讼，苹果公司认为高通公司的许可要约违反了 FRAND 承诺，并请求法院设定 FRAND 许可费；专利权利耗尽诉讼中苹果公司认为高通公司与制造商之间关于基带处理芯片的销售合同已经耗尽了高通公司的专利权，因此涉案的 18 项专利对于苹果公司来说不可执行；此外，苹果公司还声称高通公司的许可实践构成 Cal. Bus. & Prof. Code § 17200，et seq. 案下的"不公平竞争"。高通公司则请求法院为其对苹果公司的 SEP 组合许可设定一个全球费率，并对苹果发起反诉禁令，该动议旨在禁止苹果公司在美国的诉讼未决期间在所有其他国家的诉讼请求。高通公司认为苹果公司在美国的诉讼与其在国外的诉讼属于同一诉讼，本质上均在于对 FRAND 许可费的判定，美国法院对该问题的判定将会导致苹果公司在其他国家的诉讼重复，因此签发反诉禁令是恰当的。然而，美国加州地区法院的法官

---

① 仲春：《专利国际诉讼中反禁令的司法应对》，《知识产权》2018 年第 4 期。
② 苹果公司在英国高等法院知识产权法庭的诉讼声称高通英国公司违反了其在欧盟运行条约 102 条、欧盟经济区协议 54 条以及 1998 年竞争法案第 18 部分中的义务，通过滥用其在 LTE、CDMA 以及 WCDMA/UMTS 芯片领域的市场支配地位，扭曲了其在 SEPs 许可实践中的权利。苹果公司在日本、中国与中国台湾地区均提起了类似的诉讼。

不同意高通公司的观点，拒绝了高通公司的反诉禁令请求。

第二节　案例评析

美国加州地区法院认为，在评估反诉禁令的适当性时，需要考虑三方面的内容。第一，法院必须评估本案与其他诉讼中的当事人和争议事由是否相同，该诉讼对于被禁止的诉讼是否是决定性的；第二，法院必须评估"unterweser 因素"是否可以被适用；第三，法官必须调查禁诉令对礼让的影响是否可以容忍。"unterweser 因素"是在 In re Unterweser Reederei GMBH 案中由美国联邦第五巡回法院首先提出的[1]，之后被许多案例引用作为评估反诉讼禁令合理性时的考察因素。[2] 这些因素包括：（1）外国诉讼是否会破坏发布禁令法院的政策；（2）外国诉讼是否不正当或者具有压迫的性质；（3）威胁发布禁令法院的物权或者准物权管辖；（4）损害其他公平因素。只要其中一个因素适用，法院就可能会批准反诉禁令。根据苹果诉高通案的判决书[3]，本章对加州地区法院法官对上述三方面内容的考察过程分析整理如下。

一　关于争议事由的同一性及诉讼先决性

争议事由同一性的本质在于国外诉讼中所有的议题是否能够在本地的诉讼中被解决。高通公司认为美国的争议事由和国外的行动是出于同样的目的，均在于判断高通公司是否履行了其 FRAND 义务。鉴于当事人双方无法同意高通的全球 SEP 组合 FRAND 条款，高通公司请求法院确认高通的报价符合 FRAND 承诺或者请求法院为高通对苹果的全球专利组合确定一项 FRAND 许可费。因此，高通认为确定一项全球许可费将能够解决苹果与高通之间的 FRAND 问题争端。至于其他苹果公司国外诉讼提出的非 FRAND 议题，高通公司认为应当被禁止，因为这些问题与高通的 FRAND 义务属于同一范畴。高通公司声称全球 FRAND 许可费率的判决将会使得苹果公司在国外的反垄断与专利诉讼变得无意义，因为这些诉讼的核心依然是 FRAND 许可费的确定。苹果公司则认为其在国外的诉讼涉及专利权用尽及反垄断问题，美国法院不能决定其他法域内专利的有效性问题，并且，依据美国法律寻求的反垄断救济也不能适用于美国领土

---

① 428 F. 2d 888, 896 (5th Cir. 1970).

② M/S Bremen v. Zapata Off - Shore Co., 407 U. S. 1 (1972). Seattle Totems Hockey Club, Inc. v. Natl Hockey League, 652 F. 2d 852 (9th Cir. 1981). Microsoft, 696 F. 3d at 882 & n. 9.

③ APPLE INC., Plaintiff, v. QUALCOMM INCORPORATED, Defendant; Qualcomm Incorporated, Counterclaim-Plaintiff, v. Apple Inc., Counterclaim-Defendant. Case No. 3：17-cv - 00108-GPC-MDD, Signed 09/07/2017, 2017 WL 3966944, United States District Court, S. D. California.

之外。

　　高通公司主要引用了微软诉摩托罗拉案——已经通过第九巡回法院支持反诉禁令的案件。微软诉摩托罗拉案中，微软向美国法院起诉摩托罗拉违约的几个月之后，摩托罗拉公司在德国起诉微软侵犯了其在德国的两项标准必要专利。在评估了当事人双方的意见之后，德国法院拒绝了微软的核心主张——强制实施摩托罗拉对 ITU 的 FRAND 承诺，因为德国法并不认可第三方许可权利。① 基于此，德国法院颁布了禁令禁止微软在德国销售侵权产品。在德国法院的判决未决期间，微软请求美国地区法院禁止微软实施其在德国获得的禁令。微软认为反诉讼禁令是恰当的，因为摩托罗拉公司在国外所寻求的救济正是美国地区法院所要处理的问题。美国地区法院同意了该请求，因为其认为美国法院和德国法院审理的争议在功能上是相似的，禁令救济是否是对摩托罗拉公司的恰当救济取决于美国地区法院对当事人是否履行了合同义务的评估。美国第九巡回法院认可了地区法院的评估，并且强调地区法院并未禁止德国的专利法，只是禁止了当事人双方的私法。同时，美国地区法院认为未决合同诉讼对于德国的专利诉讼将会是决定性的，因为在德国诉讼中争议的欧洲专利包含于摩托罗拉 10 月 29 日发出的全球许可要约中，同时摩托罗拉与 ITU 订立契约承诺其将以 FRAND 条款向全球范围内的申请人进行许可。②

　　本案与微软案的不同在于，微软案中，法院禁止的是已经向标准化组织作出了承诺的一方当事人，摩托罗拉承诺 ITU 其将会对所有的被许可人进行许可，要么通过双边谈判的形式以 FRAND 承诺许可，要么需以法院调整过的费率许可，因而该案法院认为摩托罗拉公司放弃了寻求侵权行动的权利。而本案即苹果诉高通案中，苹果公司与摩托罗拉不同，苹果公司并没有向标准化组织作出任何承诺，因此其可以自由决定是否接受高通公司的要约。

　　基于上述分析，美国加州地区法院认为即使美国法院最终为高通公司的全球专利组合确定了 FRAND 费率，苹果公司基于外国法律关于专利无效和权利用尽的问题依然未解决。

二　关于 unterweser 因素的评估

　　高通公司认为 unterweser 因素中的第 2 项与第 4 项因素可适用于本案。首先，关于第 2 项因素，高通认为苹果公司在国外的诉讼具有压迫的性质，苹果在国外的重复性诉讼表明其旨在寻求后续许可谈判的杠杆。法院认为苹果公司在国外的诉讼在本诉讼

---

　　① 美国法一般认为，FRAND 承诺虽然是标准必要专利权人与标准化组织之间的合同，然而标准实施者也可以作为合同的第三方受益人实施合同。

　　② Microsoft Corp. v. Motorola, Inc., 696 F. 3d 872 (9th Cir. 2012).

之前，尽管苹果公司在国外的诉由确实与本案部分相同，但法院并不认为苹果公司提起不同的国外诉讼不合理。苹果公司的主张表明其旨在基于不同地域挑战高通公司的专利许可实践及其反竞争行为。[①] 其次，高通公司认为苹果公司的外国诉讼会损害"其他公平考虑因素"，理由是（1）外国诉讼是劫持许可费获取谈判杠杆的借口；（2）有可能推迟有效地解决 FRAND 问题；（3）将会造成实质性的不便、不必要的费用和重复劳动；（4）可能导致不一致的裁决或冲突性判决，冲突性判决可能导致其需要根据不同法域内的判决调整其行为。然而法院驳回了这些理由，认为这并不是不公平因素的内涵。

三　关于禁诉令对礼让因素影响的可容忍性评估

关于礼让问题，高通公司认为禁止外国诉讼将不会对礼让因素产生任何影响，因为本案属于主要发生于美国加州地区的两个加州公司关于许可谈判的纠纷。苹果公司提起的外国诉讼的本质是苹果作为一个合同第三方受益人的合同请求，因而并不涉及外国政府。换言之，高通公司认为要求一个美国公司停止在外国重复提起与另一个美国公司有关的合同纠纷诉讼并不会对礼让产生影响。苹果公司认为发布禁诉令将会引起礼让问题，因为禁诉令将会干涉国外法院的管辖权。法院认为鉴于苹果在国外诉讼中提起的明确的诉求均涉及反垄断和专利法问题，因此关于诉讼性质，法院不同意高通公司的"私人合同纠纷主张"。

总起来看，本案与微软诉摩托罗拉案颇具相似之处，均涉及 FRAND 许可合同的违约诉讼以及专利侵权诉讼。然而本案法官未作出与摩托罗拉案相同的判决，主要基于两个原因。首先是诉讼当事人所受限制的不同。微软诉摩托罗拉案中，微软与摩托罗拉公司均对标准化组织作出承诺，表明其将以 FRAND 价格许可或接受标准化技术，因此法院认为在未对 FRAND 问题作出判定之前，摩托罗拉公司无权对其专利技术申请禁令。相比之下，苹果诉高通案中苹果公司并未作出该承诺因而不受该项限制。其次，苹果公司的国外平行诉讼涉及大量反垄断诉讼，反垄断责任的判断标准在各个国家有所不同，高通公司在各法域内依据相应判决承担责任，美国的判决并不会对此产生任何影响。由此可以看出，由于禁诉令的本质是对申请人而非对外国法院作出的限制，因此只有当涉及违约诉讼等体现当事人意思自治原则的诉讼时，美国法院才能够根据一项合同中当事人所约定的限制性条款，如"法律选择条款""FRAND 许可承诺"等内容，禁止当事人在国外的诉讼或在国外诉讼未决期间执行国外法院的禁令。当涉及专利诉讼以及反垄断诉讼时，并且当事人未曾作出限制性承诺时，法院应当考虑到专利法与反垄断法的地域性特征，基于礼让原则尊重外国法院的管辖权。

---

① 高通公司不合理的许可实践包括，基于一揽子许可模式使得高通公司的专利免受有效性和必要性质疑。

第三节　拓展思考

近年来，我国企业在多起标准必要专利纠纷案件中遭到外国法院发出的禁诉令，迫使其修改或撤销在国内的诉讼请求，这可能导致以下严重后果：（1）我国企业在国内的诉讼权被剥夺；（2）我国的司法主权受到侵犯；（3）我国企业不得不接受对其不利的和解协议。

例如，2016 年，华为公司在深圳市中级人民法院针对三星公司提起标准必要专利禁令之诉，2018 年 1 月，深圳中级人民法院判决三星侵害了华为的两项 4G 标准必要专利权，并判定三星在双方标准必要专利交叉许可谈判过程中违反了 FRAND 原则，主观上存在过错，因而责令三星停止侵害华为的两项 4G 标准必要专利权。[①] 三星公司于 2018 年 2 月 1 日向美国加州北区地方法院申请禁诉令，请求禁止华为在美国法院诉讼未决期间执行深圳中院作出的停止 4G 标准必要专利侵权判决。2018 年 4 月，美国加州北区地方法院同意了三星的请求。[②] 最终，2019 年 5 月，华为与三星就全球范围内的标准必要专利交叉许可协议达成和解协议，双方撤销了在中国、美国的相关诉讼。再如，2017 年 1 月，华为在深圳中级人民法院针对无线星球公司提起标准必要专利垄断侵权之诉，要求法院判决 UP 公司停止实施不公平定价、拒绝交易等垄断侵权行为。无线星球公司则向英国法院申请禁诉令，[③] 要求华为从深圳中级人民法院撤回垄断侵权之诉。迫于压力，[④] 华为撤回了其在深圳中院的起诉。

根据本章所讨论的苹果诉高通案，美国加州地区法院的结论是禁诉令的本质是对申请人而非对外国法院作出的限制，因此只有当涉及违约诉讼等体现当事人意思自治原则的诉讼时，美国法院才能够根据一项合同中当事人所约定的限制性条款，如"法律选择条款""FRAND 许可承诺"等内容，禁止当事人在国外的诉讼或在国外诉讼未决期间执行国外法院的禁令。然而，华为在深圳法院针对三星公司提起的诉讼涉及专利侵权诉讼，针对无线星球公司提起的诉讼涉及反垄断诉讼，该类诉讼都不属于违约诉讼。因此对于该类诉讼，被请求颁发禁诉令的外国法院应当基于礼让因素尊重中国法院的司法管辖权，驳回该类请求。

[①] 深圳市中级人民法院（2016）粤 03 民初 840 号。
[②] Huawei Techs., Co, Ltd v. Samsung Elecs. Co., Ltd., 340 F. Supp. 3d 934（N. D. Cal. 2018）.
[③] Unwired Planet Int'l Ltd v. Huawei Techs. Co.［2017］EWHC（Pat）2988.
[④] 若不遵守禁诉令，可能被认定构成藐视法庭罪，被处以高额罚款和监禁。

为了保护我国民事诉讼当事人公平参与国际市场竞争，维护我国司法主权，对于域外禁诉令，我国应当给予必要的反制。① 可采取的措施主要包括：第一，基于国际礼让原则和对等原则，对于不合理限制我国民事诉讼当事人诉讼权利的外国法院，签发针对于该国民事诉讼当事人的禁诉令；第二，我国法院可适用《民事诉讼法》第二百七十六条、二百八十二条之规定，不予协助、承认和执行外国法院签发的不合理的禁诉令。

【主要法条】

1981 年英国最高法院法第 37 条："（1）在所有的案件中，在任何情况下，只要法院认为公正且实施方便，高等法院可以决定签发禁令。"

《中华人民共和国海事诉讼特别程序法》

第五十一条　海事强制令是指海事法院根据海事请求人的申请，为使其合法权益免受侵害，责令被请求人作为或者不作为的强制措施。

第五十二条　当事人在起诉前申请海事强制令，应当向海事纠纷发生地海事法院提出。

第五十三条　海事强制令不受当事人之间关于该海事请求的诉讼管辖协议或者仲裁协议的约束。

《最高人民法院关于适用〈中华人民共和国民事诉讼法〉的解释》②

第五百三十二条　涉外民事案件同时符合下列情形的，人民法院可以裁定驳回原告的起诉，告知其向更方便的外国法院提起诉讼：

（一）被告提出案件应由更方便外国法院管辖的请求，或者提出管辖异议；

（二）当事人之间不存在选择中华人民共和国法院管辖的协议；

（三）案件不属于中华人民共和国法院专属管辖；

（四）案件不涉及中华人民共和国国家、公民、法人或者其他组织的利益；

（五）案件争议的主要事实不是发生在中华人民共和国境内，且案件不适用中华人民共和国法律，人民法院审理案件在认定事实和适用法律方面存在重大困难；

（六）外国法院对案件享有管辖权，且审理该案件更加方便。

第五百三十三条　中华人民共和国法院和外国法院都有管辖权的案件，一方当事人向外国法院起诉，而另一方当事人向中华人民共和国法院起诉的，人民法院可予受理。判决后，外国法院申请或者当事人请求人民法院承认和执行外国法院对本

---

① 祝建军：《我国应建立处理标准必要专利争议的禁诉令制度》，《知识产权》2020 年第 6 期。

② 法释〔2015〕5 号，2014 年 12 月 18 日由最高人民法院审判委员会第 1636 次会议通过，自 2015 年 2 月 4 日起施行。

案作出的判决、裁定的，不予准许；但双方共同缔结或者参加的国际条约另有规定的除外。

外国法院判决、裁定已经被人民法院承认，当事人就同一争议向人民法院起诉的，人民法院不予受理。